中国人民大学法学院海商法保险法研究所
北京采安律师事务所

海商法保险法评论

第九卷

——中国保险法制建设研讨专辑

主编◎贾林青　叶万和　贾辰歌

HAISHANGFA BAOXIANFA PINGLUN

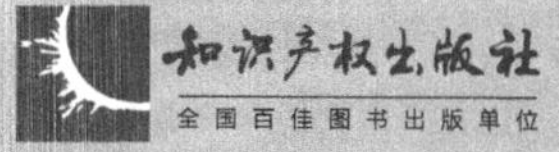

知识产权出版社
全国百佳图书出版单位

图书在版编目（CIP）数据

海商法保险法评论．第九卷，中国保险法制建设研讨专辑/贾林青，叶万和，贾辰歌主编．—北京：知识产权出版社，2019.10

ISBN 978-7-5130-6480-4

Ⅰ.①海… Ⅱ.①贾… ②叶… ③贾… Ⅲ.①海商法—研究—中国②保险法—研究—中国 Ⅳ.①D922.294.4②D922.284.4

中国版本图书馆 CIP 数据核字（2019）第 212056 号

内容提要

本书以“中国保险法制建设”为主题，分别设立了“中国保险法律制度的建设与完善”“中国保险法制的发展与创新”和“中国保险法制实务研究”等栏目，对我国保险法律体系的建设和发展进行研究。本书从诸多领域阐述了我国保险法律体系的建设与发展所需解决的问题，提出解决方案和切实可行的立法建议，有助于中国保险市场的法制建设。

责任编辑：高志方　　**责任校对：**谷　洋

封面设计：张　冀　　**责任印制：**孙婷婷

海商法保险法评论（第九卷）

——中国保险法制建设研讨专辑

主编　贾林青　叶万和　贾辰歌

出版发行：	知识产权出版社有限责任公司	**网　　址：**	http://www.ipph.cn
社　　址：	北京市海淀区气象路 50 号院	**邮　　编：**	100081
责编电话：	010－82000860 转 8512	**责编邮箱：**	gaozhifang@cnipr.com
发行电话：	010－82000860 转 8101/8102	**发行传真：**	010－82000893/82005070/82000270
印　　刷：	北京建宏印刷有限公司	**经　　销：**	各大网上书店、新华书店及相关专业书店
开　　本：	787mm×1092mm　1/16	**印　　张：**	24.5
版　　次：	2019 年 10 月第 1 版	**印　　次：**	2019 年 10 月第 1 次印刷
字　　数：	482 千字	**定　　价：**	99.00 元

ISBN 978-7-5130-6480-4

完善的保险法律制度体系是促进中国保险市场创新发展的“保驾神器”（代序）

贾林青[1]　贾辰歌[2]

从法律理论层面上讲，保险法是专门以经济领域中的保险市场作为其调整对象的法律部门，因此，它应当是商事立法的组成部分而存在于我国的立法家族之列。当然，保险市场是市场经济自成一体的市场结构，具有自身的经济特点和运行机制，并据此表现出相对的独立性，这决定了保险法必须与此相适应的立法特色，形成独特的规则内容和立法体系。从而关注和不断提升我国保险立法的科学性和适用性就成为实现我国社会主义法治建设的重要任务。

不仅如此，由于保险在现代社会经济生活中涉及各个行业和部门，与千家万户的利益密切相关，所以保险业推出的保险产品呈现出多类型、多层次的局面。与此相适应，需要多层次的保险法律体系对保险市场领域实施多层次、“全方位”的规范调整，与此相联系的诸多法律部门也应相互配套共同发挥规范调整作用。因此，保险立法是一个严谨的系统化的社会工程，要想建设科学的行之有效的保险立法体系，就需要在符合社会经济生活现实需要的同时，预见到社会发展的趋势而具有一定的超前性。这意味着保险立法应当与社会经济生活和环境保护的进程相适应，具有渐进式、不断发展完善特色的立法体系，从而实现其为社会经济生活与环境保护和谐发展“保驾护航”的作用。

笔者认为，建立完善的保险立法体系，应当从中国保险市场的现实稳定营运所需现有法律规则和我国保险业和保险市场发展走向对于法律规则体系的需要两个视角考察。

首先，作为保险法律体系的指导思想和基础，当然是国家有关保险市场的

[1] 贾林青，中国人民大学法学院教授，中国保险法研究会副会长。

[2] 贾辰歌，首都经济贸易大学工商管理学院助理研究员，中国保险法研究会理事。

发展政策。由于中国经济社会的发展进入了新的阶段，政府充分认识到保险业在我国经济社会发展战略全局中的重要意义和战略地位的根本性变化。于是，2014 年 8 月，国务院颁布了《关于加快发展现代保险服务业的若干意见》，被称为“新国十条”[1]。由于“新国十条”立足于服务国家治理体系和治理能力现代化，将发展现代保险服务业置于经济社会工作整体布局中统筹考虑，明确了保险业发展的新目标和新定位，即“到 2020 年，基本建成保障全面、功能完善、安全稳健、诚信规范，具有较强服务能力、创新能力和国际竞争力，与我国经济社会发展需求相适应的现代保险服务业，努力由保险大国向保险强国转变”。这可谓是目标宏大，定位全面。然而，要实现保险强国梦，还需要走很长的路，付出辛苦的、富有实效的劳动。其中不可缺少的任务之一，就是建设完善的保险立法体系，为实现保险强国梦提供良好的法律环境。

中国保监会根据“新国十条”的精神，于 2016 年 8 月下旬发布了《中国保险业发展“十三五”规划纲要》，将“法治化水平显著提高”作为中国保险业“十三五”之五年发展的主要目标之一，明确强调了“构建多层次的保险法律制度体系，强化保险公司合规经营，积极完善合规管控制度”的要求。

其次，实现保险市场这一发展目标的核心部分，在于我国《保险法》的制定、完善与适用。它作为我国保险领域的基本立法，确立了规范调整保险市场活动的各项基本制度，统领各个下位法规和规章的制定和适用。具体的立法成果当属 1995 年 6 月 30 日经第八届全国人民代表大会常务委员会第十四次会议通过，并于同年 10 月 1 日开始施行的《保险法》。应当说，它作为新中国成立以来的第一部保险领域的基本立法，标志着以《保险法》为核心的、由相关的法规相配套的中国保险法律法规体系的初步构成，对于初步形成的中国保险市场的完善并逐步向成熟发展起到了非常重要的“保驾护航”作用。

客观地讲，真正意义上的中国保险市场的存在只不过三十余年，而《保险法》的颁行时间也不过是短短的二十多年，需要逐步地摸索经验使其不断地充实和完善，并且应当符合我国的国情，同时借鉴和吸取国外保险立法的正反两方面的经验。其间，我国《保险法》经历了两次较为集中的修改。第一次是 2002 年 10 月的修改，目的是履行我国加入世贸组织的承诺，故重点修改了保险业法部分的一些条文规定。后来随着我国社会经济的快速发展，保险业也获得同步的前进，并产生了一些新情况和新问题，而《保险法》当时的规定未能适应保险市场上的这些发展变化，需要进一步修改、完善。于是，2009 年 2 月，第十一届全国人民代表大会常务委员会第七次会议通过了经过修订的新的《保险法》。应当说，保险法的第二次修改是较为全面的，不仅法律条文的数量

---

[1] 之所以称为“新国十条”，是相对于 2006 年 6 月国务院发布的《关于保险业改革发展的若干意见》而言。

由原来的 158 条增加到 187 条，而且保险合同制度部分进行了最大幅度的修改。

经过修改的现行《保险法》自 2009 年 10 月 1 日起施行，至今又经过了将近 10 年的时间。众所周知，中国保险市场在此期间内出现了一系列创新性变化。诸如，互联网保险迅猛发展，已然在中国保险市场上占有重要的一席之地，既为我国保险业开展保险产品经营提供了新的模式和途径，更为众多保险公司开拓了新的保险业务经营空间——互联网保险市场；相互保险组织、自保公司、保险销售公司等新的保险机构均在保险市场上初试锋芒；巨灾保险、存款保险、“以房养老”保险等新型保险产品已在保险市场现身，不一而足。这预示着中国保险市场将逐步向多样化、多层次和创新型的方向发展。当然，这同样对《保险法》规则体系规范调整作用的发挥提出了更高的要求，尤其是关于保险业的监督管理制度亟待用更加科学完善的规则弥补疏漏和不足。

显而易见，出于适应中国保险市场深化发展的新形势和新要求，我国《保险法》进行第三次修改也就成为必然。不仅如此，再一次修改《保险法》也是出于落实国务院于 2014 年 8 月发布的《关于加快发展现代保险服务业的若干意见》提出的“到 2020 年，基本建成保障全面、功能完善、安全稳健、诚信规范，具有较强服务能力、创新能力和国际竞争力，与我国经济社会发展需求相适应的现代保险服务业，努力由保险大国向保险强国转变”之发展目标的客观需要。

再次，应当将制定和颁行相应的保险行政法规纳入我国保险法律制度体系。原因是不言而喻的，《保险法》仅仅是就保险市场的共性事务作出基本的法律规定，形成基本的保险法律规则，而不可能也没必要包罗万象、面面俱到。这就需要有诸多保险行政条例作为《保险法》的下位法，用具体的法律规则对《保险法》的原则性规定予以补充，并落实到具体的保险经营实践之中。但是，目前的立法情况是，此类保险行政法规除了《交通事故赔偿责任强制保险条例》和《农业保险条例》先后颁行以外，其他均处于空白状态。因此，有必要对相互保险公司、自保公司、互联网保险实体等保险组织及财产损害保险、信用保险、保证保险、人寿保险、养老保险、意外伤害保险、健康保险等诸多保险险种，制定和颁布相应的保险行政法规，这样才可能建设我国多层次的保险法律体系。

而且，针对建设和完善我国保险法律制度体系的需要，笔者认为，我国现阶段的保险立法必须以确保实现“新国十条”树立的保险强国梦为目标，以中国保险市场发展过程中的实际需要为对象，不断地充实和完善立法体系，规划出 20 年至 30 年的立法发展方案，构建良好的法律环境。其中，亟待解决的保险法治建设的热点问题可以归纳为两个方面：一是保险立法自身的系统化建设问题；二是保险市场上具体保险产品所涉及的相应保险法律制度的建设问题。

鉴于此，《海商法保险法评论》第九卷以“中国保险法制建设”为主题，分别设立了“中国保险法律制度的建设与完善”“中国保险法制的发展与创新”和“中国保险法制实务研究”等栏目，对我国保险法律体系的建设和发展进行研究。吸收诸多专家和学者的研究成果，从诸多领域阐述了我国保险法律体系的建设与发展所需解决的问题，提出具有真知灼见的解决方案和切实可行的立法建议，有助于中国保险市场的法制建设。

目　　录

第一编　中国保险法律制度的建设与完善

第二编　中国保险法制的发展与创新

第三编 中国保险法制实务研究

第一编

中国保险法律制度的建设与完善

中国保险立法系统化建设需要解决的诸问题

贾林青

由于保险活动在现代社会经济生活的适用范围涉及社会的各个行业和部门，与千家万户的利益密切相关，所以，保险业推出的保险产品呈现出多类型、多层次的局面。与此相适应，需要多层次的保险法律体系对保险市场领域实施多层次、"全方位"的规范调整。因此，保险立法是一个严谨的系统化的社会工程，要想建设科学的行之有效的保险立法体系，就需要在符合社会经济生活现实需要的同时，预见到社会发展的趋势而具有一定的超前性。这意味着保险立法应当与社会经济生活和环境保护的进程相适应，具有渐进式、不断发展完善特色的立法体系，只有这样才能够切实发挥其为社会经济生活与环境保护等和谐发展"保驾护航"的作用。同时，保险立法作为规范调整商业保险领域的专门性立法，即国家专门针对规范调整保险行业与社会公众之间的保险活动而制定的法律规范体系，始终需要根据我国保险市场的发展需要而不断地完善和发展，才能够确立我国的保险立法具有较高的科学性和系统性，为我国保险市场的正常运行提供良好的法律环境。

当前，建设我国保险法律体系亟待完成的任务包括：(1) 适应我国保险市场发展的新形势而再一次修改《保险法》，以提高保险立法的科学性；(2) 为建设我国的巨灾保险制度，尽快颁行巨灾保险立法；(3) 完善我国的责任保险制度体系，为我国责任保险市场的发展提供法律依据；(4) 为了实现保险强国梦，在建立完善的保险立法体系的同时，应当提升保险立法与有关法律部门之间和谐配套的水平，为中国保险市场提供科学的体系化的法律环境。

一、有针对性地对我国《保险法》进行第三次修改，以便提高其科学性和适用性

我国现行的保险立法集中表现为以《中华人民共和国保险法》（以下简称《保险法》）为基本法律渊源，加上《机动车交通事故责任强制保险条例》《农业保险条例》等单行法律法规而构成的保险立法体系。仅就《保险法》来讲，

其立法体例是将保险合同法和保险业法两部分合为一体，形成相对独立的两个部分并存于一个立法文件，与大多数国家分别制定独立的《保险合同法》和《保险业法》的立法模式截然不同的立法特色[1]。“因此，我国保险法兼具民商法和行政法性质，内容上是一部民商法律加一部行政管理法。”[2] 该法自 1995 年 6 月颁布后，经过了 2002 年和 2009 年的两次修改，逐步由比较粗糙、简略转向较为详尽、具体，尤其是在 2009 年修改后，《保险法》保险合同部分的科学性有了明显的提高，用于规范调整保险活动的效果可谓差强人意。

但是，将我国当前保险市场的现实发展需求与现行的 2009 年《保险法》规则体系相比较，可以发现现行《保险法》的缺陷也十分明显。其一，保险合同制度部分的规则内容的滞后性日渐突出，难以适应我国保险市场如今的现实发展变化。例如，现实中迅猛发展的互联网保险并未纳入《保险法》的调整范围之内，已然存在于我国保险市场上的相互保险组织尚未在我国《保险法》中取得一席之地。其二，作为该立法重要组成部分的保险业法部分的规则内容与中国保险市场的发展需要存在距离，不能充分实现对保险业的有效监督、管理。

因此，第三次对《保险法》进行修改就成为势在必行的立法任务，目前，这一工作正在有条不紊地进行当中，而且保险实务界和保险理论界均参与了此次修改《保险法》的实际工作。中国保险监督管理委员会和中国保险法学研究会分别组织相应的专家学者和保险实务界人士就《保险法》的修改进行研究和讨论，并形成了各自的《保险法修改建议稿》，提供给国家立法机构进行深入的论证和研究。这意味着第三次修改《保险法》的工作已经进入实质性阶段，可以预见，更具有科学性和适用性的新《保险法》的出台是指日可待的。

笔者认为，出于有效完成上述修改《保险法》任务的目的，需要针对以下实际问题采取立法举措。

第一，妥善处理我国《保险法》立法模式的选择。虽然，我国保险法理论界和实务界对我国《保险法》的立法模式存在质疑，认为“公私不分、诸法合体，保险行为法与公司组织法、行政管理法混杂毕竟是落伍、过时、粗糙的立法技术，制度设计和结构安排不尽合理”，提出应当借鉴国外的保险立法经验，按照《保险合同法》和《保险业监督管理法》的模式来构建中国的保险基本法，即“修订保险法时应当采用保险合同法和保险业法分别立法的体例”[3]。但是，考虑到我国已有的《证券法》《商业银行法》等商事立法的习惯，基本

---

[1] 大陆法国家多是将保险合同法置于民商法典中，英美法国家则多有保险合同法与保险业法合并立法的例子。唐金龙：《海商法保险法评论（第一卷）》，知识产权出版社，2007 年版第 143 页。

[2] 刘学生：《保险合同法的不足与完善/海商法保险法评论（第一卷）》. 知识产权出版社，2007 年版。

[3] 曹守晔：《对我国保险法修订的思考/海商法保险法评论（第三卷）》. 知识产权出版社 2010 年版。

上采取的是行业行为法和监督管理法为一体的立法模式。因此，我国《保险法》不宜简单地改用保险合同法与保险业法分立的模式，第三次修改《保险法》仍应适用现有的保险合同法与保险业法熔为一炉的体例。

第二，需要进一步完善保险合同制度部分的规则内容，增强保险合同制度的科学性。即使是大幅修改而完善了诸多保险法律规则后的 2009 年《保险法》之保险合同制度部分，近九年的适用实践证明其仍然在保险实务和审判实践中不断引发新的争议，暴露出的立法疏漏层出不穷，对其进行第三次修改，进一步完善相关立法规则的科学性也就不可避免，这已经是实现保险强国梦的当务之急。笔者认为，如下立法要点均应纳入第三次修改《保险法》的视野之内：涉及保险利益的规则内容尚需进一步全面和完善，有关如实告知义务、说明义务的规则存在进一步科学和严谨的空间，涉及责任保险制度和代位求偿制度的现有规定过于笼统而需要强化各自的实操性，用于规范保险请求权的时效制度究竟是诉讼时效，抑或除斥期间还需要探讨等。

第三，保险监督管理制度需要完善，以适应我国保险市场的规范需要。就 2009 年《保险法》而言，其关于保险业监督管理的制度规则的规定对于充满活力和日新月异的中国保险市场已经表现出明显的滞后性。鉴于此，不妨借第三次修改《保险法》的时机，总结现行《保险法》规定之监督管理规则的适用经验，借鉴国外保险监督管理制度的有益经验，针对中国现阶段保险市场的发展需要，对现行的保险业法部分规定的监督管理规则予以充实和补充。笔者根据起草《〈保险法〉（第三次修订）专家建议稿》的体会，认为下述立法要点应当成为第三次修改保险业法部分时加以关注的立法焦点：适当提高保险公司的设立门槛，扩大和完善保险公司的资金运用范围，根据适用“偿二代”的经验而改善保险业的风险管理机制，建立更加科学的偿付能力的监管规则体系，完善保险中介组织的市场定位、从业规则等，增加保险业的自律监管规定等。至于《保险法》之保险业法部分的立法体例，则需要科学地处理好《保险法》层面的一般性监督管理规则与其下位的单行的监督管理法规之间的内容分配和适用关系，以求建设我国具有先进性的、引领保险市场稳健发展和创新改革的保险业管理监督制度。

二、制定巨灾保险立法，为提高重大灾害救助的参与度提供法律依据

相比较而言，我国是世界上自然灾害频发、造成损失十分严重的国家之一，平均每年所发生各种灾害造成的经济损失高达 1000 亿元人民币以上，但当前处置灾害后果（包括灾害应急管理、救助和灾后重建等）的方式仍然是以“举国体制”为主，即以政府为主体、以财政为支撑，统一动员和调配全国的

相关资源进行灾害处置的灾害管理模式[1]，而能够获取保险赔偿的比例仅占1%，远远低于36%的平均国际水平[2]。探究其原因，巨灾保险制度的缺失是理论界和实务界公认的当务之急，这与建设保险强国的目标相差甚远。因此，实现保险大国向保险强国的转变，就必须尽快建立我国的巨灾保险制度。当然，兵马未动粮草先行，制定符合我国国情的巨灾保险法便是必须为之的先行举措。

总结国际经验，“有关巨灾保险的理论研究始于20世纪初期，巨灾保险的实践尝试始于20世纪30年代，大规模的巨灾保险特别是巨灾保险的证券化开始于20世纪90年代”[3]，相应地，不少国家或者地区颁布了各自的巨灾保险法作为规范、调整巨灾保险活动的法律依据。因为，巨灾保险是现代保险服务业的一个特定领域，它专指针对因突发性的、无法预料、无法避免且危害后果特别严重的，诸如地震、飓风、海啸、洪水、冰雪等所引发的灾难性事故造成的财产损失和人身伤亡，给予保险保障的风险分散制度。由于再燃灾害带来的巨灾风险的存在是客观的，不可避免的，并能够引发巨大的、广泛的灾难性后果，与此相对应，需要保险业支付较大甚至巨大数额的保险赔偿。例如，按国际风险评估机构预测，2011年3月11日的日本大地震可能导致最高2.8万亿日元（约合350亿美元）的保险损失，几乎相当于2010年全球保险行业一年360亿美元的保险赔偿额。

鉴于巨灾的消极影响范围广泛，关系到社会整体的稳定和发展，当前已经建立巨灾保险制度的数十个国家，大多是以法律形式确立了巨灾保险制度的基本框架，并对巨灾保险的运作模式、损失分摊机制、保障范围、政府的支持政策等作出具体规定。尽管这些巨灾保险立法因各自国情的不同而存在差异，但如果从共性上加以归纳的话，可以分为单一巨灾立法与综合巨灾立法两种模式。前者是对单一的巨灾种类制定专门的巨灾保险法，其典型代表当推美国1968年的《全国洪水保险法》和日本1966年的《地震保险法》。而后者则是将多种巨灾的保险事宜统一规定于一部巨灾保险法之中，法国于1982年颁布的《自然灾害保险补偿法》几乎涵盖了所有的巨灾风险，将其都纳入该立法的保险保障范围内，集中体现了综合巨灾立法的特色。

同样立足于建立巨灾保险制度在实现保险强国目标中的迫切需要，“新国十条”在10个方面的32条具体意见中，专门就建立我国巨灾保险制度进行了全面阐述（第10条），将其列为我国现代保险服务业深化发展的一大战略任

[1] 王和：《巨灾保险制度研究》，中国金融出版社，2013年版，第3—6页。

[2] 贾林青、贾辰歌：《中国巨灾保险制度构想》，中国经济报告，2015年第2期。

[3] 任自力：《中国巨灾保险法律制度研究》，中国政法大学出版社2015年版，第5页。

务。而尽快在总结近十年试点经验[1]的基础上出台我国的巨灾保险法，为建立和适用我国的巨灾保险制度提供法律依据就是该领域的重中之重。那么，我国的巨灾保险法应当采用何种立法模式呢？

笔者认为，我国巨灾保险立法模式必须建立在中国国情的基础上。由于我国地域辽阔，各地区之间不仅经济发展的内容和水平存在差异，而且彼此之间的自然环境不尽相同，发生自然灾害的规律和导致灾害的主要巨灾也有所不同，具有明显的地域性特点。因此，不宜采取综合立法来统一规定我国的巨灾保险制度，而应当采用单项巨灾立法与多层次立法体系相结合的巨灾立法模式。首先，针对发生较为频繁的、造成损害后果比较重大的地震、台风、洪水、干旱等各项巨灾，分别制定全国性巨灾保险法。其次，在遵守全国性巨灾立法规则的前提下，各级地方立法机构在各自的立法权限内，根据本地区发生巨灾风险和造成损害后果的差异，制定适合本地区的地方性巨灾保险法规。这一巨灾保险立法模式的优点，集中表现在各项专门立法的适用对象和适用范围均具有特定性，并可以根据各项巨灾发生的规律确立有针对性的巨灾保险规则，而各级地方性巨灾保险法规又具有突出的针对性，能够将全国性巨灾保险制度加以具体化，提升各项巨灾立法的科学性和可操作性。

三、构建恰如其分的责任保险制度体系，发挥其风险管理，实现社会治理的功能

应当说，责任保险是保险家族中较为年轻的一员。世界上最早的责任保险单自 1855 年产生于英国[2]，至今仅有 160 多年的历史。不过，它伴随着人类社会的大机器工业、城市化进程、制造业和交通运输业的高速发展而后来居上，得到惊人的发展。在经济发达的西方国家，责任保险的适用范围几乎包括社会的所有领域，甚至成为衡量一个国家保险业发展水平以及该国经济发达程度的标志。究其原因，在于责任风险在近现代人类社会生活中日益增加，而责任风险的重要特征就是无法对潜在的法律风险作出充分、精确的衡量和准确的预先评估，这导致人们的各种社会活动都可能面临诸如产品（食品）安全责任风险、生产安全责任风险、公众安全责任风险、职业责任风险等各种潜在的责任风险。因此，了解产生各类责任风险的因素非常重要，“只有掌握了风险的信息，才有可能识别出各种风险的来源，虽然有时只能对潜在损失的大小作出估

---

[1] 中国保监会历经近十年的研究，先后批准深圳、云南地区开展巨灾保险试点，探索建立适应我国国情需要的、完善的巨灾保险制度体系。

[2] 许谨良：《财产和责任保险》，复旦大学出版社 1993 年版，第 428 页。

计”[1]。

责任保险在中国保险市场存在的时间更为短暂，从20世纪50年代曾经实行的强制财产保险算起，至今只不过几十年。并且，责任保险作为独立险种加以适用，更是在1979年以后，而且，其中占绝大比例的属于各类交通运输工具第三者责任保险，其他责任保险或者只适用于特定范围，或者社会公众投保比率过低难以达到预期的社会效果。这表明责任保险在我国尚处于起步阶段，我国的责任保险市场的发展潜力巨大。因此，应当如何扩大责任保险的市场领域，丰富责任保险的保障内容和品质类型，完善责任保险市场体系，便是当今我国保险市场深化发展阶段亟待处理的事宜。为此，“新国十条”将发展责任保险作为其十大方面之一来加以阐述，从发挥保险的风险管理功能，完善社会治理体系的高度，提出了发展各类责任保险的规划，以便达到“充分发挥责任保险在事前风险防范、事中风险控制、事后理赔服务等方面的功能作用，用经济杠杆和多样化的责任保险产品化解民事责任纠纷”[2]。当然，发展责任保险，不能一拥而上，一蹴而就。笔者认为，应当根据各类责任保险与社会公众利益关系和影响的不同，区分情况，循序渐进，优先解决急迫的社会问题，尤其要重视责任保险法律制度的建设，从而构建符合我国实际需要的责任保险体系。其中，建立相应的责任保险法律制度体系可说是首先应予解决的立法问题。

建立科学的保险法律体系，除了关注保险法本身的完善以外，还应当重视优化保险立法与相关立法的分工合作，完成配套制度之间的立法建设。保险市场作为我国市场经济的组成部分，以其独特的保险保障功能而成为我国市场结构体系之中不可缺少的市场环节，并对其他各个市场结构提供“保驾护航”的作用。这意味着保险市场绝非孤立存在，而是处于相对独立的市场地位。与此相对应，保险立法作为法的体系中一个独立的部门法[3]，是以保险商品交换关系作为调整对象的，它只能是社会活动的一部分。由于法的体系反映着复杂多样的社会法动，而多种多样的社会活动关系决定了“一国现行法总是分为不同部门而成为内在统一、有机联系的系统”[4]，保险法自然是现代社会所需法律体系中的一个部门法。不过，保险法适用效果的理想与否，不仅取决于自身法律规范内容的科学完善水平，也受到保险立法与相关法律部门之间和谐配套水

---

[1] 所罗门·许布纳、小肯尼思·布莱克、伯纳德·韦布著，陈欣等译。《财产和责任保险》（第四版），中国人民大学出版社2002年版，第368页。

[2] 《国务院关于加快发展现代保险服务业的若干意见》（国发〔2014〕29号，《中国保险报》，2014-08-14（2）。

[3] 对于保险法的法律地位，理论界存在着不同的观点：一种认为，保险法属于经济法的范畴（参见庄咏文主编：《保险法教程》，法律出版社1997年版，第38页）；一种观点认为，保险法是民商法中的一项法律制度（参见李玉泉著：《保险法》，法律出版社1997年版，第22页）；笔者则认为，保险法是专门以保险市场作为调整对象的一个独立的法律部门（参见贾林青著：《保险法》（第五版），中国人民大学出版社2015年1月版，第22页）。

[4] 孙国华主编：《法理学教程》中国人民大学出版社1994年8月版，第372页。

平的影响。

因此，实现保险强国梦所需的法律环境，既要有完善的保险立法体系，更应当提升保险立法与有关法律部门之间和谐配套的水平。在此，笔者仅就如下四点加以说明。

（一）建立科学的合同法、金融监管规则，才能够促进我国互联网保险的稳定发展

在中国社会已经进入互联网时代的今天，中国政府立足于利用互联网培养全社会创新，并促进经济增长的高度确立了“互联网＋”战略。而互联网保险就是“互联网＋”战略之国家意志的具体表现，它将互联网与保险相互融合，代表着现代保险服务业的必然选择。

什么是互联网保险？在中国，自 1997 年新华人寿保险公司卖出第一张网上保险单起，至今已有 18 个年头。随着互联网技术的迅速普及、发展，中国保险业已经有 95 家保险公司通过自己的网站及第三方的专业平台销售，超过了现有保险机构数量的 60％。2014 年，互联网保险实现保费收入 859 亿元，同比增长 195％，互联网渠道的保费规模比 2011 年提升了 26 倍[1]。而以 2013 年 9 月第一家互联网保险公司——众安在线财产保险股份有限公司获准开业经营为标志，中国的互联网保险从单纯地利用互联网平台销售传统的保险产品（主要是车险、财产险、简单的意外伤害保险、健康险等）而升级为以互联网市场为对象来提供新型保险产品服务[2]。因此，概括上述互联网保险的实践，参考中国保险行业协会和中国保监会在有关文件中所表述的互联网保险定义[3]，笔者认为应当将互联网保险表述为：“保险机构依托互联网平台所从事的有关保险业务的经营管理活动。”

根据专家预测，互联网的迅猛发展预示着我国的互联网金融方兴未艾[4]，势必进一步拓展保险业在互联网市场上的适用空间，增大互联网保险领域的竞争程度，这意味着互联网保险对《保险法》的规范调整提出新的需求，形成《保险法》适用上的新挑战。因此，保险立法不仅要对此作出回应，还必须注意与相关法律部门适用上的统一协调，以便适应互联网保险稳定、有序发展的要求。

---

[1] 赵广道：《保险业须把握互联网保险本质特征》，载《中国保险报》2015 年 8 月 12 日。

[2] 笔者将单纯地利用互联网平台销售传统的保险产品的形式，称为互联网保险的初级阶段，而将以互联网市场为对象而提供新型保险产品服务的形式，称之为互联网保险的高级阶段（详见贾林青、贾辰歌著：《互联网金融与保险监管制度规则的博弈》，载《社会科学辑刊》2014 年第 4 期）。

[3] 中国保险行业协会编著的《互联网保险行业发展报告》定义为：“保险公司或保险中介机构通过互联网为客户提供产品及服务信息，实现网上投保、承保、核保、保全和理赔等保险业务，完成保险产品的在线销售及服务，并通过第三方机构实现保险相关费用的电子支付等经营管理活动。”而中国保监会于 2014 年 12 月发布的《互联网保险业务监管暂行办法（征求意见稿）》则规定：“本办法所称互联网保险业务，是指保险机构依托互联网和移动通信等技术，通过自营网络平台、第三方网络平台等订立保险合同、提供保险服务的业务。”

[4] 参见清科集团数据研究中心于 2014 年 2 月发布的《2014 年互联网金融报告》。

笔者感到，保险立法与合同法、金融制度之间的适用关系是当前对互联网保险影响重大的焦点问题。这皆缘于互联网保险的特性——运用互联网技术而实施无纸化、虚拟性、即时性的保险活动——必然不同于传统意义的面对面之间的保险活动。其结果是不仅对保险合同的缔结和履行有影响，也因互联网保险活动存在着新的风险而影响到保险监管制度。故注重《保险法》与《合同法》、金融监管制度的适用关系就成为建设保险法律环境的新课题。

第一，就保险法与合同法的适用关系角度讲，保险合同作为民商事合同的具体类型，除了自身存在诸多法律特点以外，还必须符合民商事合同的共同属性。所以，就两者之间的法律适用而言是不可分割的，即《保险法》对于保险合同有特殊规定的，首先应当适用《保险法》的规定；而《保险法》未有规定的，就应当适用其上位法——《合同法》的有关规定。具体到互联网保险领域，实践中依然产生了新现象和新问题，如认定投保人履行如实告知义务和保险人履行条款说明义务的内容和标准；认定保险合同的成立与生效的标准和时间；投保人和被保险人的身份认定；保险责任开始的时间等，相应地，需要重新制定法律规则。其中，理论界和实务界争议最大的当属互联网对保险合同成立与生效的影响。

由于互联网保险就是利用现代信息技术——互联网传输技术从事保险业务活动，它区别于传统的保险交易活动的特色，就是以虚构的商业保险环境，跨越了时间和空间局限而实现高效率、无纸化的保险交易。这不仅改变了保险交易模式，也必然使当事人签订保险合同的情况发生变化，从而引发保险合同成立与生效环节的新问题。

无论是借助电子保单销售保险合同，还是针对互联网市场推出创新型保险产品，其涉及的保险合同关系均是无纸化的数据电文形式表现的合同内容，取代了传统的纸质合同文本。不过，借助互联网技术而兴起的电子商务在便利社会公众购买保险产品，提升保险缔约效率的同时，也随之带给保险实务和司法实践新的问题：如何认定互联网环境下的保险合同成立与生效，能否适用《合同法》规定的一般性法律标准。这在保险法理论界和实务界争议颇大，存在着收费说、激活说、预约与本约说、买卖说等[1]。

---

[1] 所谓收费说，认为利用互联网销售保险产品的保险公司收取了投保人缴纳的保险费，应当视为其同意承保。因此，相应的保险合同应当自保险公司收到保险费之时成立和生效。所谓激活说，认为互联网环境下订立保险合同过程中，投保人缴纳保险费属于签约所需的要约，而投保人按照保险人设计的签约步骤和操作流程完成操作过程，直到最终点击“同意”键或者将自助保险卡在互联网系统上激活时，为保险合同成立和生效的标志。而预约与本约说，则是主要针对电子保单范围内适用的自助保险卡模式，提出自助保险卡的交易（购卡交易）环节属于订立保险合同的预约，而电子交易双方各自在互联网上实施的激活自助保险卡和生成保险单的环节才是订立保险合同的本约，故应当认定生成保险单之时为保险合同的成立和生效。至于买卖说，则提出购买自助保险卡属于一个买卖合同的订立，该买卖过程完成之时就是其所涉及的保险合同的成立和生效的时间。

笔者认为，重新构建互联网环境下，认定保险合同成立与生效之标准仍然应当以《合同法》有关保险合同成立与生效的一般法律标准为基础。按照合同法理论，“合同是两人或多人之间，就某种特定事项作为或不作为所达成的一种具有约束力的协定”[1]，强调的是当事人双方之间意思表示一致的“合意”。这意味着任何一个合同关系的建立，均必须经过“当事人双方相互交换意思表示的过程，法律上称之为要约和承诺”，最终达成协议的过程[2]，包括适用于保险市场的保险合同。这决定了《合同法》的一般性法律规则应当适应保险合同成立与生效的特殊规律。尤其是互联网环境下得到逐渐推广使用的电子保单，决定着相关保险合同的成立与生效必然有别于传统的合同类型，需要重构用于认定电子保单涉及的保险合同成立与生效的法律规则，以此促进合同法律制度的进步和发展。正是在此意义上，笔者提出，应当采取“承诺说”来认定互联网环境所涉及保险合同的成立与生效。

所谓“承诺说”，就是根据互联网传输技术的操作特点，认定保险公司将其事先拟订的格式化保险条款以销售为目的来向不特定的社会公众予以公开和销售的行为，完全符合我国《合同法》第 15 条规定的符合要约条件的商业广告形式，应当认定为保险公司向不特定的社会公众提出订立保险合同的要约，而投保人提出保险要求，按照保险公司设计的投保操作流程而实施的操作行为，则构成订立保险合同所需的承诺，保险公司在互联网终端上收取投保人提交的投保单之时便为上述承诺的生效，依据《合同法》的规定，引起保险合同的成立与生效。

第二，就保险法与金融监管制度的适用关系而言，着眼于大金融领域，保险业是金融市场的组成部分，与此同理，互联网保险也就属于互联网金融的范畴。伴随着我国进行渐进式金融体制改革，金融市场的建设取得的巨大成就，便是初步形成了以中央银行为领导，以全国性商业银行为主体，区域性商业银行、政策性银行和证券、信托、保险等非银行金融机构以及外资金融机构并存的现代金融组织体系，如今的由网上银行、网上支付、P2P 信贷等依托网络信息技术而构成的互联网金融亦被纳入现代金融体系的范畴。

金融市场以其向社会公众提供各种金融产品的交易活动，实现经济领域的多元化资产组合、优化融资结构的作用而使其在我们的经济生活中的角色地位日益重要。各类银行、证券公司、信托公司和保险公司等以参与金融市场交易活动为职业者，因其提供的各类金融产品，特别是其诚信水平、经营水平、服务质量等直接关系到参与金融交易活动的相对人作为金融产品需求者的目的能

[1] 刘瑞复主编：《合同法》（第二版），群众出版社 1999 年 9 月版，第 49 页。

[2] 王家福主编：《中国民法学·民法债权》，法律出版社 1993 年 11 月版，第 279 页。

否得到实现，更与金融市场的稳定发展息息相关。由此催生了金融监管制度，各国政府出于应对金融风险，预防金融危机，维护金融市场秩序，提供金融经营效率的目标，对本国的金融业和金融市场实施相应的金融监管，其中，保险监管当是金融监管的组成部分。可见，“现代金融监管就是为了维护金融体系的稳定运行，为经济发展提供良好的宏观环境和信贷支持，由政府通过特定的组织（中央银行或金融监管当局）对金融行为主体进行一定的规范限制，它属于政府管制的一种，是现代市场经济和金融制度结构的基本要素之一”❶。

互联网保险作为“互联网＋”的具体表现，无疑是拓展了保险市场而形成的新领域，它并非保险这一传统行业和互联网的简单结合，而是利用互联网对保险行业的再造，产生新的商业保险模式，是现代保险业发生的本质上的变化❷。这就现有金融监管体系而言，显然构成监管的空白区域，形成新的监管需求。因此，建立互联网保险的监管制度，将其纳入现代金融监管便是我国保险市场、甚至是金融市场领域的新课题。

在此意义上，构建互联网保险的监管制度，就必须妥善处理其与金融监管体系之间的适用关系。具体表现在，互联网保险的监管制度不仅要服从金融监管的目标，执行金融监管的基本原则，更应当在监管的内容、方法和手段上与金融监管保持协调。同时，还必须针对互联网保险的本质特征来建立适合互联网保险稳定运行和正常发展的规范制度体系。

以此为标准，中国保监会 2015 年 7 月 27 日发布《互联网保险监管暂行办法》。不难看出，该《办法》的规范内容在保持我国金融监管的三大内容❸和我国目前的集权多头的分业监管模式❹的基础上，坚持保险业的根本属性，针对互联网保险的特点，对我国现有的保险监管规则进行了适当的延伸和细化，从互联网保险的经营条件、经营区域、业务范围、信息披露、监督管理等环节，规定了从事互联网保险业务的基本经营规则。一方面，明确了参与互联网保险业务的主体定位，即保险机构的总公司对互联网保险业务负总责，实行集中运营、统一管理的经营模式（禁止以分公司名义对外经营互联网保险业务，分公司可以承担出单、理赔、客户服务等落地工作）。另一方面，具体规定了互联网业务的销售、承保、理赔、退保、投诉处理及客户服务等保险经营行为，应由保险机构管理负责，第三方网络平台可以为互联网保险业务提供网络

❶ 李早航著：《现代金融监管——市场化国际化进程的探索》，中国金融出版社 1999 年 9 月版，第 21 页。

❷ 参见周鸿祎著：《“互联网＋”是一场化学反应》，载《环球时报》2015 年 3 月 27 日，第 5 版。

❸ 现代金融监管内容包含从市场准入监管、市场运行过程监管和市场退出监管的三部分内容。参见宋玮主编：《金融学概论》（第三版），中国人民大学出版社 2011 年 3 月版。

❹ 目前，我国的金融监管体制属于集权多头的分业模式。参见宋玮主编：《金融学概论》（第三版），中国人民大学出版社 2011 年 3 月版，第 274 页。

技术支持服务的规则体系。

这标志着中国互联网保险监管制度的正式出台。但客观地说，该《办法》作为一个分类监管规章自2015年10月1日开始适用的三年间，只能是互联网保险监管制度的尝试，还必须根据互联网保险的发展变化不断地进行修改、完善、调整，特别需要关注互联网保险运行中因现代信息技术引发的特殊风险因素，诸如保险消费者的身份识别、资格限制、信息披露和信息安全，对互联网平台和互联网服务提供商的资格条件、信息披露、诚信确认等，均需进行相应的法律监管，逐步提高其科学性和可操作性，直至形成正式的互联网保险监管制度。

不仅如此，笔者建议在互联网保险领域设置更为有效的监管措施，确保互联网保险运行的安全和高效。首先，互联网保险存在诸多区别于传统保险营销模式的特殊性而形成的新型保险服务方式下出现的理财型保险产品收益的不确定性，保费等各类费用的网上扣付、退保的申请和生效等网上操作也会增加发生纠纷的概率，互联网作为现代信息技术的特点使得互联网保险存在不同于传统保险服务的特殊风险形式，“例如病毒感染、资料遭篡改或被窃、账户被盗用等，许多不安全的因子在整个网际网路上扩散着”[1]等情况，因此应构建专门适用于互联网保险领域的风险预警机制。保险监管机关不仅要督促参与互联网保险经营的市场主体在各自内部建立有效的风险控制和风险管理制度，及时收集互联网保险领域的各种信息、数据，并进行科学的风险分析和判断，选择相应的风险管理方法，制订和实施风险控制方案；更应当从保险市场的总体角度，建立网上风险预警系统，分析和公布互联网保险领域的风险参数，必要情况下及时发布风险预警信息，提醒互联网保险企业和保险中介机构及时采取应对风险的措施。同时，保险监管机构对于参与互联网保险经营的保险企业和保险中介机构，进行分门别类的风险管控，从前置角度预防互联网保险企业因风险过大而发生的偿付困难。

其次，建立互联网保险产品的备案制度。应当说，互联网保险的生命力，不仅来源于互联网技术带来的诸多特点，更在于互联网保险领域的产品和服务模式的创新。因为“产品创新是保险业务的起源，也是其他业务赖以存在的基础”[2]。借鉴传统保险市场上金融型保险产品增长过度的教训，应当通过保险监管在互联网保险领域控制住金融型保险产品的增长速度，赋予各家互联网保险企业向相应级别的保险监管机关备案其推向互联网保险领域的新型保险产品，以便保险监管机关整体上了解各类保险产品在互联网保险的分布和发展情

---

[1] 吴嘉生著：《电子商务法导论》，学林文化事业有限公司2003年10月版，第328页。

[2] 盛和泰著：《保险产品创新》，中国金融出版社2005年4月版，第1页。

况，将财产险、意外伤害险、健康险、普通寿险等保障型保险产品和具有理财功能的金融型保险产品的上市比例控制在合理的比例内，避免出现金融型保险产品的野蛮生长而削弱互联网保险应有的提供保险保障的社会功能。

再次，设置互联网保险产品的销售误导预防机制。大家知道，保险消费者最为反感的莫过于保险销售的误导，它在损害投保人、被保险人权益的同时，也损害和牺牲了保险人长远的社会信用和市场份额，故需要对互联网保险领域施加预防性监管，以免因其虚拟化、无纸化和一对多营销的服务模式，助长保险销售误导现象的出现。因此，保险监管机关应当重视互联网保险领域的销售误导预防机制的建设。即针对互联网保险的独特交易过程——交易界面的提供、客服人员在线解答、交易的确认以及网上交易后的回访等环节，不仅应当硬性要求保险公司设计在线服务程序时，必须履行全程留痕的义务，以便于投保人、被保险人和保险监管机关查询和取证。同时，保险监管机关也应当充分利用互联网技术手段进行介入性监管干预，诸如用监管规则要求互联网保险的经营者必须设置明确的禁用语，并对保险宣传内容和客服聊天记录加以后台监控，借助互联网屏蔽手段来防止违规宣传语发生逆向效果，从而防止互联网保险产品的营销人员在销售过程中进行“选择性宣传”操作，达到保护投保人、被保险人权益的作用。

此外，互联网金融运作过程中，需要更加完善的制度设计来保护保险消费者的权益。鉴于互联网保险是以数据处理手段来完成专业色彩极强的保险业务活动，保险消费者无法凭借一般的感官判断互联网保险服务的质量水平。加之，保险消费者需要持续一定过程后才有可能发现其存在的服务瑕疵。这意味着以消费者参与实体经济活动为前提的《消费者权益保护法》以及针对传统保险消费模式而构建的保险消费者保护体系难以对互联网提供的虚拟经济领域的保险消费者提供有效的法律保护，相应地，应当建设适应互联网金融运行需要的保险监管体系。

仅以金融隐私权为例，应当说，金融隐私权是民法上的隐私权制度与当今的互联网经济相适应而出现的新概念。它是由最初的民事主体享有的对其个人的与公共利益无关的个人信息、私人活动和私有领域进行支配的人格权[1]，已然伴随着现代信息技术在金融领域的融合和发展而突破了传统隐私权包含的单纯的人格利益，拓展为人格利益与财产利益并存的金融隐私权，“不仅仅体现它本身的隐私价值，更多地体现为一种对行使自由和自决的权利”[2]。这一金融市场与互联网传输技术相结合而出现的法律产物，不仅表明广大金融消费者

---

[1] 参见王利明主编：《人格权法新论》，法律出版社 1999 年版，第 487 页。

[2] 熊进光著：《现代金融服务法制研究》，法律出版社 2012 年 7 月版，第 115 页。

日益增强的权利意识，也反映出众多参与互联网金融（保险）活动的个人、组织以及提供电子商务服务的电商等日益强烈的不安全感和保护意识。其在互联网保险领域以及整个社会经济活动中已不再是仅仅维系人与人之间社会交往的工具，更是进行商事活动管理和实现经济利用价值的手段。同时，此类数据化信息资料也因涉及面广、其主体的自主支配能力弱化而极易遭受不法之徒的恶意窃取和使用，故而能否借助保险监管机关对于互联网保险领域的监管来保护众多保险消费者的隐私经济利益就是亟待解决的课题。

故而建议，一则保险监管机构应强化参与互联网保险业务的保险公司所应承担的保密义务。具体是在《保险法》有关保险人负有保险义务之规定的基础上，借鉴美国 1999 年《金融服务现代化法》[1] 的立法经验，不仅要求保险公司及其员工在互联网保险范畴内负有尊重并保护保险消费者信息资料的义务，应当维护保险消费者的所有信息数据的机密性和安全性，还应当明确规定保险公司不得向第三方披露保险消费者的信息资料。但也要根据实际需要明确规定允许保险公司披露的例外情况。二则，建立保险消费者在互联网保险领域的金融隐私权的救济制度。不仅明确赋予保险消费者在互联网保险活动中依法享有的知情权[2]和选择权[3]；还要根据保险活动的实际情况，赋予保险消费者在其终止与保险公司之间的互联网保险关系时收回个人信息资料的权利。当然，建立侵害互联网金融的保险消费者的侵权责任制度，也是保护互联网金融保险消费者的必要内容。

（二）保险立法与公司法、农村用地制度的和谐适用是农业保险经营的法律保障

国务院于 2012 年 11 月 12 日公布的《农业保险条例》（2013 年 3 月 1 日施行）标志着我国农业保险的发展进入了一个新的阶段。该《条例》第三条根据我国农业生产的发展需要农业保险的现实，确立了“支持发展多种形式的农业保险，健全政策性农业保险制度”，“农业保险实行政府引导、市场运作、自主自愿和协同推进”，并授权“省、自治区、直辖市人民政府可以确定适合本地区实际的农业保险经营模式”。我国的农业保险以此为依据，意味着关于我国农业保险发展模式的争论暂告一段落，有利于引导我国农业保险逐步摆脱“农民需要农业保险却买不起，而保险公司经营农业保险却赔不起”的尴尬境地，步入正常、稳定发展的轨道。

---

[1] 美国国会于 1999 年 11 月 12 日颁布《金融服务现代化法》，用以适应美国金融业进入混业经营时代的需要。

[2] 所谓知情权是指享有知悉保险公司收集、处理、传递、利用和披露其信息的内容、范围，并允许保险消费者进行查询的权利。

[3] 所谓选择权是指保险消费者有权选择是否允许保险公司向第三方披露其信息资料（法定的可以不经其选择的情况除外，如司法机关向保险公司查询有关客户的信息资料）的权利。

“我国是农业大国，农业经济的发展是整体国民经济发展的基础，而农业保险在为农民解决后顾之忧，提高农业生产积极性方面，起着非常重要的作用，因此应该大力发展农业保险。”[1] 但要将该《条例》的规定精神和法律规则切实落实到发展我国农业保险的实践之中，还需要付出大量的辛勤劳动。其中，尽快出台与农业保险发展的配套法律法规就是一项具体的工作内容。原因之一是该《条例》仅仅从总则、农业保险合同、经营规则和法律责任等四个方面规定了涉及农业保险运行的基本规则，尚需要更具实操性的具体规则加以细化，也应当与配套的法律制度相互衔接，创造和谐、配套的法律适用环境。原因之二是，农业保险因其所针对的农业风险的特点而形成不同于其他保险领域的特殊性，集中表现在农业风险的不确定性和复杂性、伴生性、区域性和季节性，使得农业保险具有明显的弱可保性，导致农业保险的经营结果往往是经营者因赔付率较高而获取微利甚至是亏损。若想消弱甚至避免由此对农业保险产生的负面影响，增强其对农业生产活动的保险保障作用，就需要在农业保险领域施加特殊的措施。与此相适应，建立特殊的法律制度便成为固定和保护这些措施正常稳定适用的必要手段。笔者仅就以下两个问题发表有关保险法与相关法律和谐适用的看法。

1. 相互保险机构的发展需要《保险法》与《公司法》《合作社法》的相互配合适用

概括各国农业保险发展的经验，针对农业保险的上述特点，很多国家除了采取财政补贴、税收优惠等支持措施外，发展相互保险制度是很好的选择，因此，相互保险公司成为与股份有限公司并存的两大类保险公司的组织形式之一，并主要适用于农业保险领域。中国的农业保险发展方面许久以来就是一个存争的话题，有的学者认为，应当以政策性保险的模式为主[2]；有的学者认为，以互助合作保险为主[3]；有的学者主张，应该以国家农业保险公司为主体，以农业保险互助合作组织为基础[4]；更有不少学者的观点是，建立政策性、经营性和互助性并存的“混合型”保险[5]。笔者的一贯看法是，鉴于我国各地的经济发展水平不尽相同，农业生产又呈明显的地域性，农业保险应当建

---

[1] 孙祁祥著：《保险学（第五版）》，北京大学出版社 2013 年 3 月版，第 190 页。

[2] 见刘愈著《政策性保险——中国农业保险的发展方向》，庹国柱、C. F. 弗瑞明翰主编：《农业保险：理论、经验与问题》，中国农业出版社 1995 年 2 月版；张长利著《政策性农业保险法律问题研究》，中国政法大学出版社 2009 年 8 月版。

[3] 见杨生斌、王敬斌著《论中国农村保险组织制度安排》，庹国柱、C. F. 弗瑞明翰主编：《农业保险：理论、经验与问题》，中国农业出版社 1995 年 2 月版。

[4] 见赵春梅著《重新构造我国农业保险体系》，庹国柱、C. F. 弗瑞明翰主编：《农业保险：理论、经验与问题》，中国农业出版社 1995 年 2 月版。

[5] 见侯军岐著《对发展农业保险困境及出路的思考》，申曙光著《中国农业保险经营的困难与体制改革》，庹国柱、C. F. 弗瑞明翰主编：《农业保险：理论、经验与问题》，中国农业出版社 1995 年 2 月版。

设多类型、多层次的体系。其中，应当以包括着相互保险公司和相互保险合作社的相互保险组织为主体[1]。

根本原因在于，农业保险就是在农业的生产和再生产过程中进行的一种国民收入再分配。即将同样面临农业生产风险的农业生产单位和农民个人组织起来，建立以相互补偿为目的的保险基金，对于承保范围内的灾害损害加以经济补偿。这意味着相互保险组织形式作为非营利的保险组织恰恰集中体现了以互助共济为特征的保险本质。如果分析相互保险组织的法律构成，可以发现它的参与者是基于自愿而通过缴纳保险费的形式向其进行投资，并从中获取保险保障的社会组织体。这些参与者同样都具有三种身份——投保人、被保险人和社员。相应地，大家在相互保险组织内部形成保险保障权利与社员权的统一，能够避免一般情况下存在于商业保险公司与保单持有人之间的利益冲突，具有预防和控制道德风险的优势。

显然，借鉴世界上已经开办农业保险的40余个国家的经验，将相互保险组织引入我国的农业保险领域符合我国国情和经济发展的实际需要。不过，由于各地经济发展水平的差异性，相互保险组织的形式也不能一概而论。对于经济发达地区的农民来讲，可以采取相互保险公司为主的模式；而在经济欠发达地区的农民，则应以相互保险合作社作为经营农业保险的主要形式。

在保险实务中，中国保监会在对比分析国内外农业保险发展情况的基础上，于2003年11月制订了《建立农业保险制度的初步方案》，确立了我国农业保险发展的“多层次体系，多渠道支持、多主体经营”的方针，并于2004年在全国范围内开展农业保险的试点，包括采取相互保险公司经营农业保险。于是，2005年1月11日，阳光农业相互保险公司率先成立。其治理模式实行成员代表大会并下设董事会和监事会，而管理体制则实行双层治理、双层经营，即以公司统一经营和保险社互助经营相结合的以会员为单位的自上而下管理和运营[2]。当然，互助保险的理念已经逐渐为我国公众所接受，故而目前有10余家准备筹建的相互保险公司正排队等待中国保监会颁发牌照，其中，2015年4月由新国都、汤臣倍健、腾邦国际、博晖创新等4家创业板公司发起设立的相互人寿保险公司便是一例。同时，中国还存在着非公司形式的、其业务范围不限于农业保险的相互保险组织，如宁波慈溪保险互助社、中国渔业互保协

---

[1] 见贾林青著《中国农业保险经营模式的选择》，贾林青、许涛主编：《海商法保险法评论（第二卷）》，知识产权出版社2007年8月版。

[2] 目前的阳光农业相互保险公司的经营范围不限于农业保险，还获准经营机动车商业保险和交强险，且于2009年获准设立广东分公司，使其经营区域不受黑龙江省的限制。因此，该公司只是在种养两业险方面采取相互保险模式经营，并非整体的相互保险经营运行。

会、中国船东互保协会、中国职工保险互助会等。另据媒体报道[1]，由泛华保险公司作为独立调查机构于2010年在e互助平台推出的家庭守护抗癌无忧计划，便是采取互助保险模式的抗癌公社；2015年5月前后，在“必互相互保险组织群”出现了“必互全民互助计划产品”，其创始人还根据中国保监会于2015年2月出台的《相互保险组织监管试行办法》的要求，向保监会递交了筹建相互保险公司的材料。实践证明，我国不仅存在相互保险组织的事实，也有着一定的适用和发展相互保险组织的社会基础。

但是，目前在我国农业生产等领域发展相互保险的最大缺陷却是缺少法律的支持，可谓“万事俱备，只欠东风”。从现行《保险法》的规定内容来看，并未提及“相互保险”或者“互助保险”，而我国《公司法》所规定内容限于有限责任公司和股份有限公司，不能够适用于相互保险公司。此外，迄今为止仍没有涉及相互保险组织的法律法规。因此，形成了阳光农业相互保险公司从2005年获准成立至今的经营运行始终处于无法可依的尴尬境地。而保监会发布的《相互保险组织监管试行办法》作为一个部门规章，立法层次过低，不可能对有关相互保险组织的工商、税务等部门的管理行为产生约束力。

所以，要想发展我国农业保险等领域的相互保险组织制度，尽快出台有关相互保险组织的立法就是必要的前提条件。为此，笔者建议，方案一是借《保险法》的新一次修改工作，增加有关相互保险组织的规定，确立相互保险公司和其他相互保险合作社等组织类型。方案二是在《保险法》以外，授权国务院制定《相互保险组织条例》作为其下位法，专门用于规范相互保险组织的类型、各自的设立条件、设立程序、组织机构、运营规则、运营范围、退出机制和监管规则等。同时，需要强调的是，无论是将相互保险组织制度纳入《保险法》之中，还是制定单行条例，均应当注意与《公司法》等相关立法的协调，不得与《保险法》《合作社法》有关公司或者合作社的组织类型、法律地位等一般规定相抵触。

2. 农村用地上的“三权分置”制度对我国农业保险的影响

众所周知，“三农”是中国经济社会发展中名列前茅的问题，而农村土地制度改革作为基础事宜而为人所关注。因此，中共中央于2014年10月通过的《关于引导农村土地经营权有序流转发展农业适度规模经营的意见》（以下简称《意见》），提出将农村集体土地所有权、承包权、经营权“三权分置”的政策，就具有十分重要的社会意义。笔者认为，这一政策的实施有利于进一步深化农村土地制度改革，是贯彻十二届四中全会提出的依法治国精神，实现农业领域依法治国的重要举措。

[1] 详见丁萌著：《相互保险：颠覆还是完善》，《中国保险报》2015年7月14日。

按照《意见》的规定精神，笔者理解农村土地经营权，指的是非农村土地承包权人的法律主体依据其与承包权人签订的农村土地流转合同而取得的在约定期限内享有的，对特定范围内的承包土地进行农业生产经营的权利。显然，《意见》关于农村土地经营权的提法是适应中国经济发展，尤其是深化农村土地制度改革的需要而首次出现的全新概念，具有明显的中国特色，并区别于已有的农村土地集体所有权和承包权等法律概念。并在此意义上，围绕着农村集体所有的土地，出现了农村集体所有权、农村集体土地承包权和农村集体土地经营权并存的“三权分置”新局面。

因此，考虑我国农业保险的适用和发展问题，必然要涉及因农村集体土地经营权的制度内涵、法律属性以及其对农业保险可能产生的影响，以便适应农村用地制度的“三权分置”变化，让农业保险更好地服务于我国的新农村建设。

首先，对农村土地经营权的法律性质的认识。结合我国农村经济体制改革和农村土地流转的实践，农村土地经营权应当具备如下特点：其一，农村土地经营权是适用于农村用于农产品生产经营的土地，即用于各种农产品、经济作物和林产品的种植经营的耕地、山地和林地等，而农村居民生活所需的宅基地和农村的工商企业用于工商业经营用地等均不属于农村土地经营权的适用对象。从而，界定了农村土地经营权的适用范围。

其次，农村土地经营权的产生方式是多元化的。就我国农村土地实际运用的情况来讲，农村土地的流转不仅势头加快，规模不断扩大，并有形式多样化的发展态势。包括农村集体经济组织成员之间的转包，或者向合作社、工商业的龙头企业等新型农业经营主体的流转，也有用出租、股份合作等形式实施的土地流转。

其三，农村土地经营权的权利主体构成呈现出多样性。与农村土地流转方式的多样性相适应，农村土地经营权不同于农村土地承包权为单一的农村集体经济组织的成员所构成，而是具有多样性特点。可以是农村土地承包户以外的其他农村集体经济组织的成员，或者是以农村土地经营权入股组建的合作组织，也可以是愿意种地的城镇居民、工商企业等，以便满足构建集约化、专业化、组织化、社会化相结合的新型农业经营体系的需要，并促进新型农业生产经营主体的培育。

其四，农村土地经营权的权利内容。要准确地归纳农村土地经营权的权利内容，就应当根据开展农业生产经营活动的要求，并体现该类权利与农村土地集体所有权和农村土地承包权的区别。围绕利用农村土地开展的农业生产经营活动，农村土地经营权人对特定农村土地的占有和使用应当是该权利的基础；根据权利人与土地承包权人的约定而获取农村土地生产经营所得利益则是取得和行使该权利的目标所在；此外，农村土地经营权人还应当有权在与承包权人的约定条件下，将经营的农村土地转让给合格的第三人。可见，农村土地经营权的权利内容包括占有权、使用权、收益权和转让权，按其法律性质应当属于用益物权。因此，应当将农村土地经营权纳入“我国《物权法》在第三编对用益物权进行了科学化、体系化的整合”[1] 而确立的用益物权体系之中。

还有农村土地经营权之适用环境的特殊性。按照《意见》所设计的农村土地的所有权、承包权、经营权的“三权分置”模式，农村土地经营权作为其中的独立成员，置身于特殊的适用环境。（1）农村土地经营权得以成立和适用，是以农村土地集体所有权、承包权的存在为前提的。（2）该权利的适用是以权利人与土地承包人之间签订的土地经营合同为根据的。（3）该权利的存在是以依法办理土地经营权的登记为标志的。

时至今日，中共中央提出农村土地经营权政策，不仅是由于理论界有关允许农村土地流转的呼声日益高涨，更缘于我国经济发展的新形势和农村土地运用的实践需要，如何解决社会关注的“谁来种地”的问题。因为，一方面在我国工业化、城镇化快速发展的形势下，大量人口和劳动力离开了农村，原来家家户户种地的农民出现了分化，越来越多的承包农户不经营自己的承包地而进入了城市。数据显示，2013 年全国的农民工近 2.7 亿人，约占农村劳动力总数的 45%，其中外出 6 个月以上的农民工达到 1.7 亿人，占农村劳动力总数的三成，这导致农业生产领域缺少劳动力。另一方面，随着城市用工制度的改革，将就业目光转向农村领域的城镇居民不断增加，而农村土地流转的迅速发展也为满足这些就业需求提供了发展空间。截止到 2014 年 6 月，全国家庭承包土地的流转面积为 3.8 亿亩，占家庭承包土地的 28.8%，比 2008 年年底提高了 20 个百分点。可见，在我国的大多数地区，实行农村土地承包权与经营权分置的条件已经基本成熟。

3. 应当充分认识到农村用地过程中的“三权分置”，将会给农业保险带来的影响

不可否认，农村用地过程中的“三权分置”不仅在《物权法》上增添了新的用益物权类型，也必然会对农业保险的适用产生相应的影响。这就要求农业保险的经营者应当予以重视，并在农业保险实务中加以应对。

其一是在农村用地过程中的“三权分置”依据《物权法》和其他相关法律的规定，必然是针对农村集体土地所有权、承包权和经营权而各自的权利义务内容不尽相同。因此，农业保险的经营者应当按照农村用地的“三权分置”的法律结构，分别设计相应的、内容各异的农业保险险种，用以适用不同权利人

---

[1] 王利明主编：《民法（第四版）》，中国人民大学出版社 2008 年 4 月版，第 262 页。

投保和获取保险保障的需要，也能够丰富农业保险领域的保险产品种类，并向各类农村土地的权利人提供多样化的农业保险服务。

其二是农村用地过程中的“三权分置”会使得农村用地的法律关系呈现为多重法律关系并存，故而，适用农业保险时，就必须按照保险立法来区分参与保险活动之相对人的身份地位（是农村集体土地的所有权人，还是承包权人，抑或是经营权人），并用法定的条件衡量其是否具备必要的资格条件，能否投保相应的农业保险，并成为农业保险的投保人或者被保险人，确保农业保险关系的有效成立，以免建立农业保险的目的落空。

其三是农村用地中的“三权分置”意味着三类不同权利人的法律地位各不相同。相应地，各自拥有的保险利益的内容和范围也会有所区别。因此，农业保险的经营者在具体的农业保险业务活动中需要按照农村集体土地的所有权人、承包权人和经营权人各自与保险标的之间的保险利益的内容和范围来确定农业保险的保障范围，避免出现“道德危险”，维持农业保险市场的有序发展。

4. 针对农村土地经营权对农业保险存在的影响，农业保险运营时应当注意其与相关法律制度的和谐适用关系

中共中央通过的农村土地经营权政策，只是指明了我国农村土地制度的发展走向是农村土地集体所有权、承包权和经营权的“三权分置”。不过，由于农村用土制度的“三权分置”势必改变农村用地的关系结构，出于维持农村用地制度的稳定发展，切实落实“三权分置”政策，发挥其应有的社会效果，需要进行相应的制度建设，而农业保险的适用也就需要与这些配套的法律制度予以配合。

一是用相应的立法将该项“三权分置”政策予以固定，并使其成为调整规范农村集体土地所有权、承包权和经营权活动的法律依据。当前，有关农村土地经营权仅仅是通过中共中央文件的形式来表现的政策，这只是建立和实行农村土地经营权制度的第一步，还需要借助立法形式将该项政策加以固定，并为现实中行使土地经营权活动提供具体的法律准则。笔者建议，尽快出台《农村土地经营权流转法》，就农村土地经营权的法律内涵、适用范围、主体资格、土地经营权的产生途径和生效标准、行使方式、保障和救济等问题做出明确规定，特别要对农村土地经营权与集体所有权、承包权之间的分置关系予以明确。因此，在农村用地过程中适用的农业保险就必须与该立法的规定内容相一致，避免出现法律冲突。

二是建立农村土地经营权登记制度，以便让农村土地经营权有据可查。《意见》提出建立新型职业农民制度的目标，说明农村土地经营权的权利人会明显地区别于承包权人，表现为大多数的经营权人是来自农村土地承包权人所在农村集体经济组织以外的个人或者工商企业。这意味着农村土地经营权人有

着突出的流动性和变动性而缺乏土地承包权人的稳定性。从而，出于维持农村土地经营权关系的稳定发展，提升经营权人的信用水平，建议针对农村土地经营权建立有效的登记管理制度，实行县乡两级登记体系，这样才能够适应土地经营权制度的社会化发展需要。

因为，将农村土地经营权登记纳入农村土地经营权的适用范围，与农村土地经营权制度相配套，并将登记范围统一覆盖所有的农村土地经营权。不仅能够从宏观角度把握农村土地的流转规模、变动情况以及发展走向，为完善农村土地流转制度提供重要依据，也可以为广大社会成员参与农村土地流转，发展扩大职业化农民队伍，引导土地资源走向规模化经营而发挥重要的参考作用。此外，对农村土地经营权实行登记，借助颁发权属证书而有利于填补不实行登记的农村土地承包权适用中所存在的面积不准、四至不清的缺陷，充分保护当事人的合法权益。与此相适应，适用于农村土地的农业保险也可以借助农村土地的权属登记证书，确定相对人的法律身份，判断其是否与保险标的存在保险利益，维持农业保险合同的有效适用。

三是推广农村土地流转合同的适用，用以确认农村土地承包权人与经营权人各自的权利和义务，平衡彼此之间的利益冲突。客观地讲，农村土地在承包权人与经营权人之间的流转并因此产生经营权的活动，实质上属于平等主体之间的民事流转行为，需要以法律形式对其加以固定、调整、规范和保护。笔者认为，农村土地流转时采用农村土地流转合同是较为可行的做法。

而要充分发挥农村土地流转合同的规范调整作用，就应当确认农村土地流转合同属于民事合同的具体类型，与其他民事合同一样，其适用中应贯彻自愿原则、有偿原则，目的是借助农村流转合同的适用和普及，构建承包权人与经营权人间平等的权利义务关系，保护各自的合法权益，从而在坚持农村土地集体所有制度的基础上，引导农村土地的有序流转，提高农村土地的经济效益。因此，切忌各级政府用强迫命令形式来推广农村土地流转合同的适用。当然，各地县乡级政府可以聘请法律专业人士针对本地区的实际情况拟定农村土地流转合同的范本，指导承包权人和经营权人在农村土地流转中自愿采用。而双方当事人所签订的农村土地流转合同也就成为农业保险经营者在签订农业保险合同时需要参考的重要资料。

四是健全农村土地流转的监督检查机制，确保农村土地的适度规模经营，防止农村土地出现“非粮化”“非农化”的情况。由于我国的农村土地是有限的自然资源，只有珍惜地、科学地、高效地加以利用，才能保证经济社会的可持续发展。因此，对农村土地流转中产生的土地经营权的行使过程，必须施加有效的监督检查。笔者建议，各级政府可以由农业主管部门和其他相关部门建立跨部门的常设性机构，专司农村土地流转的监督检查之职，可以就本地区或者跨地区的流转下的农村土地的生产经营情况定期或者不定期地进行检查，监督国家鼓励粮食生产的倾斜政策的贯彻实施，发现“非粮化”“非农化”的问题，就必须依职权及时纠正，从而引导新型职业农民们依法行使农村土地经营权，确保流转下的农村土地用于粮食生产，保证粮食生产规模化，实现我国的粮食生产战略。同样，适用于农村土地流转的监督检查机制也会成为农业保险经营时必不可少的风险预警手段。

（三）“以房养老”保险制度的推广发展需要保险立法与相关法律制度之间的配套适用

中国作为世界第一人口大国，60 岁以上的老年人口现为 2.5 亿，约占我国 14 亿总人口的 17%，表明我国的人口老龄化趋向日益突出，进入老龄化社会已是不争的事实。由此使得我国养老保障体系存在的问题逐步显现，这意味着发展养老事业已经成为我国社会发展过程中亟待解决的当务课之急。正如有的专家所说的“从某种意义上讲，‘未富先老’的中国比世界上任何国家的养老问题都更加严峻，庞大的老龄人口将成为决定未来中国经济发展各种重要因素中的重中之重”[1]。于是，国务院于 2013 年 9 月发布了《关于加快发展养老服务业的若干意见》，确立的目标是：“到 2020 年，要全面建成以居家为基础、社区为依托、机构为支撑，功能完善、规模适度、覆盖城乡的养老服务体系。”要求相关的 20 个政府机构和部门“在制定相关产业发展规划中，要鼓励发展养老服务中小企业，扶持发展龙头企业，形成一批产业链长、覆盖领域广、经济社会效益显著的产业集群”。

笔者认为，值此大力发展养老事业之时，商业保险业应当凭借其保险保障功能来成为中国养老产业集群的一分子。因为，社会养老保险是由国家通过国民收入的分配和再分配实现的，其主要职能是为国民在年老后提供物质上的帮助，商业保险公司经营的养老保险责无旁贷是其组成部分。为此，“新国十条”将“创新养老保险产品服务”列为发展我国现代保险服务业内容之一，明文规定“开展住房反向抵押养老保险试点”。

所谓“住房反向抵押养老保险”，也就是俗称的“以房养老”，就是老人将其拥有所有权的住房抵押给具有资质的保险公司，其在生前继续居住该住房并从保险公司获得约定的养老费用（贷款），而在其去世后用该住房的价值归还上述贷款款项的养老保险关系。应当说，以房养老实质上属于社会机构提供的以房养老服务，它是老人生前对其拥有的房产资源进行的优化配置，利用其住房的寿命周期和自身生存余命的差异，通过让渡住房的权益（所有权或处置权

---

[1] 孙祁祥：《加快养老产业发展正逢时》，孙祁祥等著：《中国保险市场热点问题评析（2013—2014）》，北京大学出版社 2014 年 4 月版。

或使用权）而盘活存量住房来实现价值上的流动，即提前让死房子变现为补贴晚年生活的“活钱”。可见，“以房养老”是完善我国养老保障机制，增加养老服务的供给方式，构建多样化、多层次、以需求为导向的养老服务模式（而不是唯一）的具体类型之一。

客观地讲，“以房养老”泛指各种生前利用住房实现养老的运作形式，而住房反向抵押养老保险仅仅是其中借助保险公司实现养老的一种，其专业名称为“倒按揭”，它作为舶来品来自20世纪80年代中期的美国❶。如今，不仅在美国日趋兴旺，也在加拿大、英国、日本、新加坡等国家得到运用和发展。但是，这一养老保险模式在我国却呈现“叫好而不叫座”的局面。之所以说对“住房反向抵押养老保险”叫好，是大多数专家的观点一致：以房养老值得期待，它能够改善“有房富人，现金穷人”的“中国穷老人”的现状。但是，在广州、上海、北京、成都、南京等地的试点过程中，较早推出“住房反向抵押贷款”（或保险）的，购买者寥寥无几，甚至在深圳、合肥等多地的交易量为零。

究其原因，除了理论界和金融、保险业界提出的三点以外，相关法律制度的欠缺不能不说是重要影响因素。这些因素包括：①中国人的养老“靠儿不靠房”仍是主流观念，导致人们大多不看好“以房养老”；②养老机构的巨大缺口❷，让人们不愿意冒“有钱而无处养老”的风险，从而削弱了参加“以房养老”保险的愿望；③我国房价高度的波动性和不明郎的发展走向使得稳定的房价上涨预期难以形成，致使保险公司担心无法收回全额贷款。相关法律制度的欠缺则成为影响“住房反向抵押养老保险”难以推行的直接因素，这可以用“住房反向抵押养老保险”的试点历程加以证明：2003年3月，时任中国房地产开发集团总裁的孟晓苏提议开办“反向抵押贷款”寿险服务后，2006年由其筹建的幸福人寿保险公司就以试水“以房养老”作为目的之一，但因当时的《物权法》和《保险法》对开发该保险产品存在障碍而作罢。2013年9月国务院发布的《关于加快发展养老服务业的若干意见》和2014年6月中国保监会发布的《关于开展老年人住房反向抵押养老保险试点的指导意见》均明确了“开展住房反向抵押养老保险试点”，然而大多数保险公司都限于研究“以房养老”政策，对推出该保险产品却持观望态度。其涉及的法律层面的障碍包括现行的70年房屋产权的限制，保险机构不具备办理抵押贷款的资质而具备抵押贷款业务资格的商业银行又与保险机构各自经营，房产评估缺乏完善的制度规

---

❶ 倒按揭最早是由美国新泽西州劳瑞山的一家银行于20世纪80年代中期创立的，一般常说的倒按揭就是以美国模式为蓝本。

❷ 据统计，我国的城乡养老机构现有养老床位365万张，平均每50位老人不到一张床，且养老从业人员更是不足百万人。

则等。所以，直到 2015 年 3 月，经中国保监会批复的首个“以房养老”保险产品（幸福人寿保险公司的“幸福房来宝”）才正式投入保险市场。

因此，笔者认为，健全法律制度是解决“以房养老”保险当前推广困境的关键所在。这不仅包括“以房养老”保险本身制度设计应力求科学实用，更需要建立健全相关法律制度，与“以房养老”保险配套适用。具体提出如下想法。

第一，“以房养老”保险的制度内容所包含的抵押贷款环节，应当按照《物权法》有关抵押权的法律规则来构建。因为，就各地现有的“以房养老”保险的内容来看，老年人用于抵押的房产权利并不一样，有的是让渡抵押房产的所有权，有的是抵押房产的使用权，也有的是抵押房产的处分权。如此五花八门的抵押内容，不仅会造成“以房养老”保险的混乱，更有可能让人们误解“住房反向抵押贷款”是不是在《物权法》规定的抵押制度以外的另类制度。应当说，“住房反向抵押贷款”就是《物权法》上的抵押制度在养老保险领域的运用。借助抵押住房给保险公司而获得相应的款项，同时也不影响老年人对该房产享有的居住权。“由此，财产（尤其是不动产）的经济价值和经济功能被发挥到极致。”[1] 因此，设计“以房养老”保险制度，就必须符合《物权法》规定的抵押权制度规则，即自住房反向抵押贷款关系成立和生效之时起，该房产的所有权人让保有房产所有权，但该所有权包含的处分权在抵押期间受到限制。根据《物权法》第 191 条的规定，未经作为抵押权人的保险公司的同意，作为抵押人的房产所有权人不得处分该房产。而且，建立住房反向抵押贷款关系，依据《物权法》第 187 条的规定：“还应当办理抵押登记。抵押权自登记时设立。”从而在确保住房反向抵押贷款保险合同的效力的同时，也可以对外对抗第三人对该抵押房产的请求。

第二，“以房养老”保险应当将抵押贷款设计为养老保险金。原因是，保险实务界普遍认为，保险公司并非经营货币业务的商业银行，没有办理抵押贷款的资质。不过，这只是拘泥于“住房反向抵押贷款关系”的字面含义所做的解释。在现代经济社会环境下，住房反向抵押作为一种融资行为的适用范围比较广泛。如果房产所有权人将其房产抵押给银行而获取的款项当然是贷款，构成“住房反向抵押贷款关系”。如果房产所有权人将其房产抵押给保险公司而获取的对价条件就是向相对人支付养老保险金，构成“住房反向抵押保险关系”。只不过，保险公司需要根据保险运作的规律，考虑影响“以房养老”保险的诸多因素，运用精算技术来计算所应支付的养老保险金数额。既要尽可能降低保险公司自身的经营风险，也应当实现相对人追求的养老权益。因此，保

[1] 尹田著：《物权法》，北京大学出版社 2013 年 1 月版，第 513 页。

险公司的从业人员应当改变观念，不要把“以房养老”保险视为银行经营的抵押贷款业务。

第三，“以房养老”保险的保障内容，不应局限于支付养老保险金，而应扩大到老年人养老期间的照顾服务。相比较而言，老年群体借助“以房养老”保险获取养老保险金而有一个稳定的经济来源，只是老年人购买“以房养老”保险的基本要求，很多老年人的养老需求更为强调得到生活支援、精神慰藉和养生照顾、医疗服务、健康管理等。鉴于此，保险公司要想推广“以房养老”保险产品，就不能只把养老服务停留在给付养老保险金，而应当在扩大保险服务内容范围上加以突破。这可以借鉴台湾地区的保险公司销售“长期照护保险”的经验，将“以房养老”保险的保障内容扩大到养老照护的诸多方面，供老年人根据实际需要进行选择。既可以提高“以房养老”保险对老年人的吸引力，也有利于缓解当前养老产业为老年人群体提供的服务产品严重不足的情况。

第四，房产评估行业的主管部门应当就房产评估活动出台行业规则，以供保险公司在经营“以房养老”保险活动时作为聘任房产评估机构的依据。总结国外适用“住房反向抵押贷款”的经验，房地产评估机构参与其间，提供中立的、权威的房地产评估报告是确保老年人合法权益和降低保险公司经营风险的重要条件。而针对当前我国的房产评估行业因缺少统一的行业规则和房产评估业务平台而较少参与“以房养老”保险业务的情况，房产评估行业的主管部门应当就房产评估业务出台行业规则，制定房产评估机构的从业资格、业务标准、信誉等级、评估结果效力等规则，培养和树立房产评估行业的职业形象，以便保险公司在经营“以房养老”保险业务过程中，可以选择具备国家级评估资格的房产评估机构进行评估活动。并以其评估结果作为预测经营风险和给付养老保险金数额的主要依据。

第五，关于现行的 70 年有限房屋产权制度所涉及的价格风险以及房屋产权到期后的处置问题是导致“以房养老”保险推广不利的又一重要因素，当然，解决此问题的最佳方案，是国家对于 70 年房屋产权届满后的处置方法做出明确的规定。然而，无论有无明文规定，保险公司均应当变等待为主动在“以房养老”保险制度设计上寻找出路。建议一，借鉴美国的（补充型）“公共保险”制度（为避免老年人最终的融资总额超过其提供抵押的不动产价值的风险，政府设立“公共保险”来补充该差价部分），国家在发展养老事业中为鼓励保险公司积极推广“以房养老”保险，授权各地方政府设立养老公共基金来填补老年人抵押房屋与实际获取养老保险金的差价，以此填补保险公司经营“以房养老”保险的实际亏损。建议二，借鉴日本发展“以房养老”制度的“连带保证人”经验，在设立“以房养老”保险时，允许老年人的子女作为连带保证人参与“以房养老”保险。当老年人去世后，若子女负责偿还养老款项，则不必处置老年人抵押的房产；若出现房产抵押价值低于养老款项数额时，子女承担偿付责任的，就可以打消保险公司经营“以房养老”保险的顾虑。

（四）完善民事诉讼法等程序立法，为保险领域的诉讼财产保全责任保险制度的建立和完善提供法律条件

诉讼财产保全责任保险作为我国责任保险领域的新型产品，尚处于快速发展的阶段，因此，对其制度建设与完善提出了迫切要求。笔者认为，解决法律问题，就是构建诉讼财产保全责任保险制度的当务之急。

1. 统一诉讼财产保全责任保险的概念使用

由于该保险是我国保险市场上近年来出现的一个创新产品，加之对其法律性质的不同认识，导致该保险的概念存在着诸如，诉讼保全责任保险、诉讼保全责任担保、诉讼财产保全保证保险、诉讼财产保全责任保险等不同提法。

笔者认为，科学的提法应当是诉讼财产保全责任保险，唯有此才可以准确地体现该保险产品内在本质和外延范围。

理由之一，它的本质在于是一种新型的责任保险产品，而并非保险公司经营的担保业务。这表明该保险产品是按照责任保险的架构来设计的法律关系，是以存在于民事诉讼的保全环节的因错误保全而产生的保全申请人之赔偿责任的风险作为适用对象的保险产品。它是在传统责任保险产品之外形成的新型责任保险类型。因此，不应当将诉讼财产保全责任保险归纳到传统责任保险类型之内，而应当将其地位确立为独立的责任保险产品。特别需要强调的是，使用该名称也就表明其属于保险制度的组成部分，却不是保险公司提供的担保。原因是，两者体现着截然不同的制度价值。相比较而言，诉讼财产保全责任保险是以分散和转移诉讼保全申请人在民事诉讼的保全环节中的因错误保全而承担赔偿责任风险为目的。它显然属于保险公司正常的独立的保险经营内容，并不是为了担保另一个主债务的履行为目的的。而担保的适用价值则仅仅是以担保相应的主债的实现，它只能“是一种从属于债权关系的法律关系，不能游离开一定的债权而独存”[1]。按照我国现行《保险法》的规定，担保并非保险行业的经营内容，也就是说，保险公司是被禁止对外提供担保的。

理由之二，它明确界定了该保险的适用范围——财产保全，而排除非财产内容的保全措施。根据我国《民事诉讼法》第100条第一款有关“责令作出一定行为或者禁止作出一定行为”的规定精神，诉讼保全的措施已经不限于财产保全，而且新增加了行为保全措施，例如限制被申请人转让股权、限制被申请

[1] 董开军著：《债权担保》，黑龙江人民出版社1995年1月版，第10页。

人处境等。这显然是扩大了保全措施的范围，不仅是我国诉讼保全制度的改革，实现了我国诉讼保全的广度、深度，更加有利于维持法院裁判结果的权威性和严肃性。同时，也就对要求适用于保全领域的该保险产品必须使用科学、严谨的名称来体现其确切的内涵和外延，能够让人通过其名称便可对其内涵和外延一目了然。而我国民诉法学界更是将财产保全、行为保全和先予执行归纳为我国民商事诉讼的临时性救济制度[1]。为此，在该保险产品的名称中明确使用“财产”一词，意味着其保险保障的范围限于财产保全，而将行为保全等排除在其适用范围之外。

鉴于此，笔者提出应当将该保险产品命名为“诉讼财产保全责任保险”。这才具有科学性和严谨性，并充分体现该责任保险的内容本质。

2. 明确诉讼财产保全责任保险法律属性的认定

所谓诉讼财产保全责任保险指的是，保险人对于申请诉前财产保全或者诉讼财产保全的申请人，因申请错误而应当向遭受损害的被申请人或者第三人承担的赔偿责任而履行保险赔偿责任的保险关系。它作为全新的责任保险产品，不仅丰富了我国的责任保险市场，以其转移和分散诉讼财产保全的申请错误风险之价值而跻身于责任保险家族；更作为新的处置诉讼财产保全纠纷，借助其保险保障功能来保护被申请人或者第三人因错误申请诉讼财产保全而遭受损害的经济利益。

第一，诉讼财产保全责任保险是保险产品，并非保险公司提供的担保。

显然，诉讼财产保全保险属于处理“保全难”问题的新尝试，并与保护被申请人或者第三人合法权益的保全担保并存于诉讼保全环节。当然，能否充分地发挥其法律作用的首要条件，就是正确认识诉讼财产保全责任保险的法律性质。笔者的看法是，应当认定诉讼财产保全保险为典型的新型保险产品，并非保险公司提供的“担保”手段。理由是，诉讼财产保全责任保险与申请人依据我国《民事诉讼法》的规定而提供的担保虽然法律作用相近似，但却是分属于不同法律领域的法律活动。其中，诉讼财产保全责任保险属于责任保险的具体形式，是按照责任保险结构要求来构建，是建立在保险公司和作为投保人、被保险人的诉讼财产保全申请人与因错误保全申请而遭受损害的被申人或者第三人之间的保险权利义务关系。它是以保险法律规则为根据来独立运行，最终实现保护受害人合法权益的保障功能。特别需要说明的是，诉讼财产保全责任保险的法律构成与其保障因错误保全而遭受损害之受害人权益的适用目的相适应，其自成立直至保险公司因错误保全而履行保险赔偿责任之前，基于错误保全而形成的侵权之债并不存在。这与诉讼财产保全申请人按照担保法规则要求

[1] 江伟、肖建国主编：《民事诉讼法》（第七版），中国人民大学出版社 2015 年 9 月版，第 226 页。

而建立和运行的，向法院提供的处于从属地位的担保性质则截然不同。

不仅如此，就保全申请人提供诉讼财产保全责任保险与提供担保的各自制度价值而言也有着重要的区别。担保的适用是为了使债权人“得以从债务人或第三人的特定财产优先于其他债权人受偿，从而使特定债权不受债务人责任的有限性和债权人地位平等的限制，而得到更充分的保障，这也就使债的效力得到加强”[1]。这表明为诉讼保全提供担保的着眼点在于目标，则是强调借助保险人履行保险赔偿责任来加强保全申请人向因错误保全所遭受损害的受害人履行法律赔偿责任的能力，切实实现保护受害人合法权益的效果。故而，有必要将诉讼财产保全责任保险与申请人提供的担保加以区分，而不应当把申请人在申请诉讼财产保全之前提供的诉讼财产保全责任保险看作保险公司为申请人向法院提供的担保。

因此，对于目前在诉讼财产保全阶段适用诉讼财产保全责任保险时，法院以保险公司出具的“保函”作为确认诉讼财产保全责任保险之根据的做法就需要加以修正。其症结恰恰在于，保险公司为诉讼财产保全责任保险所出具的“保函”难以与担保公司为申请人提供的担保所出具的“保函”加以区分，极易按照担保公司用于代表提供担保“保函”的性质来认定保险公司作为诉讼财产保全责任保险凭证的“保函”，按照担保的作用来理解代表诉讼财产保全责任保险的“保函”之作用。鉴于此，笔者建议，出于界定和区分诉讼财产保全责任保险与担保的需要，保险公司应当用名为“责任保险承诺书”的书面函件取代现有的“保函”，在以此特定化代表诉讼财产保全责任保险的书面凭证的同时，也表明其与提供担保的“保函”的本质性区别。

第二，诉讼财产保全责任保险的适用需要《民事诉讼法》提供法律依据，用以确立其合法性。当前，致使很多学者和司法审判人员认为诉讼财产保全责任保险为担保的又一个原因便是现行的《民事诉讼法》以及最高人民法院《关于适用〈民事诉讼法〉解释》有关申请人申请保全所应采取的保障措施，仅限于提供担保。从而将诉讼财产保全责任保险视为担保的一种，甚或是不同于民法上之担保制度以外的特殊担保，也就不足为奇。然而，笔者认为，设立诉讼保全制度的宗旨，无非是保障民事诉讼的有序进行和确保审判效果的实现。正是在此意义上，多数学者将诉讼财产保全纳入诉讼审判保障制度的一部分[2]。由于现行立法所规定的保全措施限于担保，故而，司法实践中就将申请人提供的诉讼财产保全责任保险定性为担保，这种削足适履的做法实不足取，积极的

[1] 郭明瑞著：《担保法》，中国政法大学出版社 1998 年 4 月版，第 3 页。

[2] 参见张卫平著：《民事诉讼法》（第三版），中国人民大学出版社 2015 年 8 月版；齐树洁主编：《民事诉讼法》（第四版），中国人民大学出版社 2015 年 6 月版。

做法应当是民事诉讼立法需要适应民商事诉讼发展的需要，尽快在立法层面进行修改，在其第 100 条和第 101 条关于“申请人应当提供担保”之后，增加“或者其他保障措施”的文字表述，为诉讼财产保全阶段适用诉讼财产保全责任保险提供合法依据。而在当前现行法规定的情况下，最高人民法院可以发挥司法解释具有相对灵活性的优势，及时在《关于适用〈民事诉讼法〉解释》的第 152 条第 2 款和第 3 款中做出补充性规定，申请诉前保全或者诉讼保全的，申请人除了提供担保以外，也可以提供与担保作用相同的“其他保障措施”，作为当前适用诉讼财产保全责任保险的司法依据。

3. 逐步扩大诉讼财产保全责任保险的适用范围

不可否认，把握诉讼财产保全责任保险的适用范围，直接关系到该责任保险的适用效果。仅诉讼财产保全责任保险的概念已然表明它专门适用于诉讼保全领域，以错误保全产生的责任风险为适用对象的责任保险类型，属于我国保险市场上的产品创新，并因此而区别于其他各类责任保险。因此，能否正确地适用诉讼财产保全责任保险，首先就取决于对其适用范围和结构特点的认识，但也必须认识到诉讼财产保全责任保险并非仅仅适用于民商事诉讼的财产保全环节。

谈到诉讼财产保险责任保险的适用范围，只能是我国民商事诉讼活动的诉讼保全领域。不过，设计和适用诉讼财产保全责任保险必须与诉讼保全的诸多特点相匹配：首先是要与其目的指向性相一致。由于诉讼“保全程序是为了配合审判程序、执行程序或者其他权利保护程序中对权利人的保护而设置的程序，始终以实现本案权利为依归”❶，这意味着诉讼保全程序具有明确的目的指向性，则适用诉讼财产保全必须与保全的目的指向相一致。其次是要符合诉讼保全程序的相对独立性。因为诉讼保全是现代民事诉讼中的一种独立制度安排，它有独特的程序规则，不能简单地套用审判程序或执行程序，并体现着诉讼法理和非诉法理的结合。同时，诉讼保全又必须服务于本案，具有手段方法的性质，即它必须依赖于本案的诉讼程序才有存在的价值。所以，诉讼财产保全责任保险的保险标的和保险内容的确定和适用也就应当与此特性相吻合。第三是必须考虑诉讼保全的预防性和暂定性特点。相比较而言，诉讼保全不具有最终确定权利的性质，仅属于暂定权利的性质，这取决于“现代社会之法律思想，已经由传统之事后损害赔偿制裁之救济方法，进入以事先预防损害及实现权利之保护措施”❷。诉讼保全是针对保护权利的急迫性需要而为预防法律裁判实现的落空所形成的暂时性权利状态，无法与民事诉讼的最终裁判权利等

❶ 江伟、肖建国主编：《民事诉讼法》（第七版），中国人民大学出版社 2015 年 9 月版，第 226 页。

❷ 陈荣宗、林庆苗著：《民事诉讼法》，（台北）三民书局 1996 年版，第 882～883 页。

同，为此大陆法系民事诉讼法将诉讼保全制度概括为假扣押和假处分两大类[1]。相应地，诉讼财产保全责任保险着眼保护的便是此次暂时性权利，故其保险责任和保险期限的确立就需要与保全制度的该特性相适应。

进一步考察，诉讼财产保全责任保险的适用，具体包括如下各个部分：一是民商事诉讼的当事人向法院申请保全的诉讼保险；二是当事人在诉讼程序开始之前向法院申请保全的诉前保全；三是仲裁案件的当事人向申请的非诉讼保全；四是海事活动当事人以单纯的扣押船舶或者货物为目的的海事请求保全等。上述各类保全的适用情况和适用范围均不一样，却都是为了保护申请人之权益。不过，这些财产保全也无一例外地面临着错误保全而引发法律责任的风险，也正因为如此，才形成适用诉讼财产保全责任保险的客观需要。

当然，上述的诉讼财产保全责任保险的适用领域也存在各自的特点，需要在适用诉讼财产保全责任保险时予以关注，用以确保适用效果的发挥。

第一，适用于诉讼财产保全领域的诉讼财产保全责任保险。应当说，诉讼财产保全是适用诉讼财产保全责任保险的典型形式。原因在于，根据我国《民事诉讼法》第100条第一款的规定精神，诉讼财产保全就是在受理案件之后的民事诉讼活动过程中，人民法院为确保将来的判决能得以实现，根据一方当事人（原告）的申请，或者由人民法院依职权决定，对当事人争议的有关财物采取临时性的限制处分等强制措施的制度。

在美国司法程序中使用的类似术语是Attachment诉讼保全，罗马法系称之为“saisie conservatoire”，即出于对原告诉讼请求的保障，当被告无法在有关司法审判区域内找到时，允许对被告的特定财产（实物资产或私人财产，动产或不动产）由法院在“saisie conservatoire”的开始之际或诉讼中进行扣押。自1983年11月1日起，诉讼保全也存在于南非的罗马-荷兰法中。可见，我国《民事诉讼法》所规定的诉讼财产保全与西方国家的法律内涵是一致的，目的均是确保将来做出的民事判决能够切实实现。

但出于平衡双方当事人利益冲突的需要，人民法院在执行诉讼财产保全时，依据申请人的申请，在采取诉讼财产保全措施之前，可以责令申请人提供担保，并要求其所提供担保的数额应当相当于请求财产保全的数额。可以说，提供担保已经成为执行诉讼财产保全的必要条件之一。如果申请人不提供担保，人民法院可以驳回诉讼财产保全的申请。因此，在发生诉讼财产保全错误给被申请人造成经济损失的情况下，被申请人可以直接从申请人提供担保的财产中得到赔偿。而在当前的民商事审判中，诉讼财产保全责任保险正是适应诉讼财产保全的需要而应运而生的又一种保障措施，其作用与申请人提供担保

[1] 张卫平著：《民事诉讼法》（第三版），中国人民大学出版社2015年8月版，第215页。

相当。

当然，为了促进诉讼财产保全责任保险制度的稳定发展，将其适用于诉讼财产保全领域时，应当充分考虑到诉讼保全的诸特点，并处理好如下问题。

其一，诉讼财产保全责任保险只能适用于涉案争议存在财产纠纷，以财产给付为内容的民商事争议。因为依据《民事诉讼法》的规定，能够采取诉讼财产保全的民商事案件必须是给付之诉，即该案原告的诉讼请求具有财产给付的内容。

其二，诉讼财产保全责任保险所涉及的诉讼财产保全，必须是发生在民事案件受理之后、法院尚未作出生效判决之前。无论是在一审或二审程序中，如果民商事案件尚未审结，原告就可以申请诉讼财产保全。在此情况下，才会存在申请人面临着因错误申请财产保全而依法承担法律赔偿责任的风险，则为此而提供的诉讼财产保全责任保险才具有价值。如果是已经生效的法院判决，则当事人只可以申请强制执行，而不得申请财产保全，也就没有提供诉讼财产保全责任保险的需要了。

其三，诉讼财产保全责任保险只适用于诉讼当事人申请的诉讼财产保全。因为，诉讼中的财产保全一般应当由当事人提出书面申请。显然，当事人申请诉讼财产保全，应当是出于其自身对于对方当事人有无毁损、灭失或者隐匿、转移财产的可能做出的判断，由此发生错误申请的原因在于其自身，因而，应当由其自行承担因错误申请财产保全引发的法律赔偿责任理所应当。与此相适应，诉讼财产保全责任保险就是为其转移法律责任风险而发挥作用的。如果民商事案件的当事人没有提出申请，人民法院在必要时也可以依照其职权来裁定采取财产保全措施。但是，根据国家赔偿法的规定，人民法院依职权采取财产保全的，应当由人民法院依法承担赔偿责任，故而不存在适用诉讼财产保全责任保险的前提。

第二，适用于诉前财产保全领域的诉讼财产保全责任保险。所谓诉前财产保全，就是我国法定的诉前保全的一部分，具体是指利害关系人因情况紧急，不立即申请财产保全将会使其合法权益受到难以弥补的损害的，可以在起诉前向人民法院提出申请，由人民法院依法采取的一种财产保全措施。需要强调的是，诉前财产保全属于应急性的保全措施，目的是保护利害关系人不致遭受无法弥补的损失。因此，利害关系人可以根据实际情况，选择在提起诉讼前向被保全财产所在地，被申请人住所地，或者对案件有管辖权的人民法院申请采取财产保全措施。但是，申请人依据《民事诉讼法》第101条第一款的规定，应当提供相应的担保，如果不提供担保，人民法院则裁定驳回其财产保全申请。与此同理，申请人也可以选择诉讼财产保全责任保险来满足上述法律要求。由此可见，与诉讼保全相比较，《民事诉讼法》关于诉前保全的适用，就具有突出的紧迫性、须由利害关系人申请和必须提供担保等保障机制等法律特征[1]。

由于诉前保全有别于诉讼保全，故针对诉前保全的诉讼财产保全责任保险也就应当与这些特点相适应，才能够达到预期的保障效果。

其一，诉讼财产保全责任保险的被保险人应当是涉案争议的利害关系人。诉前财产保全不同于诉讼保全的特别之处，在于申请财产保全时并未实际提起诉讼，而是针对将来提起诉讼的来申请财产保全。按照我国《民事诉讼法》的规定，该财产保全的申请应当是有争议的民事案件的利害关系人，即与被申请人发生争议，或者认为权利受到被申请人侵犯的人。例如，争议财产的所有权人或者经营权人、使用权人；也可以是给付内容之债权债务关系中的债权人。这些利害关系人因其与涉案的民商事案件之间存在着必要的经济联系，具备在将来提起民事诉讼的资格，依法可以成为将来民事诉讼的原告。可见，上述利害关系人作为诉讼财产保全责任保险的被保险人，不仅对于诉前财产保全承担着法律责任风险，也与将来的诉讼判决结果存在着必然的经济利害联系，符合作为被保险人的保险利益。

其二，诉讼财产保全责任保险只能适用于具有给付内容的诉前财产保全。因为，依法得以适用诉前财产保全的，必须是与有关的民事争议具有给付内容的，即申请人将来提起案件的诉讼请求具有财产给付内容。如果所涉及的民事争议不具有给付内容，就是说，不是因财产利益之争，而是人身名誉之争，并无财产给付内容，法院就不能采取诉前保全措施，也就无需提供担保或者诸如诉讼财产保全责任保险之类的保障手段。

其三，诉讼财产保全责任保险应当针对诉前财产保全之效力具有的可变性和延续性做出明确规定。由于诉前保全是利害关系人在提起诉讼之前申请执行的应急性保全措施，具有突出的快速、及时、简便的优势[2]。因此，法律要求利害关系人在向人民法院申请诉前财产保全被裁准后的法定时间（准予诉前保全裁定送达后 30 日）内，就起诉或不起诉行使选择的权利。申请人若在裁定送达后 30 日内未起诉，人民法院将解除诉前保全，裁定效力随之终止。此外，诉前保全裁定的效力也可因被申请人提供担保，或者因生效法律文书执行完毕，原申请人在诉讼中撤诉获准，实施诉前保全错误，申请人死亡，没有继承人或继承人放弃诉讼权利等原因而终止。正所谓诉前财产保全的效力具有可变性。

但如果申请人向采取诉前财产保全的人民法院或其他有管辖权的法院提起

---

[1] 参见齐树洁主编：《民事诉讼法》（第四版），中国人民大学出版社 2015 年 6 月版，第 136 页。

[2] 根据我国《民事诉讼法》规定，对于准予的诉前保全申请，人民法院应当在四十八小时内作出裁定并开始执行。这一措施的快速实施，可以更完整地避免利害关系人因民事纠纷可能造成的经济损失。

诉讼，则诉前财产保全的裁定在受理法院继续有效。由于我国《民事诉讼法》以及最高人民法院的司法解释并没有规定因申请人在诉前财产保全后三十日内起诉而应解除诉前财产保全或者应当由审判合议庭另行制作财产保全裁定，表明现行立法没有关于诉前财产保全裁定有效期限的规定，参照最高人民法院关于适用民诉法的司法解释的第 109 条有关诉讼中财产保全裁定的效力维持到生效法律文书执行时止，该规定精神同样适用于诉前财产保全裁定的效力，不妨称其为诉前财产保全的效力具有延续性。因此，诉前财产保全实施后，申请人在法定期间起诉的，该诉前财产保全裁定继续有效，其效力也应维持到生效法律文书执行时止。

因此，适用于诉前财产保全的诉讼财产保全责任保险条款就应当适应诉前财产保全特有的可变性和延续性，做出相应的约定。其中，关于诉讼财产保全责任保险的保险责任期间和保险效力期间条款就必须具有科学性和针对性。

第三，适用于仲裁领域的诉讼财产保全责任保险。众所周知，现代仲裁制度是一种民间争议的解决机制，其处理民商事纠纷的正当性源于当事人的自由意志，而不同于国家的司法裁判行为，后者是构成一国司法制度的重要组成部分。1994 年《中国人民共和国仲裁法》的颁布和实施为我国现代仲裁制度的建立和运用提供了法律依据。随着市场经济的日益成熟，仲裁制度日趋普及，越来越多的民商事主体出于对国际贸易交易惯例的尊重，隐匿自身商业信息的需要（如上市公司、公众人物等），亦或是出于争议能够得到高效解决的考虑，选择仲裁解决纠纷。

而出于确保仲裁申请人的合法利益依据仲裁裁决能够切实得以实现，仲裁活动同样涉及仲裁财产保全环节。所谓仲裁财产保全，是指为了防止出现裁决不能执行或者难以执行，根据当事人的保全申请，由法院对争议的标的财产或当事人的财产采取一定的保全措施，限制其对财产进行处分或转移的一项法律制度。虽然，仲裁财产保全只是一个临时措施，但是对于最终落实权利人的权利、保证仲裁裁决的实现，保护当事人的合法权益具有重要的意义。当然，当事人申请仲裁财产保全所应具备的诸条件之中，就包括提供担保。按照前文所述理由，仲裁财产保全责任保险同样能够成为另一种保障措施，并且，应当称之为“仲裁财产保全责任保险”。

不过，在适用仲裁财产保全责任保险的过程中，还必须与仲裁财产保全的特点相适应，这样才可能最大限度地发挥其保障作用。

其一，仲裁财产保全责任保险的适用范围应当与仲裁的适应范围相一致。根据我国《仲裁法》和《民事诉讼法》第 101 条规定的精神，仲裁财产保全只能直接适用于中国内地仲裁机构受理的国内仲裁和涉外仲裁。我国法律仅明确规定了法院对本国仲裁机构进行的仲裁依申请采取保全措施，而对外国仲裁机构的仲裁案件的当事人申请仲裁的事项未作规定，也未规定对于外国仲裁庭做出的临时保全措施的承认和执行。且《纽约公约》中亦无关于缔约国之间对于外国仲裁庭做出的临时保全措施的承认和执行的明确规定。所以，如果外国仲裁机构的仲裁案件的当事人向中国法院申请保全，或者申请中国法院执行外国仲裁机构做出的临时保全措施令，由于难有法律依据而无法实现。这也表明针对仲裁财产保全提供的仲裁财产保全责任保险也适用于中国内地仲裁机构受理的国内仲裁和涉外仲裁。

其二，根据财产保全提起的时间不同，它又分为仲裁前财产保全和仲裁中财产保全两种。值得一提的是，我国《民事诉讼法》经过 2013 年的修改后，在原有的仲裁中财产保全的基础上增加了仲裁前保全制度。这更具有现实意义。因为，当前的仲裁实践中，仲裁机构在仲裁立案后一般即行通知对方当事人，不必等到仲裁财产保全完成以后。这明显区别于诉讼活动中的诉讼财产保全[1]，也就直接影响到仲裁财产保全的效果。从而，增加仲裁前财产保全制度，能够在很大程度上弥补仲裁中财产保全的这一不足。可见，仲裁财产保全责任保险对仲裁前财产保全和仲裁中财产保全均可以适用。

其三，仲裁财产保全的执行机构与仲裁案件的审理机构是不同的司法机构。根据我国《民事诉讼法》第 101 条，《关于实施〈中华人民共和国仲裁法〉几个问题的通知》以及《执行规定》第 11、12 条的规定，我国仲裁财产保全有权决定和实施仲裁财产保全的机构均是法院，而仲裁机构本身并不具有决定和实施财产保全的权力。因此，无论是仲裁前财产保全还是仲裁中的财产保全，均由财产所在地或者被申请人住所地的人民法院管辖。涉及国内仲裁的，由基层法院管辖；涉外仲裁则由拥有管辖权的中级人民法院管辖。

由于上述仲裁案件的审理机构和仲裁财产保全的执行机构的分置，不仅增加了仲裁财产保全的审查和执行上的难度，也无形之中加大了发生错误保全的可能性。鉴于此，仲裁财产保全所需的保障手段也就成为必备条件。根据我国现行《民事诉讼法》第 101 条、102 条以及、《最高人民法院关于适用〈中华人民共和国民事诉讼法〉若干问题的意见》第 317 条的规定，所有的仲裁前财产保全必须提供担保。而对于仲裁中财产保全是否必须提供担保则应当分不同情况给予不同的处置：国内仲裁案件的仲裁中财产保全，法院可以根据案件情况决定是否要求申请人提供担保，但涉外仲裁的财产保全申请人则依法必须提供担保。如果法律规定应当提供担保或法院认定需要提供担保，但是申请人拒

---

[1] 目前司法实践中，法院执行诉讼保全的做法是，立案后不预先通知被告立案事宜，在保全完成后才会通知被告，以便防止通知立案后发生隐匿、转移财产的情况。加之，诉讼立案程序的形式性审查，法院内部案件流转协调流畅，紧急的诉讼财产保全也能够很快得到处理，所以诉前财产保全的优势并不突出，很多情况下诉前财产保全直接被诉讼财产保全吸收。

绝提供担保的，法院有权驳回保全申请，且法院作出的驳回财产保全申请的裁定不能上诉。不言而喻，仲裁财产保全责任保险作为又一种保障手段，在上述各类仲裁财产保全时被选择适用的比例也必然不断提高，用以降低仲裁财产保全申请人因错误保全申请而承担的法律责任风险。

第四，适用于海事请求保全领域的诉讼财产保全责任保险。海事请求保全是我国《海事诉讼特别程序法》[1] 规定的海事诉讼领域的一项独立的法律制度，表现为“海事法院根据海事请求人的申请，为保障其海事请求的实现，对被申请人的财产所采取的强制措施”[2]，实质上属于海事性质的特殊民事诉讼制度。其中，我国的《海事诉讼特别程序法》规定的海事诉讼程序亦包含了海事请求保全部分。不过，海事请求保全作为海事诉讼的一部分与一般意义上的民商事诉讼中的诉讼保全既有相同属性，也存在不同特点。

从共性角度讲，海事请求保全也属于一种司法强制措施，“只要是为了保全海事请求，无论在诉讼前或诉讼中实施，均是海事请求保全”[3]，目的是保障申请人的海事请求权在既存的或者将来的海事诉讼中得以实现。因此，即使是保险实践中，将用于海事请求保全的该责任保险称为“海事请求保全责任保险”，其本质仍然属于诉讼财产保全的组成部分。

而着眼于在海事请求保全领域正确适用诉讼财产保全责任保险的要求，还必须把握海事请求保全的诸多特点。首先，海事请求保全的直接目的在于取得被申请人提供的担保，为将来通过海事诉讼、海事仲裁或者协商和解等方式解决海事纠纷提供实现海事请求权所需的物质基础。因此，海事请求权人申请海事保全的，不受海事纠纷当事人之间达成的管辖协议、仲裁协议、法律适用协议的约束。而且，海事请求保全的申请，可以是诉讼之前，也可以是诉讼之中，甚或是诉讼之外。其次，海事请求保全的对象，涉及被申请人所有或者光船承租的船舶、或者属于被申请人所有的货物、运费、租金等财产，也可以是被申请人的行为等。不仅如此，被申请扣押的船载货物、运费、租金等财产，申请范围需要控制在与海事请求权金额相当的合理限度内，但申请扣押的船舶，因其属于集合物，具有不可分割性，申请人不必因整艘船舶的价值超过海事请求权的金额而承担法律赔偿责任。可见，这些都是设计海事请求保全责任保险条款和适用该责任保险以及判定错误保全时，应当予以考虑和用于界定的法律标准。

总之，努力建设多层次的保险法律制度体系，才能够满足全社会，尤其是

[1] 《中华人民共和国海事诉讼特别程序法》，全国人大于 1999 年 12 月 25 日通过，并于 2000 年 7 月 1 日生效适用。

[2] 贾林青著：《海商法》，北京大学出版社 2013 年 6 月版，第 319 页。

[3] 金正佳、翁子明著：《海事请求保全专论》，大连海事大学出版社 1996 年版，第 14 页。

保险业共同进步，加快发展我国现代保险服务业形势的要求。以上仅是笔者认为亟待落实的相关保险立法工作的一部分，今后我们还应当根据中国保险市场的发展需要，不断地发现新问题，建立新制度，推出新措施，为实现“保险强国梦”创造必要的条件。

非纯粹风险的可保性分析

——以农产品价格保险为例

刘清元[1] 佟 铁[2]

摘 要 农产品价格保险是以市场风险等非纯粹风险（投机风险）为保险标的的保险，其突破了传统保险理论关于非纯粹风险不可保的观念。将非纯粹风险纳入可保风险，既符合目前的保险实践发展及需要，又有相关理论依据支持。建议将市场风险纳入《农业保险条例》关于农业保险的定义中，并鼓励保险公司积极探索利率、汇率、股票等保险。

关键词 非纯粹风险 投机风险 可保性

一、引言

农产品价格保险是以农产品价格为标的、以预期价格或价格指数为赔付依据的一种农业保险产品，是对农业生产经营者因市场价格大幅波动，农产品价格低于预期价格或价格指数造成的损失给予经济赔偿的一种制度安排，国内外农业保险已有实践。目前农产品价格保险主要包括收入保险、价格指数保险及收益保险。从定义及实践中的已有产品来看，农产品价格保险所承保的标的主要是价格变动引发的风险即市场风险，属于投机风险（非纯粹风险）的范畴。

我国 2012 年公布、2016 年修订的《农业保险条例》第二条对农业保险的定义进行了界定："农业保险，是指保险机构根据农业保险合同，对被保险人在种植业、林业、畜牧业和渔业生产中因保险标的遭受约定的自然灾害、意外事故、疫病、疾病等保险事故所造成的财产损失，承担赔偿保险金责任的保险活动。"

从《农业保险条例》的定义来看，农业保险承保的风险限于"自然灾害、

---

[1] 刘清元，宪法与行政法学博士，现任安华农业保险股份有限公司董事会秘书、合规负责人、首席风险官。

[2] 佟铁，经济法学硕士，现任安华农业保险股份有限公司法律责任人、法律合规部总经理助理（主持工作）。

意外事故、疫病、疾病”，均为纯粹风险，不包括含市场风险在内的非纯粹风险。那么，该如何看待农产品价格保险对《农业保险条例》中定义的突破？作为非纯粹风险的市场风险可否作为农业保险的保险标的？想要回答上述问题，需要对非纯粹风险的可保性进行研究与分析。

二、传统保险理论中可保风险的条件

（一）纯粹风险与非纯粹风险

保险的标的即风险，按照性质区分，可以划分为纯粹风险与非纯粹风险（投机风险）两类。纯粹风险是指只有损失机会而没有获利可能的风险，其所致结果有两种，即有损失和无损失，例如自然灾害只会给人民的生命财产带来危害，而绝不会有获利的可能。非纯粹风险又称投机风险，是指既有损失的机会也有获利可能的风险，其所致结果有三种：损失、无损失和盈利。如有价证券，其价格的下跌可使投资者蒙受损失，价格不变无损失，价格上涨则可使投资者获得利益。

农产品价格保险所承保的标的主要是农产品价格波动带来的风险，而农产品价格的波动与证券价格的波动一样，既有可能给农业生产经营者带来损失，也有可能带来收益，这种市场风险即为典型的投机风险（非纯粹风险）。

（二）纯粹风险与可保风险条件

关于可保风险的条件（即什么样的风险可以作为保险标的），国内外学者已有较多论述。总结传统保险理论，可保风险的条件一般认为包括以下几点：大量同质、独立性、偶然性、合法性、随机性、意外性、可预期、损失能以货币衡量、纯粹性，等等。上述性质中，不同学者对于某项具体条件会有不同认识，但对于风险的“纯粹性”，国内外大多数学者的观点较为相同：国内学术界大多将风险的纯粹性视为风险可保性的必要条件，代表性观点如可保风险“必须是纯粹风险”“仅限于纯粹风险”或“只能是纯粹风险”，认为保险人“只承保纯粹风险”。国外学术界多数文献则认为与纯粹风险“一般情况下（generally）”可保相反，投机风险“一情况下（generally）”“正常情况下（normally）”或“通常情况下（usually）”不可保。

三、非纯粹风险的可保性分析

由前述分析可见，传统保险理论认为可保风险一般只能是纯粹风险，非纯粹风险不具有可保性。但以农产品价格保险为代表的以市场风险（非纯粹风险）为保险标的的保险产品大量出现，则证明了在实践中非纯粹风险也可以纳入保险公司保障的范围之内。因此非纯粹风险亦可作为可保风险也应该有理论依据与支撑，归纳起来，笔者认为可从以下几个方面分析。

（一）可保风险条件在实践中的弱化

伴随着科技的快速更新以及世界经济由制造业向服务业的转型，大量无形的、难以测量的新型风险如科技风险、投资风险日益加剧，急需保险转移。而随着风险发展的变化导致保险经营所处的风险环境发生的变化，也使保险公司基于开展市场竞争、稳定保险经营、实现经营利润等考虑，逐渐放宽了承保条件，传统可保风险条件出现了弱化的趋势，甚至有学者认为："保险人所承保的风险除了受法律法规的约束，必须满足合法条件外，所谓的可保与不可保风险并无实质上的区别，关键问题在于保险人与投保人之间能否就该风险的承保条件和承保价格达成一致。只要保险人与投保人达成一致的，则该风险就可以被认为是可保风险，否则为不可保风险。"

由此可见，可保风险的条件并非严格的法律定义与规制，只是保险经营者在经营中总结出来的规律，如果对不符合这些条件的风险予以承保，则可能产生一定的经营或社会问题，如经营亏损、无法操作、道德风险、逆选择、损害社会利益等等。如果随着社会、科技、认知的发展，保险人已经可以对其进行控制，则无须再受该条件约束。

（二）非纯粹风险可保的可行性

传统可保风险条件中排除非纯粹风险的理由主要有两点：容易诱发道德风险及逆选择、风险损失难以预测。但这两方面的问题并不能否定非纯粹风险的可保性。

1. 道德风险及逆选择问题。否定非纯粹风险可保的观点认为，如果保险人对投机风险进行承保的话，就有可能使投保人因为保险而获利，从而刺激人们主动去触发保险事故的发生，从而导致道德风险与逆向选择成为一个很严重的问题。

对于上述观点，笔者认为值得商榷：一方面，有些非纯粹风险无法人为操控，以蔬菜价格指数保险为例，这些蔬菜大都是本地产、本地销售，而且蔬菜保质期短、运输性差，某种程度上具有封闭循环的特点，加之当地往往采取限定种植面积的方式控制供给扩大，以不因供给扩大造成价格的下跌和保险赔付，因而这类区域性的市场风险难以人为控制；另一方面，保险公司也可以通过一些技术手段如只承保下侧风险、不承保上侧风险，设置适当的免赔额/率，保险产品的完善等规避道德风险及逆选择的发生。因此，并非所有的非纯粹风险承保后都会诱发道德风险及逆选择，对非纯粹风险进行承保仍有操作的空间与方式，不能全盘否定。

2. 风险损失难以预测问题。部分学者认为非纯粹风险不可保的另一原因是，纯粹风险一般会较规则、在相同情况下重复发生，因而可根据过去的经验资料计算其损失频率与严重程度，并以大数法则预测其未来的损失。而投机风险一般会不规则地发生，较不易或不可能在相同的情况下重复发生，即投机风险有获利的可能，因而使风险损失的预测变得困难。

对此观点，笔者亦不完全赞同：一方面，非纯粹风险难以适用大数法则导致损失无法预测，归根到底仍是保险公司的承保能力问题，而非保险公司是否可为的问题，不能因此否定非纯粹风险的可保性；另一方面，大数法则作为最重要的保险定价理论，虽难以适用于非纯粹风险，但其并非唯一的保险定价理论，“资本资产定价理论、期权定价理论、无套利理论、资产负债理论及贴现现金流理论也都是重要的保险定价理论”，能够从技术层面实现对风险损失的预测。

（三）非纯粹风险可保的必要性：从发展的视角

从保险发展的历史来看，财产保险发源于海上，自诞生以来其保险标的大致经历了三个阶段的扩张：首先是有形财产，即以“共同海损分担”为萌芽，到海上运输保险，再到火灾保险，并最终扩展至目前几乎涵盖了社会所有的有形财产；随后，随着工业革命的发展及社会文明的进步尤其是法制进步，责任风险越来越为公众所重视，在经历了从排斥到接纳的过程后最终被纳入保险标的范围；再后来，随着商业信用及道德风险的日益重要，信用风险也成为保险保障的范围。保险业也随此趋势不断发展，承保的风险不断扩张，种类不断丰富，保障范围与程度不断扩大。

由此可见，实践的需要是可保风险不断发展和扩大的依据。作为人类生存发展最重要的农业生产经营，其中存在的风险既可能由各类自然灾害或疫情事故引起，也可能由自然因素以外的市场波动引起。而随着农业现代化进程的推进以及农产品市场价格形成机制改革的推进，农业经营者对价格风险的敏感度日益提升，市场风险对现代农业的影响程度并不亚于自然风险，因此需要将农产品生产的市场风险等非纯粹风险纳入农业保险保障范畴。

此外，农产品价格保险自面世以来，发展非常迅速，得到了市场的极大认可与欢迎，从实践角度证明了将市场风险等非纯粹风险纳入可保风险的必要性。以安华农业保险股份有限公司为例，自 2013 年在全国率先推出生猪价格指数保险试点以来，安华农险目前已开发出 20 余款农产品价格保险，涵盖生猪、水产品、蔬菜、粮食作物和地方特色农产品等多种农产品，覆盖收入保险、价格指数保险及收益保险多种保障形式，为市场提供了数以亿计的风险保障。此外，安华农险还以农产品价格保险为基础，积极探索“保险＋期货＋信贷”等创新模式，通过期货市场形成风险分散、各方受益的闭环；通过金融市场为农业生产者提供信贷支持，创新产业扶贫模式，收到了良好的经济效益与社会效益。

（四）非纯粹风险可保的现实意义

1. 扩展农业保险风险覆盖范围，为农业生产提供更高形态的风险保障

如前所述，与自然风险为代表的的纯粹风险相比，目前农业生产经营者对以价格风险为代表的非纯粹风险的敏感度日益提升，农产品价格保险对扩展农业保险风险覆盖范围起到了重要的积极作用。此外，相比于以纯粹风险为标的的成本保险，保障市场风险等非纯粹风险的价格保险“担负着更高的目标，不仅仅用来弥补灾后损失、尽快恢复生产，而且能发挥稳定生产者收入的作用”。因此，价格保险能够为农业生产提供更高形态的风险保障。

2. 解决传统可保风险条件同保险产品创新与供给侧改革相冲突的问题

“传统可保风险的范围过于狭窄，已完全不能适应后工业化时代新风险大量涌现，旧风险日益模糊的现状”。因此，如果恪守非纯粹风险不可保的传统理论，保险产品的创新与供给侧的改革必然也会受到限制与束缚，实践中对于新风险的保险保障需求就难以得到有效满足。

3. 解决传统可保风险条件同现代保险经营技术发展相冲突的问题

如前所述，非纯粹风险不可保并非严格的法律定义与规制，只是保险经营者在经营中总结出来的规律，而现代风险管理理论和技术的发展，使新型的风险管理技术得到了普遍的应用。此外，随着现代金融理论和金融技术被不断地运用到保险中，使得保险人有可能将所承担的风险在资本市场上进行更广泛的分散（如“保险＋期货”模式），这些都为保险公司突破传统可保风险条件的束缚做了技术上的准备。

四、非纯粹风险的可保范围

根据前述分析，非纯粹风险亦应列入可保风险的范围之内，但并非所有非纯粹风险均可保或者适宜承保，笔者认为还需符合以下条件。

1. 满足传统可保条件中的其他要素

如前所述，传统保险理论将可保风险的条件进行了归纳，虽然其中纯粹性条件并非可保风险的必备条件，但诸如偶然性、合法性、随机性等条件不能缺失，否则依然不能成为可保风险。

2. 具有系统性的市场风险不宜作为可保风险

如金融危机风险或者只承保纯粹价格风险的大宗农产品价格指数风险（诸如玉米、小麦、水稻等产品，其同质性强、可运输性强，全国统一的大市场、大流通基本形成，其价格变动的风险具有系统性），保险公司承保此类风险将面临很大的巨灾风险，难以在时间及空间上进行分散。

3. 不具有社会生产性的投机风险不可保

部分投机风险具有社会生产性，投保人承担此类风险将会使全社会收益

（如投资风险、股市风险等），这类非纯粹风险适宜作为可保风险；但对于不具有社会生产性，仅可能给个人带来收益并不能给社会整体带来收益的非纯粹风险（如通货膨胀）则不宜作为可保风险，不应通过保险进行风险转移，从而鼓励此种投机行为发生。

五、结论与建议

纯粹风险不是可保风险的一种绝对的现实条件（即非充分亦非必要条件），部分市场风险（包括上侧风险及下侧风险）作为非纯粹风险亦可以纳入可保风险的范畴中。鉴于此，建议将《农业保险条例》中关于农业保险的定义修改为："保险机构根据农业保险合同，对被保险人在种植业、林业、畜牧业和渔业生产中因保险标的遭受约定的自然灾害、意外事故、疫病、疾病或市场风险等保险事故所造成的经济损失，承担赔偿保险金责任的保险活动。"同时，随着保险市场与资本市场及金融市场的联系日益紧密，保险公司已经实际在经营诸如利率、汇率、股票等投机风险，因此亦应鼓励保险公司尝试承保上述投机风险。

参考文献

[1] 朱俊生，庹国柱．农业保险与农产品价格改革［J］．中国金融，2016（20）．
[2] 吴祥佑．可保性边界拓展与保险业发展［J］．西南科技大学学报（哲学社会科学版），2012（3）．
[3] 王英姿．企业汇率风险的可保性分析［J］．时代金融，2009（1）．
[4] 胡炳志，徐荣坤．可保风险与不可保风险的经济学分析［J］．中国保险管理干部学院学报，2002（6）．
[5] 张承慧，郑醒尘．中国农村金融发展报告［M］．北京：中国发展出版社，2016．
[6] 齐瑞宗．保险理论与实践［M］．北京：知识产权出版社，2015．
[7] 王勇，隋鹏达，关晶奇．金融风险管理［M］．北京：机械工业出版社，2014．
[8] 中国保险监督管理委员会保险消费者权益保护局．掀起保险盖头来保险知识篇［M］．北京：中国财政经济出版社，2014．
[9] 颜卫忠．保险学［M］．西安：西安交通大学出版社，2013．
[10] 赵君彦．农业保险模式创新与选择：以河北省为例［M］．北京：中国农业出版社，2013．
[11] 杨忠海．保险学原理［M］．北京：清华大学出版社，2011．
[12] 李育良，池娟．国际货物运输与保险［M］．北京：清华大学出版社，北京：北京交通大学出版社，2005．

诉讼保全担保引入责任保险的法律问题探讨[1]

姚　军[2]　潘诗韵[3]

摘　要　保险公司将责任险引入诉讼保全制度中作为提供担保的创新方式，引起极大关注。分析可知，保全“担保”的本质属性，殊异于民法中“担保”，从而保全担保中的类型和形式不应囿于传统民法担保。而诉讼保全责任险正是一种创新模式，足以实现保全担保的无条件、不可撤销及无因性的特征，符合我国现行诉讼法的规定。通过分析“申请错误”所应承担民事责任的或然性，明确了诉讼保全责任险符合保险基本原理及监管规定。从“保单保函”的发展过程以及业务流程透析，作为诉讼保全责任险业务中的一环，保险公司向法院出具“保单保函”，其作用只是告知法院，保全申请人具备承担因错误保全而给被申请人造成损失的赔偿能力。诉讼财产保全责任保险不同于普通的纯实体意义的责任保险，具有一定的程序性与公法效力。对此，应从立法和司法两个角度进行完善，规范诉讼财产保全责任保险业务的适用与发展。

关键词　诉讼保全责任险　保全担保属性　责任保险原理　保单保函

一、问题的提出

中国平安财产保险股份有限公司在 2015 年隆重推出了在我国保险市场上具有创新意义的诉讼保全责任保险产品。自该险种推向保险市场后，转瞬之间即成为一款广受关注的保险产品，截止 2016 年 5 月底共二十多家高级人民法院及四十多家中级人民院纷纷出台官方文件认可这一创新险种，2016 年 10 月

---

[1] 本文发表于北京大学法学院《司法》第 14 辑第 2 卷（总第 28 卷），第 310 - 325 页。收入本书，作者进行了润色修改。

[2] 姚军（1966—　），法学博士，中国平安保险（集团）股份有限公司集团首席律师，中国保险法研究会副会长，主要研究方向为金融法、民商法。

[3] 潘诗韵（1983—　），法学博士，中国平安保险（集团）股份有限公司集团法律合规部中级律师，主要研究方向为民商法。

17日，最高人民法院审判委员会审议并通过《最高人民法院关于办理财产保全案件若干问题的规定》。该规定第7条明确规定，申请保全人可以与保险公司订立诉讼保全责任险合同作为保全担保。诉讼保全责任险产品受关注的原因有二：其一，该创新险种自面世以来，极大缓解了保全难，被视为破解“执行难”这一老大难问题的有力武器，具有重大的现实意义；其二，理论界和实务界对诉讼保全责任险这一产品性质的认识存有较大的分歧。有不少观点高度肯定和认可这一产品带来的良好社会功效，产品丰富了诉讼保全的担保手段；亦有人表示担忧和顾虑，认为在我国现行法律框架下，这一新型的保险产品不符合有关的法律规定。双方各执一词，争执不下。从保险实务角度讲，当前对诉讼保全责任险的争论主要有两个方面：

1. 诉讼保全责任险是否符合《中华人民共和国民事诉讼法》（以下简称“《民诉法》”）中诉讼保全对担保的要求。

2. 诉讼保全责任险是否符合责任保险的保险原理及监管规定。

作为本责任险产品开发和推广的全程参与者，通过与民法学界、保险法学界、民诉法学界等专家学者的多次研讨、论证，结合自身的思考和推理，拟通过分析，回应对诉讼保全责任险运用到诉讼保全措施中质疑，期望能消除学界和实务界对这一新型险种的顾虑和担忧。

二、诉讼保全责任险符合《民诉法》中诉讼保全对担保的要求

如前文所述，多地法院对诉讼保险责任险接纳程度较高，但由于此险种为新生事物，在学界及实务界中不乏质疑的声音，如中国应用法学研究所副研究员李明认为：“《民诉法》第100条、101条明确规定财产保全适用担保方式，并不是保险方式，在财产保全中适用保险方式存在合法性问题。”[1] 我们认为，这种理解存有偏颇，未真正理解《民诉法》中诉讼保全担保中“担保”的本质属性。

（一）诉讼保全担保中“担保”的本质属性分析

在分析诉讼保全责任险是否符合《民诉法》诉讼保全对担保的规定前，我们必须厘清诉讼保全所要求的“担保”的本质属性。诉讼保全中的“担保”与民法中的“担保”虽然都称“担保”，但性质完全不同。

1. 诉讼保全中的“担保”与民法中的“担保”比较

诉讼保全中的“担保”与民法制度中的“担保”有本质区别：第一，接收保函的主体不同。诉讼保全是由司法机关接收保函，而民法上的担保发生在债

---

[1] 李想：《法院收案激增财产保全需求加大专家建议建立案庭主导财产保全制度》，《法制日报》2016年6月14日。

权人与担保人之间，由担保人向债权人提供担保。第二，设立担保的保障目的不同。诉讼保全担保在于保障保全错误所导致的被申请人或利害相关人的损失能够得到及时弥补，而民法上的担保是针对特定债权（主债权）设定的保障机制，当债权无法实现时，执行担保物，保证债权的实现。第三，担保是否具有从属性不同。诉讼保全担保不具有从属性，而民法上的担保具有从属性，即若主合同效力灭失，担保合同的效力亦灭失。

2. 探究诉讼保全中的“担保”的本质属性研究——不同于民法上的“担保”

诉讼保全提供的“担保”本不应与民法意义上的“担保”相混淆。而司法实践中，由于法条中均适用“担保”这一法律术语，从而使人们容易产生认知的错位。

那么，诉讼保全提供担保，作为一种司法程序的担保，如何理解其本质属性？首先，我们先探究诉讼保全制度与保全担保措施创设之目的。“提起诉讼前或起诉后，需经过立案受理、开庭审理、法院调查、辩论等程序，到法院最终作出判决，需要经过一段漫长的时间。在此期间，被告有充足的时间转移、处分财产，而使判决最终无法得到执行，导致原告胜诉只是形式上的胜诉，实体权利并不能真正得到最终的保护和落实。故而，为了有效、全面保护原告或利害相关人的合法权益，《民诉法》上设立了诉讼保全制度。通过保全制度，“法院可以在诉前或者诉中对被申请人的有关财产采取限制处分或转移，或者在判决前责令被申请人作出一定行为或禁止一定行为的强制措施。”❶ 虽然诉讼保全为申请财产保全的一方提供了胜诉后的保障，但法律制度的设置更应平衡和平等地保护双方权益，并防止权利滥用。为此，在“由于法院根据申请人一方的证据即作出保全裁定，未得及查明案件的事实，即使查明了申请保全理由充分、应予以保全，也可能基于其他原因导致因申请人错误申请保全而给被申请人造成经济损失”。❷ 因此，人民法院从平等保护双方当事人合法权益的角度出发，不至于因申请人申请错误而导致被申请人基于错误保全所遭受的损失届时不能得到赔偿，申请人就应当通过事先向法院提供担保来证实确有赔偿能力，能及时赔偿，并促使申请人在运用保全制度而提出保全申请时慎之又慎，不至于滥用权利。这也充分体现法律对被申请人合法权益的保护，实现了防范补偿错误申请和防止保全程序滥用的双重保护功能。

由此可见，诉讼保全制度中，法院要求申请人提供的“担保”，并非是对

---

❶ 江必新主编：《新民诉法解释法义精要与实务指引》，法律出版社 2015 年版，第 336 页。

❷ 江必新主编：《执行规范理解与适用——最新民事诉讼法与民诉法解释保全、执行条文关联解读》，中国法制出版社，2015 年版，第 40 页。

已存在的债权提供保障，而是在申请人申请错误导致被申请人或他人遭受损失时，让申请人或其“担保人”承担赔偿责任，而该“担保人”履行担保，必须符合无条件、不可撤销、无因性三个条件。这才是诉讼保全制度中“担保”的本质属性。因此，依据上述的分析可以推导出，开展担保业务的企业，为申请人申请诉讼保全向法院出具的“保函”，并不能等同于提供民法上的担保。而正是习以为常地以“保函”所命名的、向人民法院提交的这一特定法律文件，使人陷入该“保函”是提供申请人向法院提供民法上之“担保”的理解误区。

（二）诉讼保全责任险引入诉讼保全制度的创新及合法性论证

保险公司将责任保险运用到诉讼保全制度中，将其作为申请人提供担保的方式之一，创立了新型的诉讼财产保全责任保险。其创新之处在于丰富了我国司法审判之诉讼保全中又一担保的类型，即以责任保险的方式实现诉讼保全制度中所要求的担保功能。主要体现为：

1. 诉讼保全责任险突破了传统诉讼保全担保的类型

在过往司法实践中，他人为申请诉讼保全提供担保分为两大类型：第一类是以他人财产提供担保，如提供不动产、现金担保等；第二类是以他人信用提供担保，如担保公司开展非融资性担保业务。不过，由于银行开具保函是以申请人具备良好的信用为前提，对于企业申请的，通常还要求提供无瑕疵的会计记录，因而需要申请人提供“担保人”的财产状况证明以及公司同意担保的决议文件，甚至银行提供保函往往要求提供反担保。这就无形中提高了诉讼保全担保的门槛，致使很多企业因资产或者信用不佳而被拒之门外。可见，此类申请保全担保方式的适用并没有减轻申请人的负担，还使得申请人面临较大的责任风险。尤其是担保公司在此保全担保方式下作为担保人，不仅基于其追求利润最大化的营利属性，需要申请人支付较高的担保费用，还需要申请人承担最终责任。因此，传统的诉讼保全担保往往会因较高的制度成本而影响其实际效果的发挥，这也给债务人留有违法转移/隐匿财产的可乘之机，导致“执行难”的问题无法破解。正如前文分析，开展非融资性担保业务的企业，为申请人申请诉讼保全向法院所出具的“保函”，其属性是为诉讼保全的申请人向法院提供信用保证，承诺若申请保全发生错误而使被申请人遭受损失时，承担赔付责任。而保险公司开发的诉讼保全责任险，同样承诺若申请保全发生错误而使被申请人遭受损失时，承担赔付责任。但诉讼保全责任保险的创新之处在于突破了传统的担保类型，并非提供财产作为担保内容，亦非提供信用作为担保条件，而是以分散转移责任风险的方式来平衡申请人与债务人之间的利益冲突，实现了诉讼保全制度对于担保功能的要求，使得民事诉讼财产保全制度能够“物尽其用”，充分发挥应有的法律效用。

因为，与其他诉讼保全担保方式相比较，诉讼保全责任保险具有如下的制度优势：首先，其收取保险费所依据的保险费率明显低于担保费率，能够有效减轻申请人的诉讼成本。目前，保险公司适用于诉讼财产保全责任保险的保险费率标准是担保金额的1‰～5‰，大大低于担保公司出具保函3%左右的收费标准。特别是诉讼财产保全责任保险作为保险产品，其保险费率是需要向保监会备案的，标志着该保险费率的稳定性远高于直接受市场波动影响的担保费率。显然，将责任保险引入诉讼保全担保之中，可以降低诉讼当事人的诉讼成本，使得无法提供保全担保的申请人能够更加有效地行使诉讼权利，用该责任保险的使用效果满足经济实力较弱的申请人对司法保障的期待。其次，诉讼财产保全责任保险通过其分散风险的功能，将理应申请人因申请保全错误而对被申请人的损失承担赔偿责任转移给具有较高偿付能力的保险公司，能够确保被申请人切实获得保险公司的赔偿。再次，对于法院而言，将责任保险机制引入诉讼保全可以有效地降低保全审查的风险，提高保全的效率，有利于充分保护债权人的合法权益，实现司法公平正义。

2. 诉讼保全责任险符合保全担保不可撤销、无条件及无因性的特征

根据上述分析，保全担保的本质属性是无条件、不可撤销及无因性。那么，诉讼保全责任险是否符合上述要求？

首先，就责任险实现保全担保无条件性而言，倘若发生保险合同约定保险人不应承担赔付责任的情形，保险人亦需对因错误保全而导致申请人的损失先予支付，其后通过对被保险人（保全申请人）可追偿的规则设计，得以实现担保功能的无条件性和无因性。而上述规则的预设除了能保障因错误申请遭损的被申请人获得及时救济，亦能有效遏制被保险人故意的道德风险。

其次，就责任险能实现保全担保不可撤销性而言，主要体现在，依据责任险由保险公司出具的担保函，一经提交给法院，除非经被保全人同意，担保函的效力就具有不可撤销属性。

3. 诉讼保全责任险符合现行《民诉法》及其司法解释的规定

依据《民诉法》第100条及第105条规定，申请人申请诉中保全的，人民法院采取诉讼保全措施，可以责令申请人提供担保；申请人申请诉前保全的，必须提供担保。对法条耐心、细致地研读，并加以严谨的推敲、琢磨，就会发现此处法条所规定的“担保”，是指提供具有“担保”功能的保障措施，而非对“担保”形式的规制。前述讨论业已澄清，皆因在过往司法实践中惯以民法担保的形式限制保全担保的类型，从而局限了人们的思维。我们认为，既然诉讼保全提供的担保是《民诉法》上的担保，《民诉法》上的担保殊异于民法上的担保，那么对于诉讼保全中提供担保的形式就不应局限于民法担保的类型，而完全可以将诉讼保全担保从民法担保类型的束缚中解脱出来。截至2016年1月31日，全国已经有湖南、黑龙江等11家省高院发文接受诉讼保全责任保

险作为财产保全担保的形式，同时全国已有将近1400家人民法院认可保险公司基于该险种所出具的保函。据统计，累计的保全金额已经达到数百亿元[1]。时至今日，最高人民法院通过2016年12月1日施行的《关于人民法院办理财产保全案件若干问题的规定》第7条确认保险人与申请保全人之间签订的财产保全责任险合同方式为财产保全提供的担保，这意味着诉讼财产保全责任保险是以保险方式丰富了《民诉法》规定的诉讼保全担保，并不违反现行法律的规定，且可完全实现诉讼保全制度有关担保设计的初始目标。

三、诉讼保全责任险符合责任险的保险原理及监管规定

依据上述探讨，业已厘清诉讼保全责任险能实现诉讼保全的担保功能，可作为保全担保的类型之一。接下来需思考另一个问题，诉讼保全责任险作为一种保险产品、特别是一种责任险产品，是否符合保险原理及监管相关规定。道理在于，不论保险产品如何创新，均不得突破保险的基本原理，否则无法归入保险产品的范畴，也是保险公司合法合规开展业务经营的基本底线。

（一）诉讼保全责任险符合责任险的基本原理

从诉讼保全责任险所承保的保险责任范围来看，“因申请错误致使被申请人遭受损失时，经法院判决由被保险人承担的损害赔偿责任，保险人根据本条款的规定在赔偿限额内承担赔偿责任”。那么，这里就需进一步挖掘，承保范围中所涉及的“申请错误”导致损失需承担的责任是何种民事责任，是否被申请人依法应当承担的民事责任。

根据《民诉法》第105条规定：“申请有错误的，申请人应当赔偿被申请人因保全所遭受的损失。”就是说，申请人因申请保全错误而造成被申请人的损失的，应当承担损害赔偿责任。从法条结构来看，该规定完全符合我国侵权行为的一般构成要件，即存在加害行为（申请保全的错误行为）、权益发生受损、两者间有因果关系，以及主观存在过错（有错误）。[2] 司法实践亦可印证。现行法院所作出的裁判文书一般将保全错误损害赔偿按照侵权责任构成来确定是否承担赔偿责任，如“申请财产保全错误损害赔偿责任，应适用一般侵权责任，过错归责原则”[3]，　“申请财产保全错误，本质上属于一种民事侵权行为”。[4] 学术界也普遍认为：“在申请保全损害赔偿中，被申请人的损害是由申请人错误地申请保全的行为所造成的，与一般的民事侵权行为没有本质区别，不同之处在于申请人利用司法程序侵犯被申请人的合法权益，是一种新类型的

---

[1] 吕丹丹、陈禹彦：《诉讼财产保全责任保险中的法律问题》，《中国保险报》2016年3月24日。

[2] 这一点在司法实务中有不同的认识。

[3] 最高级人民法院（2015）民申字第1147号民事判决书。

[4] 浙江省宁波市中级人民法院（2014）浙甬民一终字第755号民事判决书。

民事侵权行为。”❶

之所以有此共识，主要是考虑到民事保全错误之损害赔偿责任的如下构成：

第一，归责原则。对于民事保全错误损害赔偿责任的归责原则，究竟采用过错责任还是无过错责任原则，在我国学界及司法实务界仍存在争议。根据我国《侵权责任法》的规定，无过错责任原则仅在法律明文规定的情形下才予以适用，相对而言，凡是法律未做出明文规定的一般情况，均属于适用过错责任原则的范畴。在我国现行侵权责任法体系下，申请诉讼保全错误而形成的损害赔偿责任应当被排除在特殊侵权之外，而应当纳入一般侵权责任并对其适用过错责任原则。具体案件中针对申请人过错进行认定时，则需要综合考虑多方面的因素，切忌仅凭事后的申请人作为民事案件之原告的诉讼请求未能得到法院支持，就认定其申请保全错误，据此得出申请人（原告）在主观上存在过错的认定结果。因为，申请人在申请保全时，只能依据初步掌握的证据材料提起保全申请，相比之下，法院是在经过严密的调查和进行逻辑推理后才得出符合法律和事实的案件裁判结论。因此，以法院对相关案件的裁判结果来反推申请人在案情尚不明确时申请保全所存在的主观过错，当然表现出苛责申请人之嫌，有失公平。

第二，申请人的错误保全使得被保全人遭受了实际损失。这是得以向错误保全申请人追究损害赔偿责任的物质前提条件，具体来讲，这些实际损失可以包括保全对象错误、申请金额错误、解除保全不及时等情形所引发的被保全人的财产损失。例如，最高人民法院《关于人民法院办理财产保全案件若干问题的规定》第 23 条规定了 6 种申请人应当及时解除保全的情形。相应地，明确规定了因未及时向人民法院申请解除保全的，申请人应当赔偿被保全人的财产损失。因为，正是由于申请人的错误保全申请，才导致被保全人遭受了客观的、现实存在的财产损失。从而，错误保全申请人就其错误申请导致的被申请人的财产损失承担法律责任也就势在必然。不过，申请人所应承担损害赔偿责任的范围，同样要以被保全人因错误保全申请而遭受的实际损失为依据，这一损失数额必需经过法院的确认。

第三，诉讼保全的错误申请行为与被保全人的损害后果之间存在因果关系。在此，关于错误保全损害赔偿责任认定时所应采用的因果关系的判断，一般采用相当因果关系理论，即基于错误保全申请行为的前因而引发的、导致的

---

❶ 潘牧天：《滥用民事诉权的侵权责任研究》，上海社会科学院出版社，2011 年版，第 108 页；肖建国、张宝成：《论民事保全错误损害赔偿责任的归责原则——兼论〈民事诉讼法〉第 105 条与〈侵权责任法〉第 5 条的关系》，2016 年诉讼法学会会议论文。

被保全人的损害后果，两者之间具有直接的必然性。当然，司法实践中认定错误保全损害赔偿责任的因果关系时，既要审查客观上申请人的申请行为是导致被保全人财产损失的原因，也要依据法律逻辑来判断申请人在实施申请保全行为时主观上具备的一般社会经验和知识水平是否具有引起被保全人财产损失的必然性。

回到本问题焦点，依据《中华人民共和国保险法》规定，责任保险是以被保险人对第三人依法应负的赔偿责任为保险标的的保险。既然申请人因诉讼保全错误而承担的赔偿责任是一种民事侵权责任，已达成共识，而申请人/被保险人通过购买诉讼保全责任险的方式转嫁未来可能因申请错误而需承担的民事侵权责任的风险，应该说，上述保险产品所提供的保障机制，完全符合责任风险通过责任险的方式转嫁的保险原理。因此，我们认为，诉讼保全责任险符合责任险的基本原理。

（二）诉讼保全责任险所承保风险的可保性分析——符合不确定性的保险特征

从保险原理的角度来看，风险的真正含义是指引致损失的事件发生的一种可能性，而保险作为处理风险的方式，通过一定的商业安排与制度设计，能够为人们在遭受风险所致损失时提供的经济补偿。当然，适用保险制度处理风险损失并不意味着所有损坏财产安全和威胁人身安全的风险，保险人可以无一例外地予以承保。究其原因，按照保险的制度设计，能够纳入保险制度的适用范围，为保险人接受并予以承保的风险，才构成保险领域的可保风险。显然，一般风险要成为具有法律意义的可保风险，还需要满足以下条件：

1. 风险造成的损失必须是能够用货币计量的

如果因风险造成的损失无法用货币计量，比如因意外事件造成的精神痛苦或生理痛苦等，对于无法用货币计量的精神性损失，保险公司难以进行包括风险识别、费率计算等内容在内的风险管理，因而也无法承保。在各大保险公司的保险条款中，精神损失费的赔偿一般属于商业险除外责任。在诉讼保全责任险中，保全申请人因为错误申请给被申请人造成的损失一般是可以以货币计量的市场价值损失以及因财产扣押导致的衍生利益损失，符合损失可以用货币计量这一条件。

2. 风险的发生具有不确定性

从一般意义上讲，保险作为一种风险处置机制，应对的是人类无法确切预料、更无力抗拒的各类意外风险，此类意外风险应当属于偶然、意外发生的纯粹风险，保险业谓之具有不确定性。

为此，有学者认为诉讼保全责任险不符合保险基本原理，如中国政法大学刘少军教授认为："保险是针对不确定性事项，具有普遍不确定性才有概率才能测算，而诉讼中，财产保全具有相对确定性的特征，这与保险法的基本原理不符。"我们认为，上述观点值得商榷，其认为财产保全具有相对确定性的特征，存在理解误区：不确定性针对的是风险本身发生的不确定，而非某一事项的不确定，亦非承保标的物的不确定，诉讼保全责任险所承保的风险是否发生并不确定，因为保全错误导致损害赔付责任具有盖然性，申请人申请诉讼保全而发生错误具有偶然性与不确定性。从而可以得出，诉讼保全责任险的可保风险符合风险发生具有不确定性的保险特征。

3. 风险必须是大量的且同质标的均有遭受损失的可能性

保险是一个集合风险并分散风险的过程。"保险公司必须对损失的平均频率和严重程度都进行准确的预测"，"为了预测未来的结果，以便以足够的准确度计算合理的保险费率，需要保险集合体具有足够大的规模"。保险业是以大数法则作为建立稳固的保险基金的数理基础，只有一个标的或少量标的所具有的风险，是无法构建这种数理基础的。诉讼财产保全责任保险承保的是财产保全申请人在因错误保全给被申请人带来损害时的赔偿责任，这一危险事故符合同质性特征。在具有大量且同质的保险标的前提下，保险公司通过大数法则计算风险概率和损失程度，确定保险费率。

受国内外经济环境、社会经济结构转型、民众法律意识增强等多种因素影响，申请诉讼财产保全的案件数量逐年增长。在我国保全制度被广泛运用的司法背景下，诉讼保全担保责任风险具有大量同质的风险标的，符合大量同质标的均有遭受损失的可能性这一可保条件。

（三）诉讼保全责任险符合保险监管的规定

中国保监会于 2011 年下发的《关于规范保险机构对外担保有关事项的通知》规定：除保险公司自身诉讼中的担保、出口信用保险公司经营的与出口信用保险相关的信用担保以及海事担保之外，禁止保险机构为他人债务向第三方提供担保。据此，有观点认为保险公司开展诉讼保全责任险业务违反了保险监管规定。其一，保险公司开展诉讼保全责任险业务属于经营担保业务，违反保险监管的禁止性规定；其二，保单保函并未予以备案，游离于保险监管范围之外。[1]

上述两点质疑，我们认为是不成立的。

其一，关于第一点所质疑的，保险公司开展诉讼保全责任险业务是否属于

[1] 李想：《法院受案激增财产保全需求加大专家建议建立案庭主导财产保全制度》，《法制日报》，2016 年 6 月 14 日。其中，中国应用法学研究所副研究员认为"从监管上看，保险公司提交法院的重要文件——保单保函并未进行备案，游离于监管范围之外，存在保险监管风险。"

经营担保业务，违反保险监管禁止性规定问题。上文已详细论述保险监管机构禁止保险公司“为他人债务向第三方提供担保”，是指提供民法上的担保，其目的是不允许保险公司为第三方确定的债务提供信用担保。而保险公司开展诉讼保全责任险业务，是保险公司作为保险人开展保险业务，分散风险、管理风险、承担被保险人（诉讼保全申请人）因申请错误造成被申请人或他人损失的责任风险，并非民法上“为他人债务向第三方提供担保”。原因在于，其接受保函的主体、保障目的、是否具有从属性等方面均有别于民法之担保。因此，保险公司开展诉讼保全责任险业务并非为监管所禁止的担保业务。而分析上述监管规定的规范意图，本意是禁止保险机构在保险业务经营范围之外，为其他相关经济主体提供基本经营业务以外的、缺乏精算与风险控制基础的担保业务，防止因提供此类担保业务导致保险机构的资本和经营遭遇不确定的风险，引发保险业的系统性灾难，危害社会公共利益。这与产生于科学的风险控制与精算评估等现代保现技术的诉讼保全责任险业务是风马牛不相及的，该保险业务通常不具有对保险业的资产造成重大不良影响的威胁，不属于上述保险监管规则的禁止范围。

其二，关于第二点质疑所指摘的，该保险产品的保单保函未经备案而存在合规风险的认识，是理解上的误区。依据《保险法》第 135 条第 1 款的规定，关系社会公众利益的保险险种、依法实行强制保险的险种和新开发人寿保险险种等的保险条款和保险费率，应当报国务院保险监管机构批准。其他保险险种的保险条款和保险费率，应当报保险监管机构备案。显然，诉讼财产保全责任险不属于上述报批的三类险种，无须商业保险的监管机构的批准，仅需向保险监管机构备案。至于保险公司向法院出具的“保单保函”或类似文书是应法院的要求所出具，仅为整个诉讼保全责任保险合同的一部分。而整个诉讼保全责任险业务开展的情况，如中国平安财产保险股份有限公司已然向保险监管部门专项报告，其中的保险条款和费率均已向保监会报备。所以说，若认为“保单保函”游离于监管范围之外，是认识上的误区。

四、保险公司向法院出具“保单保函”的作用

保险公司在开展诉讼保全责任险业务过程中，向法院出具“保单保函”或类似文书，不能等同独立保函。

国内最早开始开展诉讼保全责任险业务是天津市。初时，天津地区各法院要求保险公司向法院提供“保证书”或“保证函”，其内容参考现行海事海商

案件的担保函格式[1]。其后，天津高院对内容进行规范，明确要求需要注明“保函效力不受保险合同效力影响，经判决的保全错误赔偿金，保险人需要无条件赔付”。从保险实务角度，由于保函的命名易理解为信用担保，囿于保险公司经营范围的限制，保险公司不能从事担保业务，加之保函仅为责任险产品之一部分，故最终商榷以“保单保函”定名，既满足诉讼保全担保之目的，亦表明其为保险产品之一部分。

此后，以中国平安财产保险股份有限公司天津分公司为例，公司按照如下流程开展诉讼保全责任险业务。首先，投保人填写《诉讼财产保全责任保险问卷》并提供相应资料；根据投保人提供的上述资料和第三方律师的风险评估意见，保险公司进行保险报价；经投保人确认后，保险公司根据投保单出具正式防伪保单和保单保函；保全申请人将保单保函提交法院进行备案，并将防伪保单留底保存，作为索赔材料之一。概括而言，就是保险公司与申请诉讼保全申请人之间先建立诉讼保全责任保险合同关系，其后保险公司向法院出具不可撤销的“保单保函”，明确担保的案件、金额及因申请人错误保全造成他人损失而承担赔偿责任的意思表示。

通过对保单保函发展历程和业务开展流程的梳理，可以看出，保险公司出具“保单保函”的对象并非申请人，被申请人即便遭受损失，申请人并非以保单保函作为责任险索赔的依据。保险公司出具“保单保函”的对象是人民法院，但实质上，人民法院并非受损主体，向人民法院出具“保单保函”其意义类似证明函，证明申请人已购买了责任险作为提供保全担保的措施，能实现保全担保的功能，使法院放心采取保全措施。

五、完善诉讼财产保全责任保险的建议

如前所述，保单保函的主要作用在于证明申请人已购买了责任险，并将其作为提供保全担保的措施，实现保全担保的制度功能，使法院放心采取保全措施。诉讼保全责任保险与普通责任保险的显著差别在于其中增加了一个公权力主体，使得这项保险产品不同于其他纯实体意义的保险产品，具有一定程序性，在实务操作中也引发了与保单保函及保险公司制度规范的一些问题。鉴于此，笔者认为，应从立法、司法和行政监督等几个方面入手，进一步完善新兴的诉讼保全责任保险制度。

---

[1] 现行海事海商担保函内容大致如下：“我行（公司、协会）应被担保人的要求，为其申请海事证据保全（扣押＊＊轮、扣押或查封货物、海事强制令、先予执行＊＊财产、冻结＊＊财产、＊＊海事赔偿责任限制）一案，向贵院出具本担保，对被担保人因申请＊＊保全错误给被申请人或任何第三方造成的经济损失或产生的费用，承担连带保证责任，担保金额为＊＊为限。本担保为不可撤销担保。我行（公司、协会）保证在贵院或贵院之上级法院作出有关裁判被担保人承担责任的法律文书（包括判决书、调解书、裁定书）规定的履行期间届满之日起五日内付款。”

（一）立法完善

诉讼财产保全责任保险产生于实务需要，其运作模式亦是从实务中摸索发展的。但现行法律规定对诉讼财产保全责任险规定较少。对此建议通过出台相关规定或司法解释，对诉讼财产保全责任保险进行全面的规范和解释。

第一，明确该责任保险的法律性质。应当在《保险法》或者相关的司法解释中明确诉讼保全责任保险的法律性质，消除关于该新兴责任保险之性质上的争议。同时，认可诉讼保全责任保险为诉讼保全担保的法定方式，避免由于制度缺失带来适用上的障碍。

第二，统一规范该责任保险的保险责任期间。保险责任期间，即投保人或被保险人与保险人约定的保险责任起止时间。对于保单保函的起始日期，当前保险公司的规定各有不同。保险公司或规定为“被保险人（申请保全人）向法院提出财产保全申请之日”，或规定为“保险人同意承保之日”；而对于截止日期，有的规定为“保全损害之债诉讼时效届满时”，有的为“经法院判决由保险人或被保险人向保全被申请人承担的赔偿责任执行完毕之日止”。因此，保单保函的担保期间因保险公司而异，因地区而异，缺乏统一性与规范性。笔者认为，基于财产保全的程序性特点，除了需要提供适当担保外，申请人还需提供必要的主体证明、申请书、证据等材料，经法院审查合格并作出保全裁定后方能采取保全措施，这一时间应当考虑在保险责任的起始点的计算上。从立法上统一保险责任期间应当充分考虑财产保全的程序性特征，杜绝所有责任间隙，实现担保效果。

第三，完善法院对诉讼保全责任保险的审查，从立法上明确财产保全审查的“必要性”范围与界限，具体应特别注意审查保全申请人的申请材料是否符合明确、齐全、规范的要求，以及保险公司的业务资质及偿付能力。当事人以财产保全责任险作为保全担保时，法院可以要求保险公司提供其营业执照、经营许可、担保范围及担保期间，并查明保险公司是否将诉讼保全责任险在保监会备案，确保保险公司具备从事诉讼保全责任险的资质。至于偿付能力、应结合具体案情，审查保险公司的注册资本情况、近三年的资产负债情况等等。

（二）司法完善

第一，确立诉讼保全责任险释明的引导机制，引导法官行使释明权。随着最高人民法院《关于人民法院办理财产保全案件若干问题的规定》的实施，各级法院在实务中已逐步认可诉讼保全责任险，但总体而言，作为新生事物，相较于其他传统保全担保方式，该担保方式适用率仍然偏低，当事人对该担保方式尚不够熟悉。因此，为了使该担保方式尽快全面地推开，让普通民众更加了解并在必要的时候充分运用诉讼保全责任保险这一法律规则，可以确立财产保全责任险释明引导机制，即在立案阶段明确告知当事人，在申请人资金紧张，不适宜提供其他符合条件的担保方式情况下，明确告知其有权选择责任保险担保作为担保方式，以此使当事人在第一时间有效获取担保信息，切实维护其合法权益。

第二，建设数据共享平台，实现法院与保险公司间的信息对接。建立信息共享机制，开展地区法院、保险监管机构、保险业协会定期交流信息和数据。法院可以与保监会间通过建立专门的数据交换与共享渠道，成立网上核查监管平台，通过两方主体提供的数据对入围的保险公司进行监督与管理，实现对保险公司的资信状况及偿还能力的实时了解。

结语

过往司法实践中惯常操作是现金担保、实物担保（包括动产和不动产）、商业银行或担保公司出具保函提供担保（保证）。上述担保形式由于周转利用率低、操作手续繁琐、成本高昂、偿付能力较低等原因而受限制。中国平安财险保险股份有限公司创设的诉讼保全责任险，正是由于成本更为低廉、偿付能力更为充足，前景被广泛看好。总的来说，诉讼保全责任险丰富了诉讼保全担保的方式，在诉讼担保中引入实力雄厚、富有强大创新能力的保险公司，无疑对维护各方当事人的利益更为有利，低廉的保费也避免了当事人由于难以提供担保而无法行使诉讼保全，也极好地解决了执行难问题。立法应对其合法性予以完善，对于其在实务操作中出现的一些问题应予以重视，并从不同层面予以完善。

保证保险合同是独立保函吗

陈 胜[❶]

近年来关于保证保险合同的纠纷案件日益增多，然而法院对保证保险合同的性质却存在较大的争议。有些法院将保证保险合同定性为保证合同，从而适用担保法来确定合同当事人之间的权利义务关系；也有法院将保证保险合同定性为财产保险合同，从而适用保险法来确定当事人之间的权利义务关系。近日，最高人民法院发布了《关于审理独立保函纠纷案件若干问题的规定》（以下称“《规定》”）。根据该司法解释对独立保函内涵和外延的相关规定，独立保函与保证保险合同有一定的相似性，因此是否可以参考独立保函的相关规定来认定保证保险合同项下当事人之间的权利义务关系值得研究和讨论。

一、保证保险合同性质的争议

我国《保险法》没有规定“保证保险”这一概念，作为政府主管部门的中国保险监督管理委员会（以下称“保监会”）与最高人民法院对“保证保险”内涵及性质的界定也不相同。保监会在《关于保证保险合同纠纷案的复函》（保监发［1999］116号，1999年8月30日发布）中指出：“保证保险是财产保险的一种，是指由作为保证人的保险人为作为被保证人的被保险人向权利人提供担保的一种形式，如果由于被保险人的作为或不作为不履行合同义务，致使权利人遭受经济损失，保险人向被保险人或受益人承担赔偿责任。”2000年8月28日，最高人民法院在对湖南省高级人民法院关于《中国工商银行郴州市苏仙区支行与中保财产保险有限公司湖南省郴州市苏仙区支公司保证保险合同纠纷一案的请示报告》的复函（［1999］经监字第266号复函）中规定：保证保险是由保险人为投保人向被保险人（即债权人）提供担保的保险，当投保人不能履行与被保险人签订合同所规定的义务，给被保险人造成经济损失时，由保险人按照其对投保人的承诺向被保险人承担代为补偿的责任。在该复函

❶ 陈胜，复旦大学经济学院博士后，上海市法学会银行法律与实务研究中心主任。

中，最高人民法院认为保证保险虽是保险人开办的一个险种，其实质是保险人对债权人的一种担保行为。2001 年 3 月 14 日，最高人民法院在审理神龙汽车有限公司诉华泰财产保险股份有限公司保证保险合同纠纷案的民事判决书中认定：保证保险是当事人依据保险法的规定而成立的保险合同。2003 年，最高人民法院在《关于审理保险纠纷案件若干问题的解释（征求意见稿）》中将保证保险规定为“是为保证合同债务的履行而订立的合同，具有担保合同性质”。而到 2005 年 4 月，最高人民法院《关于审理保险合同纠纷案件适用法律若干问题的解释》中则回避了保证保险的定性问题，只就保证保险合同纠纷的法律适用及当事人问题作了原则性的规定。但在该稿所附的说明中，仍然强调“多数人认为保证保险是由保险人向权利人即被保险人提供的一种担保业务，与一般财产保险有重大的区别”。

二、保证保险合同性质的特殊性

合同性质的认定不能仅凭其目的和功能，还应当依据其构成要件和法律特征。在为消费信贷的金融债权提供信用保障方面，保证保险虽然具有与保证相似的经济功能，但不能因经济功能的相似而将两者等同。同时，保证保险是财产保险的一种，但与一般的财产保险相比有重大的区别。

根据《担保法》关于“主合同无效，从合同亦无效”的原则，保证合同是从属合同，如果作为基础关系的借款合同无效，作为从合同的保证合同亦无效。然而，保证保险合同是一项独立的财产保险合同，并不是借款合同的从合同，其合同效力不受基础法律关系效力的影响。保证保险合同的效力受《保险法》调整并依据相关保险法规对合同效力作出认定，投保人与保险人就保险事项达成合意，保险合同即成立生效。

由于保证保险合同产生的根本目的在于为保障债权人的利益，在其功能特征中结合了保证与保险对债权人的双重保障的优势，其一方面体现了保证合同的保证功能，另一方面又借助保险合同为债权人设定了保险求偿权，从而使债权的实现有了更可靠的保障。如果无视保证保险合同的独立性，径行适用“主合同无效，从合同亦无效”的担保法原则来否认保证保险合同效力，则等于用担保法规范来否认保险法制度。故保证保险合同归根结底仍属于保险合同的范畴，只不过其直接体现的功能是保证性作用。在保证保险合同制度中，保险人承担理赔责任的条件是保险理赔条件是否满足，而不是从保证合同的规则出发去审查基础借款合同与保险合同的效力。在中国人民财产保险股份有限公司宜昌市分公司、湖北远安农村商业银行股份有限公司保证保险合同纠纷一案中【(2017) 鄂 05 民终 2180 号】，一审法院承认保证保险合同的独立性，认为有关保证保险合同纠纷的案件应适用保险法的相关规定，最终认为本案所涉保证保险合同不是借款合同的从合同，不应适用有关担保的法律规定。原审被告不服一审判决，提起上诉称本案案由系保证合同而非保险合同，不应按照保险法相关规定。但二审法院认为："保证保险合同是指由作为保证人的保险人为作为被保证人的被保险人向权利人提供担保的一种形式，在合同约定的条件成就时，保险人向被保险人或受益人承担赔偿责任的保险合同。投保人和被保险人就是贷款合同的借款方和贷款方，保险人是依据保险法取得经营保证保险业务的商业保险公司，其性质是具有担保性质的保险合同。在保险合同中，保险责任是保险人的主要责任，只要发生了合同约定的保险情形，保险人即应承担保险责任。保证保险合同不同于担保合同，就在于它不是借款合同的从合同。在保险合同法律关系中，其他民事合同的权利义务虽是保险人确定承保条件的基础，但其不能改变两个合同在实体与程序上的法律独立性，其他民事合同与保险合同之间不存在主从关系。虽然保证保险与保证有许多相同之处，但因合同的对价性、责任承担的前提、合同的地位、承担责任的资金来源等与担保合同存在明显差异，即相同之处是次要的，非本质的，而不同之处才是主要的，本质的。保证保险是中国保险业务创新出来的一个新品种，不同于单纯的保证合同，其本质上是一种保险。尽管保证保险也是对投保人信用和履约情况向第三人作出的一种保障承诺，但它是将投保人违约情形的出现确定为一种保险事故，通过对保险条件的确定、对保险事故和免责范围的限制以及对保险责任承担方式的约定来实现对第三人的保障。因此，保证保险是独立于保证担保之外的另一种市场保障方式，是保险公司利用本身信用优势进行产品创新的自然结果，具有本身的独立性、科学性，不能将其简单归入旧的保证担保体系"。综上，二审法院也承认了保证保险合同的独立性，将本案案由定为保证保险合同纠纷，不支持上诉人的上诉理由，最终驳回上诉，维持原判。

此外，在保证合同关系中，合同当事人是债权人与保证人，与债务人无关；在保证保险合同关系中，合同当事人是债务人（投保人）与保险人，与债权人无关。故保证保险合同的无效一般与债权人无关，不能要求被保险人（债权人）承担保证保险合同无效的责任，不能适用担保法司法解释关于从合同无效，担保人应承担比例按份责任的规定，而由保险人和投保人向被保险人（债权人）承担全额缔约过失赔偿责任。

因此，保证保险合同不同于保证合同的关键在于，保证保险合同是一份独立的合同，保险事故发生后，保险人应当独立地承担理赔责任，而不得以主合同、从合同等存在效力瑕疵进行抗辩，亦不得以债权人存在其他优先受偿途径而拒绝理赔。

三、保证保险合同的性质类似于独立保函

根据《规定》第1条，独立保函是指“银行或非银行金融机构作为开立人，以书面形式向受益人出具的，同意在受益人请求付款并提交符合保函要求的单据时，向其支付特定款项或在保函最高金额内付款的承诺。”该单据包括付款请求书、违约声明等表明付款到期事件的书面文件”。

根据上述规定，独立保函的作用在于债务人付款到期，且债务人未履行付款义务的，债权人根据金融机构开具的独立于基础交易关系的付款承诺的书面文件向金融机构索赔时，只要债权人能提供表明付款到期事件的书面文件，金融机构就无条件向其支付特定款项或最高金额内的付款。

保证保险合同与独立保单具有一定的相似性。首先，保险公司是非银行金融机构，具有开立独立保函的主体资格。其次，保证保险合同独立于基础交易关系，具有独立性。再者，保证保险事故的触发条件是债务人不履行到期还本付息的付款义务。而且受益人（债权人）向保险公司理赔时，需要提供表明付款到期且债务人未履约的书面文件。最后，保险人审核上述文件后，承担独立理赔责任，不得以基础交易关系等在效力上存在瑕疵而进行抗辩，亦不得以债权人存在其他优先受偿途径而拒绝理赔，而是无条件地向债权人支付特定款项或最高金额内的付款。

综上，保证保险合同当事人之间的权利义务关系与独立保函当事人之间的权利义务关系具有一定的相似性，但保证保险合同性质的认定还要根据法院的观点和当事人之间的约定进行个案判断。

论工程质量保险作为“监管者”的发展路径与制度构建

石　伟[1]　石　岩[2]

摘　要　我国的工程质量保险制度是在政府的行政主导下诞生并得到推行的。由于建筑企业对质量保证金的路径依赖、保险企业的技术力量不足等原因，尽管我国政府在大力推行工程质量保险，但并没有在实践中被广泛采用。虽然建设工程质量与公共利益密切相关，但我国法律和行政法规并没有将工程质量保险确立为强制性险种。鉴于工程质量保险可以分担政府的行政管理职能，进而降低社会治理成本，保护终端消费者的利益，我国可以考虑将工程质量保险确立为强制性险种，并在此基础上进一步推行工程质量保险制度。充分发挥工程质量保险的监管功能，符合我国政府深化“放管服”改革的方向，有助于提高建筑工程质量。

关键词　工程质量保险　质量保证金　监管功能　强制性保险

一、问题的提出

在我国的城市化和工业化进程中，建筑业扮演着重要的角色，是我国的支柱性产业。[3] 目前，我国的城市化和工业化不断向纵深发展，[4] 建筑业在未来相当长的时间内，仍将对我国的经济和社会发展发挥重要作用。

鉴于建筑质量的基础性地位，我国制定了规制建筑质量的法律法规体系，

[1] 石伟，北京采安律师事务所顾问，对外经济贸易大学法学博士，美国康涅狄格大学法学硕士（LL. M）。

[2] 石岩，渤海大学法律硕士研究生。

[3] 根据中国建筑业协会的统计数据，自 2009 年以来，建筑业增加值占国内生产总值的比例始终保持在 6.5% 以上。建筑业作为国民经济支柱产业的地位稳固。参见中国建筑业协会：《2017 年建筑业发展统计分析》，《工程管理学报》2018 年第 3 期。

[4] 根据国家统计局的数据，我国城镇人口的比重在 2017 年达到了 58.52%。城市化和工业化进程仍在持续发展过程中。参见国家统计局：《中华人民共和国 2017 年国民经济和社会发展统计公报》，http://www.stats.gov.cn/tjsj/zxfb/201802/t20180228_1585631.html，2018 年 9 月 30 日最后访问。

建立了包括行政监管和社会监管相配合的监管体系，[1] 采用质量保修[2]、竣工验收备案、质量保证金等具体制度措施。从理论上讲，我国已经建立了体系化的建筑质量监管和保障制度。但是，在我国建筑业高速发展的过程中，建筑质量问题（特别是住宅质量问题）频现。[3]

以原建设部和保监会于 2005 年 8 月 5 日颁布的《关于推进建设工程质量保险工作的意见》（建质〔2005〕133 号）为标志，我国中央政府层面开始推行工程质量保险。但在实践中，工程质量保险并没有被广泛应用，建筑企业（包括建设单位和施工单位）和保险企业的参与程度相对较低。[4] 工程质量保险并没有按照制度制定者的设想，在最大程度上发挥保障建筑质量的作用。

值得进一步分析的是，工程质量保险在我国没有被广泛应用的原因是什么，我国是否有必要大规模地推广工程质量保险，如果有必要推广，怎样才能使工程质量保险从“纸上”的制度，变成“行动中”的制度。

围绕上述问题，本文将对我国的工程质量保险制度进行系统分析，通过梳理我国工程质量保险制度的演进过程，总结工程质量保险在我国实践中所存在的问题，并对工程质量保险制度的进一步构建提出建议。

二、我国工程质量保险制度的演进

一般认为，法国最早在 1978 年建立了工程质量保险制度，[5] 并被其他国家（比如英国[6]、意大利、西班牙等）所借鉴和模仿。

我国工程质量保险制度的发展相对较晚。2001 年，建设部住宅产业化促进中心联合国家建筑工程质量监督检验中心、中国人民财产保险公司等单位就我国的“住宅质量保证保险”开展研究，拟推广住宅质量保证保险制度。[7]

---

[1] 行政监管主体主要包括政府建设行政主管部门及其委托的建筑工程质量监管机构，社会监管主体主要有监理单位、工程质量检测机构和工程咨询机构。参见朱诗尧等《新加坡建筑工程质量监管经验与启示》，《建筑经济》2018 年第 6 期。

[2] 比如《中华人民共和国建筑法》第 62 条规定：“建筑工程实行质量保修制度。”《建设工程质量管理条例》（2017 年修订）对保修范围、保修期限等进行了更为具体的规定。

[3] 谢世伟：《建筑工程项目质量管理研究》，《财经问题研究》2015 年第 6 期。

[4] 参见住房和城乡建设部编制的《建筑业发展“十三五”规划》。

[5] 徐波、赵宏彦：《建筑工程质量保险探析——法国等国家建筑工程质量保险考察》，《建筑经济》2004 年第 9 期。

[6] Robert Hogarth, Andrew Whitlock: “*Latent (Inherent) Defects Policies*”, in *Insurance Law for the Construction Industry*, edited by Robert Hogarth, Oxford University Press, 2008, p215.

[7] 2001 年 11 月，国家建设部住宅产业化促进中心与中国人民保险公司就“住宅质量保证保险”专门成立了联合课题小组，撰写了《A 级住宅质量保证保险研究报告》和《中国人民保险公司住宅质量保证保险条款》，并向保监会提交了《关于开办“住宅质量保证保险”的情况汇报》，于 2002 年 9 月通过专家论证。2002 年 10 月 31 日，建设部住宅产业化促进中心与中国人民保险公司在北京举行了“A 级住宅质量保证保险合作协议”的签字仪式。参见袁毅阳、景思江：《推行工程质量保险制度的障碍与对策》，《湖北社会科学》2009 年第 12 期；徐友全、张世洋：《构建我国工程质量责任保险运行机制》，《土木工程与管理学报》2013 年第 4 期。

2002年，政府部门和保险企业对工程质量保险进行了调研和总结。[1] 此后，中央政府和地方政府先后颁布了多项法规和政策性文件，以期推动建设工程质量保险的发展。

（一）中央政府层面

2004年，原建设部起草了《建设工程质量保修保险试行办法》（草案），拟在10个城市进行试点。[2] 经过前期调研和试点，[3] 从2005年起，中央政府即开始正式推广工程质量保险制度。

此后，中央政府层面制定的关于工程质量保险的政策性文件和规章如下（不完全统计）：

序号	名称	颁布部门	备注
1	《关于推进建设工程质量保险工作的意见》（建质〔2005〕133号）	建设部和保监会	2005年8月5日颁布
2	《关于在建设工程项目中进一步推行工程担保制度的意见》	建设部	2006年12月7日颁布
3	《关于进一步加强城市规划建设管理工作的若干意见》（中发〔2016〕6号）	中共中央、国务院	2016年2月6日颁布，要求“实行施工企业银行保函和工程质量责任保险制度”
4	《关于促进建筑业持续健康发展的意见》（国办发〔2017〕19号）	国务院办公厅	2017年2月21日颁布，要求“推动发展工程质量保险”

---

[1] 2002年10月27日至11月7日国家建筑工程质量监督检验中心李中锡和中国人民保险公司潘峰赴青岛、深圳、福州、厦门四城市进行了工程质量与保险课题的调研。参见《工程质量》编辑部：《工程质量与保险》，《工程质量》2002年第12期。

[2] 徐波：《工程质量管理的一次机制创新——在工程质量保险试点城市座谈会上的讲话》，《建筑经济》2004年第8期。本文作者徐波时任建设部工程质量安全监督与行业发展司副司长。他在文中指出，建设部已经完成了《建设工程质量保修保险试行办法》（草案）的起草，“并与有关部门进行协调；确定了10个城市作为试点，召开了座谈会听取了各方面的意见，保险条款的起草工作正在紧张进行中”。需要特别说明的是，经笔者查验文献，《建设工程质量保修保险试行办法》（草案）并没有正式颁布施行。厦门市于2003年开始“建设工程质量保险”的初步试点，制定了“建设工程质量保险”承保保险条款，在保监会报备。有学者认为，该条款是全国首个地方性建设工程质量保险条款。参见袁毅阳、景思江：《推行工程质量保险制度的障碍与对策》，《湖北社会科学》2009年第12期。

[3] 2002年3月15日，吉林亚泰房地产开发有限公司就亚泰花园杏花苑商品住宅楼向中国平安保险公司投保住宅质量责任保险，保险金额为7亿元，保险期限为一年。保单规定：“在业主签订购房合同起一年内，由于房屋质量存在缺陷（在住宅质量责任保险范围内），给房屋所有人造成的损失，开发商或业主可向保险公司索赔。”有学者认为，这是我国保险公司签发的第一份建设工程质量责任保险单。参见张娜：《我国推行建设工程质量保修保险制度的必要性》，《中国市场》2009年第9期。

对于第一份工程质量保险单，时任江苏省建设厅住宅与房地产业促进中心主任的徐建国认为，中国人民财产保险股份有限公司南京市分公司于2007年10月10日向南京市云河湾（社区）花园小区业主签发的“住宅质量保证保险保单”是全国首例工程质量保险保单。参见徐建国：《江苏住宅质量保证保险在探索中前行》，《住宅产业》2008年第1期。

续表

序号	名称	颁布部门	备注
5	《建筑业发展“十三五”规划》	住房和城乡建设部	2017年4月26日颁布，要求“推动发展工程质量保险”
6	《建设工程质量保证金管理办法》（建质〔2017〕138号）❶	住房和城乡建设部、财政部	2017年7月1日开始施行
7	《关于开展工程质量安全提升行动试点工作的通知》（建质〔2017〕169号）	住房和城乡建设部	2017年8月22日颁布

根据上述表格中的信息，自2005年原建设部和保监会颁布《关于推进建设工程质量保险工作的意见》之后，中央政府对工程质量保险的政策推动几乎停滞。其标志是中央政府几乎没有再制定关于工程质量保险的政策文件。直至12年之后的2016年，中央政府才重启对工程质量保险的政策推动，并制定了相关的政策或部门规章。

（二）地方政府层面

在中央政府发布推动建设工程质量保险的政策之后，地方政府也开始出台相关的文件或制定地方法规。在地方政府层面，上海市较早地推广了建设工程质量保险。北京、江苏、浙江等地也先后开始推广建设工程质量保险。相关政策性文件和地方政府法规如下（不完全统计）：

序号	名称	颁布部门	备注
1	《关于推进建设工程风险管理制度试点工作的指导意见》（沪建交联〔2006〕307号）❷	上海市城乡建设和交通委员会、中国保险监督管理委员会上海监管局	2006年5月颁布
2	《上海市建设工程质量和安全管理条例》	上海市人大	2012年3月1日起正式实施
3	《上海市建筑市场管理条例》	上海市人大	2014年完成修订

❶ 《建设工程质量保证金管理办法》第6条第2款：“采用工程质量保证担保、工程质量保险等其他保证方式的，发包人不得再预留保证金。”

❷ 该《意见》规定：“在政府投资的建设工程或政府主导的公共建设工程中开展建设工程风险管理和保险制度的改革试点工作。”

续表

序号	名称	颁布部门	备注
4	《关于进一步完善工程担保制度推行建设工程综合保险工作的通知》（浙建〔2016〕10号）	浙江省住房和城乡建设厅、浙江省人力资源和社会保障厅、中国保险监督管理委员会浙江监管局	2016年11月7日发布
5	《上海市建设工程质量风险管理机构管理办法（试行）》	上海市住房城乡建设管理委、上海保监局	自2016年12月1日起施行，有效期至2018年6月30日止
6	《上海市商品住宅和保障性住宅工程质量缺陷保险实施意见》	上海市住房城乡建设管理委、市金融办、上海保监局	2016年7月15日起施行
7	《上海市住宅工程质量潜在缺陷保险实施细则（试行）》	上海市住建委	有效期为2017年11月1日至2019年10月31日
8	《北京市建设工程质量条例》	北京市人大	2016年1月1日起施行
9	《关于推行江苏省住宅工程质量潜在缺陷保险试点的实施意见（试行）》（苏建质安〔2018〕67号）	江苏省住房和城乡建设厅、江苏保监局	2018年2月8日发布，有效期至2020年12月31日止
10	《浙江省住宅工程质量保险试点工作方案》（建建发〔2018〕78号）	浙江省住房和城乡建设厅	2018年3月16日发布
11	《关于推行工程质量保险试点工作的通知》	安徽省住房和城乡建设厅、中国保险监督管理委员会安徽监管局	2018年5月15日发布

根据上述表格中的信息，早在2006年上海即出台文件推动工程质量保险的发展。更为重要的是，上海通过地方性立法的方式，确认工程质量保险的地位，并保障其发展。比如《上海市建设工程质量和安全管理条例》第19条第2款明确规定："建设单位投保工程质量保证保险符合国家和本市规定的保修范围和保修期限，可以免予交纳物业保修金。"《上海市建筑市场管理条例》第38条规定："建设工程合同对建设工程质量责任采用工程质量保险方式的，不再设立建设工程质量保证金。"总体而言，上海市建立了较为完善的建设工程质量保险制度体系。

值得注意的是，住房和城乡建设部于2017年颁布了《关于开展工程质量安全提升行动试点工作的通知》（建质〔2017〕169号），要求在"上海、江苏、浙江、安徽、山东、河南、广东、广西、四川”进行工程质量保险试点，并要求“培育工程质量保险市场，完善工程质量保证机制，逐步建立起符合我国国情的工程质量保险制度”。该通知颁布后，安徽和江苏等省先后出台了推动工程质量保险发展的政策性文件。

（三）小结：我国建设工程质量保险制度演进的特征

根据上述介绍，我国建设工程质量保险制度的发展主要表现出以下特征：

第一，与法国、西班牙等国相比，我国的工程质量保险制度的诞生相对较晚，并且我国的建设工程质量保险制度在很大程度上借鉴和移植了法国的建设工程潜在缺陷保险（Inherent Defect Insurance）制度。❶

第二，在我国建设工程质量保险的诞生和发展的过程中，主导者是政府（特别是中央政府）。中央政府的政策推动成为我国建设工程质量保险发展的契机。

第三，在中央和地方政府制定的政策性文件或法规中，对于工程质量保险并没有使用统一的名称，“工程质量保险”“工程质量保证保险”“工程质量潜在缺陷保险”等名称被交替使用。❷ 进一步讲，我国政策和法律对于工程质量保险的内涵和外延的界定并不一致。

第四，尽管部分地方性法规强制要求投保工程质量保险，❸ 但我国法律和行政法规并没有将工程质量保险确定为强制性保险。❹

三、现状：建设工程质量保险何以不能快速发展？

尽管我国政府早在2006年就开始试点、推广工程质量保险，但在实践中，工程质量责任保险的发展并不乐观，在一定程度上出现“政府热、企业冷、保险公司冷”的局面。住房和城乡建设部于2017年4月颁布的《建筑业发展“十三五”规划》明确指出，“工程保险等市场配套机制建设进展缓慢”。进一步讲，包括建设工程质量保险在内的工程保险并没有在政府的推动之下迅速发展。其主要原因可能如下：

---

❶ 2004年左右，时任建设部工程质量安全监督与行业发展司副司长徐波带队赴法国、西班牙和意大利调研建设工程质量保险制度。随后，我国开始开展建设工程质量保险的试点。参见徐波、赵宏彦：《建筑工程质量保险探析——法国等国家建筑工程质量保险考察》，《建筑经济》2004年第9期。

❷ 鉴于我国现有的政策性文件或法规并没有使用统一的表述，本文为表述方便，统一使用“工程质量保险”。在援引具体的条文时，使用该条文中的具体表述。

❸ 比如《北京市建设工程质量条例》第62条明确规定：“本市推行建设工程质量保险制度，从事住宅工程房地产开发的建设单位在工程开工前，须按照本市有关规定投保建设工程质量潜在缺陷责任保险，保险费用计入建设费用。保险范围包括地基基础、主体结构以及防水工程，地基基础和主体结构的保险期间至少为10年，防水工程的保险期间至少为5年。”

❹ 在缺乏上位法依据的情况下，地方性法规强制要求企业投保工程质量保险，其合法性仍值得进一步探讨。具体分析请参见下文“三（三）立法现状：工程质量保险不是强制性保险”。

（一）路径依赖：质量保证金的“潜在利益”

早在2005年，我国就开始施行质量保证金制度。建设单位（业主）按照工程价款结算总额的一定比例预留质量保证金。根据《建设工程质量保证金管理暂行办法》（建质〔2005〕7号），预留质量保证金的比例为工程结算价款的5%左右。[1] 此后，此比例长期维持，2016年颁布的《建设工程质量保证金管理办法》（建质〔2016〕295号）依然将此比例设定为5%。

直至住房和城乡建设部、财政部于2017年对《建设工程质量保证金管理办法》（建质〔2016〕295号）进行了修订，才将5%的质量保证金比例降低为3%。[2] 尽管2017年修订后的《建设工程质量保证金管理办法》作出了此种规定，但在实践中质量保证金占工程价款的比例仍然大多为5%。

设立质量保证金制度的初衷是“落实工程在缺陷责任期内的维修责任”。[3] 在缺陷责任期之后，建设单位（业主）应将预留的质量保证金返还给施工单位。[4] 但实际情况并非如此：建设单位（业主）可能通过扣留质量保证金的方式，长期无息使用本来应该支付给施工企业的工程价款。在建筑业过度竞争的背景下，5%的质量保证金可能高于施工企业的平均利润，从而导致施工企业资金周转困难。[5]

在此情况下，实践中出现了“吊诡”的局面：政府的政策性文件乃至地方性法规在推动或要求企业使用工程质量保险去代替质量保证金，同时，施工企业更愿意使用工程质量保险去替代质量保质金以加快资金周转，但是建设单位（业主）推诿、拒绝接受工程质量保险去替代质量保证金。

概括而言，工程质量保险无法快速推广的一个重要原因是，经过近15年的操作和运行，质量保证金已经被建筑行业广泛接受，形成了“路径依赖”（pathdependence）[6]。其后果是，在建筑市场中处于强势地位的建设单位（业

---

[1] 建设部和财政部于2005年颁布了《建设工程质量保证金管理暂行办法》（建质〔2005〕7号）。该办法第7条规定：“全部或者部分使用政府投资的建设项目，按工程价款结算总额5%左右的比例预留保证金。社会投资项目采用预留保证金方式的，预留保证金的比例可参照执行。”

[2] 《建设工程质量保证金管理办法》（建质〔2016〕295号）废止了《建设工程质量保证金管理暂行办法》。《建设工程质量保证金管理办法》第7条对质量保证金作出了如下规定：“发包人应按照合同约定方式预留保证金，保证金总预留比例不得高于工程价款结算总额的5%。合同约定由承包人以银行保函替代预留保证金的，保函金额不得高于工程价款结算总额的5%。”

《建设工程质量保证金管理办法》（建质〔2017〕138号）第7条规定：“发包人应按照合同约定方式预留保证金，保证金总预留比例不得高于工程价款结算总额的3%。合同约定由承包人以银行保函替代预留保证金的，保函金额不得高于工程价款结算总额的3%。”

[3] 《建设工程质量保证金管理暂行办法》（建质〔2005〕7号）第1条。

[4] 《建设工程质量保证金管理暂行办法》（建质〔2005〕7号）第9条、第10条。

[5] 李慧民、马海骋、盛金喜编著：《建设工程质量保险制度基础》，科学出版社2017年版，第13页。

[6] “路径依赖是指经济、社会或技术等系统一旦进入某个路径（不论好坏），就会在惯性的作用下不断自我强化，并且锁定在这一特定路径上。”尹贻梅、刘志高、刘卫东：《路径依赖理论研究进展评析》，《外国经济与管理》2018年第8期。

主）不愿意放弃长期使用质量保证金的利益，进而拒绝接受工程质量保险。

（二）道德风险：保险公司无法控制的风险

工程质量保险市场的投保人与保险人之间存在着严重的“信息不对称”；在工程质量保险市场中，投保人与保险人之间的信息不对称可能导致道德风险（moral hazard）问题。[1] 具体而言，在保险合同订立前，施工企业为了降低保险费，可能向保险公司隐瞒自身的缺陷及工程风险因素。而在保险合同订立后，施工企业认为已经购买保险，即使出现质量问题，也应由保险公司承担赔偿责任；施工企业可能存在偷工减料、疏于管理等问题，进而出现质量问题。

更为重要的是，保险公司不是专业的工程技术机构，如何控制建设工程中的风险也是一个关键问题。建设工程项目的程序复杂，涉及勘察、设计、施工等诸多环节。由于建设工程专业性很强，保险人要将不可保的风险转为可保风险，[2] 在很大程度上需要委托独立的风险管理机构对建设工程全程监督。在实践中，参与建设工程质量监督的市场主体包括审图机构、地勘机构、监理单位等，每一个机构负责工程的一个阶段，尚缺少一个可以全程监督工程质量的机构。[3] 在此情况下，为了控制风险，保险公司不得不委托第三方专业机构对建设工程的相关环节进行管理和监督。这其中可能产生代理成本和管理费用。[4] 如果第三方专业机构不能独立于被监管企业（比如施工单位）对工程项目进行监督，就可能给保险公司带来更大的风险。

对于保险企业而言，开展工程质量保险的承保时间较长、风险较大；保险公司缺乏工程技术人才，无法实现对风险的有效管控。这些因素都给保险企业的营利带来了极大的困难，换言之，工程质量保险不是一个能给保险企业带来高额利润的险种，甚至可能使保险企业造成亏损。[5] 这进一步降低了保险公司参与工程质量保险的积极性。

此外，施工企业缺乏工程质量保险方面的人才，在理解保险合同条款、投保、索赔等方面都存在困难，进一步导致了工程质量保险推广的困难。同时，工程质量保险在一定程度上存在保险产品设计复杂、保单生效条件过于苛刻、手续烦琐等问题，[6] 也影响了施工企业投保的积极性。在此情况下，交易环节相对较少、程序相对简单的预留质量保证金的方法，就显示出了“比较优势”。

---

[1] 刘奎：《信息不对称的保险市场分析》，《上海保险》1998 年第 12 期。

[2] 关于可保风险和不可保风险的探讨，参见郏京炜：《中国建设工程质量保险发展相关问题研究》，《保险研究》2008 年第 2 期。

[3] 赵振宇、令文君：《中外建筑工程质量保险体系比较分析与对策研究》，《建筑经济》2010 年第 8 期。

[4] 杨淑娥：《代理关系理论与代理成本研究》，《财贸经济》1996 年第 4 期。

[5] 即使是在最早推广工程质量保险的法国，工程保险也长期亏损。直到 2000 年，法国工程保险业才勉强实现了财务上的平衡。参见卢晓宇：《法国工程质量担保与保险制度研究》，北京建筑大学 2013 年硕士学位论文，第 44 页。

[6] 袁毅阳、景思江：《推行工程质量保险制度的障碍与对策》，《湖北社会科学》2009 年第 12 期。

（三）立法现状：工程质量保险不是强制性保险

根据《保险法》，“除法律、行政法规规定必须保险的外，保险合同自愿订立”。[1] 进一步讲，保险合同遵循自愿订立的原则，除法律和行政法规规定必须投保的险种以外，保险公司或其他任何单位不得强制他人订立保险合同。需要特别说明的是，根据《保险法》的上述规定，只有全国人民代表大会制定的法律和国务院制定的行政法规可以规定强制性险种，部门规章、地方性法规等不得规定强制性险种。

目前，工程质量保险还没有被法律或行政法规确立为强制性保险。在地方性法规层面，上文提及的《上海市建设工程质量和安全管理条例》和《上海市市场管理条例》[2] 都没有将建设工程保险规定为强制性保险。

值得进一步分析的是，《北京市建设工程质量条例》第 62 条规定：“本市推行建设工程质量保险制度，从事住宅工程房地产开发的建设单位在工程开工前，须按照本市有关规定投保建设工程质量潜在缺陷责任保险，保险费用计入建设费用。”根据该规定，在北京市进行住宅工程开发的企业须投保工程质量潜在缺陷保险。就其字面意思而言，该规定将工程质量潜在缺陷保险设定为强制性保险。

根据《立法法》，地方性法规不得与法律或行政法规相抵触。[3]《保险法》明确规定，只有法律和行政法规有权规定强制性的险种。在缺少上位法依据的条件下，《北京市建设工程质量条例》将工程质量潜在缺陷保险设定为强制性保险，该条款的合法性存疑。

因此，在缺乏上位法（法律和行政法规）依据的情况下，现有的涉及工程质量保险的部门规章、地方性法规和政策性文件不宜将工程质量保险确立为强制性保险，而只能采用鼓励企业使用工程质量保险——这也是目前绝大多数政策性文件或地方性法规所采取的方式。

（四）小结：质量保证金“压倒”工程质量保险

综上所述，建筑行业在长期的实践中，已经习惯于依赖质量保证金作为保障工程质量的措施。加之，建设工程质量保险的投保、理赔等程序，都需要保险公司或第三方机构的介入，涉及的环节更多、程序相对复杂。在此背景下，建设单位、施工单位和保险公司相对缺乏使用工程质量保险的积极性。尽管各级政府出台多种政策性文件鼓励各方采用工程质量保险，但在缺乏法律或行政

---

[1] 《保险法》第 11 条第 2 款。

[2] 即《上海市建设工程质量和安全管理条例》第 19 条、《上海市市场管理条例》第 38 条。具体参见上文“二（二）地方政府层面”。

[3] 《立法法》第 72 条：“省、自治区、直辖市的人民代表大会及其常务委员会根据本行政区域的具体情况和实际需要，在不同宪法、法律、行政法规相抵触的前提下，可以制定地方性法规。”

法规将工程质量保险确认为强制性保险的情况下，各方还是可以基于多种理由避免采用工程质量保险。

四、解决问题的视角：工程质量保险何以成为“监管者”？

前文已经指出，2015 年以来，中央和地方政府已经颁布了诸多推广工程质量保险的政策性文件、部门规章或地方性法规；与之相对，市场反响并不强烈。

值得进一步探讨的是，既然市场主体（包括建设单位、施工单位和保险公司）使用工程质量保险的积极性不高，为什么还要大力推广工程质量保险？

美国弗吉尼亚大学法学院的肯尼斯·亚伯拉罕（Kenneth S. Abraham）教授在其《保险法的四种理念》（Four Conceptions of Insurance）一文中指出，保险可以作为政府的代理人（Insurance as Surrogate Government），作为一种治理工具，实现对社会的治理。[1]

如果将保险视为一种社会治理的工具，并且能够分担政府的监管职能，保险就扮演着“准政府”（quasi - government）[2] 的角色。具体到工程质量保险领域，由建设单位或施工单位购买工程质量保险，保险公司代替政府对企业进行监管，通过设置不同的保费等措施对保单持有人进行引导，保险公司就可以实现对保单持有人的“管理”。

由保险公司“代理”政府对建设单位或施工单位进行监管，进而降低了政府的监管负担和责任。这就可以在一定程度解释，在市场反应不积极的情况下，我国各级政府为什么还要大力推广工程质量保险。

可以从以下角度进一步解释工程质量保险的“监管职能”。

（一）保险利用经济手段监管保单持有人

对于投保工程质量保险的企业，保险公司可以基于企业的施工质量水平，对企业进行分类管理。对于施工质量差的企业，保险公司可以要去该企业支付更高的保费。[3] 在实践中，对于长期低质量施工的企业，可能会出现没有保险公司愿意承保的局面。

通过差别保费等经济手段，工程质量好的企业承担较低的保费，进而获得更强的市场竞争力。与之相反，工程质量差的企业要承担较高的保费，进而在市场竞争中处于不利的地位。进一步讲，借助经济手段，工程质量保险对作为保单持有人的企业产生影响，既实现企业的优胜劣汰，也实现了对企业的监

---

[1] Kenneth S. Abraham: *Four Conceptions of Insurance*, *University of Pennsylvania Law Review*, Vol. 161, No. 3 (February 2013), pp. 683 - 691.

[2] Peter M. Dunbar, Esp.: *The Condominium Concept* (10th Ed.), Pineapple Press, Inc (2007), p195.

[3] 瞿富强、孙宇：《住宅质量责任保险——以施工企业投保为例》，《土木工程与管理学报》2018 年第 1 期。

管，发挥了“市场配置建筑资源”的基础性作用。

（二）保险参与社会治理

我国正处于城市化和工业化的关键阶段，建设行业将在未来较长的时间内高速发展。建筑质量关系到社会公共利益，也会对社会的稳定产生影响。一栋城市高层建筑可能住着成百上千人，一旦发生质量问题，将会对政府形象和社会稳定产生不利影响。[1]

对于建筑行业通用的质量保证金，该质量保证金仅适用于缺陷责任期之内的质量问题，而缺陷责任期相对较短（一般为 1 年，最长不超过 2 年），[2] 因此，质量保证金不能解决缺陷责任期之后的质量问题。

作为一种社会治理的工具，一方面，工程质量保险可以在一定程度上实现对工程质量的监管，提高工程质量；另一方面，通过建立保险理赔服务机制，当建筑出现质量问题时，所有权人可以直接向保险公司索赔，保险公司第一时间进行赔付或组织维修。这可以避免因建设单位或施工单位赔偿或履行维修责任不到位而带来的不良社会影响，降低政府所面临的社会压力。

更为重要的是，通过保险合同的约定，工程质量保险可以在较长的时间内（比如 10～15 年）对可能出现的质量问题进行承保，克服质量保证金仅适用于较短的缺陷责任期的问题。

（三）保险代行行政监管机构的职能

在我国现行的行政体系下，工程质量监督部门（如各地建设行政主管部门下属的质量安全监督站）负责工程质量的行政监管。在我国建筑项目快速发展的背景下，工程质量的行政监管存在工程质量监督手段落后、监督工作经费保障面临困难、人员不足等问题。[3] 监督力量与被监督体量严重不匹配，工程质量的监管成效自然也无从保证，更不能保障建设工程高质量发展的需要。不断增长的建筑工程市场和有限的行政监管力量之间的矛盾已经日渐突出。

同时，在我国政府“放管服”（简政放权、放管结合、优化服务）改革不断向纵深发展的背景下，[4] 对于部分可以通过市场化方式实现的行政职能，交

---

[1] 2009 年 6 月 27 日，上海莲花河畔景苑一幢 13 层在建楼房整体倾倒，在全国造成恶劣影响。参见宋宗宇、曾林：《建设工程质量监管的机制失灵与制度补救——以上海“莲花河畔景苑”楼房整体倾覆案为视角》，《建筑经济》2010 年第 2 期。

此外，2014 年 4 月 4 日上午，浙江奉化一栋居民楼突然发生粉碎性倒塌，造成住户 1 死 6 伤的严重后果。参见汪金敏：《用市场化方式转移工程风险——以奉化居民楼倒塌为例谈工程质量责任承担与风险化解》，《施工企业管理》2014 年第 6 期。

[2] 《建设工程质量保证金管理办法》（建质〔2017〕138 号）第 2 条第 3 款规定：“缺陷责任期一般为 1 年，最长不超过 2 年，由发、承包双方在合同中约定。”

[3] 付光辉、刘明亮、缪汉良：《新形势下建设工程质量监督面临的问题与改革策略初探》，《经济研究导刊》2012 年第 15 期。

[4] 参见《全国深化“放管服”改革转变政府职能电视电话会议重点任务分工方案》（国办发〔2018〕79 号）。

给市场来解决，也是转变政府职能改革的题中之意。

在保险企业介入后，承保工程质量保险的保险企业从保障自身利益出发，会聘请专业的工程质量风险管理机构，通过设计方案把关、现场实地检查、关键节点监管等途径，对工程建设的全过程进行质量风险预防与评估。[1] 在此背景下，保险公司扮演着行政监管机构的角色，通过其聘请的专业机构对设计、勘察、施工、建设等主体的责任和风险进行评估，并实现监督。

（四）小结：作为“监管者”的工程质量保险

保险企业本身具有风险管理、扶危济困、服务社会等特质，在某种程度上，保险企业是具有公益性质的特殊企业法人，不同于一般的营利性的经济组织。[2] 在此意义上，由保险公司“代理”政府对建设单位、施工单位等进行监管，是其履行社会责任的重要方面。同时，将部分行政监管职能通过市场化的方式转交给保险企业来承担，既降低了政府的监管负担和责任，又符合国家转换政府职能的改革方向。

五、解决思路：将工程质量保险设定为强制性险种

将“纸上”的制度变成“行动中”的制度，是赋予一项制度以生命力的关键。需要进一步讨论的问题是，怎样才能使工程质量保险从“纸上”的制度，变成“行动中”的制度。具体而言，如何在完善工程质量保险制度的基础上，强化工程质量保险的风险管理职能，将其塑造为建设工程领域的“监管者”。

通过上文的分析可知，我国的工程质量保险制度在诞生之初就具有浓厚的“行政”色彩。[3] 工程质量保险制度的出台及其运行，在很大程度上取决于行政力量的推动。

尽管中央和地方各级政府自 2016 年以来相继出台了诸多推动工程质量保险发展的部门规章、地方性法规和政策性文件，但无法回避的一个问题是在缺乏上位法依据（法律和行政法规）的情况下，任何试图将工程质量保险规定为强制性保险的做法，都可能因违反上位法而无效。[4] 因此，是否要将工程质量保险设定为“强制性保险”，可能是在工程质量保险制度构建过程中需要考虑的核心问题。

目前，不赞成将工程质量保险设定为强制保险的一个重要理由是，这将增

[1] 徐友全、张世洋：《构建我国工程质量责任保险运行机制》，《土木工程与管理学报》2013 年第 4 期。

[2] 参见徐卫东、崔楠：《保险公司社会责任论——公益性本质与社会性经营的法律契合》，《法学杂志》2014 年第 3 期。

[3] 参见上文“二、我国工程质量保险制度的演进”。

[4] 尽管《北京市建设工程质量条例》第 62 条将工程质量保险规定为强制性的保险，但在缺乏上位法依据的情况下，其合法性存疑。参见上文“三（三）立法现状：工程质量保险不是强制性保险”。

加工程项目参与企业的运营成本，而这些成本将最终被转嫁到消费者和用户身上，从而增加消费者的负担。这种理由在表面上具有合理性，但需要综合考量更多的因素。

（一）建设工程质量涉及公共利益

建设工程质量，特别是住宅工程质量，涉及公共利益。工程一旦发生质量问题，特别是政府投资的房屋建筑工程（如保障性住房）、关系社会公众安全的房屋建筑工程（如商场、体育馆、剧院、学校等），将产生极其恶劣的社会影响，也将使政府面临巨大的压力。

正是因为工程质量问题的严重社会危害性，我国《刑法》规定了“工程重大安全事故罪”，即“建设单位、设计单位、施工单位、工程监理单位违反国家规定，降低工程质量标准，造成重大安全事故的，对直接责任人员，处五年以下有期徒刑或者拘役，并处罚金；后果特别严重的，处五年以上十年以下有期徒刑，并处罚金”。❶

在国外，由于建设工程质量所涉及的巨大公共利益，已实施工程质量保险的国家和地区，比如法国和西班牙等国，大多强制“建筑者”投保；而未推行强制保险的国家（如日本），由于保险市场的高度发达以及工程各参与方对工程质量问题的重视，建筑工程质量保险的实施效果几乎等同于强制性保险。❷

考虑到不同类型的工程项目所涉及公共利益的程度有所不同，可以要求居住性的建筑❸或者政府投资及政府主导的公共工程项目❹的参与方，投保工程质量保险。

（二）通过工程质量保险降低社会治理成本

《国务院关于加快发展现代保险服务业的若干意见》（国发〔2014〕29号）指出，要“发挥保险风险管理功能，完善社会治理体系”。具体而言，工程质量保险可以作为一种社会治理工具，参与社会治理，分担行政监管部门的监管职能，降低社会治理的成本。

将工程质量保险设定为强制性保险，有助于强化工程质量保险的社会治理功能。由保险企业对保单持有人进行管理，出于营利的考虑，保险企业将使用

---

❶ 《刑法》第137条。

❷ 有学者通过研究指出，在日本，尽管工程质量保险不是强制性险种，但投保率甚至能达到98%。参见田庆久：《遥感（RS）信息定量化理论、方法与应用》，郭华东主编：《遥感知识创新文集》，中国科学技术出版社1999年版，第20—29页。转引自陈建军、卞艺杰、朱晖、王洪海：《现代日本建筑工程保险评析与借鉴》，《安徽农业科学》2017年第17期。

❸ 比如《关于推行江苏省住宅工程质量潜在缺陷保险试点的实施意见（试行）》（苏建质安〔2018〕67号）、《浙江省住宅工程质量保险试点工作方案》（建建发〔2018〕78号）要求在住宅工程中推行工程质量保险。

❹ 比如《关于推进建设工程风险管理制度试点工作的指导意见》（沪建交联〔2006〕307号）要求，在“政府投资的建设工程”或“政府主导的公共建设工程”中开展建设工程风险管理和保险制度的改革试点工作。

最经济、成本最低的手段去实现这一管理目标。与此同时，由于保险企业分担了行政部门对工程质量的监管职能，也将减少行政管理支出，进而降低社会治理成本。

进一步讲，社会治理成本的降低最终将使全体社会公民（消费者）受益，进而冲抵消费者可能因工程质量保险成为强制性险种而间接承担的费用。

（三）工程质量保险将保障消费者的利益

在终极意义上，工程质量保险所要保护或实现的公共利益的最终受益者，将是全体社会公民（消费者）。

在法律和行政法规没有将工程质量保险确立为强制性险种的情况下，尽管各级政府在推行工程质量保险，但实际效果与制度初衷仍有不小的差距。进一步讲，缺乏强制性险种这一制度工具，政府、保险公司和投保人（比如建设单位或施工单位）之间的力量是不均衡的，政府没有制约和引导保险公司及投保人的有效抓手。

将工程质量保险设定为强制性保险后，政府可以借助法律力量向各个参与方施加压力，实现各方利益的均衡，更好地推广工程质量保险，从而更好地保护消费者的利益。

（四）小结：多因素利益考量的方法

从表面上看，将工程质量保险确立为强制性险种将间接地增加终端消费者的负担。但是，基于多个因素的考量，将工程质量保险确立为强制性险种，有助于行政部门推行工程质量保险制度；有助于充分发挥工程质量保险的“监管者”职能，维护消费者的利益，使消费者从中获益。可以说，消费者从工程质量保险中所获得的利益，将在很大程度上抵销消费者可能多支出的间接费用。

六、结语：继续研究的方向

从实践问题分析到理论制度构建是本文研究的基本范式，本文在研究中自觉遵循“提出问题——分析问题——解决问题”的基本路径。在全面梳理我国工程质量保险制度演进过程的基础上，分析了工程质量保险制度在我国无法快速发展的原因，并基于工程质量保险的“监管者”职能，提出了构建强制性险种的解决路径。

本文侧重从法律的角度对工程质量保险进行分析，并将构建强制性险种作为解决问题的进路。笔者深知，一项制度的良好运转，需要辅之以多项制度，工程质量保险制度也不例外。这些制度可能包括法律体系的构建[1]、专业的工程保险公司的组建[2]、第三方监督机构的组建[3]、促进和保障措施[4]等。限于篇幅，笔者将另外撰文研究。

[1] 比如，是通过修订《保险法》或者既有行政法规的方式明确将工程质量保险规定为强制性险种，还是制定专门的《工程质量保险条例》；在法律或行政法规将工程质量保险明确规定为强制性险种后，是否还需要制定具体的部门规章或地方性法规将相关条款进行细化。在上述法律体系下，保险险种、保险责任范围、保险费率确定方法、理赔程序、理赔限额、代位追偿、争议处理办法等事项，都值得进一步详细分析和研究。

[2] 比如可以由大型建筑企业（包括勘察、设计、施工等企业）联合出资组建专门从事建设工程保险（包括工程质量保险）的工程保险公司。这主要有两个方面的考虑：第一，建筑企业熟悉建筑行业的知识且具有丰富的经验，可以向其参与组建的保险企业输送专业人才，这就解决了现有的保险公司不具有工程行业背景知识的问题；第二，由建筑企业出资组建工程保险公司来解决建筑企业在实践中所面临的风险问题，也是合情合理的。

[3] 从保险企业的角度，保险企业并不具有对建筑工程进行质量管理和控制的专业团队，需要外聘专业的第三方机构（也可以与程监理单位进行合作）。专业的工程保险企业也可以考虑组建自己的质量监督和管理部门。

[4] 比如给予从事工程质量保险的保险公司以必要的税收优惠和补贴。

论责任保险金请求权时效制度[1]

——以责任保险制度为背景

潘红艳[2]

摘　要　《最高人民法院关于适用〈中华人民共和国保险法〉若干问题的解释（四）》第18条的核心问题在于，在理赔确定日之前，时效尚未起算，该请求权无法实现，或该诉讼权无法行使，因为诉讼时效尚未开始，诉讼不能进行。请求权时效可采取中断时效的措施，应当遵循我国1995年《保险法》的规定，依据责任保险请求权消灭时效进行规制，保险事故发生时，消灭时效起算。同时，将我国《民法总则》中规定的20年长期时效作为责任保险金时效制度的一般规定，两相并行，协调共治。投保责任保险的目的中包含被保险人转嫁纠纷处理过程纷扰的需求，我国现行的责任保险制度忽视被保险人的这一合同目的。应当规定保险人参与被保险人和第三人责任认定过程的抗辩制度，规定保险人参与被保险人和第三人达成和解协议过程的和解参与制度。

关键词　责任保险　消灭时效抗辩义务　和解参与义务

我国《保险法》第65条和第66条，以及《最高人民法院关于适用〈中华人民共和国保险法〉若干问题的解释（四）》第14条至第20条，规定了责任保险制度。本文旨在以《最高人民法院关于适用〈中华人民共和国保险法〉若干问题的解释（四）》第18条规定为切入点，将责任保险金请求权时效问题的探讨置于责任保险制度背景之下，以对责任保险金请求权时效制度的厘清为问题“前景”。

《最高人民法院关于适用〈中华人民共和国保险法〉若干问题的解释（四）》第18条规定，商业责任险的被保险人向保险人请求赔偿保险金的诉讼时效期间，自被保险人对第三者应负的赔偿责任确定之日起计算。该条存在如

---

[1] 本文系吉林大学种子基金项目“应对气候变化风险之保险法律制度研究”（项目号2016ZZ048）的阶段性成果。

[2] 潘红艳：法学博士，吉林大学法学院副教授。

下理论和现实滞碍：第一，将被保险人请求赔偿保险金的诉讼时效起算点确定为“赔偿责任确定之日”，会导致被保险人为了急于获得保险金，在向第三人赔偿处理时脱法进行赔付；第二，易于引发道德危险——被保险人和第三人之间勾结，夸大赔偿数额，进而加大保险人审查被保险人和第三人之间纠纷处理过程合法性的成本；第三，该条规定已经超越了现存的立法框架。依据我国《保险法》第26条：人寿保险以外的其他保险的被保险人或者受益人，向保险人请求赔偿或者给付保险金的诉讼时效期间为二年，自其知道或者应当知道保险事故发生之日起计算。据此，责任保险的诉讼时效起算点应为被保险人知道或者应当知道责任保险事故发生之日。该条与我国《民法总则》的规定也存在矛盾：《民法总则》有3年的一般诉讼时效规定，以及20年的长期时效的规定。该条没有规定20年长期时效，是压缩时效的做法，是对财产权保护力度下降的表现。第四，责任保险的保险期间一般为一年，责任发生在保险期内，索赔发生在保险期外的现实情况很多。责任损害赔偿纠纷从发生到赔偿责任确定常常超过一年。在天津港大爆炸案中，所涉责任保险事故的理赔勘查时间大都超过1年。如果将责任保险中被保险人请求保险金的诉讼时效起算点确定为被保险人向第三人应负的赔偿责任确定之日，责任准备金的提取，财务年度的起止点将无法以现有的财政年度为基准。一旦出现保险承保期外赔偿，保险公司责任准备金又在赔偿期内做了财务核销，保险理赔难以为继，势必给保险公司的经营带来灾难。

一、责任保险中的法律关系构造

（一）责任保险法律关系类型

责任保险涉及五层法律关系：1. 被保险人和第三人侵权或违约关系；2. 被保险人和第三人侵权或违约争议解决关系；3. 被保险人和第三人赔偿关系；4. 保险人和第三人保险金给付关系；5. 保险人和被保险人责任追偿关系。（以下分别简称第1层—第5层）

责任保险的诉讼时效期间处于责任保险所涉法律关系中的第4层，《最高人民法院关于适用〈中华人民共和国保险法〉若干问题的解释（四）》第18条规定的“自被保险人对第三者应负的赔偿责任确定之日”处于责任保险所涉法律关系中的第3层。将这两个层次的法律关系的诉讼时效合二为一，有违每个法律关系的本质特征，妨碍调整各个层级法律关系制度功能的发挥。

（二）被保险人和第三人之间的赔偿关系

被保险人和第三人之间的赔偿关系，需要达至以下三个平衡：被保险人赔偿能力和第三人所受损害之间的平衡，被保险人行为过错与第三人损害结果之间的平衡，被保险人行为属性与赔偿结果之间的平衡。

这层法律关系的功能实现路径是通过第 1 层和第 2 层法律关系的确认，即第 1 层被保险人和第三人侵权或违约关系、第 2 层被保险人和第三人侵权或违约争议解决关系的确认。前三层法律关系在功能实现这一点上被连接，鉴于三层法律关系的同质性，上述综合功能可以延展到前三个层次的法律关系中，作为其共同的功能指向。

（三）保险人和第三人之间的保险金给付关系

这层法律关系和责任保险的合同目的链接：直接填补被保险人的责任损害，间接补偿第三人遭受的损害。在商业保险中，对第三人的保护是责任保险合同的“次级”目的，商业责任保险的首要目的是填补被保险人的损害。将该“目的”拓展到整个责任保险制度中，责任保险的合同目的与责任保险的制度功能重合。

第 3 层和第 4 层的法律关系功能存在差异：第 3 层解决第三人向被保险人的赔偿请求权行使问题，第 4 层解决第三人向保险人的保险金给付请求权有无以及行使问题。这两层法律关系请求权基础不同，无法也不应当被混同，否则会造成两个层次法律关系的调节机制失灵。

二、责任保险金请求权时效制度构造

诉权是请求权[1]实现的路径之一；是通过诉权的行使和运行，“实现个人权利或维护实体私法体系”的过程；是“对当事人之间存在的私法上的权利义务关系通过具有既判力的决定，进行确认和宣示”。[2] 诉权与请求权的关联，实质是“第一次权利——恢复性权利”[3] 的嬗变过程。

以权利运行的结果反观，诉权的消灭和请求权的消灭二者的差异在于是否存在“自然债务”[4] 及对“自然债务”是否保护。诉权消灭后，当事人之间形成自然债务，一方当事人如果履行了该债务，则无权因为诉权的消灭而请求返还；请求权消灭后，当事人之间不存在自然债务，一方当事人如果履行了原请求权的义务，有权要求另一方当事人返还。我国 1995 年《保险法》第 26 条规定，人寿保险以外的其他保险的被保险人或者受益人，对保险人请求赔偿或者

---

[1] “实体法的一般规范命题通过诉讼过程中的程序展开得到贯彻实现；诉讼审判程序不断地形成实体法的具体内容并累积性地反馈到一般规范层次上去。整个过程显示出一种方向相反却周而复始的往返循环运动。”参见［日］谷口安平：《程序的正义与诉讼》（增补本），王亚新、刘荣军译，中国政法大学出版社 2002 年版，第 6 页。

[2] 同上，第 40－41 页。

[3] ［日］田中成明：《围绕裁判的法与政治》，有斐阁出版社 1979 年版，第 38 页。

[4] 自然债务是“经由诉讼不能实现的债，债务人的履行或者承诺履行将激活债对债务人的强制力，债务人一旦自动履行即不得请求返还。”“它不同于一般的作为法定之债的民事债，无论是债因还是效力，不同于非债，不是纯粹的社会、道德或者宗教义务。”“这一类债的债务人可以拒绝履行，但一旦履行它就是债的履行而非不当得利或者赠与。”“处在法定义务与纯粹的社会义务之间的灰色地带。”参见李永军：《自然之债源流考评》，《中国法学》2011 年第 6 期。

给付保险金的权利，自其知道保险事故发生之日起二年不行使而消灭。人寿保险的被保险人或者受益人对保险人请求给付保险金的权利，自其知道保险事故发生之日起五年不行使而消灭。这里的二年和五年不是诉讼时效而是消灭时效。日本《保险法》第 95 条规定：请求给付保险金的权利、请求返还保险费的权利及请求……退还保险费公积金的权利，三年不行使的，因时效而消灭。请求保险费的权利，一年不行使的，因时效而消灭。[1]

（一）消灭时效和诉讼时效功能差异

学界对消灭时效[2]的功能探查，实际包含消灭实体权利，即请求权的消灭时效的功能，也包含消灭程序权利，即诉讼权[3]的消灭时效的功能。基于连接的权利不同，二者指向不同范畴的社会关系，体现和反应不同程度的利益保护。既然存在上述差异，消灭时效和诉讼时效的功能也不可能完全等同。请求权消灭时效属于实体权利的消灭时效，其功能根植于对个体实体权利以及宏观实体权利体系的法律平衡。诉讼权消灭时效[4]属于程序权利的消灭时效，其功能根植于对于公权力运行过程中，包含的“此”个体权利维护之力与“彼”个体权利维护之力的法律均衡。[5]

消灭时效制度中，时间流转对债务人的影响表现在：第一，如果债权人长期怠于行使自己的权利，无法期待债务人仍旧信赖债权人会主张其债权。尤其在现代社会，财富和权利状态变动很快，债务人必须不断就新的情况调整自己的财富和行为。在债权人怠于行使其权利的情况下，无法长时间要求债务人保持随时履行的状态。第二，在现代法制社会，解决争议依赖法庭诉讼，而法庭诉讼又依赖证据认定。很难期待债务人在长期时间内事无巨细地保留一切有关争议的文件和其他证明材料。如果没有消灭时效制度，将对债务人严重不利，而且有可能引发债权人的恶意诉讼。第三，从社会整个运转角度来看，财富和权利处在流转的链条之中，如果没有消灭时效制度，第三人可能随时面临一种危险，即作为其他人的债务人的第三人交易相对人，可能因几十年前的债务突然破产，由此引发大面积经济生活中断和恶化。此外，消灭时效还可令债权人及时主张自己的权利而满足交易迅捷所需。法庭也相应减少不必要的审判

---

[1] 参见沙银华：《日本保险经典判例评释》，法律出版社 2011 年版，第 200 页。

[2] 消灭时效是指权利人不行使权利的事实状态持续经过一定期间后，导致其权利消灭的制度。参见张新宝：《〈中华人民共和国民法总则〉释义》，中国人民大学出版社 2018 年版，第 664 页。

[3] 诉权“既是实体性权利又是程序性权利；既是抽象权利又是当事人享有的具体权利；既是客观性权利又是主观性权利；是诉讼外部加以利用的权能”。参见江伟：《市场经济与民事诉讼法学的使命》，《现代法学》1996 年第 3 期。

[4] 对于消灭时效到底消灭的是何种权利有分歧，有起诉权消灭说、实体权消灭说、胜诉权消灭说等。参见张新宝：《〈中华人民共和国民法总则〉释义》，中国人民大学出版社 2018 年版，第 664 页。

[5] “整个司法机制发挥所为‘平衡器’的功能，从而使整个社会、政治体系的正统性得以顺利地进行再生产等方面，也真实具有这种程序构造的具体诉讼审判过程提供了微观的基础。”参见《程序的正义与诉讼》（增补本），第 16 页。

负担。[1]

简言之，消灭时效敦促债权人及时行使权利、避免证据灭失、防止债务人财产状况的不稳定危及整体交易安全、满足交易迅捷的需求、减轻审判负担。

（二）消灭时效的功能分析

学界有将诉讼时效和消灭时效的功能相提并论者，从结果视角看，诉讼时效经过，导致诉讼权利消灭，其权利本身仍然存在。如果债务人履行了债务，则无法因诉讼时效的经过请求返还。消灭时效消灭的是实体权利，属于实体法上的制度，权利本身因为消灭时效的经过而彻底消失。如果债务人履行了债务，可以因消灭时效的经过而请求债权人返还。二者的区别是明显的。二者的功能也应当加以区分。[2]

1. 消灭时效功能的微观利益视角分析

“同其他法律制度一样，时效制度解决的仍然是人类利益的冲突和分配问题。”[3] 从个体权利的微观[4]视角看，消灭时效的制度走向是，由于个体对自身实体权利怠于行使，导致该实体权利消灭的法律后果。以个体权利为探查起点，以该权利指向的社会关系为探查终点，可以探知到个体实体权利所对应的实际利益。在社会关系的利益层面，我们可以清晰地观察到：一个经过长久的时间，依然对自身利益主张采取放任不理状态的个体，其对该种利益实际上已经选择放弃，背后的原因是多种多样的，比如漠视、不需要、无所谓。回到法律规定的个体权利层面，以法律之力规定消灭时效制度，其本质是法律对权利人处分自身利益结果的推定，以及对这种推定的制度化确认。

2. 消灭时效功能的宏观价值视角分析

从宏观[5]权利体系视角看，消灭时效的价值指向为秩序。法律的调整是“许多个人聚合的或集体的行为和状况”，是“关于群体生活的而非个体生活”的制度架构。[6]“每个社会实体，不论是一个组织或是整个社会，都是有机体。和其他的有机体一样，一个社会系统是由不同的部分组成的。”[7] 法律功能的发挥在于，在社会这个有机体中融贯秩序的价值，以保证该有机体的各个部分功能的有序发挥。

---

[1] 朱岩：《消灭时效制度中的基本问题》，《中外法学》2005 年第 2 期。

[2] 诉讼时效和消灭时效不同，故此，有学者主张“在时效立法上，我国应当采取分别立法模式，诉讼时效不宜改为消灭时效，应继续采用诉讼时效的称谓”。参见房绍坤：《我国民法典编纂中时效立法的三个问题》，《法学杂志》2015 年第 4 期。

[3] 袁忍强：《回归法律关系根源的时效制度》，《当代法学》2011 年第 3 期。

[4] 一种试图通过理解个体及其相互之间的互动来理解社会生活的理论。（视角）参见［美］艾尔·巴比：《社会研究方法》（第十版），邱泽奇译，华夏出版社 2005 年版，第 35 页。

[5] 同上，第 34 页。

[6] 同上，第 15 页。

[7] 同上，第 38 页。

消灭时效对于宏观权利体系的制度功能在于，通过消灭个体的、实体的权利，达至维护社会的、权利体系的稳定性和可预测性，进而形成新的个体、实体权利的秩序。

（三）诉讼时效与消灭时效的功能解析

诉讼时效制度走向在于：通过消灭个体权利实现诉讼权利，消灭个体利益诉诸司法机关的权利，从而实现个体权利与公权力运行过程中的效率与公平的博弈和平衡。诉讼时效制度的运行包括两个向度（如图）：

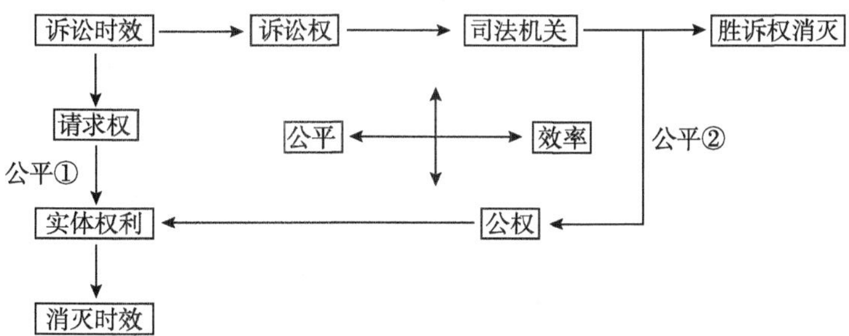

向度一，诉讼时效制度与个体权利、个体利益连接。这一向度融贯“公平”价值（此处“公平”即图中标注的公平①，是对实体权利层面的公平的体现）[1]，最终达至消灭实体权利的“消灭时效”制度。向度二，诉讼时效制度与司法机关、公权力的运行连接。这一向度融贯公平（此处“公平”即图中标注的公平②，是对程序权利层面的公平的体现）和效率两种价值。公平和效率的兼顾，根植于以公权力维护个体权利的功能发挥。

上述两个向度的交织，体现出诉讼时效与消灭时效的功能差异：消灭时效是以实体权利的消灭，将个体权利经由时间的怠惰推定为放弃该权利，实现对宏观权力体系的秩序性维护。诉讼时效是以程序权利的消灭，将个体权利经由时间的怠惰置于公权力运行的公平和效率评价之下，以维护实体权利程序运行机制。

三、构建责任保险金请求权时效制度的思考

（一）保险金请求权采取消灭时效的理由

将消灭时效的功能与保险关系的特点两者结合进行观察，其结论是保险金请求权应当适用消灭时效制度。

第一，敦促保险金请求权人及时行使权利，有利于保障投保群体利益以及促进保险行业的良性发展。作为保险金请求权债务人的保险人，其经营资产的

---

[1] 同样的“公平”价值，在不同层面的体系中内，基于目的性的差异，对法律功能发挥的作用机制并不相同。“价值在一套体系中的不同层面运作，并且有些是目的性的。”参见［英］道恩·奥利弗：《共同价值与公私划分》，时磊译，中国人民大学出版社2017年版，第60页。

稳定不仅仅涉及保险人自身的经营利润，也涉及投保群体对保险公司履约能力的合理预期，还和投保群体利益的保护直接关联。保险产品的本质就是投保人支付保险费、购买保险公司在未来发生危险时给付保险金的“承诺”。保险人的偿付能力是保险经营乃至整个保险制度的支撑。

第二，消灭时效助力保险合同目的的实现，符合投保人的根本利益。投保人购买保险产品，以转嫁风险为主要目的，附属目的当然包含危险发生时及时获得保险金的赔付。

第三，消灭时效符合投保人的心理需求。从投保心理分析角度，选择保险制度作为危险转嫁的投保人，没有消极的等待或者对危险的发生听天由命，而是积极的以现实保险费的支出，应对未来可能发生的危险。在这种心理的支配下，投保人当然希望发生危险之后能够第一时间获赔保险金。

（二）保险金请求权的实质决定着应当适用消灭时效制度

保险合同关系具有公益属性，显性的、个体的保险合同关系，其实质是投保群体和保险人的“大合同”关系。如果适用诉讼时效制度，极端的情况下可能产生以下结果：保险人可以有选择的向某些请求权已经过诉讼时效，但是与保险人有其他利益连接的被保险人给付保险金。而这种给付行为是受到法律保护的，保险人不能要求返还。表面上这种行为仅仅涉及保险人自身利益，但是保险人仅是“金融中介”，其经营行为关涉投保群体利益。背后真正承担保险金给付义务的是投保群体，投保群体利益仅能通过法律的强制性规定加以保护。

消灭时效可以避免以上保险人以履行“自然债务”为托辞，行利益输送之实的行为发生。一旦消灭时效经过，保险金请求权灭失。保险人也不得再向其履行给付保险金的义务，进而避免对投保群体利益的侵害。故此，在保险合同关系中，应当适用请求权消灭时效制度而不应当适用诉讼时效制度。第 3 层和第 4 层两个法律关系在《最高人民法院关于适用〈中华人民共和国保险法〉若干问题的解释（四）》第 18 条中被混同，导致各自功能混乱，易于引发责任保险合同目的不达。消灭时效和诉讼时效混杂，易于引发权利保护不周和时效制度的失灵。

笔者认为，不宜按《最高人民法院关于适用〈中华人民共和国保险法〉若干问题的解释（四）》第 18 条规定，将时效起算点确定为“理赔时”，否则会出现以下结果：在理赔确定日之前，时效尚未起算，该请求权无法实现，或该诉讼权无法行使，因为诉讼时效尚未开始，诉讼不能进行。请求权时效可采取中断时效的措施，因此不必超越法律去规定理赔日作为时效的起算日。而应当遵循我国 1995 年《保险法》的规定，依据责任保险请求权消灭时效进行规制，保险事故发生时，消灭时效起算。同时，将我国《民法总则》中规定的 20 年长期时效作为责任保险金时效制度的一般规定，两相并行，协调共治。

四、责任保险请求权时效起算点的界定

(一) 确定责任保险请求权时效起算点的构造基础

在责任保险涉及的五层法律关系中，包含如下请求权时效起算点和诉权起算点：第 1 层的第三人向被保险人的请求权时效起算点和诉权时效起算点，第 2 层的第三人向被保险人诉权时效起算点，第 3 层的第三人请求权时效起算点和诉权时效起算点，第 4 层的第三人向保险人请求保险金的请求权时效起算点和诉权时效起算点，第 5 层的保险人向被保险人责任追偿的请求权时效起算点和诉权时效起算点。这些时间节点因为各自的请求权基础的不同，各自的请求权时效以及诉权时效起算点也各不相同。到底以哪个时间点作为责任保险中的保险金请求权时效起算点，以及诉权时效起算点？

问题的解决还要回归到最基础的引发以上五层法律关系的事实：被保险人和第三人之间的侵权或者违约的事实。保险事故的发生与侵权或者违约责任的发生具有同一性。因为在第 1 层、第 2 层、第 3 层组成的“基础法律关系”，与第 4 层、第 5 层组成的“保险法律关系”之间，存在是否属于“责任保险合同承保范围”的判断这一间隔。对这一间隔的判断必须逆时，以“基础法律关系”为前提。然后，回溯至“基础法律关系”，责任保险构造最前端的第 1 层“基础法律关系”与第 4 层和第 5 层“责任保险的承保类型”进行关联观察。

(二) 不同类型责任保险的时效起算点

责任保险的承保范围包括两种类型——索赔型和事故型。索赔型责任保险承保第三人向被保险人索赔而产生的赔付责任，事故型责任保险承保被保险人实施了向第三人的侵权或者违约行为，因该行为产生的责任赔付。剔除被保险人和第三人自行和解的情况，两种类型的责任保险均需法院或者仲裁机构对事故原因、责任份额和责任承担比例进行认定或者裁判。

责任保险的诉讼时效起算点和责任保险承保范围的具体类型是两个不同层次的问题。责任保险的诉讼时效起算点关涉责任保险金请求权的行使，责任保险承保范围关涉保险人是否承担保险赔付责任。二者又存在连接，责任保险的承保范围须以责任范围的确定为基础，当责任范围的确定路径以诉讼方式进行，而且归结到责任保险金的赔付时，责任保险的诉讼时效起算点需要根据责任保险的承保范围类型加以确定。

索赔型责任保险的承保范围，是在责任保险承保期间内，被保险人被第三人起诉，保险人承担赔付责任。事故型责任保险的承保范围，是在责任保险承保期间内，被保险人实施向第三人的侵权或者违约行为，保险人承担赔付义务。在“事故型”责任保险中，“保险事故的发生之时”即为“被保险人实施

了对第三人侵权或者违约行为”之时。在“索赔型”责任保险中，“保险事故的发生之时”为“被保险人和第三人责任认定”之时。

（三）责任保险金请求权时效起算点的判例检视

以上述时间节点，可以清晰地做出对争议案件的判断。引言中提及的天津港大爆炸案，如果属于“索赔型”责任保险，则其时效起算点从确定责任赔偿之日起算，避免了将“理赔勘验时间”计入“责任保险金时效期间”的结果。

再如，田某某诉某财产保险股份有限公司北京市宣武支公司责任保险合同纠纷案[1]。2004 年 7 月 19 日，田某某为自己所有的机动车向某财产保险股份有限公司北京市宣武支公司投保了包括第三者责任险在内的保险，保险期限自 2004 年 7 月 19 日零时起至 2005 年 7 月 18 日止。2004 年 10 月 25 日，刘某某驾驶保险车辆在北京市朝阳区发生交通事故，只是第三者徐某某受伤，刘某某负全责。徐某某将田某某诉至法院，法院判决田某某承担赔偿责任。田某某不服，提起上诉。保险公司答辩称：田某某于 2004 年 7 月 19 日投保，并且田某某经一审法院判决对第三者承担责任，并于 2006 年发生效力，田某某上诉，已经超过诉讼时效。[2] 本案中，刘某某实施侵权行为的时间为 2004 年 10 月 25 日，在责任保险合同的生效期间之内，保险公司应当赔偿。

五、科学的保险金请求权时效规则对构建我国责任保险制度的影响

（一）我国责任保险制度的构造根基

“揭示客观存在事物之本质，这种认识事物的方式追求的是对事物的真假性认识。”[3] 责任保险制度中保险人义务的设定，忽视了责任保险关系中蕴含的投保目的本质；对被保险人投保责任险的目的挖掘，仅停留在原始的、粗放的、事后的、单纯经济补偿的层面；直接诱使保险人缺乏对被保险人与第三人之间责任确定的过程关照。

1. 我国责任保险理赔顺序涉及对当事人的时效保护

依据我国责任保险制度，保险人介入被保险人与第三人责任认定过程具有事后性特征。我国责任保险制度给出的时间逻辑图景是被保险人先行赔付，保险人再行赔付。

---

[1] 北京法院网，http://bjgy.chinacourt.org/article/detail/2014/08/id/1366676.shtml，2018 年 8 月 18 日访问。

[2] 该案生效裁判认为：人寿保险以外的其他保险的被保险人或者受益人，向保险人请求赔偿或者给付保险金的诉讼时效期间为二年，自其知道或者应当知道保险事故发生之日起计算。《保险法》第 65 条第 3 款规定，责任保险的被保险人给第三者造成损害，被保险人未向该第三者赔偿的，保险人不得向被保险人赔偿保险金，故田乃军如果要获得保险金，前提是其向第三人徐某某赔偿。田某某只有在向徐某某赔偿后才可以向保险公司主张赔偿。诉讼时效应从田某某向徐某某赔偿之日起起算。田乃军于 2011 年 6 月 8 日经朝阳法院执行，向徐某某赔偿了 75000 元。2011 年 7 月 4 日，田某某向北京市西城区人民法院起诉保险公司，其诉讼请求未超过诉讼时效。

[3] 王牧：《论刑罚概念：从“本质”到“意义”》，《当代法学》2018 年第 2 期。

在责任保险法律关系中，形成了被保险人、第三人、保险公司组成的三边法律关系。一条边是连接被保险人与第三人之间的侵权或者违约关系，第二条边是连接被保险人和第三人之间的责任赔偿关系，第三条边是连接第三人和保险公司之间的责任保险赔偿关系。我国责任保险制度法定的理赔顺序是被保险人先行赔付，保险人再行赔付。[1]

实践中，以诉讼方式进行责任认定的，因关涉责任保险合同赔偿范围，保险人具备积极参与诉讼过程的利益驱动，法院基于案件处理效率的考量，也往往将保险公司直接列为被告或第三人；但以和解方式进行责任认定的，这种事后性特征对被保险人利益保护的不确定性就凸显出来。依据《最高人民法院关于适用〈中华人民共和国保险法〉若干问题的解释（四）》第 19 条规定："责任保险的被保险人与第三者就被保险人的赔偿责任达成和解协议且经保险人认可，被保险人主张保险人在保险合同范围内依据和解协议承担保险责任的，人民法院应予支持。被保险人与第三者就被保险人的赔偿责任达成和解协议，未经保险人认可，保险人主张对保险责任范围以及赔偿数额重新予以核定的，人民法院应予支持。"

保险人不介入被保险人和第三人达成和解的过程，两者达成和解之后再对和解的结果进行评判，然后根据这一评判进行保险金理赔。这样的责任保险制度走向，可能造成保险人以其"责任保险金理赔利益"为准绳做出评判：承认有利于保险人利益的和解协议的效力，否定不利于保险人利益的和解协议的效力。进而增加确定被保险人和第三人赔偿责任的程序、拖延理赔保险金的时间。结果常常是以被保险人无法获得保险金理赔的实际经济压力，迫使被保险人依据保险人利益导向做出和解协议。可见，这种保险人介入的事后性特征，导致保险人缺乏对被保险人与第三人责任认定的"过程关照"。

2. 责任保险的合同目的层次涉及的消灭时效制度

责任保险包括两层合同目的。第一，责任保险的合同主目的是转嫁被保险人的责任风险。合同主目的可以分解为三个层次。层次之一：发生保险事故时，被保险人不必卷入责任确定的纷争之中；层次之二：发生保险事故时，被保险人可以免去承担责任确定的相关费用；层次之三：被保险人对第三人的赔偿责任的转嫁。第二，责任保险的合同衍生目的是保证第三人获得保险金赔偿。任保险的合同衍生目的可以分解为两个层次。层次之一：发生保险事故时，纠纷可以及时高效地解决，即被保险人责任可以及时高效地确定；层次之二：发生保险事故时，第三人的损失可以获得及时赔付。而第三个层次的责任

[1] 我国《保险法》第 65 条规定："责任保险的被保险人给第三者造成损害，被保险人未向该第三者赔偿的，保险人不得向被保险人赔偿保险金。"由此可以推知文中表述的理赔顺序。

保险合同目的与多层次的责任保险市场需求契合：发生保险事故时，被保险人责任可以及时地确定、责任保险金可以及时地给付。责任保险制度的功能核心也在于此。

我国《保险法》的规定仅仅满足了责任保险的合同主目的的层次之二，即发生保险事故时，被保险人可以免于承担确定责任的相关费用❶。

（1）第三人无权向保险人直接请求保险金，只有被保险人怠于请求时方可直接向保险人请求。《保险法》第 65 条规定："被保险人怠于请求的，第三者有权就其应获赔偿部分直接向保险人请求赔偿保险金。

（2）除非法律有规定或者合同有约定或者被保险人请求，保险人无权向第三人直接给付保险金。《保险法》第 65 条规定："保险人对责任保险的被保险人给第三者造成的损害，可以依照法律的规定或者合同的约定，直接向该第三者赔偿保险金。责任保险的被保险人给第三者造成损害，被保险人对第三者应负的赔偿责任确定的，根据被保险人的请求，保险人应当直接向该第三者赔偿保险金。"

（3）保险人不介入被保险人和第三人之间确定责任的争议处理过程。《最高人民法院关于适用〈中华人民共和国保险法〉若干问题的解释（四）》第 14 条规定："具有下列情形之一的，被保险人可以依照保险法第 65 条第 2 款的规定请求保险人直接向第三者赔偿保险金：（一）被保险人对第三者所负的赔偿责任经人民法院生效裁判、仲裁裁决确认；（二）被保险人对第三者所负的赔偿责任经被保险人与第三者协商一致；（三）被保险人对第三者应负的赔偿责任能够确定的其他情形。前款规定的情形下，保险人主张按照保险合同确定保险赔偿责任的，人民法院应予支持。"以及《最高人民法院关于适用〈中华人民共和国保险法〉若干问题的解释（四）》第 19 条。

责任保险制度应当挖掘责任保险多层次的投保目的，将这些投保目的作为建构基础进行制度体系设置。这样的目的导向符合保险公司责任保险产品销售的商业理性以及市场竞争的需求，也有利于发挥保险人在诉讼纠纷解决、和解协议达成的专业能力，弥补被保险人在前述过程中的专业能力不足。进而有利于提升微观被保险人和第三人个案纠纷解决的效率，以及提升宏观被保险人群体和第三人群体纠纷解决机制下公共资源运用的效率。

（三）构建责任保险制度与消灭时效制度适应的关系

将前述分析的结论综合，回溯至责任保险的合同目的，做责任保险制度的"全景"观察，跳出责任保险时效制度这一"前景"可知：1. 将责任保险事故

---

❶ 我国《保险法》第 65 条规定："责任保险的被保险人因给第三者造成损害的保险事故而被提起仲裁或者诉讼的，被保险人支付的仲裁或者诉讼费用以及其他必要的、合理的费用，除合同另有约定外，由保险人承担。"

发生之时，凝定为“被保险人知道或者应当知道”之责任保险事故之时，以消灭被保险人的保险金请求权作为时效经过的法律后果。2. 将前述结论和责任保险的合同衍生目的层次一衔接，促使被保险人及时行使保险金请求权，符合被保险人投保责任险，以摆脱诉累、摆脱心牵责任事故的处理而寝食难安的境地。3. 以上述结论检视我国有关责任保险的法律规定，我国现行的责任保险法律规定实质上对责任保险合同目的的实现施加了相反的力，与责任保险多层次的合同目的相悖。“被保险人先赔付，保险公司再赔付”的规定，实质上是对被保险人投保责任保险深层合同目的的无视，“保险人抗辩义务”“保险人和解参与义务”的制度缺位，使得被保险人以责任保险免除诉累、免除责任纷争之扰的合同目的落空。4. 剔除“被保险人先陪，保险人再陪”的规定，增补“保险人抗辩义务”和“保险人和解参与义务”。在此基础上，将被保险人请求保险金权利的时效规定为消灭时效，即可使得整个责任保险制度明快而顺畅。

被保险人兼死亡保险金受益人约款之悖论

——对《保险法》第18条第3款第2句之评析

偶　见[1]

摘　要　于人身保险合同中，常以被保险人死亡为保险事故而给付保险金，故除投保人、被保险人等主体外，尚有受益人存在之必要。最初的“受益人”唯指有权领取死亡保险金的人，不存在所谓的“死亡保险金受益人”概念。《保险法》第18条第3款第2句之规定倡导将被保险人指定为受益人，导致被保险人兼受益人的死亡保险金受益权和死亡保险金在法律上均非被保险人兼受益人的遗产，其继承人索付与保险人给付均无法律根据，故此规定宜删除。

关键词　倡导性规范　死亡保险金　死因行为　民事权利能力

我国《保险法》第18条第3款规定：“受益人是指人身保险合同中由被保险人或者投保人指定的享有保险金请求权的人。投保人、被保险人可以为受益人。”我国台湾“保险法”第5条亦规定：“本法所称受益人，指被保险人或要保人约定享有赔偿请求权之人，要保人或被保险人均得为受益人。”归纳上述保险立法例的条文规定，笔者认为，“被保险人可以为死亡保险金受益人”存在着一个形式逻辑上的悖论关系。

一、《保险法》第18条第3款第2句之规定，旨在倡导将被保险人指定为受益人

哈特指出：一项法律规则的存在，不仅意味着人们的行为在某种意义上是“非任意性的”（non－optional），而且还是“义务性的”（obligatory）[2]。法律具有引导人们行为的功能，如拉兹指出：“由于法律的功能是引导人们的行为，

[1] 偶见，江苏省保险学会秘书长助理，南京大学保险法研究所副所长。

[2] H. L. A. Hart, the Concept of Law 2nd. Clarendon Press, 1994.

所以法律是规范性的。”[1] 法律的规范性体现在两方面：（1）通过规定避免如此行为的某种标准理由，影响人们某种行为过程的后果；（2）通过规定追求某种行为或避免某种行为的理由（至于究竟如何则视立法者的选择），影响人们的某种行为过程的后果[2]。就前者而言，法律通过设定义务的方式来引导人们的行为，其所提供的是确定的指引；就后者而言，法律通过授予权利的方式引导人们的行为，其所提供的是不确定的指引[3]。

学界一般将法律规范分为强制性规范、任意性规范和倡导性规范（或提倡性规范）。

任意性规范与倡导性规范均属于合同自由原则之贯彻，关涉合同当事人之间“私”的利益安排，但是倡导性规范与任意性规范略有所不同。任意性规范包括补充性任意性规范和解释性任意性规范。前者的功能在于弥补当事人意思表示的欠缺，后者的功能在于让当事人约定不明的意思表示变得内容明确。倡导性规范的功能体现为提倡和诱导当事人采用特定行为模式[4]，其所设定的行为模式表达了国家对公民或组织的希望或对某种行为的价值肯定[5]。倡导性规范提倡和诱导民事主体在从事民事活动的时候采用特定的行为模式，减少或者避免民事主体在民事活动过程中间可能会遇到的风险，是对当事人就相关事项没有通过他们的意思表示做出决定时的民事主体之间的利益关系进行协调的法律规范[6]。

法的激励功能的发挥，主要是靠非强制性，主要是靠诸如提倡性规范的积极引导，通过对积极推动社会经济、政治、文化的进步和发展的行为的肯定和鼓励，来倡导和构建新的社会秩序[7]。

受益人制度体现的是保险合同当事人（投保人）对其合同权益的处分，故保险法应充分尊重当事人的自由意志，对受益人的范围或身份不宜加以限制。因此，除少数国家和地区设定了限制条件外，大多国家和地区保险立法和实务对受益人的指定基本采取放任立场，即无论是自然人、法人还是其他组织，无论有无民事行为能力，无论有无保险利益，无论是一人还是数人，均可被指定为受益人[8]。我国《保险法》第 39 条第 2 款后句规定：“投保人未与其有劳动关系的劳动者投保人身保险，不得指定被保险人及其近亲属以外的人为受益

[1] 漆多俊：《论经济法调整方法》，《法律科学》，1991 年第 5 期。
[2] 漆多俊：《论经济法调整方法》，《法律科学》，1991 年第 5 期。
[3] ［英］拉兹：《法律体系的概念》，吴玉章译，中国法制出版社 2003 年版。
[4] 王轶：《论倡导性规范——以合同法为背景的分析》，《清华法学》，2007 年第 1 期。
[5] 汪习根：《论当代中国法律体系的重心定位》，《法学家》，2005 年第 3 期。
[6] 王轶：《对中国民法学学术路向的初步思考》，《法制与社会发展》，2006 年第 1 期。
[7] 王杰：《提倡性规范的价值》，http：www. law - lib. com/lw/lw_view. asp? no=6411.
[8] 温世扬：《论保险受益人与受益权》，《河南财经政法大学学报》，2012 年第 2 期。

人。”即除投保人为与其有劳动关系的劳动者所投保的人身保险对受益人范围有排除式限制外，法律对受益人的资格未作其他限制，受益人可以是自然人，也可以是法人和其他合法经济组织；可以是有民事行为能力人，也可以是无民事行为能力人或限制民事行为能力人。在国外，没有出生的胎儿也可以被指定为受益人。当受益人犯罪被剥夺政治权利时，其享有的受益权并不因此而丧失❶。因此，受益人备选范围远远大于被保险人，“法无禁止即自由”，即使无第 18 条第 3 款第 2 句之规定，被保险人亦得被指定为受益人。“可以”一词虽系授权性规范用语，但将本无必要的规定在法律中列示，说明立法者倡导指定权人将被保险人指定为受益人，《保险法》第 18 条第 3 款第 2 句之规定乃系倡导性规范。

最高人民法院司法解释起草小组所编《中华人民共和国保险法保险合同章条文理解与适用》提出：“从法律规范的性质角度进行分析，我们认为，本条规定实质为倡导性规范，是提倡和劝导当事人采取特定行为的法律规范。该规范为当事人提供了行为准则，希望当事人按照该规范提倡的行为模式从事民商事法律行为，以明确权利义务关系，减少法律纠纷。一般而言，在当事人未按照该行为模式从事法律行为时，对于当事人间法律行为的效力并不产生影响。在价值取向上，倡导性规范以尊重当事人的自主决定为前提，是对当事人间利益冲突的法律安排，因此，在没有足够充分且正当的理由的情况下，原则上不能因不具备倡导性法律规范的行为规范而否定合同的成立与效力。”❷ 此段分析虽主要针对《保险法》第 18 条第 1 款保险合同内容规范，但其并未明文排除第 3 款，亦即包括第 3 款第 2 句在内的整个第 18 条条文其均认为是倡导性规范。

二、被保险人兼为死亡保险金的受益人，有悖于受益人条款设立之初衷

美国著名保险学教授侯伯纳（S. S. Huebner）先生指出：“一个人生命的经济价值体现在与其他生命的关系之中。正如古语所言：‘人不能独立存在’，相反，他是为别人的利益而活着。在任何时刻，生命的延续都应该有利于他人、家庭后代、商业团体或慈善机构。人寿和健康保险的必要性也在于此。”❸投保人寿保险的目的，是被保险人为其亲属在被保险人死亡后免遭经济困难，以其生命、身体为保险标的，约定在保险事故发生后，由保险人支付保险金给

❶ 魏巧琴：《新编人身保险学》，同济大学出版社 2005 年版，第 74 页。

❷ 最高人民法院司法解释起草小组：《中华人民共和国保险法保险合同章条文理解与适用》，中国法制出版社 2010 年版，第 124 页。

❸ ［美］S. S. 侯伯纳：《人寿保险经济学》，孟朝霞等译，中国金融出版社 1997 年版，第 4 页。

被保险人之亲属。人身保险保险标的是人的生命和身体，该标的总是以被保险人为载体，它与被保险人本身融为一体，须臾不可分离。保险事故发生在被保险人身上，以被保险人的生存、死亡、疾病、伤残等为表现形式，因此当被保险人死亡时，则发生谁来享有和行使保险金请求权的问题；加之法律规定生命和身体的权利具有专属权性质，不得继承。由此，人身保险合同的受益人有存在必要，以解决被保险人死亡后保险金请求权的享有与行使的主体[1]。江朝国先生认为："于人身保险，包括人寿死亡保险、健康保险及伤害保险常有以被保险人死亡为保险事故已发生之要件，故除要保人、被保险人之外，尚须有受益人存在之必要，以于保险事故发生时，受领保险契约上之利益——即保险赔偿金额。此为受益人制度由来之始因。"[2] 刘宗荣先生也认为："在人身保险中的'死亡保险''疾病致死''伤害致死''残废致死'，当保险事故发生时，被保险人已经死亡，有保险金请求权的人是被保险人以外的第三人，因此，必须创设受益人的概念。反之，在财产保险，保险事故发生而遭受损失之人，保险给付之功能只在填补损失而已，因此无'受益人'概念的必要。"[3]

在含有死亡保险因素的人身保险合同中，如果被保险人因保险事故的发生而死亡的，即使被保险人被指定为受益人，也毫无意义，因为被保险人根本无法享有和行使其身故保险金的受领权[4]。人身保险中指定受益人是因为被保险人不能主张自己的死亡保险金，最初的"受益人"唯指有权领取死亡保险金的人，不存在所谓的"死亡保险金受益人"概念，换言之，"受益人"之内涵就是"死亡保险金受益人"。如美国保险学者认为："受益人是由投保人指定的、在被保险人死亡时领取保险金的当事人。"[5] 中国人民保险公司职工教育部编《人身保险》："受益人是在被保险人死后有权领取保险金的人。"[6]《中国保险辞典》："受益人指被保险人死亡后有权领取保险金的人。"[7] 有学者在论述受益人、受益权存在意义时，主张受益人制度仅于死亡保险中存在，而在生存保险中，领取保险金的权利只能由被保险人享有，于被保险人之外并无受益人存在之必要[8]。只有人身保险，一般才有受益人的规定[9]。

---

[1] 覃有土：《保险法概论》，北京大学出版社 2001 年版，第 35 页。

[2] 江朝国：《保险法基础理论》，中国政法大学出版社 2002 年版，第 135 页。

[3] 刘宗荣：《新保险法：保险契约法的理论与实务》，中国政法大学出版社 2009 年版，第 66 页。

[4] 张秀全：《保险受益权研究》，《河北法学》，2005 年第 11 期。

[5] ［美］缪里尔·L. 克劳福特：《人寿与健康保险》，周伏平，金海军译，经济科学出版社 2000 年版，第 223 页。

[6] 中国人民保险公司职工教育部：《人身保险》，中国金融出版社 1987 年版，第 75 页

[7] 吴越：《中国保险辞典》，中国社会科学出版社 1989 年版，第 212 页。

[8] 徐卫东：《保险法论》，吉林大学出版社 2000 年版，第 290 页。计红：《保险受益权初探》，《河南省政法管理干部学院学报》，2003 年第 4 期。

[9] 中国保险学会：《中华人民共和国保险法释义》，中国法制出版社 2009 年版，第 46 页。

人身保险系以人的身体或寿命为保险标的的保险，大体可以分为人寿保险(包括生存保险、死亡保险、生死合险)、意外伤害保险、健康保险。其保险金大体可分为生存形态保险金（生存保险金、残疾保险金等）和死亡保险金（以死亡为给付条件的保险金)，与此相对应，保险受益人亦得分为生存形态保险金受益人和死亡保险金受益人。《保险法》第 18 条第 3 款第 2 句的解读分解为四项具体规则：(1) 投保人可以为生存形态保险金受益人；(2) 投保人可以为死亡保险金受益人；(3) 被保险人可以为生存形态保险金受益人；(4) 被保险人可以为死亡保险金受益人。受益人是人身保险合同的特定关系人[1]，受益人制度是保险合同的核心问题之一，关系到保险合同订立目的能否实现[2]。由保险合同中设立受益人条款的目的可知，受益人主要是指死亡保险金受益人（狭义受益人)。在保险理论与实务上，人们更多的是从狭义上使用保险受益权的概念[3]。我国《保险法》第 42 条、第 43 条中对受益人的受益顺序和受益份额、被保险人死亡后保险金的给付、受益权的丧失和放弃等问题作了规定。从这些规定中不难看出，我国《保险法》上的保险受益权也是狭义上的[4]。若此，《保险法》第 18 条第 3 款第 2 句旨在规定“投保人可以为死亡保险金受益人”和“被保险人可以为死亡保险金受益人”。

保险受益权本质上是被保险人通过参加含有死亡保险因素的人身保险合同，转移因其死亡所产生的经济风险，满足其遗属或所信赖的人的经济需求，为受益人设定的请求和受领身故保险金的权利。保险金请求权是受益人最重要的权利，舍此，当事人无法实现合同目的。被保险人可以兼死亡保险金受益人之倡导，实际上否决了以死亡为给付条件的保险合同中指定受益人的意义。

三、设立死亡保险金受益权为既得权属于一种死因行为

从受益权的法律特性上看，受益权具有债权之特征，即受益权为请求权，受益人依此请求保险人给付保险金。其权利内容可表述为：债权人（受益人）请求债务人（保险人）给付到期债务（履行保险金给付义务）之权利[5]。《保险法》第 18 条第 3 款第 1 句规定：“受益人是指人身保险合同中由被保险人或者投保人指定的享有保险金请求权的人。”

民事权利依其是否得以现实地享有和行使为标准，可分为期待权与既得

---

❶ 魏巧琴：《新编人身保险学》，同济大学出版社 2005 年版，第 73 页

❷ 谢凤昌：《保险受益人的适用范围》，中外民商裁判网，2011 - 09 - 14。

❸ 王勤：《人身保险合同中受益人的确定》，《建材高教理论与实践》，2000 年第 6 期。

❹ 张秀全：《保险受益权研究》，《河北法学》，2005 年第 11 期。

❺ 陈耀东，静远：《保险受益权若干法律问题探讨》，参见李劲夫：《保险法评论（第一卷）》，中国法制出版社 2008 年版，第 68 页。

权。权利发生要件之事实中，惟发生一部分，其他一个或数个事实尚未发生时，法律对于将来权利人的所与之保护，谓之期待权，亦即将来有实现可能性的权利。期待权是一种过渡性权利，是一个空壳的制度概念，即期待权并不以自身之价值存在作为终点，而是以保障能够取得未来之完整权利为最终目标。期待权虽含有期待利益，却不能等同于期待利益，而是担保期待利益实现、价值不受减损的法律之力，是能够移转利用之权利[1]。受益权作为一种期待权，只有在保险事故发生后才能具体实现，而转化为现实的财产权。死亡保险金受益既得权是一种死因（Cause of Death）行为，它以行为人死亡作为所设法律关系发生的必要条件[2]，在被保险人死亡这一保险事故发生之前，保险受益人仅享有保险金给付的期待权。受益人与保险人的债权债务法律关系只是在被保险人死亡时才发生[3]。被保险人死亡时，保险受益权才转化为既得权，保险受益人才可现实地享有和行使。受益人在保险事故发生前仅是因为被保险人或者投保人的指定而有资格期待获得保险金，此种期待尚未也无必要上升到权利地位[4]，期待利益在保险事故发生后才可能成为既得利益。我国台湾学者江朝国先生甚至认为，在保险事故发生前受益人所享有的仅仅是一种期待的地位而非期待权。

四、死亡保险中的死者无法享有受益人的既得权等民事权利

自然死亡，也称生理死亡或绝对死亡，是指公民生理机能的绝对终止，生命的最终结束。死亡是生命系统所有的本来的维持其存在（存活）属性的丧失且不可逆转的永久性的终止。在现实生活中，死亡不是生命的骤然结束，而是一个逐渐进展的过程，一般分为三期：（1）濒死期，又称临终状态，是生命活动的最后阶段。（2）临床死亡期，临床表现为心跳、呼吸停止，各种反射消失，瞳孔散大，但各种组织细胞仍有短暂而微弱的代谢活动。此期持续时间一般为5～6分钟。（3）生物学死亡期，此是死亡过程的最后阶段。此期整个中枢神经系统和机体各器官的新陈代谢相继终止，出现不可逆变化，整个机体已不可能复活。因此，关于自然死亡的界限，医学上有心脏停止说、呼吸停止说、脉搏停止说和脑死亡等诸多学说[5]。自1968年美国哈佛大学死亡定义审查特别委员会提出脑死亡判断指标以来，世界上已有80多个国家和地区陆续建立了脑死亡标准，一些国家还制定了相应的脑死亡法，但也有国家采用的是

---

[1] 王睿：《期待权概念之理论源流与界定》，《北方法学》，2017年第2期。

[2] 邹瑜，顾明：《法学大辞典》，中国政法大学出版社1991年版，第498页。

[3] 孙祁祥：《保险学》，北京大学出版社2017年版，第49页。

[4] 廖文卿：《保险受益期待权悖论现代》，《企业文化》，2008年第11期。

[5] 沈德咏：《中华人民共和国民法总则条文理解与适用》，人民法院出版社2017年版，第192页。

脑死亡和心脏死亡标准并存方式。目前我国采纳心脏死亡标准，即心脏停止跳动为生命终结。

然而生命起始和终止，是规范事实而不是自然事实。虽然死亡是一个逐渐进展的过程，呼吸停止、脑死亡、脉搏停止、心脏死亡之间存在一定时滞，但在法律上，自然人生理死亡是一个时点，而非一个时段。一个生命体非“活”即“死”，不承认“半死不活”之状态。且“死者”或“死亡人”是个虚拟的概念，不能将人分为“活者”和“死者”。作为民事主体自然人（公民、人）只能是有生命的自然人，而不能是曾经在历史上存在过而现在根本不存在的“死者”。死者仅仅是对曾经存在过的自然人的一种记忆，是出于表述的方便。作为自然人，依法享有民事权利能力，是民事主体之一，可以享有各种人身权利和财产权利❶。自然人的民事权利能力终于死亡，自然人因死亡而丧失人的地位，也就不再能够享有民事权利能力，故死亡是导致自然人权利能力终止的事由，同时因自然人的民事权利能力不得抛弃、不受剥夺，故死亡也是唯一能够导致自然人民事权利能力终止的事由。自然人一旦死亡，其生前相关的民事法律关系或者消灭（如婚姻关系），或者为其继承人所继受（如财产权利等），或者因死亡而发生效力（如遗嘱），其自身作为民事主体的资格则当然消灭❷。《民法总则》第13条规定：“自然人从出生时起到死亡时止，具有民事权利能力，依法享有民事权利，承担民事义务。”《继承法》第2条规定：“继承从被继承人死亡时开始。”第3条第1句规定：“遗产是公民死亡时遗留的个人合法财产。”除著作人格权等少数法律特别规定的权利外，死者没有民事权利，既没有债权，也没有物权，更不会因为死亡之事实而生出新的权利。各国民法虽有对民事权利能力之终止时间未作规定的，但未见有直接规定死者为民事主体、具有民事权利能力者❸。因此，死者没有受益既得权等民事权利。

五、关于被保险人兼死亡保险金受益人之悖论的己见

笔者基于上述的法例分析，针对我国《保险法》第18条第3款第2句之规定提出如下见解。

（一）被保险人兼受益人的死亡保险金受益权并非被保险人兼受益人的遗产

1. 保险人兼受益人不可能在自己生前主张自己的死亡保险金受益权

身故保险金是因保险事故造成被保险人死亡时，保险人根据保险合同约定给付的保险金❹。身故保险金于被保险人死亡前毋需给付，于被保险人死亡时

---

❶ 陈信勇：《死者不能成为民事主体》，《浙江社会科学》，2002年第1期。

❷ 沈德咏：《中华人民共和国民法总则条文理解与适用》，人民法院出版社2017年版，第191页。

❸ 陈信勇：《死者不能成为民事主体》，《浙江社会科学》，2002年第1期。

❹ 全国保险业标准化技术委员会：《保险术语》，中国财政经济出版社2009年版，第132页。

方需给付，并非被保险人死亡时遗留的个人合法财产，纯属为受益人之利益而设定之债权❶。理论上，唯被保险人先于受益人死亡，受益人的期待利益在被保险人死亡后才可能成为既得利益，受益人才可以现实地主张保险金请求权。死亡保险金受益权作为死因请求权，不可于被保险人生前即予主张。当被保险人兼受益人时，其不能在自己生前主张自己的死亡保险金受益权。

2. 被保险人兼受益人不可能在自己死后主张自己的死亡保险金受益权

民事主体是民事法律三大构成要素之一。被保险人兼受益人死亡后，已不具有民事权利能力，事实上其亦不可能向保险人亲自或委托他人主张受益权。

3. 受益既得权亦非被保险人兼受益人的遗产

(1) 遗产是公民死亡时遗留的个人合法财产，即其应当于生前即对该项财产拥有权利，人死亡后不能生出新的民事权利。死亡保险金受益权因为被保险人死亡而由期待权转变为既得权。被保险人虽为指定受益人，但受益既得权即请求保险人给付死亡保险金的权利又因其死亡之事实而消灭。受益既得权非被保险人兼受益人生前就拥有的权利，故不为其遗产。

(2) 当被保险人与受益人为不同的主体时，在保险事故发生之前，受益权期待权依法不具有可继承性，不能作为受益人的遗产而由受益人的继承人予以继承。只有保险受益权转化为现实的财产权时，才能像一般的财产权一样被列入遗产继承中。台湾学者施文森认为：指定受益人先于被保险人死亡时，“除非保单上有特别约定，保险金应由全体受益人平均分享。受益人中的一人先于被保险人死亡，其应得部分平均分属于生存受益人，而不是由该受益人的继承人继承”。国外保险合同往往订入幸存者条款，规定：受益人必须在被保险人死后仍旧存活一特定天数，否则就好像受益人先于被保险人死亡一样进行给付❷。依此原理，当被保险人与受益人身份合一时，受益权非其依受益人身份而遗留的遗产。

(三) 被保险人兼受益人的死亡保险金并非被保险人之遗产

《保险法》第42条规定：“被保险人死亡后，有下列情形之一的，保险金作为被保险人的遗产，由保险人依照《中华人民共和国继承法》的规定履行给付保险金的义务：(一) 没有指定受益人，或者受益人指定不明无法确定的；(二) 受益人先于被保险人死亡，没有其他受益人的；(三) 受益人依法丧失受益权或者放弃受益权，没有其他受益人的。受益人与被保险人在同一事件中死亡，且不能确定死亡先后顺序的，推定受益人死亡在先。”

倘被保险人指定他人为第二顺序受益人，而将自己指定为第一顺序受益

---

❶ 张秀全：《保险受益人研究》，《现代法学》，2005年第4期。

❷ [美] 缪里尔·L. 克劳福特：《人寿与健康保险》，周伏平、金海军译，经济科学出版社2000年版，第402页。

人，则该指定没有实质性法律意义（因为被指定的所谓第二顺序受益人实质就是第一顺序受益人）。被保险人兼受益人的情形，不适用“（一）没有指定受益人，或者受益人指定不明无法确定的”之规定。

虽然学理上对于死亡的判断标准有呼吸停止说、脑死亡、脉搏停止说、心脏停止说等分歧，但同一个体死亡不应因身份而适用不同的死亡标准。被保险人兼受益人的情形，其死亡不为“（二）受益人先于被保险人死亡”。被保险人兼受益人的情形，被保险人死亡也不为“不能确定死亡先后顺序的”。

因此，当保险人兼受益人时，不符合《保险法》第 42 条所列举的诸种情形，其死亡保险金不为被保险人遗产。

（四）被保险人兼受益人之死亡保险金受益既得权以及与此相关的死亡保险金均应当认定为无主财产

被保险人兼受益人时，其死亡保险金受益既得权和死亡保险金均不为被保险人遗产，即无人有权向保险人索赔。

保险索付权是一种债权请求权，其权利必须通过请求保险人作出相应的给付行为才能实现。被保险人兼受益人时，保险索付权无权利人可以起动，保险人缺失支付死亡保险金对象。

（五）我国司法实践上，实际否定了被保险人兼死亡保险金受益人约款的法律效力

尽管实务操作中，对于被保险人兼受益人之情形，死亡保险金作为遗产处理，但此种“变通”操作不足以掩饰《保险法》第 18 条第 3 款第 2 句规定之蛇足。

结语

我国属于大陆法系国家，立法采潘德克顿学派法律逻辑构造，即以抽象严谨的法律概念为基础，搭建概念金字塔，环环相扣。概念之间不能相互替代使用，每个概念都有自己特有的语境意义，概念的混淆、错位，会使整个意义发生偏差[1]。法律的生命在于经验而非逻辑，不意味着法律可以抗拒逻辑。“必须对权利、义务以及其他法律关系的概念进行严格的考察、区别和分类，深入和准确地思考并以最大合理程度的准确性和明确性来表达我们的思想。”[2] 在人身保险合同中，虽然被保险人与受益人均享有受领保险金的权利，但二者受领保险金的前提条件和种类不同。有学者认为：被保险人只有在生存时才能享有受领保险金的权利，保险受益人则只有在被保险人死亡这一保险事故发生后

---

[1] 韦梦杨：《潘德克顿学派与德国民法典》，《黑龙江省政法管理干部学院学报》，2013 年第 2 期。

[2] ［美］霍菲尔德：《司法推理中应用的基本法律概念和其他论文》，耶鲁大学出版社 1927 年版，第 349 页。

才能享有受领保险金的权利。被保险人受领的不可能是身故保险金，保险受益人受领的仅限于身故保险金[1]。笔者认为，此种划分过于绝对。根据合同自由原则，法律不应当制止被保险人将其他人指定为生存形态保险金之受益人[2]，但在以被保险人死亡为保险金给付条件的人身保险合同中，被保险人和受益人必为不同之人[3]。《保险法》第18条第3款第2句“被保险人可以为保险金受益人”之倡导性规范，未明确表述为“被保险人可以为生存形态保险金受益人”，况“生存形态保险金受益人”非“受益人”概念之核心部分，此倡导不具实际意义和价值。德国思想家韦伯提出：“表达理想固然重要，但更重要的是如何去实现这一理想。要减少无节制的激情，消除因愚昧的热情和庸俗的偏见所引起的恶果。”[4] 倘法律欲防止受益人指定泛化，得采优先受益人条款，即对受益人的范围与顺序予以限制，如配偶、子女、父母等[5]。

法者，“尺寸也、绳墨也、规矩也、衡石也、斗斛也、角量也”。诚然，保险是保险，法律是法律，保险之实然不必然等于法律之应然。然而，我们终究还是希冀实然与应然连珠合璧而非凿枘不投，因为那些作为人类智慧结晶的法律如果沦为缺乏科学性的立法具文，委实可惜了。因此，借讨论《保险法》第18条第3款第2句之条文表述，达到不断完善和提高我国保险立法科学性之意义。

---

[1] 张秀全：《保险受益人研究》，《现代法学》，2005年第4期。樊启荣教授也认为：“在被保险人生存期间，受益人不能向保险人索取保险金。”（樊启荣：《保险法》，北京大学出版社2011年版，第41页。）

[2] 偶见：《生存形态保险金受益人条款半格式化法理分析》，《江苏保险》，2008年第9期。

[3] 温世扬：《论保险受益人与受益权》，《河南财经政法大学学报》，2012年第2期。

[4] 杜波：《关于食品安全风险共治的法律制度构想》，《河北法学》，2016年第10期。

[5] 朱铭来：《保险法学》，高等教育出版社2014年版，第135页。

保险合同格式条款之“通常理解”

——以我国《保险法》第30条第一句为中心

谢冰清[1]

摘　要　保险合同的格式条款具有一般合同乃至格式条款所不具备的独特性，因此，《保险法》第30条所确立的“通常理解”应属于保险法上之特殊解释规则。“通常理解”之内涵乃是法官以保险格式条款所预缔约对象群的平均、合理的理解作出解释，探究的是保险消费者群体之整体意义。就实现路径而言，通常理解可以结合文义解释、语境解释与合理期待三个方面得以实现。

关键词　保险格式条款　通常理解　理性的被保险人

一、问题的提出

我国2009年《保险法》对保险合同解释规则之修订，最重要的变化之一是增加了“通常理解”解释之规定，既界定了疑义利益解释原则之适用位阶，也与《合同法》第41条关于格式条款解释的规定相得益彰，具有重要的进步意义。但是，“通常理解”本身是一个知易行难的概念，观其意思似乎容易，难的是如何在个案中合理适用。究竟何谓“通常理解”，如何寻求“通常理解”，立法未作说明，学界也鲜有探究，只能留待法官在个案中予以斟酌，那么在司法实践中的适用情况如何呢？

笔者就2009年10月1日《保险法》修订实施起至2019年12月31日期间，法官在解释保险合同时适用“通常理解”的案件进行了取样分析。通过分析判决理由和判决结果，笔者发现主要存在以下问题：一方面，法官对“通常理解”的认识并不统一，判决书中或对“通常理解”四字语焉不详甚至一笔带过，或仅以“普通人之理解”视之。另一方面，对于如何寻求通常理解，实践中亦无统一标准。有的法官习惯性地将保险合同归入既有的合同法规则体系

---

[1] 谢冰清，中南财经政法大学法学院讲师，硕士生导师。

中，而未考虑这种特殊合同是否需要新的规则加以调整。加之保险合同之特殊性在理论上未受到足够重视，保险格式条款之“通常理解”往往被误读为《合同法》第125条之一般解释规则。这在相当程度上模糊了“通常理解”之于保险合同解释的特殊意义。有的法官则过分关注如何在个案中保护具体被保险人，将“通常理解”当作通往“疑义利益解释”的另一条途径，以通常理解作解释时，即刻适用疑义利益解释原则，作出不利于被保险人的解释。

由此可见，正是因为“通常理解”之概念过于笼统，且缺乏确切标准，导致在司法实践中因解释方法的不同很容易造成判决结果的不确定性。由此，如何将其发展成为一项真正具有可操作性的解释规则，显得尤为重要。本文试图通过厘清保险法上“通常理解”之基本内涵及其与合同法上解释规则之间的关系，并就“通常理解”之适用略陈管见，以期对司法实践有所参酌。

二、保险法第30条中的“通常理解”与《合同法》解释规则之关系辨析

（一）“通常理解”与《合同法》第125条之关系

我国《合同法》第125条规定了合同的一般解释规则，那么，《保险法》上第30条之“通常理解”是否即指《合同法》第125条所规定的解释规则？有观点认为，对格式条款首先应适用一般的合同解释规则，若穷尽一般合同解释规则仍然不能消除格式条款的疑义时，才能作出不利于提供格式条款一方的解释。

笔者认为，这种观点存在着以下逻辑悖论：合同法上一般合同解释原则——探求合同之真意，其理由在于合同乃当事人协商拟定；而格式条款是一方当事人针对多数不特定相对人提前拟定，未经双方具体磋商，故探求格式条款真意之途径，显然应与非格式条款有别。如果不加区分一概适用合同的一般解释原则，那么格式条款的特殊法律性质如何体现？事实上，我国立法者与司法者囿于合同法理念并奉合同解释规则为圭臬，却忽视了保险交易之特殊性与保险格式条款之特有属性，正是我国裁判者的解释活动陷入窘境的深层原因。

保险是一种合同的观点根深蒂固。因为保险最早就是以契约的形式出现，成为一种以补偿损害为目的而进行的分散风险的合约安排。保险法上传统和主流的观念都认为，保险是投保人与保险人以保险为目的进行约定的一种合同。保险合同所载的内容即是双方当事人之间的协议。多数学术文献以及多数司法判决都自然而然采用或反映这种合同概念。在保险法学界，常将保险和保险契约混为一谈而未加严格区分。一些国家的保险立法也常常将保险与保险合同等同起来。在大陆法系，保险契约属于债法上契约的一种，经由契约之成立生效，保险人有保险费请求权，被保险人则于保险事故发生时得向保险人请求保

险赔偿。但因保险契约所产生之债系属特种之债，学理上称之为特种契约（Vertrag sui generis）以示和一般契约之债不同。我国亦依循大陆法系债的理念，将保险视为一种特殊的保险合同。在英美法系，尽管保单（policy）概念在保险法研究领域中常常出现，但更多情况下仍然是以合同（contract）的方式来予以研究。对于保险格式条款所生争议，保险人通常试图以投保人已同意格式条款来支持他们否认承保。这种动机不仅是一种主张，更是源自对合同概念的坚持。合同概念的首要格言——合同语言支配合同含义，使得请求规避保单语言的被保险人必须提出强有力的理由以否定语言效力，否则保险格式条款毕竟是一份合同，背离合同含义必须受到严格限制。

传统合同法理论将目光过于坚定地聚集于“合意”以及以“合意”下的产物——合同文本。尽管在现代社会“人们谈论契约自由的衰落就像格兰特·吉尔默谈论契约的死亡一样自然”，保险合同更是被视为一种“契约自由衰落”下的最典型的附合契约。但是由于“合意”理念仍然牢不可破地统治着私法乃至合同法领域，传统合同法对“合意”的推崇，无疑给保险合同解释打造了一个单身牢房，即保险合同仍然是一种合同，对其进行解释不能脱离对合同文本的理解与释义。法谚有云：“合同乃当事人之间的法律。”这意味着法官必须从当事人合意的产物——合同文本出发，并且在与合同目的和当事人利益相一致的前提下使当事人所约定的内容充实起来，使得其与合同已有内容的精神相一致。然而，在保险法领域，由于保险自身具有的抽象性、专业性以及信息上的不对称，使得被保险人即使在知悉合同内容的情况下也难以充分地估计自己的保险需求。当保险人向有需求的被保险人售卖保险时，被保险人往往无法充分理解哪些事项属于承保范围而哪些不是，更难以评估保单哪种承保范围是最合适的。即使保险人通过履行说明义务就条款内容向被保险人作出了说明，但是鉴于保险标的的抽象性、无形性以及风险的不确定性，未受训的普通被保险人难以像专业的保险人那样完全知悉和了解保单的实质内容。换言之，保险合同自身的特殊性，决定了被保险人对保险格式条款永远只能是一种概括性的了解与“同意”。因此，被保险人的真实意图是否可以从保险条款本身的语言推断出来是难以明确的。

笔者认为，《保险法》第 30 条与《合同法》第 41 条所规定的“通常理解”，是适用于格式条款的特殊解释原则，其精神与内涵和《合同法》第 125 条所规定的合同一般解释原则大相径庭。主要理由如下：

1. 保险格式条款与非格式条款解释之价值基础不同。非格式条款是平等主体之间通过自由协商订立的，因此，对于非格式条款的解释，立法者与裁判者应坚持“强式意义上的平等对待”，对于平等的民事主体不作区分类型，保证私法自治上的公平、正义。保险格式条款的内容通常都由强大的保险公司决定，经济力量弱小的“相对人对契约内容实无讨价还价之余地，愿者上钩，不愿者回头，要保人只有缔约契约与否之自由，对于契约之内容，则无变更或增减之余地”。其实际已经背离了作为传统合同生命内核的意思自治原则，徒具契约自由之美名而无契约自由之实质。因此，对于格式条款之解释，立法者与裁判者必须采用“弱式意义上的平等对待”，着重保护保险消费者的利益。价值基础的不同决定了格式条款与非格式条款两者理应适用不同的解释原则。

2. 保险格式条款与非格式条款之解释目的不同。非格式条款是双方当事人通过自由协商、讨价还价订立的，是双方共同的意思表示，因而合同解释的目的在于探求当事人之真意。比如，再保险就涉及两个有经验的商业机构，双方在保险业务方面都很精通，而且是在商言商地进行谈判。在这种情况下，应当适用《合同法》第 125 条，寻求合同双方当事人的真实意思。然而，保险格式条款通常是保险人为与大多数不特定的保险消费者缔约而事先制定的，消费者的意思对于条款内容并无实质影响力，假如适用一般合同之解释规则来探究合同的真实意思，岂不等同探究保险人单方的意思表示？因此，保险格式条款之解释不应是对“双方当事人真意之探求”，反而应以大多数消费者利益之尊重为前提，寻求客观化的解释。法官在以通常理解解释格式条款时，更应侧重于保险格式条款之消费群体的理解。

毋庸置疑，保险格式条款仍属于合同之范畴，《合同法》第 125 条确立的基本解释方法，当然可以适用，但是其解释方法背后的解释价值基础与目标必须加以区分。保险格式条款解释之目的并非“当事人真意之探求”，而是以尊重大多数保险消费者的利益为前提，寻求客观化的解释。因而，《保险法》第 30 条关于“通常理解”的规定，并不意味着穷尽《合同法》第 125 条的规定来探究合同当事人之真意，而只是《合同法》第 125 条所确立的解释方法为保险合同的解释提供了可以适用的解释工具，如文义解释、整体解释、目的解释、习惯解释、诚信解释等解释工具，法官可以在解释时加以利用，并以此推导并得出保险格式条款之消费群体的“理解”。

（二）“通常理解”与《合同法》第 41 条之关系

既然保险法上之“通常理解”是寻求客观化的理解，并且《保险法》第 30 条所规定的解释规则，与《合同法》第 41 条关于格式条款的解释规则保持了一致性，这是否意味着其与《合同法》上第 41 条所规定的“通常理解”等同？

立法机关认为：“所谓‘通常理解’，是指既不采纳保险人的理解，也不采纳投保人、被保险人、受益人的理解，而是按照一般人的理解来解释。”此处的“一般人”，并没有明确的界定，似乎可以理解为等同于《合同法》第 41 条格式条款的适用对象——社会上的普通大众。但笔者认为这一适用标准并不精确。其理由在于保险格式合同具有一般格式合同所不具备的特殊性。

1. 保险格式合同之抽象性。在一般商品交易中，消费者固然也因格式合同而处于弱势地位，但是由于交易产品大多源于人的自然需求，是消费者通过已有知识、经验可以认知的产品，因而消费者通常都清楚自己究竟购买了什么产品（在不存在欺诈的情况下）。例如，一个汽车购买者在购买汽车之前，对于什么是汽车，其功能、用途如何等各方面都已了然于胸，甚至汽车的物理特征在销售时就已经显而易见，购买者可以检查甚至可以试开汽车来进一步加以了解。虽然质量保障和提供可信赖服务的承诺可能会对购买者的决策产生影响，但是最主要的考虑因素还是汽车本身。购买者不太可能在购买之后再因为汽车太小或者颜色不合意而责备销售商。而保险是一种无形商品，保险消费者在购买保险时，没有可供评定其价值的外形、质地等参数，无法通过考察其表面来检验品质；由于风险的无形与不确定，更不可能通过“试用”保险来感受其保障功能。正是由于保险合同具有的抽象性和无形性，普通保险消费者通常难以理解，也不可能如一个专业的保险人那样真正了解保单的承保范围。

在保险交易中，投保人往往只能根据抽象的保单条文或依赖保险代理人的说明和介绍，或者来理解其产品的功能和作用。但由于保单本身的专业性、技术性和冗长性，使得被保险人几乎不会认真仔细地阅读它们，而且即使真正去钻研也未必能钻研清楚。在既不了解保险产品又难以读懂保险合同的情况下，保险消费者大多只能依赖保险人或者保险代理人的说明和介绍。而保险自身具有的抽象性、专业性以及信息上的不对称，被保险人即使在知悉合同内容的情况下也难以充分地估计自己的保险需求。当保险人向有需求的被保险人售卖保险时，被保险人往往无法充分理解哪些事项属于承保范围而哪些不是，更难以评估保单哪种承保范围是最合适的。

2. 保险格式合同之射幸性。“保险合同与其他大部分标准合同不同之处在于，保险消费者接受的并非即时、有形的利益，而仅仅是在一定条件下可以获得保险金的保单承诺。”这种承诺最终能否兑现取决于保单中的条件是否发生。尽管保险事故是否发生是不确定的，但是保单中的条件却是由保险人来拟定的。一般的格式合同尽管也限制了消费者讨价还价的自由，但是通过缔结合同，消费者通常能够获得相应的产品或服务以实现一定的利益。例如消费者购买了车票即可以乘车，办理银行业务即可获得储蓄服务。但是基于保险合同的射幸性，保险消费者能否获得保单中约定的利益，是不确定的。若保单中的约定事由没有发生，那么投保人就仅仅只是支付了保费而得不到任何补偿或给付。正因如此，保险合同被公认为具有潜在的压制性，因为其实际上允许了更强势的一方以“合同”之名行“立法”之实。

3. 保险格式合同之社会性。保险格式条款是针对不特定多数消费群体拟定的。除此以外，保险格式合同更是为了对无法预料的风险予以消化并对风险带来的损失予以补偿而订立的合同，对社会有着正面和积极的作用。例如机动车强制责任保险与大病医疗保险均体现出保险的社会治理功能。时至今日，保险业不再是无任何道义情感存在、仅仅追求商业利益的行业，而成为关涉社会安全、经济稳定之重要手段，是对社会保险的一种有利补充，承载了一定的社会责任。也正因如此，对保险格式合同的规制成为必要。无论是保险业的监管还是保险合同解释活动，都不再仅仅关涉合同自身的效力与利益分配问题，还关涉社会效果与作用。

因此，笔者认为，对于《保险法》中保险格式条款的“通常理解”与《合同法》中格式条款的“通常理解”不能完全等同，而应当更进一步作出精细区分。在19世纪末，德国丹茨法官提出，法官在具体场合为了确定或解释某一用语的意思，应以该语言共同体（Sprach-gemeinshaft）中“通常一般人”为标准，探寻其中的含义。基于保险法领域的附和合同理论、弱者保护理论以及保险人与被保险人存在信赖利益保护的理论等，英美法系法官对于保险合同的解释通常采取“理性被保险人”标准，亦即通过虚拟一个具有处于被保险人地位的理性人所具有的知识和能力，并依该理解作为法官解释的依据。

我国台湾地区学者刘宗荣先生也提出，对于保险格式条款应当以其“使用的对象群”或“使用的对象圈”的普遍了解为准，解释标准应当探求其使用对象群或使用对象圈对保险格式条款的一般理解。上述观点有异曲同工之妙。因为，要确定一个“理性被保险人”，必然要考察该保险格式条款潜在的消费群的大体的、平均的理解水平，也即“对象群”的普遍了解。另一方面，考量“对象群”的普遍理解时，同样需要以对象群的平均水平为准，而这种平均水平的理解，必然也是一个理性被保险人的理解。

再进一步分析，保险险种甚多，不同险种针对的顾客群体有所不同，在不区分职业团体的情况下，仅以普通大众的理解作为解释标准未免过于宽泛而有失偏颇。例如，机动车强制责任保险的适用对象为获得机动车驾驶证的车主，已获得机动车驾驶证的车主对该格式条款的理解可能与从未涉及驾驶证的普通民众的理解大相径庭。其次，当条款适用于不同的地域时，各个地域间的消费者群体对条款的内容会因为地域差异的不同而存在差异。例如，大蒜究竟是蔬菜还是调味品，因我国南北方地域差异，理解上也有所不同。再次，不仅一个订立过保险合同的投保人与一个从未涉及保险合同的普通民众，对条款的理解会有所不同；一个从未订立过保险合同的人与精明的“老练被保险人”对于保险合同的理解更是存在较大差异。

因此，不宜简单以一般普通大众的理解作为“通常理解”之解释标准，法官应当综合考虑保险格式合同所预定缔约对象群的平均、合理的理解作为解释标准。换句话说，法官应当站在一个理性的被保险人的地位对保险格式条款作出理解，并进行解释。

综上，正是因为保险格式合同有着一般合同乃至格式合同都不具有的独特性，“在解释合同时，应当对保险合同和其他合同一视同仁，无需额外采取其他的做法”逐渐被摒弃。早在30年前就有学者提出：“保险合同法正在日益偏离普通合同法的轨道，向不同的方向发展。”毋庸讳言，保险格式合同的确是合同中的一种，但是仅仅在合同的单一维度下解释保险合同，只会让司法裁判中遇到的涉及保险特性维度内的大部分问题面临被忽视或是无法解决的尴尬。在合同法中，学者和法院往往通过文义解释、探寻当事人意图、合同的目的、外部证据等等来决定解释的结果，但是保险合同的特性使得“超越一般合同的解释方法来解释保险合同”成为一种发展趋势。在美国，越来越多的法院认同保险合同是不同于其他合同的一种特殊合同类型，在解释时不再单纯适用传统合同法上的解释方法，而是更多地适用一些特殊的解释原则，例如疑义利益解释，弃权、反禁言、公共政策、合理期待（reasonable expectation）等特殊原则。美国有学者分析认为，美国法院对保险合同解释的理念已发生了转变，保单不仅是一种合同，还是一种消费者产品。总之，突破传统合同法理念不仅成为保险法发展之必然路径，也成为保险合同解释之必然要求。

三、如何寻求保险格式条款之“通常理解”

那么，如何探求保险格式合同预定缔约消费群体的合理、平均的理解？即以何种路径来理解并解释保险合同条款？

无论我们怎么定义“合理、理性”，其标准似乎仍然是抽象的，法官不可能事先针对保险格式合同所预定适用对象群的每一个人设置一份“什么是理性人”的问卷。法治社会的要求和民众对于法律后果的可期待性，决定了法官在解释时只能“带着镣铐跳舞”——“解释者应当在解释规则的帮助下寻求接近客观的正确的意义，而不是任意解释”。这就要求法官在解释时，借助一定的方法或因循一定的路径来开展解释活动。在《德国民法典》中没有采用“不依靠实质性的法律内容的推理规则”，是因为立法者们认为，教法官如何在实践中推理并不是他们的职责。但是，对于“法的续造必须依循一定的方法，如若不然，则法院事实上在僭越不属于它的权力”。

鉴于保险格式合同的特殊性，其解释原则往往“建立在普通合同的解释规则之上”，但却又“不是普通规则的简单延伸”，而是“经常把普通规则反过来适用”。例如，依据合同解释一般原则，法院不应在抽象意义上解释合同，而应力求探寻当事人真意，但是保险合同解释却要求法官先以一个门外汉的理解来考察系争条款，然后再考察保险交易中的具体情事；合同解释通常是寻求合同双方当事人的“合意”，而保险合同解释却常常聚焦于一方当事人——被保险人的意图。

此外，美国 Fischer 教授进一步提出，保险合同中至少有三项解释原则是其他合同的解释里不曾出现的：其一，对保单中的确认承保条款应该作扩大解释，对除外条款应该作限制解释；其二，保单应当按照门外汉的理解来进行解释；其三，保单应当尽可能地按照有利于赔付的方向来解释。这些解释原则无不体现美国法院对弱势的被保险人给予了父亲般的关怀。在确定虚拟“理性被保险人”时，英美法系法院往往通过文义解释、语境解释以及合理期待等途径来予以考量，这些途径对我国司法实践极具借鉴意义。

（一）文义解释

英美法院在解释保险合同时，通常会努力确定有争议条款的“通俗含义”（plain meaning），或称“普通含义”（the ordinary meaning）。通俗含义的标准是根据“文字本来的（natural）平白朴实的（plain）通行的（popular）符合常识的（common sense）的意思去理解”。“只有无法确定通俗含义或普通含义时，采用这种方法的法院才会信赖对当事人意指的含义所做出的证言或其他证据。”换言之，文义解释在通常理解之解释规则中仍然是优先适用的方法。“除非有证据指向对立面，否则法院通常会把合同中词语的意思归因于它们最常用的用法，甚至对抗字典中的定义，尽管多数情况下它们都是相同的意思。”在 Easton v. Washington Country Insurance Co 一案中，法院对“shed”一词的解释便充分体现了对这一规则的适用。被保险人认为工棚（sheds）还包括其地下室及地下室二层储藏区的主张没有得到法官的支持。法官称：保险合同中具有通常用法的简单单词应当根据其自然的、平实的以及普通的含义来加以解释。没有人会将“工棚”作为一个专门术语来理解，它只是一个具有普通用法的简单单词。该词在字典中的定义与其通常用法是一致的，都是指一种用于临时用途的、开放式的、不坚固的结构，这种定义不能适用于永久性水泥框架结构的地下室和地下两层的仓库。

保险法是合同法的一块领地，“但如果有人以为合同中的字词仅适用于它们的常用释义，那么这块领地就会像雷区一样布满陷阱”。诚如前文所言，当保险格式条款适用于不同的地域或不同职业团体时，各个地域间的消费者群体对条款的内容会因为地域差异或职业性的不同而存在差异，此时应根据各个不同地域的消费群体或不同职业团体的平均的，普遍的理解进行解释。例如，对机动车保险中“有效驾驶证”的意思，应当以保险合同的适用对象群体——拥有机动车辆的普通车主——之理解予以解释，对象群体之外的其他理解则不应被考虑进来。

此外，保险格式条款具有一般格式条款所不具备的抽象性、专业性，这一特点使得有些专业词汇或技术性词句，即使本身具有通常含义，但仍然要服从于其他特殊的解释规则：

1. 在保险格式条款明确意指专门意义，且保险人已对其专门意义尽到了明确说明义务的情况下，法官自然应当采纳专门意义予以解释。这符合保险交易中的诚信原则。但是倘若保险人未对专业词汇做出特别的解释，那么就应当按照一个外行人的理解来解释。因为不同于一般交易领域的普通格式条款，“保险合同中的专业术语对于普通人来说，往往比爱因斯坦相对论还难懂”，期望一个普通的被保险人掌握并理解保险条款中专业术语的含义，显然是强人所难。从公平正义角度出发，此时的理性被保险人应当是门外汉而不是老练专业的被保险人。

2. 在保险合同双方都熟悉该词的专门意义或已意识到该词具有专门意义的情况下，一般应当优先以其专门意义进行解释。保险合同格式条款虽然属于格式条款的范畴，但保险业务有其特殊性。长期以来，保险经营活动中产生的许多专业用语和行业习惯，被承袭和接受甚至成为国际保险市场上的通行用语。如果保险合同的相对人是老练被保险人，已了解和知悉某些条款所用词句在保险合同中的特殊含义，或者被保险人的法律顾问或经纪人参与了保险合同订立过程并给出了专业的意见，那么法官应当酌情以其专门意义作解释。

3. 当保险格式条款中某个词的普通意义与专门意义存在着较大的差别，而保险合同的相对方不能被期望熟悉或了解这种专门意义，保险人也未就该词的专门意义作出明确说明，此时就不应当再考虑其专门意义。这也是美国法院所秉承的“保单应当按照门外汉的理解来作解释”的原则。

（二）语境解释

奥多马克瓦德曾经提出这样的问题：“解释是一门艺术，即从文本中得出其中没有的东西。问题在于，既然有了文本，还要解释干什么?”这一问题的答案在于，解释并非单纯就文本的字面意思作解释，还应当包括其所创造的内容，即要从文本中发现那些文本本身所没有的东西。毕竟“词语本身并不具备含义，只有使用者和读者才能赋予它们含义”。尽管有时候，保险人与投保人、被保险人或受益人是对保险格式条款中的某个词语或句子的意思理解发生了争议，但是“某条具体的条款，通常只有在合同的整体关系中才具有其意义”。为了能够正确解释保险合同，“解释者在解释合同时必须将合同的不同部分作为该整体的一部分来解释，而不能将合同的条款孤立开来”。

英美法院在解释合同时，非常重视对订约谈判的内容进行“复原”，以便完成对合同的合理理解。对于保险合同，法院往往还会通过分析保险合同的整体环境（Totality of the circumstance）来作出解释。不仅要考察保单文本本身，还要考察订立合同过程中的情形，包括保险人的说明义务等，甚至包括合同执行中的情况。例如，如果保险合同签订之时保险人或保险代理人对被保险人的解释，有诱导被保险人产生合理期待之虞，法官必然将之视为理性人的理解内容在判决时加以适用，即使保险合同条款中已用清楚的语言将这种期待排除在外。有时候，与其费力不讨好地考究“通常”究竟是什么，不如反过来理解它的对立面。德国法上的意外条款排除原则（Überraschende Klauseln）即体现出这种对立面的考量。如果一种意思被认为是不合理的、令人意外的，那么它就不能属于“通常理解”，法院会判定其不能构成合同的内容。在判断是否“出乎意料”时，通常以该条款内容是否会令一个普通人感到惊奇、保险人或代理人于订约时是否明确告知以及欺瞒的程度而定。

此外，正因为保险格式条款蕴含了一般合同所不具备的社会性因素，在保险格式合同的含义清楚、明确，但可能会侵犯到公共利益时，法官需要从整体利益出发谨慎“解释”——或者更确切地说是“调适”条款的含义，使其不至于违背公共利益。此时，这种解释已经背离了探求条款含义的目的，而驶向维护公共利益的价值的“轨道”。在美国法院，“任何保单如果危害公共利益、对公共福利存在不良影响，或者破坏善良风俗，那么保险合同将得不到法院的支持”。

文义解释旨在明确并澄清文字用语的含义，而语境解释则试图通过考量保险交易整体环境来确定系争条款之含义。“如果可以甄别条款的目的且条款的目的为当事人所预期，那么该目的会对法院解释合同影响甚巨。”在保险合同中，保险人与被保险人所追求的目的，往往出现相互抵牾的情形。被保险人当然希望以低廉的保费获取广泛的保障，并期望在风险发生时能获取相应保险金，以减少并弥补损失，而保险人则往往通过除外条款、免责条款等来限定保障范围，并通过甄别风险之大小来决定收取保费之高低。

由于保险格式条款的内容完全由保险人决定，投保人或被保险人并不能就条款内容讨价还价，只能是概括式的同意。在甄别保险格式条款的目的时，固然更多地应当考虑投保人或被保险人追求的合理的、理性的目的，但一个理性投保人签订保险合同的目的，在于为将来不确定之风险获得一个保障，这种保障还受到保险之对价平衡原则约束。因此，当事人就条款发生争议时，并非就一概以投保人或被保险人对于合同缔约目的的合理的期待为出发点对保险合同进行解释，还需考虑该条款所涉之承保范围是否超出一个理性保险消费者所理解与期待的保障范围。

（三）通常理解与满足合理期待

对于合同的承诺方来说，它承诺的代表他想要得到的，也包含他所期待的某种利益。在保险交易领域，鉴于被保险人往往并不阅读保单仅作出概括式同意，或即使阅读也难以真正理解这一客观事实，理性被保险人“通常理解”之

“理解”不应狭义地限于对文本语言之理解。在很多情况下，被保险人的理解是基于保险交易过程而非基于保单文本本身。保险合同具有抽象性和无形性，普通保险消费者通常难以理解，也不可能如一个专业的保险人那样钻研保单文本语言或者熟知保单究竟包括些什么或不包括什么。相反，在很多保险交易中，投保人常常是根据保险代理人的说明和介绍，或者保险公司的广告来理解保险产品的功能，并对保单产生期待。这种期待，实际上是基于保险消费者在交易过程中通过通常理解而合理产生的，其包含在“通常理解”的范围之内。

通常理解寻求的是保险对象群的普遍理解，是一种客观化的、平均的理解，“理解”一词本身即包含了主观上的判断。因此，笔者认为，寻求理性被保险人的“通常理解”，并不仅仅是针对保险合同用语的含义作出理解，还包含“从承诺中引申出来的当事人的合理期待”。

我国保险法尚未确立合理期待原则，但是该原则对于矫正保险交易中的实质不公具有重要进步意义。除了保险人滥用起草优势地位以及信息不对称是法律禁止的利益失衡的情形之外，在保险领域，一旦风险发生，被保险人的损失就产生了，假若保险人不能及时有效给予保障，被保险人便只能遭受损失，而无法如一般交易领域那般可以通过购买其他保险产品来代替这种保障。因此，在美国，越来越多的法院认为传统的合同法原则没有充分补偿被错误拒绝给付保险金的被保险人，而合理期待解释原则可以削弱保险人的“控制力”，更充分地保护被保险人作为保险消费者的权利。即通过合理期待解释原则给予被保险人自认为已经购买的保障。以“通常理解”作解释时，“合理期待”应当与“通常理解”并行，是以弥补传统合同解释方法无力规制保险合同某些争议情形之缺憾。当法官站在一个理性被保险人的角度审视保险格式条款时，若实际被保险人对于保险格式条款的期望是合理、理性的，是一个具有普通知识水平的被保险人在保险交易过程中会产生的理解和期待，那么法官就应该支持这种期待，以符合公平、正义之法律精神。

四、结论与展望

《保险法》第30条所谓保险格式条款之“通常理解”，乃指理性被保险人之理解，而这个虚拟的“理性被保险人”，应当是法官以保险格式条款所欲缔约的特定消费群体的普遍、合理的理解作出解释。在实现路径上，除文义解释外，还应结合语境解释，考量保险交易时的整体环境，双方缔约信息的披露，以及被保险人是否在交易中产生了合理期待都应被纳入“通常理解”考察之范畴，是以契合保险法保护弱者之精神，以及保险格式条款对保险消费者之社会意义。

现代保险制度之目的在于分散风险并促进社会安定。藉由保险合同以管理风险已成为一般个人、企业普遍使用之手段，乃至政府治理社会之工具。我国目前社会保险的保障程度不高、覆盖面较窄，商业保险作为社会保险的一种补充，更凸显其必要性与重要性。毋庸讳言，保险合同的确属于合同法的领域，但纯粹合同概念甚至格式合同的概念已难以适应保险合同的独特性质。将传统合同法理论奉为圭臬，是我国现行保险合同解释在立法与司法上均存在诸多缺陷的深层原因。我国保险市场发展迅速，但保险监管尚存在许多漏洞，保险立法也有诸多缺陷，保险人利用其优越地位来谋取不合理利益，侵害保险消费者利益的现象仍相当普遍，尤为明显的就是对保险格式条款之拟定，强势的保险人往往以合同之名义“表面上非独裁，实质独裁”，以至于实践中因保险合同条款引发的纠纷和诉讼占有相当高的比例。在这种情况下，突破传统合同法解释下之缺陷与困境并找到解释保险合同之特殊路径当是刻不容缓的议题。

参考文献

[1] 曹兴权. 保险缔约信息义务制度研究 [M]. 北京：中国检察出版社，2004.

[2] 贾林青. 保险法 [M]. 北京：中国人民大学出版社，2014.

[3] 陈欣. 保险法 [M]. 北京：北京大学出版社，2000.

[4] 陈云中. 保险学 [M]. 台北：五南图书出版公司，1985.

[5] 樊启荣. 保险契约告知义务制度论 [M]. 北京：中国政法大学出版社，2004.

[6] 江朝国. 保险法基础理论(第四版) [M]. 台北：台湾瑞兴图书股份有限公司，2003.

[7] 江朝国. 保险法论 [M]. 台北：瑞兴图书股份有限公司，1990.

[8] 梁鹏. 保险人抗辩限制研究 [M]. 北京：中国人民公安大学出版社，2008.

[9] 刘宗荣. 保险法 [M]. 台北：三民书局，1995.

[10] 刘宗荣. 新保险法：保险契约法的理论与实务 [M]. 北京：中国人民大学出版社，2009.

[11] 全国人民代表大会常务委员会法制工作委员会编，胡康生主编. 中华人民共和国合同法释义 [M]. 北京：法律出版社，1999.

[12] 孙祁祥. 保险学 [M]. 北京：北京大学出版社，2009.

[13] 叶启洲. 保险法专题研究（一）[M]. 台北：元照出版公司，2007.

[14] 曹兴权，罗璨. 保险不利解释原则适用的二维视域 [J]. 现代法学，2013 (4).

[15] 樊启荣. 保险合同“疑义利益解释”之解释——对〈保险法〉第 30 条的目的解释和缩限解释 [J]. 法商研究，2002 (4).

[16] 樊启荣. 美国保险法上“合理期待原则”评析 [J]. 法商研究，2004 (3).

[17] 刘建勋. 格式保险条款中科学术语的解释方法 [J]. 人民司法，2011 (8).

[18] 刘宗荣. 论保险契约的解释 [J]. 月旦法学，2008 (8).

[19] 罗俊玮. 论保险契约之规制 [J]. 万国法律，2010 (171).

[20] [美] 约翰·F. 道宾. 美国保险法 [M]. (第 4 版). 梁鹏，译. 法律出版社，2008.

[21] [英] M. A. 克拉克. 保险合同法 [M]. 何美欢，等译. 北京：北京大学出版

社，2002.

[22] [美] 肯尼斯·S. 亚伯拉罕. 美国保险法原理与实务 [M]. 原书第四版. 韩长印，等译. 北京：中国政法大学出版社，2012.

[23] Meyer Herbert. Das Publizitätsprinyi im Deutschen Bürgerlichen Recht. C. H. Beck, München, 1909.

[24] Jacques Flour et Jean - Luc Aubert. Droit civil, Les obligation, t. I, 5e éd [M]. Paris: Armand Colin Editeur, 1991.

[25] Andrew McGee. The Modern Law of Insurance [M]. London: Butterworths, 2001.

[26] Alan I. Widiss. Insurance: Materials on Fundamental Principles [M]. Legal Doctrines, and Regulatory Acts, West Publishing Co. , 1989.

[27] Barry R. Pstrager , Thomas R. Newman. Handbook on Insurance Coverage Disputes [M]. New York: Aspen Law & Business, 2000.

[28] Spencer L. Kimball. Cases and Materials on Insurance Law [M]. London: Little, Brown& Company, 1992.

[29] Malcolm A. Clarke. The Law of Insurance Contracts [M]. London: Lloyd's of London Press, 1997.

[30] Kenneth S. Abraham. Insurance Law and Regulation: Cases and Materials [M]. New York: Foundation Press, 2010.

[31] Alan Schwartz. The New Textualism and the Rule of Law Subtext in the Supreme Court's Bankruptcy Jurisprudence, 45 New York Law School Law Review, 2001.

[32] Alan Schwartz , Robert E. Scott. Contract Theory and the Limits of Contract Law [J]. 113 Yale Law Journal, 2003.

完善我国保险业监督管理制度的立法建议

贾林青

从立法体系角度讲，保险法涵盖了保险合同制度（又称为保险合同法）和保险业监督管理制度（又称为保险业法）。显然，保险业监督管理制度作为保险业法的具体内容，理应是我国保险法的组成部分，同时，由诸多具体的监督管理保险业经营行为的规则为内容而构成的制度体系，是我国保险业监督管理机构履行监督管理职责的法律依据。因此，科学完善的保险业监督管理制度就需要不断适应我国保险业和保险市场发展变化的需要。

时至今日，出于实现“新国十条”确立的从保险大国向保险强国的转变，2009 年的《保险法》施行 10 年以来，我国保险市场已然发生重大的变化，需要有与此相适应的、更加科学有效的、富有激情和活力的监督管理制度对其加以规范调整，并且与我国现代社会主义市场经济的总体发展环境相适应，建设机构监管与功能监管相统一，宏观审慎监管与微观审慎监管相统一，风险防范与消费者权益保护并重，完善公司治理偿付能力和市场行为的监管制度。其中，笔者感觉应当尽快解决如下的重点问题。

一、扩大保险资金的运用范围，以满足市场经济灵活多样性的需要

按照现行《保险法》第 106 条的规定，保险公司基于稳健和安全性原则，其运用保险资金的法定范围，限于银行存款，买卖债券、股票、证券投资基金份额等有价证券，投资不动产以及国务院规定的其他资金运用形式。特别是 2011 年 2 月 10 日，保监会发布的《关于规范保险机构对外担保有关事项的通知》（保监发〔2011〕5 号）统一“叫停”了保险行业的对外担保活动，规定自 1 月 20 日起，禁止保险机构为他人向第三方提供担保，从而在保险监管规则层面上形成统一的禁止保险业提供担保的规则。

究其原因并非偶然，随着经济形势的复杂多变，我国担保业呈现出经营风险不断提高的态势，保监会“叫停”保险业对外担保自然不足为奇了。不过，

面对禁止保险业对外担保的监管规则，业界和学界也存在质疑的声音。一是该禁止规则能否在我国保险业得到全面、公平、切实的贯彻。例如，信用保险和保证保险不属于禁止对外担保的适用范围，经营这些保险产品是否构成变相担保，其面临的担保风险将如何防范。又如，存在于保险业中的若干具有混业经营性质的集团公司，基于对其实行“先入为主”的监管原则，则保险公司将其资金置于股东银行或者证券、基金公司的管控之下对外提供的变相担保，在脱离了上述禁止保险业对外担保规则限制的同时，也必然带来相应的风险。二是一味地禁止保险业对外提供担保是否有利于社会经济和谐、平稳和创新性的发展。这意味着应当适应我国社会经济和保险市场的发展需要，重新认识是否一概禁止保险业对外担保的问题。

虽然，当前国际上是以禁止保险资金对外担保为主流，但笔者认为，为适应我国社会经济发展的实际需要，结合当前国际金融市场和保险市场的发展走向，有必要重新定位对外担保在保险资金运用上的地位，以有条件的允许对外担保取代现有的一概禁止的立场更为可取，故而需要重新认识运用保险资金对外担保的价值。

1. 允许保险资金对外担保，有利于提高保险资金的利用率，充分发挥保险资产的经济效用，为社会经济的发展做出更大的贡献

保险业从事保险经营的特殊性，决定着其企业资金的运动规律不同于其他行业。具体表现为，保险经营过程中，保险事故发生的随机性，损失程度的不可预知性使得保险公司收取的保险费与保险赔付之间存在着时间上和数量上的差异。“这种时间差和数量差使保险企业在资本金和公积金之外，还有相当数量的资金在较长时间内处于闲置状态”，因此，不论是财产保险，还是人寿保险，均会形成一定的处于闲置和备用状态之下的资金沉淀，这部分沉淀资金的存在，自然为保险资金在保险经营以外的运用提供了可能性，并给保险资金实现增值创造了必要条件。

当然，保险公司作为商事主体，在市场经济条件下运用其拥有的保险资金理应享有独立的自主性权利，自行决定在广泛的范围内运用保险资金进行各种形式的经营活动。不过，保险经营独有的保险保障功能又决定着保险资金的运用具有明显的社会属性，不仅仅影响到保险公司的自身利益，更涉及社会公众作为被保险人因缴纳保险费而产生的保险利益。因此，保险立法对于保险业在保险经营以外运用保险资金提出更加严格的要求，特别是将安全性置于流动性和营利性之前，构成运用保险资金必须遵行的首要原则。具体表现：各国的保险立法往往对于保险资金的运用范围和运用方式实施监督管理，特别是对于运用保险资金进行投资活动施加法律限制，包括采用投资类别的比例限制来确保有效的多样化投资组合。

不过，笔者认为当今社会经济发展已然使得担保手段成为广大企业实现金融融资的必要组成部分，它们对于担保的需求与日俱增。保险市场上数额巨大的沉淀资金却因保险立法有关禁止对外担保规则的限制而被排斥在担保领域之外，不能发挥其应有的经济效用，无异于是资产浪费。尤其是保险公司的自有资金，不仅是保险公司应对其向被保险人履行保险赔付责任超过预期水平的缓冲器，也是保险公司的股东获取投资回报的必要途径。如果一概禁止运用保险资金对外担保便会由于保险资金营利水平的降低而抑制股东的投资热情，也会促使其将投资转移向保险公司的母公司（集团公司），削弱保险公司的资本实力。反之，有条件地允许保险资金投向对外担保领域，既可以丰富多样的资金运用形式进一步分散投资风险，也能够提高保险资金的利用率，在更加广泛的领域发挥保险资金对社会经济生活的经济效用。

而且，近年的保险资金运用的事实也证明了进一步扩展其运用范围已经成为保险业深化发展的客观需要。根据保监会曾经在保险资金运用监管政策通报会议上的披露，2012 年保险投资年化收益率为 3.38%，低于 2011 年的 3.6%，再创 4 年来的新低。这说明保险投资中占比在 80%以上的非权益性投资存在问题，从目前来看,该问题并非短期而很可能具有长期性。恐怕求解的途径，除了保险业的银行存款对接利率市场化以外，增加保险资金运用形式更为重要。允许保险资金对外担保正是其中的选项之一。而逐步松绑投资范围释放的政策红利，已经在 2013 年构成“保险资金运用历史上的拐点”——保险资金的运用余额稳步增长，达到 7.7 万亿元，保险资金运用收益率经过多年下降之后，首次出现大幅增长。然而，遗憾的是保险资金对外担保事项仍然被束之高阁。

2. 允许保险资金对外担保，有利于向担保业注入新鲜血液，促进金融市场多元化发展，为诸多行业的平稳发展提供有力的支持和保障

大家知道，担保行为在法律层面上，对于被担保的主债具有依附性，不能单独存在。然而，在现代社会经济生活中，担保已经是一个独立的经济行业，并以独立的担保功能而成为金融市场的组成部分。仅以我国的担保业为例，它是在我国经济体制改革进行到 1998 年时因专业化担保机构的出现，逐渐形成独立的经济行业，并适应着我国社会主义市场经济的发展需要得到快速的发展。但是，进入 2011 年以后，受到诸多因素的影响，我国的担保业在经历发展高峰之后遭遇低谷。全国的 6000 余家担保公司中，大半处于不正常的经营状态，此后，担保业内出现了融资性担保公司破产倒闭的风潮，甚至在全国范围内产生多米诺效应。这表明我国担保业要想转入正常有序的发展局面，亟须注入新鲜血液，而允许保险资金进入担保领域则是正逢其时的新鲜血液。

因为，活跃在保险领域的众多保险机构，不仅资本实力雄厚，更加注重其

市场形象和商业信誉。这既是保险机构从事保险经营时强调“以信为本”，也同样是保险机构参与对外担保过程中必然坚持的首要原则。其结果是可想而知的。一方面是基于担保信用而形成保险资金进入担保领域的“良性循环”过程，提升保险资金在担保市场上的竞争力，产生高效率的担保回报；另一方面，也可以保险资金的信用水平带动担保领域的众多担保企业认识到讲求担保信用的必要性，有意识地在从事担保业务活动中树立讲信用、守合同的风气，引导担保业正常有序的发展，为各个行业的平衡发展提供融资和贸易流通所需的担保支持，促进社会经济的稳定发展。由此可见，有条件地允许保险资金对外担保，关系到我国担保行业的健康成长和担保市场经营秩序的建立。

不仅如此，允许保险资产管理公司运用保险资金对外担保，其涵盖的行业领域必然广泛，涉及的民商业交易种类亦多种多样，势必可以改变“目前保险业从事另类投资形成的资产仍多停留在实施的投资主体或保险行业内”的局面。并借助保险业较好的市场信誉来赢取较稳定的担保收益，客观上会产生吸引其他资金配置保险资产管理产品，提高保险业在资产管理行业中的投资能力和行业地位，并与保险业务形成良好的互动的作用。

3. 允许保险资金对外担保，有利于落实“新十条”提出的全面提升保险行业发展水平，实现保险业的自主创新能力，培育新的业务增长点，提高全行业的现代保险服务水平

2014 年 8 月，国务院以国发〔2014〕29 号文发布《关于加快发展现代保险服务业的若干意见》。这一被保险业界简称为“新国十条”的文件不仅确立我国保险业发展的总体目标是到 2020 年基本建成保障全面、功能完善、安全稳健、诚信规范，具有较强服务能力、创新能力和国际竞争力，与我国经济社会发展需求相适应的现代保险服务，努力由保险大国向保险强国转变，更从九个方面全面阐述了实现该目标的具体内容和发展步骤。其中，在论及“拓展保险服务功能，促进经济提质增效升级”时，该《意见》明确要求：保险业应当“充分发挥保险资金长期投资的独特优势。在保证安全性、收益性前提下，创新保险资金运用方式，提高保险资金配置效率”。显然，我国保险资金的运用进入到逐步以投资渠道为主的放开阶段，这已为我国 1995 年《保险法》经过 2002 年和 2009 年两次集中修改后，有关保险资金运用方式不断扩大的事实所证明。如今，根据我国社会经济的发展走向和保险市场的运行需要，创新保险资金运用方式的首要表现仍然是在增加运用形式下功夫，故而将保险资金的运用范围扩大到新的投资领域就是亟待解决的课题。

当然，选择保险资金的新的运用形式，必须按照安全和稳健原则，考虑相对低风险的投资领域。美国、德国、日本等西方国家的保险业监管法，基本上都确认保险资金可以运用于有担保的贷款形式，我国保险立法允许保险资金用

于对外担保的风险水平更低，对于保险公司的保险偿付能力的负面影响更小。原因之一是保险立法和监管规则已经将保险资金用于对外担保的数额限制在法定的比例范围之内，实施担保风险的总体控制。原因之二是对外担保作为从属之债，担保人的债务履行责任是第二位的，而且担保人的担保内容有可能是信用或者实物资产，不影响保险资金的现金流部分。原因之三是保险资产管理公司的对外担保是以其依法履行谨慎的审查义务和风险评估为前提的，可以在一定程度上降低和预防担保风险。因此，我们不能因担保业一时的萎缩和低迷而退避三舍，将其排除在保险资金的运用范围之外。这种因噎废食的做法不利于保险资金运用领域的创新，对保险市场的培育和发展具有消极影响。毕竟保险资金的运用渠道多种、范围广泛、形式多样，才能够产生更高的回报率。而且，“保险资金运用的结构设计、交易条件和协议安排即使没有问题，但如果交易操作或履行时法律意识不强，也易引发法律纠纷或法律责任”。我们应当相信保险资产管理公司队伍应有的管理和运用保险资产的能力，可以有效地防御对外担保中的风险，实现保险资产的增值。

所以说，允许保险资金依法对外担保，意味着将“新国十条”提出提升保险业的创新能力，实现现代保险服务水平的任务予以落实。它不仅进一步拓展了我国保险资金的运用范围，也将现有的保险业提供的变相担保转化为名正言顺的合法有效的担保活动。这在现阶段是尤为必要，基于我国金融领域的现行制度属于分业经营、分业管理，保险资金作为资本市场的重要资金提供者，虽然不可能对外施放贷款，却可以由保险资产管理公司运用保险资金对各行各业的企业，特别是中小微企业提供融资担保，满足它们获取银行贷款所需条件，实现其正常的生产经营对于资金的需求。从而既能在分业经营模式下“增加保险资金运用的多元化，也可以解决中小微企业融资困境，达到‘双赢’”，又利于推动我国保险服务业的经济结构调整。

二、适应我国保险中介市场的制度改革，健全相应立法予以保驾

严格来讲，以 20 世纪 90 年代初，友邦保险公司利用保险代理人进行保险营销为起点，我国的保险中介队伍不断发展壮大，已经构成逐步相对独立又与保险业密不可分保险中介市场，与保险业的保险市场并驾齐驱。如今，活跃在保险中介市场上的中介主体类型多样，不仅有保险代理人、保险经纪人和保险公估人，而且保险代理人亦包括保险代理公司、兼职保险代理人和保险营销员（个人保险代理人）等类型，甚至还出现了新型的保险销售公司。可见，我国的保险中介市场呈现出勃勃生机，对促进我国保险市场的深化发展意义重大。

不过，保险中介市场上也存在着这样那样的问题，成为影响保险中介市场功能进一步发挥的消极因素。其中，相关法律不规范是根本性原因。所以，完

善保险中介立法，健全保险中介制度体系就是建设保险强国的任务之一。在此，笔者提出当务之急的两点建议。

1. 用立法改革现行的保险营销员管理体制

保险营销员群体自1992年友邦保险公司率先将保险营销员制度引入中国保险市场后，1996年在我国保险行业内大规模推广适用，存在于中国保险市场已经20余年，成为中国保险市场的重要组成部分。截止到2013年，全国活跃于保险市场上的保险营销员队伍维持在289.9万人左右，其中人身保险领域的营销员达到250.9万人，财产保险领域的营销员约为39万人。然而，当今营销员群体的现状和管理模式均表明其正处于发展的瓶颈期，亟待改革，以发挥新的活力。

笔者认为，鉴于我国现有保险营销员的管理模式存在的局限性，需要考虑进行新的制度设计，目标是用新的保险营销员管理模式来满足中国保险市场对保险营销员制度提出的新需要。具体的制度设计是，利用保险中介市场运营的优势，逐步将保险营销员群体吸纳到保险代理公司的管理模式之下，由其取代现行的保险公司管理保险营销员的体制而对保险营销员进行公司化的管理。借助其公司化管理模式对于保险营销员实施更加集中的、高效率的管理。

之所以如此改革我国目前的保险营销员管理模式，主要原因是现行管理模式导致保险营销员的法律地位模糊不清，理论界亦是看法不一。这已经成为限制我国保险营销员营销模式进一步发展和发挥更大作用的一个重要障碍。因为，根据我国《保险法》的规定，保险营销员就是以个人身份从事保险代理的保险中介群体，与保险公司之间存在着委托与被委托的关系。同时，保险营销员又要接受保险公司的管理，彼此之间存在着管理与被管理的从属关系。可见，我国保险营销员在现行的营销管理体制下，既不同于保险公司的正式员工，又没有独立经营的主体地位。

将保险营销员纳入保险代理公司的管理模式，是为了满足中国保险市场对保险营销员制度提出的新需要，其法律优势十分明显。不仅能够借助保险代理公司独立法人地位，能够提升保险营销员的社会评价度，改变公众对保险营销员的负面评价，又可以通过保险代理公司的资信能力和集约化、规模化经营，降低保险营销员从事保险营销的成本，提高其收入水平，降低税务负担。用新的法律制度确立保险销售公司的市场主体地位。

2. 建立保险销售公司制度规则，为其参与保险中介活动提供依据

2010年10月中国保监会下发《关于改革保险营销员管理体制的意见》，提出鼓励保险公司进行保险营销模式创新，实现产销分离目标的具体内容。此后，2009年9月，浙商财产保险股份有限公司投资设立的第一家全国性保险销售公司——浙商保险销售有限公司正式获批后，又有10余家全国性保险销售

公司相继成立。

由于保险销售公司是我国保险中介领域出现的新现象，其最大意义是以不同于保险代理人和保险公估人的地位和业务内容与这些传统的保险中介主体类型并存于保险中介市场，并以专门的保险营销为业务范围，有利于实践保险领域的产销分离，形成新型的专业化保险营销队伍；同时，改变保险公司现有的保险产品设计和保险营销两头忙而疲于应付的局面，从而促进保险资金的高效利用。

不过，由于我国的保险销售公司尚处于试点阶段，并未形成统一的法定制度，则其适用规则有待建设。笔者立足于保险销售公司的制度建设，提出如下的看法。

考虑到当前，对于保险销售公司尚无明确的法律来规定其市场地位，理论界和实务界一般公认其属于保险中介，进而确认其属于保险代理人的范畴。但从我国保险营销体制改革和创新保险销售方式的需要出发，不宜将保险销售公司简单地等同于保险代理人，而应当确认其为全新的保险中介类型，赋予保险销售公司有别于保险代理公司的保险市场主体类型，即保险销售公司是从事保险承销活动的保险承销商。

借鉴证券市场的经验，证券承销作为证券发行的主要方式，典型特色就是证券发行人委托作为证券承销商的证券公司向证券市场上不特定的投资人公开销售股票、债券及其他投资证券的活动。而负责销售工作的证券公司是以承销商的身份在证券发行过程中承担着顾问、购买、分销和保护等功能，显然属于证券发行领域的中介商。具体到保险市场的实践需要，将证券承销模式引入保险中介市场，让保险销售公司以保险承销商的身份参与到保险营销环节之中，发挥其从事保险营销的经验和营销手段来扩大保险产品的市场规模，并借此扩大保险公司的影响，分担保险公司保险产品的销售风险。

正是在此意义上，保险销售公司是在我国保险中介市场上，继保险代理公司和保险经纪公司之后的又一种保险中介商。其中介职能就是作为专业的保险营销人来参与保险产品的营销活动，这不仅能够丰富保险中介市场的服务形式，扩展保险中介市场范围，也为实现保险市场的产销分离提供了条件。

仅以上两点就充分反映出我国的保险中介市场作为中国保险市场的重要组成部分，尚处于成长和发展的过程之中。故而，不断会出现新现象和新内容，也就应当及时地用市场规则加以确认和调整，以便引导保险中介市场的发展，维持其正常、稳定的市场经营秩序。因此，针对发展中的保险中介市场形势，目前的有关保险中介的市场规则基本采用《保险法》规定原则性的法律规范与保险监管机构分别就各类保险中介主体类型使用各自的规章予以规范的模式，还可以适应保险中介市场发展变化的需要，不断地进行修改调整。不过，随着保险中介市场的日益完善和成熟而逐步定型，就需要在《保险法》基本规定的前提下，制定《保险中介人法》作为下位法。由其对保险中介市场上存在的各类保险中介主体不仅从共性上规定市场规则，还针对各类保险中介主体的市场地位和中介业务范围，分门别类地加以规定，为保险中介市场活动提供相应的法律依据，其对于建设保险强国的影响不可小觑。

两岸保险资金股票投资规范比较研究

乔　石[1]

摘　要　两岸保险法制对保险资金投资股票均做出规范，但在资金来源之界定、比例限制之基数、介入被投资企业经营等问题上，采取了不同的做法。本文基于对四个保险业投资案例的分析，提出两岸之立法经验可相互借鉴。大陆可参考台湾地区保险法之做法，界定保险资金包括权益资金和各项准备金，以权益资金取代自有资金之概念，以保险资金取代总资产作为比例限制的计算基数，使保险资金的来源分类与比例限制规则保持一致。台湾地区则可吸取大陆之理念，划分保险资金股票投资的不同情形，对各种情形下的限制要求做出规范，完善对以控制为目的的股票投资的监管举措，为规范保险公司因股票投资介入被投资企业经营问题提供更多思路。

关键词　保险资金　股票投资　两岸比较　资金来源　比例限制

一、问题的提出

股票投资是保险资金运用的重要渠道，两岸保险法律法规均对保险资金投资股票做出规范，但在资金来源之界定、比例限制之基数、介入被投资企业经营等问题上则采取了不同的做法，见以下案例。

案例1：大陆A财产保险公司欲公开收购B上市金融企业总股本40%的股份，收购完成后将成为B企业控股股东。按照大陆保险监管要求，A保险公司须使用自有资金且事先经大陆中国银行保险监督管理委员会（2018年4月，原中国银行业监督管理委员会和原中国保险监督管理委员会合并为中国银行保险监督管理委员会，以下简称“中国银保监会”，原中国保险监督管理委员会简称“原中国保监会”）核准。（依据原中国保监会《关于进一步加强保险资金股票投资监管有关事项的通知》（保监发〔2017〕9号）第3条、第6条）

[1] 乔石，中国人民养老保险有限责任公司法律合规部高级经理，北京航空航天大学法学院博士研究生。

案例 2：台湾地区 C 人寿保险公司欲购买经营健康管理事业之 D 公司实收资本额 20%之股票，按照收购协议将有权向 D 公司董事会派驻董事。按照台湾地区金融监督管理委员会（下称“台湾金管会”）监管要求，C 保险公司之购买股票及派驻董事行为须经保险业主管机关核准，且投资总额不得高于该保险公司的业主权益。（依据台湾地区保险法第 146 条之 1、第 146 条之 6）

案例 3：大陆 E 保险公司持续在证券交易市场上购入 F 上市公司之股票，按照大陆保监监管要求，E 保险公司投资该股票之账面余额不得高于其上季末总资产的 5%，当 E 保险公司所持股票比例达到 F 上市公司总股本 20%时，应在规定时间内报中国银保监会备案。（依据原中国保监会《关于进一步加强保险资金股票投资监管有关事项的通知》（保监发〔2017〕9 号）第 5 条、第 9 条）

案例 4：台湾地区 G 保险公司购买 H 公司公开发行之股票，按照台湾金管会监管要求，G 保险公司投资额不得超过其保险业资金的 5%，所持股票不得超过 H 公司实收资本额之 10%，且不得向 H 公司派驻董事或行使董事选举之表决权。（依据台湾地区保险法第 146 条之 1、第 146 条之 6）

在保险资金股票投资规范方面，两岸保险法律法规既有相通之处，又存在一定差异。案例 1 和 2 中，对于持股超过规定比例之股票投资行为，两岸均要求监管机关核准，并强调使用自有资金或业主权益。案例 3 和 4 中，对于投资同一公司股票金额占保险公司总资产或保险资金的最高比例，两岸均限定为 5%。同时，对于何种情形之股票投资需要监管机关核准，自有资金与业主权益之间的差异，是否限制保险公司向被投资企业委派董事，以总资产还是保险业资金作为比例限制的基数等问题，两岸则采取了不同做法。

此外，加强对保险资金股票投资的规范是当前大陆保险业监管的重要内容，近年来发生的前海人寿参与举牌[1]上市公司万科 A 等重大股票投资事件更使得保险资金股票投资是否应受到限制、应如何限制等问题成为社会讨论的热点。[2] 原中国保监会于 2017 年 1 月颁布《关于进一步加强保险资金股票投资监管有关事项的通知》，对保险资金运用中的股票投资行为做出更加全面的规范；于 2018 年 1 月颁布《保险资金运用管理办法》，对保险资金运用的基础监管规定进行修改完善。无独有偶，保险资金股票投资也一直为台湾地区保险业监管

[1] 对于“举牌”的界定，两岸证券业法律均有相应规定。大陆《证券法》第 86 条规定，投资者持有一个上市公司已发行股份的 5%时，应在该事实发生之日起 3 日内，向国务院证券监督管理机构、证券交易所作出书面报告，通知该上市公司并予以公告，并且履行有关法律规定的义务。台湾地区“证交法”第 43 条之 1 第一项也规定，任何人单独或与他人共同取得任一公开发行公司已发行股份总额超过百分之十之股份者，应于取得后十日内，向主管机关申报其取得股份之目的、资金来源及主管机关所规定应行申报之事项；申报事项如有变动时，并随时补正之。

[2] 参见杨凌云：《从保险资金运用谈险资举牌——以宝能万科股权之争为例》，《经营管理者》2017 年第 21 期。

所关注，自 2004 年中寿投资中华开发金控公司案开始[1]，监管机关针对保险公司的股票投资及由此产生的介入被投资企业经营问题做出了大量规范，先是由多家保险商业同业公会于 2004 年联合颁布《保险业从事保险法第一百四十六条之一第一项第三款投资有价证券自律规范》，后又通过修订保险法使相关规范具备法律效力。[2]

由前述案例可见，在保险资金股票投资规范方面，两岸存在差异，通过比较的方式对相关问题进行分析，为各自保险法制完善提供建议，有一定价值。对大陆而言，保险法已列入修法日程，重点包括保险资金的股票投资，台湾地区相关规范已写入保险法并经多年实践检验，立法技术可为大陆所借鉴；对台湾地区而言，严格限制保险公司介入被投资企业经营的做法一直被广泛讨论，学界评析其存在“过犹不及”之嫌[3]，大陆近年来基于最新监管实践颁布了一系列监管规定，对保险资金股票投资做出更加全面的规范，相关规范对台湾地区进一步完善保险法亦具有参考意义。

二、两岸保险资金股票投资相关规范的比较分析

（一）相关法规之比较

早在 2004 年，原中国保监会就制定了《保险机构投资者股票投资管理暂行办法》，对保险公司从事股票投资的资格条件、投资范围和比例等问题做出规范，但当时大陆保险资金运用刚刚起步，规范内容相对原则多数已被后出台的相关监管规定所取代。目前，除《保险资金运用管理办法》等基础性规范外，大陆关于保险资金股票投资的规定主要体现在原中国保监会于 2017 年年初颁布的《关于进一步加强保险资金股票投资监管有关事项的通知》中。

在保险资金投资股票方面，原本台湾地区法规主要着眼于收益性和安全性的考虑，但在 2004 年之后，保险资金在股票投资后能否进一步参与被投资公司之经营、董监事选举等，成为行业监管的重大议题。[4] 目前，台湾地区保险法对保险资金股票投资已做出针对性的规范，具体规则主要体现在保险法第 146 条之 1 以及第 146 条之 6 等条文中。兹将两岸关于保险资金股票投资的相关规范进行比较。（表：两岸关于保险资金股票投资的相关规范）

---

[1] 梁昭铭：《保险业资金运用规范之妥当性——以中寿投资开发金衍生之争议为例》，台湾“国立”政治大学硕士学位论文，2005 年。

[2] 陈俊元：《保险资金投资股权与接入经营问题——两岸法制之比较》，《中国保险报》2015 年 10 月 23 日。

[3] 同上注。

[4] 同上注。

表　两岸关于保险资金股票投资的相关规范比较

	大陆	台湾地区
资金来源的分类	自有资金（包括资本金、公积金、未分配利润等）、各项准备金及其他资金	业主权益、各种准备金❶
股票投资的分类	分为一般股票投资、重大股票投资和上市公司收购三种情形❷	无
股票投资相关比例限制规范	保险机构投资权益类资产的账面余额，合计不高于本公司上季末总资产的 30% 除上市公司收购及投资上市商业银行股票另有规定情形外，保险机构投资单一股票的账面余额，不得高于本公司上季末总资产的 5%❸	依法核准公开发行之公司股票、有担保公司债或经评等机构评定为相当等级以上之公司所发行之公司债，两项投资总额，合计不得超过该保险业资金百分之三十五 购买每一公司之股票，加计其他经主管机关核准购买之具有股权性质之有价证券总额，不得超过该保险业资金 5%及该发行股票之公司实收资本额 10%❹
参与被投资企业经营之限制	保险机构应当遵循财务投资为主的原则，开展上市公司股票投资❺	保险机构不得出现下列情形： 一、担任被投资公司董事、监察人 二、行使对被投资公司董事、监察人选举之表决权 三、指派人员获聘为被投资公司经理人 四、与第三人以信托、委任或其他契约约定或以协议、授权或其他方法参与对被投资公司之经营❻

❶ 台湾地区“保险法”第 146 条。

❷ 原中国保监会《关于进一步加强保险资金股票投资监管有关事项的通知》第 1 条：

一般股票投资，是指保险机构或保险机构与非保险一致行动人投资上市公司股票比例低于上市公司总股本 20%，且未拥有上市公司控制权的股票投资行为。

重大股票投资，是指保险机构或保险机构与非保险一致行动人持有上市公司股票比例达到或超过上市公司总股本 20%，且未拥有上市公司控制权的股票投资行为。

上市公司收购，包括通过取得股份的方式成为上市公司的控股股东，或者通过投资关系、协议、其他安排的途径成为上市公司的实际控制人，或者同时采取上述方式和途径拥有上市公司控制权。

❸ 原中国保监会《关于进一步加强保险资金股票投资监管有关事项的通知》。

❹ 台湾地区《保险法》第 146 条之 1。

❺ 原中国保监会《关于进一步加强保险资金股票投资监管有关事项的通知》。

❻ 台湾地区《保险法》第 146 条之 1。

续表

	大陆	台湾地区
须监管机关备案或核准的情形	保险机构应在达到重大股票投资标准且按照证券监管要求履行信息披露义务后，报中国银保监会备案；保险机构收购上市公司的，应当在事前向中国银保监会申请核准 在获得备案意见或书面核准档前，不得继续增持该上市公司股票❶	保险公司投资保险相关事业所发行之股票，经监管机关核准的，不受上述比例限制和参与被投资企业经营之限制❷
对资金来源之限制	保险机构收购上市公司应当使用自有资金，不得与非保险一致行动人共同收购上市公司 保险机构与非保险一致行动人共同开展重大股票投资，经备案后继续投资该上市公司股票的，新增投资部分应当使用自有资金❸	经监管机关核准的投资保险相关事业所发行股票之行为，保险机构的投资总额最高不得超过其业主权益； 保险机构因投资而与被投资公司具有控制与从属关系者，其投资总额最高不得超过该保险机构业主权益的40%❹

（二）主要差异之评析

基于上述两岸保险资金股票投资相关规范之比较，对其中主要差异及相关问题分析如下。

1. 规范资金来源之差异：定性判断抑或定量监控

保险资金从构成上看，主要是保险公司的自有资本金和保险责任准备金，❺ 其中大部分来源于各项责任准备金，一般占到保险资金的80%～90%。由于各项责任准备金是保险公司为了应对未来可能的赔偿支出或给付责任而从收取的保费中按一定比例提取的资金，严格来说是保险公司当期占用了未来可能或确定需向被保险人支付的资金，属于保险公司对于被保险人的负债。❻ 基于责任准备金的负债属性，各国保险法均会根据来源不同对保险资金进行划分，将责任准备金与其他资金相区别，对于一些特定的投资行为限制保险机构只能使用责任准备金以外的资金。

❶ 原中国保监会《关于进一步加强保险资金股票投资监管有关事项的通知》。

❷ 台湾地区“保险法”第146条之6。

❸ 原中国保监会《关于进一步加强保险资金股票投资监管有关事项的通知》

❹ 台湾地区《保险法》第146条之6。

❺ 祝杰：《我国保险资金运用法律规则的审视与优化》，《当代法学》2013年第3期。

❻ 项俊波主编：《保险资金运用实践与监管》，中国时代经济出版社2016年版，第2-4页。

在保险资金来源的划分上，两岸均基于上述考虑，区分来自保险公司内部筹集的自身权益类资金和来自保费收入的负债类资金。但在具体监管方式上，两岸则存在差异：大陆将保险资金划分为自有资金、各项准备金和其他资金，[1] 相关监管规范强调收购上市公司等投资行为须使用自有资金；[2] 台湾地区则将保险资金划分为业主权益和各种准备金，[3] 要求经监管机关核准之投资的总金额不得超过业主权益。[4] 大陆的监管方式是判断保险公司投资时所使用的资金是否来源于自有资金。然而自有资金并非法律规范之概念，虽然相关监管规定列举了资本金、公积金、未分配利润等具体组成部分，但在法律法规没有对自有资金做出明确界定的情况下，实践中仍主要依靠监管机关的主观认定。界定资金的性质本身较为复杂，尤其是资本金，不同于公积金、未分配利润等在会计报表上有明确科目，资本金的主要价值体现在公司设立时的规模和股东承担责任的能力，当公司持续开展经营活动后，如何准确界定一笔资金是否属于资本金并非易事。此外，大陆在自有资金与准备金之外规定了其他资金，但对该其他资金的指向却无任何规定，在保险资金运用相关规范中也无针对其他资金之要求。台湾地区的监管方式以投资金额的数量控制为基础，更多是基于保险公司财务报表的实际情况实施。在台湾地区保险公司以股份公司为主的状况下，业主权益实际上等同于股东权益，即为财务报表中的权益类资产，而责任准备金则为财务报表中的保险负债。这样，台湾地区对于保险资金来源的监管便成为基于保险公司财务标准的数量监控，即判断保险公司之投资是否超出其当期财务报表中股东权益或保险负债（或一定比例）之金额，相对更易于操作。如在保险机构收购上市公司的情形中，大陆要求保险公司使用自有资金，监管机关的监管便为判断投资中使用的资金是否来源于保险公司的资本金、公积金、未分配利润或其他自有资金；在台湾地区，此类保险投资需要监管机关核准，保险法规定保险机构的投资总额最高不得超过其业主权益，监管机关的做法便是监督保险机构使用资金数量是否超过其财务报表上权益类资金的金额。

一般而言，定性监管相比定量监管更依靠监管机关之专业能力，实施时具

---

[1] 中国保险监督管理委员会（以下称“原中国保监会”）《保险资金运用管理暂行办法》第 3 条规定：“保险资金，是指保险集团（控股）公司、保险公司以本外币计价的资本金、公积金、未分配利润、各项准备金及其他资金。”之后，原中国保监会《关于保险资金投资股权和不动产有关问题的通知》又规定：“保险公司重大股权投资和购置自用性不动产，除使用资本金外，还可以使用资本公积金、未分配利润等自有资金”，将资本金、公积金、未分配利润统一界定为自有资金。

[2] 如原中国保监会《关于进一步加强保险资金股票投资监管有关事项的通知》规定，“保险机构收购上市公司应当使用自有资金，不得与非保险一致行动人共同收购上市公司。”

[3] 台湾地区“保险法”第 146 条第 2 款规定，保险资金“包括业主权益及各种准备金”。

[4] 如台湾地区保险法第 146 条之 6 中规定：“经监管机关核准的投资保险相关事业所发行股票之行为，保险机构的投资总额最高不得超过其业主权益。”

有更大的难度。资金本身具有流动性的特点，对于保险机构可能存在掩饰帐户和资金来往信息、刻意规避监管等行为，大陆规范对监管机关的识别能力提出了更高的要求，而反观台湾地区的做法，依托于会计报表的数量监控似乎更加妥当。

2. 实施比例监管之差异：以总资产抑或保险业资金为基数

比例监管是世界上多数国家从法律法规上对保险资金运用进行限制的重要手段，其做法是根据投资对象的不同，将保险机构总投资金额或单笔投资金额限定在保险公司可运用资金的一定比例内。[❶] 对于股票投资的比例限制，一般分为该类投资总投资额占保险资金的比例和投资单一股票占保险资金的比例两个维度。按照2014年原中国保监会颁布的《关于加强和改进保险资金运用比例监管的通知》，大陆将股票投资列入权益类资产，遵从投资权益类资产的账面余额合计不高于保险公司上季末总资产30%的要求。依据保险法的规定，台湾地区则将股票投资与有担保公司债（或一定评级之上的公司债）合并计算，两项投资总额合计不超过该保险业资金35%。对于投资单一股票的情形，两岸均采取5%之限制比例。

在实施比例监管时，将股票投资列入权益类资产，与债券等固定收益类资产相区别，或是与担保公司债等具有类似性质的有价证券合并计算，此种关于保险投资资产划分方式的差别，更多是基于两岸金融市场发展的不同、监管习惯的差异，体现了各自保险业监管的特点，并无过分比较之必要。这里须对比的是两岸比例监管的基数问题，大陆以上季末总资产为基数，台湾地区则采用保险业资金。如在保险公司投资同一股票时，大陆规定保险机构投资单一股票的账面余额不得高于公司上季末总资产的5%，台湾地区则规定不得超过该保险业资金的5%（加计其他经主管机关核准购买之具有股权性质之有价证券总额）。

总资产和保险业资金的差别是什么？总资产是财务会计的概念，体现为会计报表上保险公司的权益资产与负债之总额。根据台湾地区保险法第146条规定，保险业资金即保险资金包括业主权益和各项准备金。业主权益即为会计报表上的权益资产，而准备金虽属于负债性质资金，但并不等同于负债，在财务报表上准备金体现为保险负债，仅仅是负债的组成部分，根据各保险公司的保险业务情况，保险负债在负债中的占比并不一致。

比例监管是基于保险行业之特殊性，行业监管者对保险资金运用采取适度限制的手段，其目的是维护保险资金的安全，保障保险公司对被保险人的经济

---

❶ 参见孟昭亿主编：《保险资金运用国际比较》，中国金融出版社2005年版，第12页；陈文辉等著：《新常态下中国保险资金运用研究》，中国金融出版社2016年版，第386页。

补偿能力，[1] 限制对象应主要针对准备金等与保险业务相联系的负债资金，而不应过分限制其他类型的负债资金。当以总资产作为比例限制的基数时，一般情况下保险公司业务规模越大，其总资产越大，在比例监管下可运用于股票投资的资金也越多，而特殊情况下保险公司业务未增长但其他负债增加，其可运用于股票投资的资金也会随之增长，显然不符合保险资金运用监管之本意。虽然保险公司开展资金运用仍须满足偿付能力等方面的条件，但比较而言，台湾地区以业主权益加各项准备金作为比例限制之计算基数，直接指向保险业务形成保险负债，更加符合保险资金运用监管的初衷。

3. 限制介入被投资公司经营之差异：控制权抑或参与经营

除比例监管外，在规范保险资金股票投资方面，两岸保险法制均格外关注保险公司因投资而介入被投资企业经营问题。以前，大陆仅针对重大股权投资做出规范，但该重大股权投资适用于未上市企业股权，并不适用于股票投资。[2] 原中国保监会于 2017 年针对股票投资颁布了《关于进一步加强保险资金股票投资监管有关事项的通知》，以持股是否超过 20%及是否具有控制权作为区分标准，将保险资金股票投资分为一般股票投资、重大股票投资和上市公司收购三种情形，适用不同的规范要求。对于持股不超过 20%且不具有控制权的一般股票投资，大陆并无特别限制；持股虽超过 20%但不构成控制的重大股票投资，须报中国银保监会备案，取得备案意见前，不得继续增持；上市公司收购即对被投资企业实现控制的股票投资，须中国银保监会核准且资金来源须为保险公司的自有资金。台湾地区按照保险法中保险投资额不得高于被投资公司实收资本额 10%之规定，严格限制保险公司因股票投资参与被投资企业经营活动，即使符合比例要求的投资，在委派董监事、行使表决权、参与被投资公司经营等方面也受到诸多制约；[3] 超出比例限制的股票投资，经监管机关核准后，可不遵守保险法规定之相关要求，但投资总额最高仍不得超过保险公司的业主权益，因投资而与被投资公司具有控制与从属关系的，投资总额最高不得超过保险公司业主权益的 40%。

对于规范保险公司通过股票投资介入被投资企业之经营，两岸虽均采取了监管机关核准、对资金来源和投资比例进行限制等做法，但监管的着眼点并不一致。大陆以限制对被投资企业的控制为核心，即一旦保险公司可能构成对被

---

[1] 项俊波主编：《保险资金运用实践与监管》，中国时代经济出版社 2016 年版，第 9 页。

[2] 原中国保监会《保险资金投资股权暂行办法》第 2 条：本办法所称股权，是指在中华人民共和国（以下简称“中国”）境内依法设立和注册登记，且未在中国境内证券交易所公开上市的股份有限公司和有限责任公司的股权。第 30 条：保险公司进行重大股权投资，应当向中国保监会申请核准。重大股权投资的股权转让或者退出，应当向中国保监会报告，说明转让或者退出的理由和方案，并附股东（大）会或者董事会相关决议。

[3] 见上文两岸保险资金股票投资相关规范对比表。

投资企业的控制，无论持股比例如何，均须中国银保监会核准，监管审查的重点将是投资行为的安全性和资金来源的合理性。[1] 对于非以控制为目的的股票投资，大陆监管的要求则并不苛刻，对于持股达到20%的备案要求主要是监督投资目的的正当性，并未对保险公司做出过多限制。台湾地区则以限制保险公司参与被投资企业各类经营活动为核心，在对持股比例做出规范的基础上，对派驻董监事、行使选举权等涉及参与被投资企业经营的各种权利均予以限制，突破任一方面限制都须以监管机关核准为条件。

关于台湾地区的限制规定是否过于严格，台湾学者们已有较多讨论，[2] 从两岸比较的视角看，笔者认为限制的严苛程度应根据两岸金融体制和监管要求之不同来分别判定，无孰优孰劣，但大陆区分股票投资的不同情形并强调对控制情形下的限制，则可为台湾地区所借鉴。股票投资行为可根据投资目的的差异而采取不同的投资策略，如强调收益率的短期投资，侧重于成长性的中长期投资，着眼于战略布局与协同发展的上市公司收购等，对保险公司会产生不同的影响，行业监管机关也应根据具体情况采取差异性的监管举措。大陆区分一般股票投资、重大股票投资、上市公司收购的做法，更贴近于当前的保险投资实践。同时，以控制权为目的的收购与其他股票投资行为有显著不同，将可能构成与保险公司财务报表的合并统计，对保险公司的影响也更大。两岸虽都强调此种投资的资金来源须为保险公司自有资金或业主权益，但台湾地区保险法规定，存在控制或从属关系下的投资总额不得超过保险公司业主权益的40%，确定该比例的依据似乎并不明确。

三、对完善两岸保险资金股票投资法制之建议

他山之石，可以攻玉。两岸保险法在规范保险资金股票投资方面存在诸多相通之处，并均有进一步修改完善之需求，立法经验的相互借鉴对两岸保险法制之完善具有现实意义。基于前文分析，对完善两岸保险资金股票投资规范提出如下建议：

（一）对大陆而言，应进一步完善相关概念及立法技术的规范性和严谨性，解决当前保险资金股票投资相关规则在衔接中的问题，积极推动将相关概念及规则写入保险法的进程

在保险资金来源的划分上，建议对保险资金的概念做出明确界定，大陆可以参照台湾地区之做法，规定保险资金包括权益资金和各项准备金，以权益资

[1] 参见陈文辉：《保险资金运用原则》，《中国金融》2016年第18期；林小华：《保险资金上市公司股票长期股权投资相关问题探讨》，《保险理论与实践》2017年第2期。

[2] 参见江朝国：《保险业之资金运用》，台北保险事业发展中心2003年版；陈俊元：《保险资金投资股权与接入经营问题——两岸法制之比较》，《中国保险报》2015年10月23日。

金取代现有规则中的自有资金，解决当前保险资金股票投资相关规则对自有资金规定不一致的问题，同时不再单独列出其他资金，将其他资金归入权益资金，使保险资金来源分类与保险公司的会计报表能够更好地衔接。按此方式修改后，保险资金股票投资在资金来源的限制方面将分为两种情形：收购上市公司须使用权益资金，其资金总额即为保险公司财务报表中的所有者权益；一般股票投资和重大股票投资则不限制资金的来源，可使用权益资金，也可使用各项准备金。

在股票投资相关的比例限制上，基于上述保险资金之概念，建议以保险资金取代总资产作为计算基数。保险资金将体现为保险公司财务报表中的所有者权益和保险负债，使保险资金的来源分类和比例限制措施保持一致，也使股票投资之比例限制要求更符合保险资金运用的特点。对于保险公司而言，虽然采用保险资金取代总资产作为计算基数会造成其可使用的资金数量下降，但一般保险负债在保险公司的总负债中占比较大，对保险公司投资能力的影响相对有限。

目前，大陆保险法对于保险资金运用的规定相对原则仅集中于第 106 条一个条文中，大量监管规范散落于监管机关出台的规范性档中，客观上也造成了概念不统一、规则不衔接等问题。大陆应在总结现有规定并吸收境外相关立法经验的基础上，积极推动保险法修改，将保险资金股票投资相关概念及规则写入保险法。

（二）对台湾地区而言，应基于当前保险资金股票投资的发展实践，增强现有规范的针对性和灵活度，通过修改保险法或出台相关监管规范等方式，给予保险公司更多的投资自主权

如前所述，对于保险公司因股票投资介入被投资公司经营之限制问题在台湾地区一直存在争论，台湾学者对于保险法相关规定过分严格之做法也多有质疑。在监管实践和理论认识仍存在一定差异的背景下，建议台湾地区可以参照大陆相关规范之做法，基于当前保险法相关规定，考虑进一步划分保险资金股票投资的不同情形，使保险法相关规定在适用中具有更大的灵活度。鉴于两岸股票投资相关证券制度之差别，大陆目前划分为一般股票投资、重大股票投资、上市公司收购的方式未必完全适用于台湾地区，但相关理念仍可以被借鉴。在划分股票投资不同情形的基础上，台湾地区可针对各种情形下保险公司向被投资企业派驻董监事、行使各类投票权等具体限制要求做出区别规范，增强相关限制措施的针对性。在修改保险法条件尚不成熟的情况下，台湾地区可采用监管机关出台监管档或自治机关制定自律规范等方式，对新制定的规范要求进行试点，待成熟后再一并修改保险法。

同时，以取得控制权为目的的股票投资行为即上市公司收购与通过股票投资参与被投资企业经营存在本质上的差别，参与被投资企业经营并不一定会构成对被投资企业的控制，仅仅作为战略投资者向投资企业派驻董事或行使股东投票权等行为，更多体现了对自身股东权益的保护，并不违背其着眼于投资收益之初衷。在此问题上，大陆相关规范更直接地体现了对于以控制为目的的股票投资进行严格限制，给予保险公司从事其他类型股票投资一定程度的自主权，而台湾地区则是在限制参与被投资企业经营的基础上对控制或从属关系加以更严格的业主权益比例限制，并未特别突出对于以控制为目的的股票投资之监管。建议台湾地区吸收大陆相关规范之理念，针对以控制为目的的股票投资做出更全面的规范。

结语

近年来，大陆针对保险资金运用尤其是保险资金股票投资之监管愈加严格。2017 年 4 月，原中国保监会更是印发《关于强化保险监管 打击违法违规行为 整治市场乱象的通知》，“着力整治资金运用乱象，坚决遏制违规投资、激进投资行为”，对于“非理性连续举牌，与非保险一致行动人共同收购，利用保险资金快进快出频繁炒作股票”等行为，以重拳姿态坚决制止。在规范保险公司股票投资行为方面，台湾地区也一直遵循严格规制之原则，与大陆保险立法、保险业规制之思路是相通的。随着两岸金融活动的不断发展与交融，相关立法规范技术之交流将对促进两岸保险业协同发展具有积极意义。

保险业信用建设的实证分析与展望

张熙睿[1]　王　伟[2]

摘　要　以行政主导为基本特征的社会治理方式已经不能适应时代的需要，近年来，党和国家高度重视社会信用体系建设，不断完善信用制度体系。当前，信用体系建设已成为实现国家治理体系和治理能力现代化的重要环节。本文结合保险业实际，对近年来保险行业信用体系建设的现状与特点进行了分析，提出了保险行业信用建设的基本趋势和方向。

关键词　保险业　信用建设　实证分析

一、问题的提出

保险业是国民经济中具有社会稳定器作用的重要行业。保险经营具有保险费收取的分散性、保险经营的稳健性、保险资金的负债性的特点。这些特征决定了保险人与投保人、被保险人之间存在信息不对称问题。产品特征与行业特性客观上使得“最大诚信原则”成为保险法、保险业的基本原则，“诚信”与“信用”成为保险的生命线。可以说，保险业比其他行业都更加需要“诚信”来约束、规制。然而，保险不诚信行为屡见不鲜，例如被保险人不如实告知或骗保骗赔、保险人未履行明确说明义务、保险条款模糊不清、销售误导等。如何从根本上约束保险各主体的不诚信行为，树立诚信意识，自觉杜绝非诚信行为，成为行业健康稳健发展的重要课题。

经过多年的努力，保险诚信问题正逐步得到解决。尤其近年来，保险业信用体系建设卓有成效。2015 年，《中国保监会[3]国家发展改革委关于印发〈中

[1] 张熙睿，中华联合财产保险股份有限公司董事会办公室。

[2] 王伟，中央党校（国家行政学院）政治和法律部民商经济法室主任、教授。

[3] 2018 年 3 月 13 日，国务院发布《关于国务院机构改革方案的说明》，决定将中国银行业监督管理委员会和中国保险监督管理委员会的职责整合，组建中国银行保险监督管理委员会，作为国务院直属事业单位。4 月 8 日，中国银保监会正式挂牌成立。在本文中，原“中国保险监督管理委员会”简称为“中国保监会”。

国保险业信用体系建设规划（2015—2020 年）〉的通知》（保监发〔2015〕16 号）（以下简称“规划”）发布，这是国务院《社会信用体系建设规划（2015—2020 年）》颁布后的首个行业性信用体系建设规划。这部《规划》成为保险业信用建设的纲领性、系统性指导文件。《规划》发布后，从保险监管到商务运作都加快了保险诚信的建设步伐，开启了保险信用建设的新时代。

本文从宏观信用体系建设、信用状况实证分析两个方面窥探行业信用建设状况，按照主体分为企业经营行为、从业人员信誉度、行业协会信用建设努力、政府监管等。采用宏观与微观相结合的分析方法、多角度的观察立场，希望能够更加立体、全面、客观地观察保险业的信用状况。

二、保险行业信用体系建设现状与特点

（一）制度先行，“强监管、防风险”特征凸显

近年来，保险业高度重视信用体系建设并取得积极进展和成效。实施了《保险从业人员行为准则》《保险监管人员行为准则》《保险营销员诚信记录管理办法》等监管规定和办法，保险业信用建设制度体系基本形成。

2015 年以前，保险行业先后颁布实施了《保险从业人员行为准则》《保险监管人员行为准则》《保险营销员诚信记录管理办法》等监管规定。这些制度初步规范了保险监管者、保险从业人员的职业操守和行为准则，为行业人员的诚信建设奠定了坚实基础。

2017 年，原中国保险监督管理委员会（以下简称“中国保监会”）从宏观与微观角度陆续出台制度，规范行业诚信行为。

1. 宏观文件奠定强监管基调

2017 年，中国保监会出台“1＋4”系列文件，包括《中国保监会关于进一步加强保险监管 维护保险业稳定健康发展的通知》（保监发〔2017〕34 号）、《中国保监会关于进一步加强保险业风险防控工作的通知》（保监发〔2017〕35 号）、《中国保监会关于强化保险监管 打击违法违规行为 整治市场乱象的通知》（保监发〔2017〕40 号）、《中国保监会关于保险业支持实体经济发展的指导意见》（保监发〔2017〕42 号）、《中国保监会关于弥补监管短板构建严密有效保险监管体系的通知》（保监发〔2017〕44 号）。系列文件从宏观层面明确了今后相当长的一段时间“强监管、治乱象、补短板、防风险、服务实体经济”的治理要求，特别是针对虚假出资、销售误导、违规套取费用、数据造假等不诚信行为出台了精准而强有力的监管措施，在防范潜在风险、稳定市场的同时加强了保险信用建设。

2. 微观制度精准打击不诚信行为

就微观层面而言，中国保监会相继出台或修订针对保险企业销售行为、信

息披露、股权管理、产品规范、关联交易、董监高任职资格管理等方面的监管规定，持续规范行业诚信行为。主要包括：

第一，销售行为方面，《中国保监会关于印发〈保险销售行为可回溯管理暂行办法〉的通知》（保监发〔2017〕54 号）和《中国保监会关于进一步加强人身保险公司销售管理工作的通知》（保监人身险〔2017〕136 号）相继出台，有效遏制了广为消费者诟病的销售欺骗误导行为，强化了销售合规意识，优化了保险消费的诚信环境。

第二，股权管理方面，《保险公司股权管理办法》❶修订二度征求意见，进一步明确了股东准入、股权结构、资本真实性核查以及穿透式监管规则，提高了股东及其入股行为的诚信意识。

第三，信息披露方面，《保险公司信息披露管理办法》❷修订并征求意见，进一步强化了保险公司在实际控制人、股东大会决议、风险评估、保险责任准备金等方面的信息披露要求，为增强行业公信力、透明化阳光化起到了积极作用。

第四，董监高管理规定方面，《保险公司董事、监事和高级管理人员任职资格管理规定》《保险机构独立董事管理办法》修订并征求意见，提高了董监高的任职门槛和从业年限，对违法违规不诚信行为的人员实施禁入规定，增加了独立董事的成员比例，强化了独立董事的监督作用，逐步规范并有力提升了公司的治理诚信。

第五，商车二次费改方面，《关于商业车险费率调整及管理等有关问题的通知》发布，让遵守交通规则、未出险、信用良好的消费者获得更多实惠，利用经济措施有效降低了社会风险，促进了保险企业服务能力、定价能力、运营效率的提升，形成信用良好的消费关系。

第六，风险防控与合规管理方面，《中国保监会关于进一步加强保险业风险防控工作的通知》《保险公司合规管理办法》印发实施，明确了保险业就大风险领域和防控措施，规范了合规管理制度、强化了诚实守信的道德准则。

第七，监管方面，《中国保险监督管理委员会行政处罚程序规定》修订后正式实施，规范了监管者的执法诚信。

除此之外，还有诸如产品开发、费率管理、反保险欺诈、资金运用、行业标准、偿付能力等方面的监管规定陆续出台并实施，强监管、重诚信、防风险的市场氛围逐步形成。

---

❶ 《保险公司股权管理办法》分别于 2016 年 12 月 29 日至 2017 年 1 月 31 日、2017 年 7 月 20 日至 2017 年 8 月 21 日两度征求意见，修订后的《保险公司股权管理办法》已于 2018 年 4 月 10 日正式实施。

❷ 《保险公司信息披露管理办法》在 2017 年 8 月 16 日至 2017 年 9 月 20 日征求意见，修订后的《保险公司信息披露管理办法》于 2018 年 7 月 1 日起实施。

3. 细分领域信用记录平台初步搭建，统一信用记录平台筹划建立

目前，保险行业已经搭建并运行了保险专业中介机构及高管人员管理系统、行业车险信息共享平台、财产保险承保理赔信息客户自助查询平台、董事监事和高级管理人员任职资格考试系统等。各项系统运行良好，初步实现了行业信息查询、共享。

当前，中国保险业保单登记管理信息平台第三期建设已经启动，但统一的行业信用信息平台正在建设过程中，特别是涵盖保险机构、保险从业人员和消费者的信用记录、信用评价的信息系统尚未建立。统一的行业信用平台一旦建成，有望实现客户投保、理赔数据、客户不良记录等的查询功能，透明度的提升能够让消费者清晰比照、挑选信用良好的保险公司，倒逼市场主体提升服务能力，打造诚信氛围，从而对全行业信用体系的建设产生重大影响。

（二）行业协会加强信息披露，信息公示力度加强

保险业信息披露的目的一方面是缓解投保人与股东之间的委托代理问题，保护消费者权益，降低代理成本；另一方面，也能反映企业诚信意识的高低、信用状况的好坏，缓解信息不对称的状况，从而帮助消费者选择更优质的产品和服务。

2010 年原中国保监会开始实施《保险公司信息披露管理办法》，要求公司对经营状况、基本信息、重大事项等内容及时、准确、完整地予以披露，披露的平台包括公司官网、中保协网站等。该办法的制定及实施，搭建了保险业公开信息披露的制度框架，实现了社会对保险公司信息的查询、监督，信息披露内容日益丰富，规范性逐步增强。

2015 年，中国银保监会开展了保险公司信息披露专项核查工作，全面评估了 133 家保险公司的信息披露情况。2015 年、2016 年，中国银保监会陆续发布资金运用类、关联交易类、股权类信息披露规范。2017 年《保险公司信息披露管理办法》修订并征求意见，更加全面、系统地细化了公司治理、关联交易等方面的信息披露要求，经中国银保监修订后的《保险公司信息披露管理办法》于 2018 年 7 月 1 日实施。

中国保险行业协会网站[1]是各市场主体信息披露的主要平台。目前[2]，中保协网站设置了 13 个信息披露板块，包括“保险公司年度信息披露”“资金运用关联交易信息披露”“资金运用风险责任人信息披露”“互联网保险信息披露”“交强险信息披露”“举牌上市公司股票信息披露”“重大关联交易信息披露”“非保险子公司信息披露”“偿付能力信息披露”“资产类关联交易信息披

[1] 中国保险行业协会网址：http：//www.iachina.cn/，以下简称“中保协网站”，最后访问日 2018 年 6 月 2 日。

[2] 截至 2018 年 6 月 2 日。

露”“利益转移类关联交易信息披露”“关联交易合并披露”“保险公司股权信息披露”“保险公司设立预披露”“公开质询”“大额未上市股权和大额不动产投资信息披露”。

二、保险行业信用状况的实证分析

保险行业容易存在销售误导、理赔难等多种类型非诚信行为，中国银行保险监督管理委员会及各地监管机构、中国保险行业协会、信用中国网站、保险公司、保险资产管理公司等政务、商务主体均针对这些行为做出努力，保险经营行为不断规范，保险监管保持高压形势，全行业的社会信誉和形象有了极大提升。实证分析监管数据、协会数据、信用中国数据，能够更加客观、权威、系统地显示全行业信用状况的变化情况。

（一）“信用中国”网站中保险类信息不断健全

由国家发展改革委、人民银行指导，国家信息中心主办的“信用中国”网站[1]是目前我国权威的信用信息发布平台之一。自中国保监会 2016 年 7 月发布《关于印发〈关于加强行政许可和行政处罚等信用信息公示工作的实施方案〉的通知》（保监厅发〔2016〕47 号）以来，“信用中国”网站成为保险业公开公示行政许可、行政处罚信息的重要渠道。目前，该平台上保险业信息查询有以下特点：

1. 保险企业简易信用信息实现成功查询

只要在“信用中国”网站搜索区输入某保险机构名称，会出现包括信息概览、行政许可、行政处罚、守信红名单、重点关注名单、黑名单六大板块的信用信息。其中，信息概览主要包括统一社会信用代码、法定代表人、注册地、成立日期、工商注册地等。行政许可板块已能查询部分董监高的任职资格核准信息。下载信用报告可以免费获取该企业的上述信息。

2. 金融领域信息公示板块中保险信用公示专栏尚属空白

“信用中国”网站中，目前已有证监会合法机构名录、银行业金融机构法人名单、外国及港澳台银行分行名单、备案企业征信机构。目前，保险机构法人名单尚为空白。此外，中国保险行业协会等行业协会亦未纳入“行业信用”专栏。

3. 保险机构“红名单”“黑名单”实现成功查询

主页进入后在“红名单”“黑名单”区域可以很方便地检索到守信和失信的保险机构，例如中国人寿保险（集团）公司、中国出口信用保险公司属于守信红名单企业，纳税状况良好，失信企业多因被人民法院列入失信被执行人名

[1] 信用中国网址：http：//www.creditchina.gov.cn/。

单而归为“黑名单企业”，对守信行为的表彰、宣传和对失信企业的惩戒、警示，都督促保险企业形成更加规范的现代企业治理机制。

4. 行政处罚和许可类信息结构和来源有待完善

查询“信用中国”网站行政许可、行政处罚的“双公示”板块，统计2015年、2016年、2017年[1]已公示的行政许可、行政处罚信息。笔者将行政相对人的保险类公司分为保险公司（总公司）、保险公司分支机构（包括分公司、支公司等）、保险代理机构（含经纪公司）、其他类保险机构四类。

如图1、图2所示，行政许可决定书数量在2017年公示最多，数量超过2015年和2016年总和，其中尤其以保险代理机构公示力度最大，而保险公司公示的数量是有限的，在2015年、2016年、2017年分别只有0件、8件、3件。

行政处罚决定书方面，2016年以及2015年的数据尚未归集，2017年保险公司的行政处罚数量也为空白，仅保险分支机构及保险代理机构数据较多。

就内容而言，多数保险中介机构的信息多为工商税务信息，保险类监管机构的行政处罚和行政许可类内容较少，尚不能更加直观地反映保险业信用监管状态。

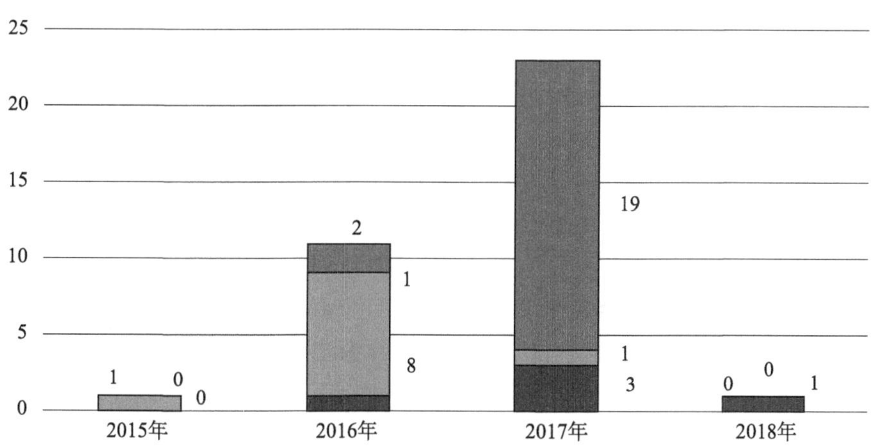

图1　“信用中国”网站公布的保险类机构行政许可决定书数量及结构

[1] 为方便对比，笔者亦统计了截至2018年6月2日的行政处罚、行政许可信息。信息来源可参见 http://www.creditchina.gov.cn/xinxigongshi/xinxishuanggongshi/，最后访问日2018年6月2日。

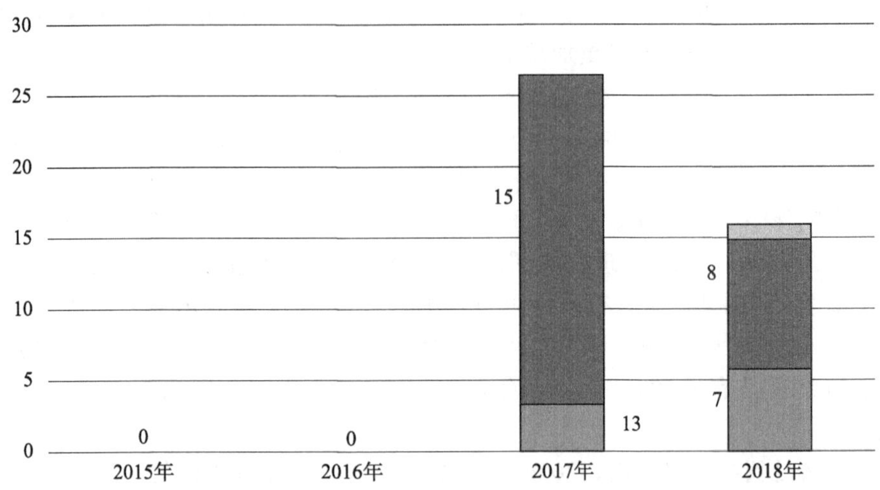

图2 “信用中国”网站公布的保险类机构行政处罚决定书数量及结构

（二）密集下发监管函，典型非诚信行为逐步整改

1. 严字当头，监管力度加大

针对保险机构存在的产品设计不规范、电话销售违规、公司治理中的股东虚假出资、违法关联交易等行为，中国保监会向各机构下发监管函，据已公布的数据显示，2015年、2016年、2017年三年，已下发的监管函数量分别为4、15、37份❶。自“1＋4”监管文件发布以来，仅2017年一年的监管函数量，已超过2015年与2016年两年总和，其中2017年9月、10月、11月成为监管函下发最密集的月份。

2. 全面精准治理电话销售不规范、公司治理类突出问题

已公布的37张监管函，如图3所示，涉及产品设计、电话销售、公司治理、偿付能力、投资风险等多种不诚信、不规范行为。

就公司治理而言，监管机构首次开展了覆盖全行业的保险法人机构公司治理现场评估。通过此次现场检查，监管机构“听诊把脉”、全面体检了市场主体的突出公司治理问题，并对突出问题进行深入、细致核查，在检查完成后发布了《2017年保险法人机构公司治理评估有关情况的通报》。如图4所示，根据2017年监管函统计，关联交易、三会一层运作、内控审计与合规成为公司治理问题风险重灾区，这三类问题分别占监管函所指问题的23％、18％、17％。监管函不仅精准地罗列了各家主体公司治理类问题，更根据具体情形采

❶ 2017年已发54张监管函，其中公开37张。

取了限期整改、禁止部分交易等分级分类、奖罚优劣的强有力监管措施，全面提升了全行业公司治理能力和水平，有效规范了市场秩序。

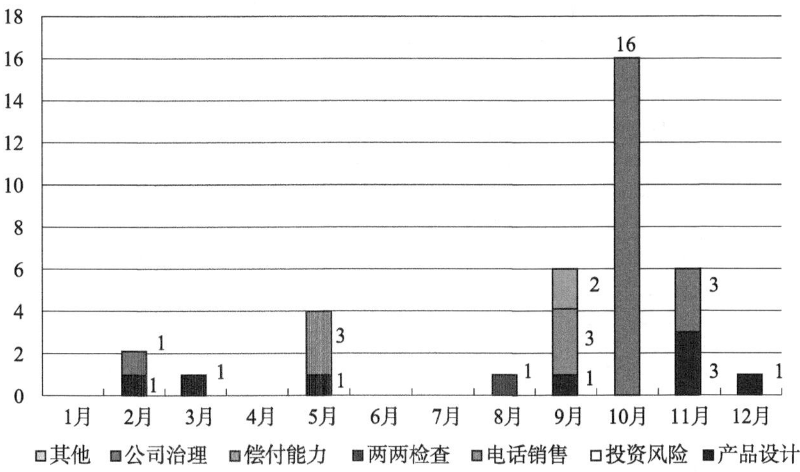

图 3　2017 年中国保监会下发监管函数量及其所涉行业问题类别❶

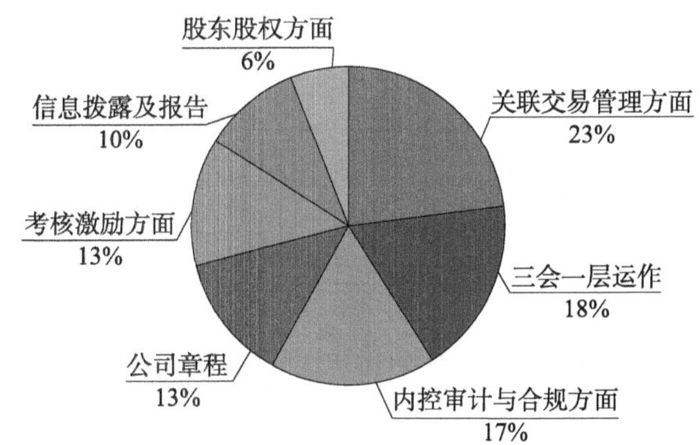

图 4　2017 年中国银保监会监管函所涉公司治理问题类型

（三）行政处罚事由多样，电话销售欺骗投保人、骗保虚假资料等问题依旧突出

2015 年、2016 年、2017 年，中国保监会分别下发 22、29、49 份行政处罚决定书，针对市场主体“未按规定提取准备金、聘任不具有任职资格的人员、虚列费用、违规运用保险资金”等较为集中、问题突出的非诚信行为进行密集处罚，有效营造了市场诚信氛围。

❶ 根据中国保监会官网已公开监管函数据统计。可参考网址 http：//bxjg. circ. gov. cn/web/site0/tab7324/，最后访问时间 2018 年 6 月 2 日。

2017年行政处罚事由针对的非诚信行为数量同样超过2015年及2016年总和，达到65个。其中问题较为突出的是“电话销售欺骗投保人”“编制提供虚假资料”“网销拒绝单独承保交强险”“未按照规定使用经批准或者备案的保险条款、保险费率”。这表明，当前保险市场的非诚信行为仍然较多、问题较为集中，尤其是销售环节和保险条款，容易出现欺骗消费者的不诚信行为。保险消费环境仍然需要优化、社会认同感仍然需要加强。

表1　2015—2017年中国保监会行政处罚事由统计表　　单位：个

序号	处罚事由类型	2015	2016	2017	合计
1	未按规定办理再保险	—	—	1	1
2	未按照规定使用经批准或者备案的保险条款、保险费率	1	5	2	8
3	未按规定提取准备金	—	—	1	1
4	聘任不具有任职资格的人员	3	—	4	7
5	内控管理未形成有效风险控制	—	—	1	1
6	电话销售欺骗投保人的行为	—	5	27	32
7	网销拒绝单独承保交强险的违法行为	—	—	14	14
8	向投保人隐瞒与保险合同有关重要情况的行为	—	—	4	4
9	未经批准设立分支机构	—	1	1	2
10	编制提供虚假资料	3	14	4	21
11	虚列费用	1	—	1	2
12	未如实记录保险业务事项的行为	—	1	1	2
13	记录客户信息不真实的行为	—	—	1	1
14	违规运用保险资金的行为	3	—	2	5
15	向投保人或被保险人返还合同以外其他利益的行为	1	—	1	2
16	未按要求单独核算农险损益的行为	—	1	—	1
17	采取直接冲减退保年度保费收入的方式处理长期险非正常退保业务	—	1	—	1
18	在投保人非被保险人父母的情况下，为无民事行为能力人承保以死亡为给付保险金条件的保险的行为	—	1	—	1
19	铁路货运险业务以净保费入账违规支付手续费的行为	—	1	—	1
20	制种稻业务中，承保面积和实际种植面积不一致	—	1	—	1
21	客户回访不符合规定的行为	1	1	—	2
22	欺骗投保人、被保险人或者受益人的行为	2	—	—	2
23	利用业务便利为其他机构或者个人牟取不正当利益的违法行为	2	—	—	2

续表

序号	处罚事由类型	2015	2016	2017	合计
24	构成虚构中介业务套取费用的行为	6	—	—	6
25	财务数据不真实的行为	4	—	—	4
26	挪用保险费	1	—	—	1
27	虚增公司偿付能力	1	—	—	1
28	未加强内部管理的行为	1	—	—	1
29	销售费用补偿型医疗保险，未询问被保险人是否拥有公费医疗、社会医疗保险和其他费用补偿型医疗保险	1	—	—	1
30	合计	31	32	65	128

（四）消费投诉持续跟踪，保险合同纠纷成为投诉焦点

多年来，中国保监会每年发布《关于保险消费者投诉情况的通报》[1]，对本级及各保监局接收的保险消费投诉件数、增长率、下降率进行统计和实时跟踪。根据中国保监会网站显示，2015 年和 2017 年均按照季度发布该数据，2016 年每月发布一次数据。

2017 年，保险消费投诉量为 93111 件，其中，涉嫌违法违规投诉 2109 件，占比 2.27%；保险合同纠纷投诉 91002 件，占比 97.73%。根据投诉内容分析，互联网保险消费投诉大幅增长，主要集中在销售告知不充分或有歧义、理赔条件不合理、拒赔理由不充分等；车险理赔定损和核赔阶段的责任认定争议、理赔时效慢、理赔金额无法达成一致等问题使车险理赔成为财产保险投诉的集中诟病之处；人身险销售夸大保险责任或收益、隐瞒保险期限和不按期交费后果、虚假宣传等问题突出；涉及网络购物、旅游相关的退货运费险、数码产品意外险、旅游险、航班延误险、酒店取消险等商旅保险消费，同样成为投诉重灾区，问题主要在于夸大产品责任、服务内容责任免除事项显示不完全等[2]。

（五）服务评价结果首次公布，行业信誉度较优

2015 年 8 月，《保险公司服务评价管理办法（试行）》由中国保监会发布，按照财产险和人身险建立两套定量指标，以消费者体验与感受为核心，对服务质量由高到低进行总体评价，并将保险总公司设定为 ABCD 四大类 10 级，具体包括 AAA、AA、A、BBB、BB、B、CCC、CC、C、D 共 10 级。

---

[1] 详见 http://bxjg.circ.gov.cn/web/site0/tab5246/module16693/page1.htm，最后访问日 2018 年 6 月 2 日。

[2] 根据《中国保监会关于 2017 年度保险消费投诉情况的通报》归纳，详见 http://bxjg.circ.gov.cn/web/site0/tab5246/info4104507.htm，最后访问日 2018 年 6 月 2 日。

该办法实施后，保险公司服务评价委员会组织开展了评价工作，于2017年11月24日首次向社会公布2016年《保险公司服务评价结果》[1]。

此次评价主要针对消费者反映最强烈的销售、理赔、咨询、维权等方面的突出问题，对重要服务创新和重大负面事件分别进行加减分。目前公布的评价结果为各公司的服务评级等级，被评价公司中财产险公司和人身险公司分别为58家、59家。

就结果而言，财产险公司BBB级以上的较为集中，例如评级为B类的财产险公司达到14家，而人身险公司有8家。此外可以发现，财产险公司与人身险公司BBB级及以上评级数量较为集中，说明行业整体信誉度、服务满意度较好。同时，应当看到，取得AAA级的公司目前尚属空白。AA级、A级的公司占比仍然较低，全行业整体信誉仍有待加强。

具体数据见图5[2]：

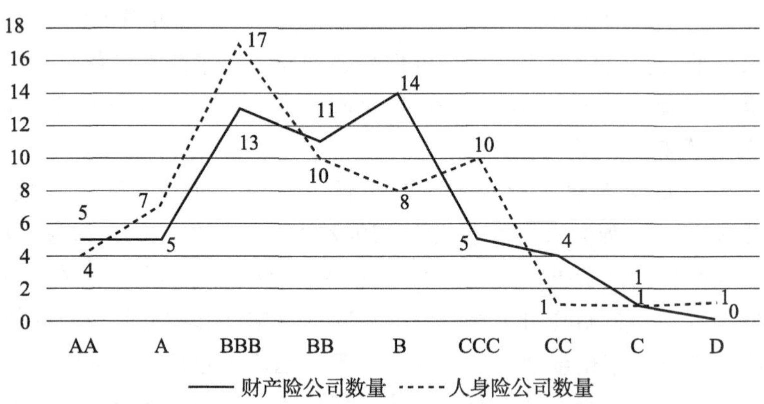

图5　2017年财产险公司与人身险公示服务评价结果类别及数量

三、保险行业信用建设的建议

一是不断完善保险信用法治建设。探索建立更多保险业信用监管制度，从而提升保险从业人员、保险销售行为的规范程度。在立法中，加大对信用数据的使用和参考力度，让信用成为影响保险机构经营成果、评价保险从业人员职业素养的关键要素。

二是尝试运用互联网等技术解决保险业信用痛点。互联网技术具有实时数据、可加密、去中心化等特点，可以探索利用互联网大数据记录保险从业人员

---

[1] 详见 http：//bxjg. circ. gov. cn/web/site0/tab5214/info4089763. htm，最后访问日2018年6月2日。

[2] 根据中国保监会发布的《2017年保险公司服务评价结果》统计，详见 http：//bxjg. circ. gov. cn/web/site0/tab5214/info4089763. htm，最后访问日2018年6月2日。

的信用记录状况；在保险机构与保险中介机构之间打通数据障碍，提高核保、理赔效率；快速检索被保险人疾病史、信用记录等。

三是加快信用记录平台建设，进一步归集信用信息公示平台。中国保险业保单登记管理信息平台第三期建设已经启动，建议下一步加快行业信用信息平台建设，特别是涵盖从业主体人员的信用信息系统建设；“信用中国”网站中的保险业信息还有待进一步完善，特别是保险机构的监管数据、行业协会数据等；同时，目前保险公司信息披露平台包括公司官网、中国保险行业协会网站等，“信用中国”网站也有金融领域信息公示板块，建议将散落在各个平台的信息披露信息、行政处罚、行政决定、失信信息等内容逐步归纳为一个出口，逐步统一信用公示平台；最后，建议在公示信用分数、信用评级的环节，确保数据结果的客观性、评价办法和标准的公开透明性，以便在全行业创造统一、可信的信用记录氛围。

四是完善保险业“红名单”“黑名单”制度。针对严重失信的保险机构和从业人员，实施联合惩戒，逐步建立跨地区、跨领域的失信联合惩戒系统，探索与司法系统、政府机构、社会组织、行业协会建立数据互通纽带，让失信者在保险业举步维艰，在其他领域同时受到信用制约。针对信用记录较好的保险机构及个人，应当加大表彰及推介力度，使其在政务审批、信用评级等方面获得更多优势。

2018年是保险业信用建设的关键之年。根据《规划》要求，政府监管部门已确定了五项任务：加强保险业信用制度建设、完善保险业信用联合奖惩机制、严厉查处保险领域违法违规失信行为、加快保险业信用信息系统建设、推进保险业诚信教育和诚信文化建设。相信在不久的将来，保险业的诚信度、社会信誉度、消费者满意度将随着信用建设的加快而不断提高。

参考文献

[1] 张建华，王伟. 中国企业信用建设报告（2017—2018）［M］. 北京：中国法制出版社，2018.

[2] 王伟. 市场监管的法治逻辑与制度机理——以商事制度改革为背景的分析［M］. 北京：法律出版社，2016.

第二编

中国保险法制的发展与创新

建设巨灾保险制度是构筑保险强国的一大战略任务

贾林青

2014 年 8 月，国务院发布《关于加快发展现代保险服务业的若干意见》（简称“新国十条”）。新国十条不仅将我国保险服务业的发展目标确定为到 2020 年基本完成由保险大国向保险强国的转变，更针对该目标的实现从十个方面提出 32 条具体意见。其中第 10 条专门就建立我国巨灾保险制度进行了全面阐述，表明巨灾保险制度的建设已经成为我国保险服务业深化发展的一大战略任务。

一、运用巨灾保险的国际经验的比较借鉴

巨灾保险是现代保险服务业的一个特定领域，它是针对因突发性的、无法预料、无法避免且危害后果特别严重的（诸如地震、飓风、海啸、洪水、冰雪等引发的）灾难性事故造成的财产损失和人身伤亡，给予保险保障的风险分散制度。此类巨灾风险的存在是客观的，不可避免的，并能够带来巨大的、广泛的灾难性后果，与此相对应，需要保险业实施较大甚至巨大数额的保险赔偿。例如，按国际风险评估机构预测，2011 年 3 月 11 日的日本大地震可能导致最高 2.8 万亿日元，（约合 350 亿美元）的保险损失，几乎相当于 2010 年全年全球保险行业 360 亿美元的保险赔偿额。

巨灾保险以其明显的特点而区别于其他保险领域。首先，从适用依据上讲，巨灾保险往往依据有关立法的直接规定而得以适用。目前，已经建立巨灾保险制度的十余个国家，大多是用法律形式确立了巨灾保险制度的基本框架，并对巨灾保险的运作模式、损失分摊机制、保障范围、政府的支持政策等做出具体规定。例如，美国于 1973 年颁布《洪水巨灾保护法案》，1968 年通过《全国洪水保险法》，1994 年和 2004 年两次出台的《洪水保险改革法案》构成了美国洪水保险适用和发展的制度依据。作为地震多发国家之一，日本自 1966 年起建立的巨灾保险制度就是以该年发布的《地震保险法》等相关法律

规定为基础的。法国亦于 1982 年颁布《自然灾害保险补偿法》，并历经多次修订完善，形成用综合性立法确立巨灾保险运行之法律依据的立法模式。

其次，从适用范围上讲，巨灾保险涉及的社会范围广泛，参与的社会主体较一般保险活动更为复杂多样。归纳比较各国以巨灾保险为核心的巨灾风险补偿机制，往往涉及灾区的灾民、地方政府、商业保险公司、再保险人、国际再保险市场、证券市场以及中央财政机构等 7 类参与者。尤其是再保险市场、证券市场和中央财政支持等已然构成巨灾保险的重要组成部分，对于巨灾保险分散风险、控制风险的作用得以发挥具有至关重要的作用。

再次，从保险内容上讲，巨灾保险的可保性具有明显的相对性。与一般保险产品相比，巨灾保险承保的巨灾是各种灾害中级别较高或者最高的，具有低概率、高损害的特点，难以用传统的大数法则来分散风险、转移损失，因而通常被排除在一般保险的可保风险以外。不过，所谓巨灾风险的可保性是相对而言的，其在保险业的发展过程中表现出日益扩张的趋势。现代保险精算技术的发展和多家保险公司组成共保体来共同承保方式的出现，逐步使得巨灾风险转变成可保风险而纳入巨灾保险的保障范围。

最后，从保险价值上讲，巨灾保险具有明显的准社会公共产品的属性。由于巨灾保险所面对的巨灾一般都是高损失、灾难损害波及的范围广泛，处置结果涉及为数众多的灾民和众多的社会领域，不同于一般保险基本上是针对参与具体的保险关系的个体当事人提供的保险保障服务的情况。因此，巨灾保险的适用结果普遍带有高赔付的特色，但向社会公众收取保险费的水平又必须属于低水平，具有突出的保障民生和维护社会稳定的社会效果。从而，巨灾保险的适用离不开再保险和政府的大力支持。

巨灾保险在各国的运行模式各不相同，概括各国的巨灾保险实践，可以将其归纳为三种类型。

（1）政府主导型，也有人称其为强制保险模式。采取该运行类型的典型代表是美国，其特色在于政府起主导作用，为非营利性的巨灾运行模式。美国是当前设立巨灾保险项目最多的国家，涉及地震、洪水、飓风等各类自然灾害以及战争、恐怖袭击等人为灾害，并且分为联邦政府的巨灾保险项目和各州政府的巨灾保险项目。仅以大家常常谈及的美国洪水保险为例，它开始于 1956 年，是经过几番调整后的全国性、强制性保险。依据美国国会 1968 年《全国洪水保险法》而拟定的“国家洪水保险计划”（NFIP）确立的内容，政府在此类巨灾保险的适用过程中处于主导地位。政府负责洪水保险的管理和资金运用，直接对巨灾保险实施保险费补贴，并统一采取强制投保形式，为洪水保险的运行提供强制性保护和有力的财政支持。同时，经营洪水保险的商业保险公司在政府主导的基础上从事巨灾保险运营，其中商业保险公司负责巨灾保险的销售，其所得全部保险费用于积聚保险基金，向众多投保人提供保险服务，社会公众因洪水灾害遭受的损失可从保险公司获取保险赔付，而政府则是最终的巨灾风险承担者。

（2）政府与保险公司合作管理类型，也有人称为综合保险模式。它的突出特点是政府与保险公司在巨灾保险运行中地位并重，各司其职。日本便是较为成功的实例，因其属于地震多发国家，地震保险十分发达，并体现出较强的公益性。其运作模式是，居民向商业保险公司投保，然后，商业保险公司再向地震再保险公司分保。而再保险公司向政府再次分保，由政府提供再保险责任的分担和支持。可见，日本的地震等巨灾保险的制度设计，是由商业保险公司、再保险公司和政府共同分担风险。其中，政府承担的风险责任大多超过商业保险公司。

（3）商业化运作类型，也有人将其称为纯商业保险模式。英国的巨灾保险可为例证，其明显的特点是由商业保险公司进行商业化经营，因采取自愿保险模式而由投保人自愿选择投保。政府不参与巨灾保险的运作，也不提供财政补贴。不过，因英国的保险市场和再保险市场较为发达，尤其是其成熟的再保险市场能够进一步分散巨灾风险，而政府又能集中社会资源进行洪水等防御设施的兴建来降低巨灾风险，使得巨灾具有了相应的可保性。因此，英国的巨灾保险的参保率仍然很高。

由此说明，巨灾保险的制度设计和运行模式应当与各国的经济发展水平和保险理念、保险传统相适应，这才能够使得巨灾保险的积极作用发挥的充分。同时，各国运用巨灾保险制度的经验也表明，巨灾保险制度大多出现在经济发达或者较为发达而其保险市场又比较完善的国家和地区。原因是，与这些国家保险市场的发达程度相适应，人们有强烈的保险意识，能够认识到巨灾保险独特的事先科学地积聚保险基金而在发生巨灾后用以进行保险赔付来达到分散和转移巨灾风险的制度价值，是单纯的财政救济及其他处置巨灾风险的方法所无法取代的。此外，各国政府普遍地参与巨灾保险活动，并通过提供财政支持，或者承担再保险责任等方式在其间发挥主导性作用。各国巨灾保险实践证明，巨灾保险制度的存在已经成为各国政府发展社会经济，稳定社会秩序的一种战略安排。上述有益经验都应当是我国建立和运用巨灾保险制度过程中加以借鉴的。

国际上适用巨灾保险的成功经验表明，巨灾保险不仅体现着一个国家政府的风险管理水平，更是完善灾害损失补偿机制、保护民众利益、维持社会稳定的重要手段。可以说，巨灾保险制度的建设成为衡量一个国家的经济发展水平的标志。因此，我们应当从社会发展的战略高度考虑建立巨灾保险制度的问题。

就我国的现状而言，基本表现为社会经济稳定发展对巨灾保险保障存在急切需求与相应的巨灾保险体系滞后导致巨灾风险的保险赔偿能力低下的矛盾状态中。一方面，我国是公认的地震、洪水、台风等自然灾害发生频繁的国家。如2008年春季南方低温雨雪冰冻灾害，导致直接经济损失1516.5亿元，2008年四川汶川地震的直接经济损失是8451亿元。

另一方面，我国目前处置灾害损失，主要依靠国家财政支持的政府主导型的巨灾风险管理模式，政府承担了基本的灾后补偿救济责任，甚至形成了社会公众在处置巨灾损害时对政府的依赖，而保险所发挥的作用却微乎其微。虽然，中国保险业快速发展，其行业规模、市场结构、服务质量和监管水平都实现了大进步、大提升。不过，从20世纪90年代中期以来，根据我国保险监管机关立足于控制和防范保险公司经营风险而发布的一系列规章，各保险公司对巨灾风险分别采取停保或者限制承保的策略，比如将洪水灾害作为特约附加险予以承保，对地震、海啸、台风等则不予单独承保。相应地，保险业就重大自然灾害的保险赔付率极低，可说是杯水车薪的效果。上述2008年春季的南方低温雨雪冰冻灾害导致的直接经济损失只从保险业获取42亿多元的保险赔付，仅占损失的2.8%。而保险业针对2008年四川汶川地震造成的直接经济损失的保险赔偿仅接近20亿元，占比为0.2%。据统计，我国每年发生各种自然灾害造成的经济损失都在1000亿元以上，而保险赔偿仅占损失的1%，远低于36%的全球平均水平。显而易见，作为一个新兴的保险大国，缺少完善的且行之有效的巨灾保险制度是明显的漏洞。

二、构建我国巨灾保险制度的设想

鉴于此，尽快建立符合我国国情的巨灾保险制度就成为完善我国防灾减灾体系的必要课题。应借助巨灾保险特有的事先科学地积聚保险基金而事后实现灾害补偿机制来弥补单纯性灾后救济的不足，充实我国防灾减灾体系。正是在此意义上，“新国十条”将建立巨灾保险制度纳入建设保险强国的目标范围内，并确立了“以制度建设为基础，以商业保险为平台，以多层次风险分担为保障”的方针。实务中，中国保监会历经近十年的研究，先后批准深圳、云南地区开展巨灾保险试点，探索建立适应我国国情的完善的巨灾保险制度体系。

针对构建我国巨灾保险制度需要解决的若干关键问题，理论界和实务界仍存在不同的见解。在此，笔者谈谈自己的看法，与大家进行讨论。

1. 需要完善我国巨灾保险立法体系，为巨灾保险制度的适用提供直接的立法依据

各国运用巨灾保险的共性经验表明，有关巨灾保险的立法依据是必不可少的。巨灾保险属于保险市场上的特定领域，除了应当接受一般保险立法的约

束，还需要专门立法加以规范调整。当然，有关巨灾保险的立法体例并不相同，存在着综合立法形式与分项立法形式的区别。如法国的《自然灾害保险补偿法》作为综合性立法涵盖各类巨灾风险；美国的《全国洪水保险法》、日本的《地震保险法》等，是针对具体的巨灾风险而制定的专门适用的巨灾保险立法。

我国巨灾保险制度的建立，同样需要在《保险法》基础之上的巨灾保险立法作为其构建和运行的依据，这成为建立巨灾保险制度的首要工作。不过，借鉴上述立法经验，笔者认为我国的巨灾保险立法不宜采用综合立法形式。因为我国地域辽阔，各地区之间不仅经济发展的内容和水平存在差异，而且彼此之间的自然环境不尽相同，发生自然灾害的规律和导致灾害的主要巨灾也有所不同。因此，不宜采用综合立法来统一规定我国的巨灾保险制度，而应当针对发生较为频繁、造成损害后果比较重大、影响程度巨大的地震、台风、洪水、干旱等各项巨灾，分别制定巨灾保险法。该巨灾保险立法模式的优点，集中表现在各项专门立法的适用对象和适用范围均具有特定性，并可以根据各项巨灾发生的规律确立有针对性的巨灾保险规则，提升各项立法的科学性和可操作性。

2. 应当明确政府和保险公司在巨灾保险领域的角色定位

这决定着我国巨灾保险的运行模式。上述各国运用巨灾保险的经验充分说明只有将政府和保险公司两方面的职能相互结合，才能够督促巨灾保险制度有序地运行，最大限度地发挥其损失补偿机能，维护社会稳定和经济发展。

一方面，保险公司应当运用其具有的从事商业保险经营以及积聚和运用保险基金的经验和优势，参与巨灾保险的经营。这样不仅能够实现巨灾保险产品的创新设计，完成保险费率厘定，还可以向广大社会公众和社会组织提供高效、全面的巨灾保险服务，尤其是在发生巨灾损害后，实施快捷、合理、充分的巨灾保险理赔，使灾民及时获取巨灾保险赔偿。不仅如此，巨灾保险本身的准公益性决定着保险公司参与巨灾保险经营就是承担社会责任，可以向社会展现其良好的公众形象和商业信誉。

另一方面，政府介入巨灾保险是该险成功运行所不可缺少的条件，这已为各国巨灾保险运行的经验所证明。因为，政府的介入既能够借助其自身的社会公信力来宣传巨灾保险制度的社会价值，增强社会公众对巨灾保险的意识，又能扩大巨灾保险的覆盖范围。尤其是我国各地差异性突出，政府的介入作用在实现各项巨灾保险的适用效果上具有明显的促进作用。原因是，我国现实条件下不能采取全国单一的巨灾保险制度，而必须由中央政府进行巨灾保险的协调，而由各地方政府根据本地区巨灾风险情况，制定本地区的巨灾保险运行方案。某巨灾风险严重地区，可适用相应的强制性巨灾保险。例如，地震多发地区应实行强制地震保险，泛洪区强制投保水灾保险。而某巨灾发生较少的地区，则可以将相应的巨灾保险确定为自愿保险。同时，更可以通过政府的财政支持、税收政策、保费补贴甚至政府购买巨灾保险等方式，提升保险公司巨灾保险的偿付能力，扩大巨灾保险的正面效果。

3. 要科学地建立多途径、多层次积聚巨灾保险所需的保险基金体系

众所周知，积聚保险基金是保险公司开展保险经营的物质前提，而就巨灾保险来讲，因其保险赔付的金额往往巨大，则必须有充足的巨灾保险基金才有可能满足巨灾赔付的需要。目前，全球有十多个国家为巨灾保险的运行建立了巨灾保险基金，通过政府与保险公司的合作机制来分担巨灾风险。

借鉴国际上的经验，用科学的制度设计来完成巨灾保险基金的积聚，是建立我国巨灾保险制度的一个关键环节。笔者认为，根据我国的实际情况，积聚巨灾保险基金应当设计为多途径、多层次的制度体系。

所谓多途径，是说巨灾保险基金应当来源于若干个渠道。出于应对突发性巨灾损害的需要，应当有巨大的巨灾保险基金规模，这是任何一方的单独财力都难以满足的，因此，需要从多个途径展开巨灾保险基金的积聚工作，即包括政府拨付一定的财政资金，社会公众和社会组织认购巨灾证券和捐助，购买巨灾保险的投保人所缴纳的巨灾保险费等多种途径。

所谓多层次，是说巨灾保险基金可以来自不同的地域和行业，构成阶梯形式的积聚模式。以政府的财政出资为例，中央政府可从中央财政拿出的财政款项用于建立全国性的巨灾保险基金，而各地方政府亦可支出地方财政款项来建立本地区的巨灾保险基金，此外，政府还可以采取向保险公司购买巨灾保险的方式来充实巨灾保险基金。同时，政府或者保险公司可以将巨灾保险与资本市场相连接，借助资本证券化来吸收社会资金，采取发行巨灾保险债券等有价证券的形式吸纳社会公众手中的闲散资金，这是一种有效手段。

4. 强调再保险在巨灾保险中不可或缺的作用

巨灾保险的巨额损失意味着其风险巨大，从而巨灾保险就需要多层次的风险分散机制。各国的巨灾保险运行经验告诉我们，再保险是无法缺少的必要组成部分。任何一家作为原保险人的保险公司对于其在巨灾保险中承担巨灾风险的偿付能力都是有限的，加之跨年度经营所形成的保险责任的积累进一步导致巨灾风险与偿付能力的失衡。为此，再保险特有的分散风险的作用就是不可忽视的，凭借向再保险分入人转移部分风险，使得分出人避免在经营巨灾保险的过程中出现上述失衡情况，达到确保巨灾保险正常运行的目的。

鉴于此，建立我国的巨灾保险制度时就必须强调再保险的作用。为此，需要完成如下的制度建设工作。

一是在有关巨灾保险的各项立法中，明确规定巨灾保险运行时所涉及的适用再保险的制度规则，诸如法定的分出人转移风险的分出标准和分出比例，分

出义务的承担以及违反分出义务的法律责任等。

二是扩展巨灾保险中进行再保险的范围和形式。考虑到巨灾保险不同于一般商业保险之处，在于其面对的往往是规模巨大的损害结果，需要进行保险赔偿的规模更是难以控制，通过再保险来进一步分散巨灾风险就尤为必要。因此，巨灾保险所涉及的再保险范围和形式便具有自身特点，不仅需要再保险人之间的共保、协保，更应当适用向国际再保险人分保等，并逐步扩大向国际再保险市场分散巨灾风险的比重。而且，笔者认为，应当考虑由国家出资设立巨灾再保险公司，既可以由其代表中央政府以保险经营者的身份参与巨灾保险的经营运行，接受各个巨灾保险分出人的分出业务，发挥其分散巨灾风险的作用，也能够逐步减少甚至取代中央政府对巨灾保险的单纯性财政补贴和财政支持。

三是培育和发展我国的再保险市场。我国的再保险业务以 1996 年中国再保险公司成立为标志，结束了中国保险市场无专业再保险的局面，中国再保险市场的发展已有 20 年，市场规模仅占全球市场份额的 0.1%，难以适应我国保险市场发展的需要。因为，“再保险市场是保险市场发展的产物，两者紧密相连，互相支持和依存”。出于建立我国巨灾保险制度的需要，大力培养和发展中国再保险市场就势在必然。当然，为了改变巨灾再保险缺失的局面，现阶段发展中国再保险市场的首要任务就是针对中国再保险市场上现有市场主体数量少、市场供给的结构性不足等问题，增加市场主体数量，不仅扩大再保险经营者的规模，并通过完善再保险公司经营管理水平而提升再保险市场的供给能力。具体做法包括鼓励中资的保险集团或者直保公司投资设立再保险公司，同时引导国内的社会资金向再保险领域进行投资，吸引更多的国际再保险人来华设立再保险公司等，实现巨灾保险制度运行上的直保公司的承保能力与再保险的分散能力之间的平衡发展。

全球气候变化背景下我国多层级巨灾保险制度构建之探讨[1]

何启豪[2] 周翔宇[3]

摘 要 保险业积极参与了2015年12月在巴黎举行的联合国气候大会，并提供了应对气候灾害风险的融资产品。在中国，政府在灾害应对和损害补偿方面发挥核心作用。但是，我国的举国体制需要改革并转向以保险为基础的体制，因为现行举国救灾体制在经济上是不可持续的，私人保险制度在减轻气候变化风险方面能比政府监管做得更好。为实现这一转变，政府介入应与巨灾保险相结合，构建一个多层级的混合体系。其中的关键是，政府应该支持市场机制，努力使巨灾保险成为应对气候变化风险融资和减损的重要工具。

关键词 气候变化 巨灾保险 政府介入 公私合作

“巴黎公约明确将保险业纳入其中，这对各个国家都有启示。无论是发达国家还是发展中国家都应当认识到保险的重要性，并将之运用到气候风险管理之中。同时，扩大在保险上的投入，一定程度上也有利于加强金融领域的抗风险能力。”[4]

---

[1] 本文属于教育部人文社会科学研究青年基金项目的组成部分，（2018年，批准号：18YJC820024）；中国政法大学科研创新项目（项目号：10818433）；中国政法大学青年教师学术创新团队支持计划（18CXTD05）。

本文根据笔者英文论文 *GLOBAL CLIMATE GOVERNANCE ANDDISASTER RISK FINANCING：CHINA'S POTENTIAL ROADMAP INTRANSITIONAL REFORM* 改写，英文版请参见 China Legal Science（《中国法学》英文版），vol. 6：28－49（2018）.

[2] 何启豪，中国政法大学比较法学研究院副教授，法学博士。

[3] 周翔宇，中国政法大学比较法学研究院研究生。

[4] *A GENEVA ASSOCIATION RESEARCH REPORT*，*COP 21 PARIS AGREEMENT*：*WHAT DOES IT MEAN FOR THE（RE）INSURANCE SECTOR*，at https：//www.genevaassociation.org/sites/default/files/research-topics-document-type/pdf_public/whatdoescop21meanforinsurance_complete_digital_0.pdf（最后访问时间：2018年8月19日）.

一、引言

作为农民，每年春天在麦地里播种时，都会感到忧心和焦虑。多年的耕作经验告诉他，干旱、洪水、台风和其他灾害都是对粮食收成的威胁。因为，农业太容易受极端天气的影响了。政府间气候变化专门委员会（IPCC）和其他许多科学家、学者及相关组织都已意识到，全球气候变化正在大规模发生，且造成了更加频繁的极端天气。❶

中国于2006年超越美国，成为全球温室气体排放量最大的国家。中国碳排放的急速增长将是未来几十年间全球气候变化问题的一大挑战。Alex Wang指出："若没有中国的积极参与和贡献，各国应对全球气候变化的尝试很难成功。"❷

全球气候变化和气候灾害引发的损失持续加重。美国国际集团（AIG）、英国劳合社和其他业内顶尖保险从业者都将气候变化列为全球风险管理的一大威胁。❸ 气候变化加剧的同时，世界人口也不断向抗灾能力较弱的地区集中，在这两方面因素的作用下，极端气候灾害会变得更加频繁、剧烈且带来更多损失。❹ 联合国气候变化框架公约（UNFCCC）在2006年的一份报告中指出，到2040年，每年由于气候变化而造成的损失可能会高达一万亿美金。❺ 此外，有数据显示，自1980年以来，气候巨灾的发生频率及其损失急速增长。

同全球趋势一致，中国也深受气候变化的困扰。中国是世界范围内遭受自

---

❶ The Intergovernmental Panel on Climate Change (IPCC) special report on climate extremes (2012) demonstrated for the first time a clear link between climate change and many extreme weather - related catastrophes. See *IPCC, SUMMARY FOR POLICYMAKERS IN MANAGING THE RISKS OF EXTREME EVENTS AND DISASTERS TO ADVANCE CLIMATE CHANGE ADAPTATION*, at 6-7 (Cambridge University Press, 2012). A Special Report of Working Groups I and II of the Intergovernmental Panel on Climate Change 3-21 (2012). " (Changing climate leads to changes in the frequency, intensity, spatial extent, duration, and timing of extreme weather and climate events, and can result in unprecedented extreme weather and climate events. ") See *USGCRP, CLIMATE SCIENCE SPECIAL REPORT: FOURTH NATIONAL CLIMATE ASSESSMENT*, at 470 (US Global Change Research Program, 2017).

❷ Alex Wang, *CLIMATE CHANGE POLICY AND LAW IN CHINA*, in OXFORD HANDBOOK OF INTERNATIONAL CLIMATE CHANGE LAW, at 636 (Oxford University Press, 2016).

❸ AIG, *AIG'S POLICY AND PROGRAMS ON ENVIRONMENT AND CLIMATE CHANGE*, at http://www.naic.org/documents/committees_ex_climate_survey_sample_responses_AIG.pdf（最后访问时间：2018年8月19日）; Trevor Maynard, *Climate Change: Impacts on Insurers and How They Can Help with Adaptation and Mitigation*, 33 Geneva Papers 140 (2008).

❹ Muthukumara Mani, Michael Keen & Paul K. Freeman, *DEALING WITH INCREASED RISK OF NATURAL DISASTERS: CHALLENGES AND OPTIONS*, at http://www.imf.org/external/pubs/ft/wp/2003/wp03197.pdf（最后访问时间：2018年8月19日）.

❺ United Nations Environment Programme Finance Initiative (UNEP FI), *CLIMATE CHANGE WORKING GROUP, ADAPTATION AND VULNERABILITY TO CLIMATE CHANGE: THE ROLE OF THE FINANCE SECTOR* 14 (2006), at http://www.unepfi.org/fileadmin/documents/CEO_briefing_adaptation_vulnerability_2006.pdf (Last visited on August 19, 2018). "It seems very likely that... there will be a 'peak' year that will record costs over 1 trillion USD before 2040".

然灾害最严重的国家之一，洪水、台风、干旱等灾害频发。全国每年因巨灾造成的直接经济损失高达约 250 亿美金，若将灾害救济等非直接经济损害计算在内，该数额只会更高。[1] 以香港、广州和深圳这三个繁华都市所在的珠三角地区为例，该区域人口密集却又频繁遭受台风和洪水的侵袭，相较于世界上其他大都市，更多的人处在灾害风险之中。[2]

目前中国应对巨灾风险的机制仍是举国体制。所谓“举国体制”，是指在有限的时间内，由政府发挥影响，调动全国资源应对挑战，以维护国家利益。[3] 这一机制基本不涉及私人保险和社会保险机制，而是一种应急灾害救助体系。本文将探讨和研究在中国如何通过政府和保险业的公私合作机制来减轻气候变化风险和对气候灾害进行赔偿。这一问题极具重要性，却常常被忽视。

保险业积极参与了 2015 年 12 月在巴黎举行的联合国气候大会，并提供了应对气候灾害风险的融资产品。[4] 然而，几乎在每一个国家，推行保险制度来应对气候灾害都面临着一系列的挑战，承保巨灾保险面临着供给和需求的双重障碍。除各国普遍面临的困难之外，中国由于特殊的国情，想要成功运用保险制度来应对气候变化，还面临额外的挑战。

尽管不存在一个完美的办法以解决所有问题，但本文力求提出一个应对上述挑战的路径，以构建一套公私结合的机制来应对全球变暖和中国的气候灾害问题。为了表达的准确，此处需作说明，极端天气灾害如飓风、洪水、台风和暴风雪等，通常被归类为巨灾。[5] 各学者和机构对巨灾风险下了许多定

---

[1] Department Of Civil Affairs Of People's Republic Of China, *STATISTICAL REPORT ON THE DEVELOPMENT OF CIVIL AFFAIRS* (1990—2008), at http://news.xinhuanet.com/video/2009-05/24/content_11427652.htm & http://wenku.baidu.com/view/788dd93067ec102de2bd89d2.html（最后访问时间：2018 年 8 月 19 日）.

[2] SWISS RE, *MIND THE RISK: A GLOBAL RANKING OF CITIES UNDER THREAT FROM NATURAL DISASTERS*, at http://media.swissre.com/documents/Swiss_Re_Mind_the_risk.pdf（最后访问时间：2018 年 8 月 19 号）.

[3] Shi Peijun & Zhang Xin, *Chinese Mechanism against Catastrophe Risk: the Experience of Great Sichuan Earthquake*, 28 Journal of Tsinghua University (Philosophy and Social Sciences) 96-113 (2013).

[4] Donald T. Hornstein, *Lessons from US Coastal Wind Pools about Climate Finance and Politics*, 43 B. C. Envtl. Aff. L. Rev. 345, 345 (2016).

[5] The distinction between fundamental and particular risks is based on the discussion of hazard by Kulp. Fundamental risks are those caused by conditions more or less beyond the control of individuals and involve losses affecting a large proportion of the population. See Clarence Arthur Kulp, *CASUALTY INSURANCE: AN ANALYSIS OF HAZARDS, POLICIES, INSURERS, AND RATES*, at 3-4 (Ronald Press Co., 1956).

义，[1] 本文将气候灾害定义为：由气候变化引起的、发生频率低但造成巨大人身和财产损失的灾难性自然事件。

二、中国气候变化风险管理：前途光明却充满挑战

在应对全球气候变化的斗争中，存在着多种法律和商业机制来减少温室气体排放、减轻巨灾风险和弥补巨灾损害，如政府直接干预、私人保险制度和以巨灾债券为代表的保险证券化。然而，到底是上述某一机制独自运行还是将这些机制相结合，才能以兼顾效率和公平的方式来有效减少温室气体排放和弥补巨灾损失？目前关于这一问题的争论仍十分激烈，尤其在自然灾害频发的地区，比如美国、中国和欧盟地区。

现实中，政策制定者的本能反应是采取政府干预和政府管控的方式，所以许多环保法规都规定了温室气体排放的禁令和上限。然而，仅靠政府对气候变化进行监管的局限性日益显露，政治敌对和缺乏共识都会阻碍有效监管。比如，特朗普上任后宣布退出《巴黎协定》，这与奥巴马在任期间作出减少美国碳排放的承诺相比，无疑是一大倒退。[2] 再者，尽管出台了严苛的规章制度，但实际执行效果却远不如预期。政府规章往往适得其反，进一步加剧了全球变暖，因为企业、公民乃至地方官员总能想尽一切合法的或非法的办法来躲避监管。

鉴于上述种种弊端，业界开始更加关注如何运用市场的力量来完善政府对气候变化风险的监管。纵观全球，有以下几类做法：第一，在某些国家，政策制定者对碳排放设置上限，从而为碳排放交易创造了市场。例如，中国于

---

[1] For example, scholar VéroniqueBruggeman defines such risk as a rapid onset, single－event disaster that causes a substantial amount of damage that involves numerous victims. Erik Banks has expanded the definition from the traditional view of a single event that causes sudden changes to include instances of a gradual accumulation of many small incidents, perhaps precipitated by the same catalyst, leading to the same scale of damages or losses; such events may not actually be recognized as catastrophes until a long period of time has passed and many losses have accumulated. From the government perspective, for example, the Centre of Research on the Epidemiology of Disasters (CRED) treats catastrophe risk as "a situation or event, which overwhelms local capacity, necessitating a request to national or international levels for external assistance; an unforeseen and often sudden event that causes great damage, destruction and human suffering." According to the Federal Emergency Management Agency (FEMA) of United States, an event where related federal costs reach or exceed USD500 million is deemed a "catastrophe". See *Véronique Bruggeman*, COMPENSATINGCATASTROPHE VICTIMS: A COMPARATIVE LAW AND ECONOMICS APPROACH, *at* 7 (*Kluwer Law International*, 2010); *Erik Banks*, CATASTROPHE RISK, ANALYSIS AND MANAGEMENT, *at* 5 (*Wiley Publishing*, 2005); THE EM－DAT GLOSSARY, THE INTERNATIONAL DISASTER DATABASE, *at http*: *//www.emdat.be/glossary/9#term81* (最后访问时间：2018 年 8 月 19 日); *US GAO*, EXPERIENCES FROM PAST DISASTERS OFFER INSIGHTS FOR EFFECTIVE COLLABORATION AFTER CATASTROPHE EVENTS, *at* 2 (*GOVERNMENT ACCOUNTABILITY OFFICE*, 2009).

[2] Michael D Shear, *TRUMP WILL WITHDRAW U.S. FROM PARIS CLIMATE AGREEMENT*, N.Y. TIMES, at https://www.nytimes.com/2017/06/01/climate/trump－paris－climate－agreement.html (最后访问时间：2018 年 8 月 19 日).

2017年发布了关于开启全球最大碳排放交易市场的计划。[1] 第二，在证券领域，许多国家要求上市公司定期披露其在节能减排方面的作为。第三，在相关公司治理领域，机构投资者不断向企业施加压力，使其认识到全球变暖的危机并积极应对危机。例如，在美国，以 Hartford 和 Travelers 为代表的股票保险公司在应对气候危机方面，比 American Family、Nationwide 和 State Farm 这样的相互保险公司面临更大的压力，因为这些股票保险公司由更为成熟的投资者掌控。[2] 最后，不论是通过对巨灾损失的弥补，还是以私人监管者的角色来对被保险人施加减轻风险的要求，保险业在弥补和减缓气候变化带来的全球性风险方面的作用日益显著。

政策制定者们愈发认识到仅靠政府是不能应对气候灾害风险的。在美国和欧洲，保险制度在管理全球气候变化方面发挥的作用已受到极大的关注。作为世界上温室气体排放量最大的国家，中国对于《巴黎气候变化协定》的贯彻和落实一直保持着积极的态度。然而，关于保险制度在这其中的作用，在国内却缺少关注和讨论，中国管理巨灾风险的机制仍然停留在举国体制。

笔者认为，在中国进行巨灾风险管理，私人保险制度是比仅靠政府管理更好的出路。保险作为一种风险管理工具，能够积极有效地弥补巨灾带来的损失。与政府提供或政府资助的赔偿机制相比，私人保险在许多方面都有巨大优势。在充分竞争的市场中，私人保险能够提高效率并减少交易成本和逆向选择。

此外，私人保险不仅能够实现灾后救济，更能在损失发生之前以私人监管/社会治理的形式、基于合同对于被保险人的行为进行激励和管控。[3] 当保险人承保巨灾风险时，他们有动力去减少风险和相关损失以减少赔付。通过风险定价、合同设计等方式来规制被保险人的行为，私人保险可以对政府监管起到替代或补充作用。总之，保险制度不仅可以弥补受害者的损失，更可以从源头上减轻气候变化风险。

尽管保险制度有诸多优势，推广保险制度来应对气候变化在各国都遇到了一系列挑战，承保巨灾保险在供给和需求两个层面都困难重重。在供给层面，保险人的偿付能力有限使得承保过程举步维艰，保险公司缺乏动力和能力来减轻气候变化风险或是为巨灾风险提供足够且定价合理的保险产品。另一方面，

---

[1] Keith Bradsher & Lisa Friedman, *CHINA UNVEILS AN AMBITIOUS PLAN TO CURB CLIMATE CHANGE EMISSIONS*, N. Y. TIMES, at https://www.nytimes.com/2017/12/19/climate/china-carbon-market-climate-change-emissions.html（最后访问时间：2018年8月19日）.

[2] Joseph MacDougald & Peter Kochenburger, *Insurance and Climate Change*, 47 J. Marshall L. Rev. 719, 730-745 (2013).

[3] Omri Ben-Shahar & Kyle Logue, *The Perverse Effects of Subsidized Weather Insurance*, 68 Stan. L. Rev. 571 (2016).

从需求层面上看，高额的保费、消费者行为的反常性和政府的紧急救助使得消费者购买巨灾保险的需求不足。但这些挑战和问题并非没有解决之道，只是需要要进一步的思考和探索。

除上述各国遇到的普遍困难，中国因为其特殊的国情和语境，还面临着额外的挑战。首先，因为中国从计划经济转型至市场经济时间不长，财产保险和巨灾保险市场仍很不成熟，大多数居民甚至没有家财险保险（在美国家财险保险是应对气候灾害的最主要工具）。其次，在举国体制下，国民更加依赖政府去应对灾害，而不是保险公司。1950 年到 1978 年间，计划经济时期私人保险制度的缺失使得中国的消费者比成熟的市场经济体制下的消费者更加依赖国家紧急援助。这导致了中国面临的第二个困难，即政府在气候灾害防治领域的参与度。长久以来，中国政府在预防和减轻巨灾损失上投入巨大，如今政府在灾害应对和损害补偿方面仍发挥着巨大作用。在中央集权的政治体制下，自然灾害的发生甚至为政府提供了一个展现其可靠、负责任形象的独特契机。因此，政府有动力通过举国体制下的救灾机制来提高人民的忠诚度。再次，目前保险行业对于气候灾害的偿付能力不足，中国财产保险公司的资金总额远低于自然灾害所造成的损失。最后，巨灾数据的缺失使得保险人难以确认、量化和估算灾害发生的几率从而设计保费。截至目前，中国仍未完成相关数据的收集工作，还有待在未来进一步完善。

成熟的运作机制如再保险和保险证券化可以增强中国私人保险行业的偿付能力，但是这两个机制在中国都方兴未艾，缺乏相应的资源支持。目前，中国再保险股份有限公司是中国唯一一家国有再保险公司。进一步扩大对外开放、引进国际再保险公司有助于解决上述问题。尽管在中国加入世贸组织后，再保险市场就开始对外开放，但目前只有少数再保险公司，如瑞士再保险公司和慕尼黑再保险公司在中国开展业务，且这些再保险公司的业务也都处于起步阶段。

在有着诸多挑战的情况下，保险行业要想成为应对全球气候变化的有力工具，政府的支持举足轻重。巨灾频发意味着政府会一直扮演重要角色，但政府的作用应该是间接性和监管性的，比如财政支持以政府作为最后再保险人的再保险项目，而不是像现在这样直接对损失提供赔偿。即使只是监管性的作用，也带来一个问题，即对于保险行业现有的市场规范。例如保费合理定价、免赔额、共同保险以及一旦发现被保险人存在道德风险可以取消保险，政府的介入或不当监管是否会削弱这些规范的作用。

同美国和欧洲相比，中国作为转型经济体，有着独特的历史背景和政治经济体制。为了构建一个目前尚不存在的、以市场为基础的巨灾保险体系，公私多元合作显得尤为重要。尤其是政府需要采取措施促进私人保险行业的发展。

为了提高巨灾保险的偿付能力，政府还需进一步加强再保险行业和保险证券化。尽管不存在一个完美的办法来解决所有问题，但本文力求于提出一个应对上述挑战的路径，以构建出一套公私领域相结合的机制来应对全球变暖和中国的气候灾害问题。

三、我国多层级巨灾保险制度构建的设想

2018 年是汶川大地震发生十周年。汶川地震造成的经济损失，在人类历史上位居第二。[1] 地震使超过五百万人流离失所，给当地民众的财产和房屋造成了巨大损失，这一数字有可能高达一千一百万。[2] 但是，受灾人群中仅有很少的一部分持有保险。汶川地震影响之深不仅体现在伤亡人数和实际经济损失上，更是给政策制定者敲响了警钟：只有改革类似于地震风险的巨灾保险体系，才能挽救更多的生命和减少潜在经济损失。下文将简要论述我国多层级巨灾保险制度构建的设想。

（一）强制保险

中国应对强制巨灾保险予以重视。强制保险可以消解居民关于购买灾害保险的偏见，提高其预期效用。[3] 又因为强制保险将低风险人群留在了风险池内，还可以减少逆向选择。[4] 强制保险还能进一步减轻损害。正如 Telesetsky 教授所言，“推行强制保险最重要的原因就是督促从业者在利益驱动的保险行业内有所行动”。[5] 在强制私人保险的框架内，为降低保费，个体会采取相应的措施以降低风险。[6]

要求灾害多发地区的房主购买灾害险是解决中国保险市场需求失常问题的可行办法。因为缺乏相关法律规定，银行不愿意要求房主购买巨灾保险，就连常见的盗险、火险都不是抵押、贷款和其他金融服务的必要前提，更不用说巨灾风险了，尽管央行在 1998 年颁布的《个人住房贷款管理办法》中明确规定“以房产作为抵押的，借款人需在合同签订前办理房屋保险或委托贷款人代办

---

[1] 就造成的经济损失而言，最严重的是 2011 年日本东北地方太平洋近海地震。

[2] Jake Hooker，*TOLL RISES IN CHINA QUAKE*，*NEW YORK TIME*，at https：//www.nytimes.com/2008/05/26/world/asia/ 26quake.html（最后访问时间：2018 年 8 月 19 日）.

[3] Howard Kunreuther& Mark Pauly，*Rules Rather than Discretion*：*Lessons from Hurricane Katrina*，33 Journal of Risk and Uncertainty 101 - 116（2006）.

[4] David Moss，*WHEN ALL ELSE FAILS*：*GOVERNMENT AS THE ULTIMATE RISK MANAGER*，at 50（Harvard University Press，2004）.

[5] Anastasia Telesetsky，*Insurance as A Mitigation Mechanism*：*Managing International Greenhouse Gas Emissions through Nationwide Mandatory Climate Change Catastrophe Insurance*，27 Pace Envtl. L. Rev. 691（2010）.

[6] Howard Kunreuther，*Mitigating Disaster Losses through Insurance*，12 Journal of risk and Uncertainty 171 - 187（1996）.

有关保险手续”。[1] 但是，2006 年中国银行业监督管理委员会出台了一项通知，将银行从此前要求的规定中解放出来，这是银行为扩展住房贷款业务进行游说的结果。[2] 从历史经验来看，与其要求银行将巨灾保险设为信贷服务的前提，不如直接对财产所有者实行强制灾害保险。

强制巨灾保险还可以解决保险公司承保范围不足的问题。关于这一点，将美国加州和智利的做法进行对比研究，对我国的实践有指导意义。在美国加州，对于居住在地震区的居民并无购买保险的强制要求，银行也不将之作为申请房屋抵押贷款的必要条件。2015 年，在面临地震灾害风险的居民中，只有 10.23%的人购买了地震险。[3] 相比之下，智利的做法要成功的多。在 2010 年，四百万家庭中约有四分之一申请了住房贷款，这其中购买巨灾保险的比例高达 96%，因为政府强烈建议他们购买地震险。[4] 同时，在没有申请住房贷款的房主中，只有 3%的房主有抵御地震灾害风险的保险。[5]

上述对比表明，在中国，推行强制巨灾保险能大幅提高财产所有者购买保险的比率。为使这种强制性要求更易被民众接受，应该把洪水和地震都捆绑进一般家财险的承保范围。如此一来，居民购买保险的比率将大幅提高。[6]

（二）以公私合作机制推行巨灾保险

在激励减少灾害风险从而减少赔偿成本方面，保险人处在一个比政府更有利的位置。但是，由于相关气候灾害的挑战，保险人并不愿意承保巨灾相关的风险。巨灾保险人面临着供给和需求的双重障碍，即难以开发新的保险产品和提供足额的赔付。这就为政府的介入，或者说与政府合作提供了正当理由。在公私合作的机制下，政府适当介入可以解决保险业发展供、需两方面难题。实践中，这种机制将会是最佳选择。

为在中国建立一个可行且可持续的巨灾保险公私合作机制，以下两个原则至关重要。

第一个，将保险公司视为私人风险监管机构。鉴于巨灾损失与人类活动有关（至少部分有关），例如人口向基础设施老化和降低风险措施投资不足的脆

---

[1] 《个人住房贷款管理办法》（1998 年）第 25 条。

[2] Johanna Hjalmarsson & Mateusz Bek，*LEGISLATIVE AND REGULATORY METHODOLOGY AND APPROACH：DEVELOPING CATASTROPHE INSURANCE IN CHINA*，in INSURANCE LAW IN CHINA，at 202（（Routledge，2015）.

[3] Daniel Marshall，*An Overview of the California Earthquake Authority*，21 Risk Management and Insurance Review 73－116（2018）.

[4] Michael Useem，Howard Kunreuther & Erwann Michel－Kerjan，*LEADERSHIP DISPATCHES：CHILE'S EXTRAORDINARY COMEBACK FROM DISASTER*，at 121－122（Stanford University Press，2015）.

[5] 同上。

[6] Howard Kunreuther & Mark Pavly，*Rules Rather than Discretoon：Lessons from Harrcceme Katrina*，33 Journal of Risk and Umcertainty 101－116（2006）.

弱地区迁移，保险制度能够通过对高风险行为的威慑来控制风险和相关损失。保险作为私人监管者对于协调被保险人在减少灾害风险方面的利益至关重要。幸运的是，为实现利益最大化，保险公司有动力且有能力监管被保险人以降低赔付。“如果一家保险公司可以通过降低其支付索赔的风险来降低保费，它就能够通过收取较低的保费来削弱其竞争对手，从而吸引更多的业务。市场因素驱使保险公司降低风险，而不是利他主义。”❶ 例如，通过保险费率分类，责任保险可以基于被保险人的行为记录而收取保费，从而促使被保险人谨慎行事。实践中，基于此种可控性，保险法也不禁止保费分类行为，这支持了保险的行为控制功能。在灾难发生前支付保险费，让被保险人有机会认识到自己在灾难面前的脆弱，这对被保险人的行为产生了积极影响。❷ 与政府相比，信息发达且身处竞争之中的保险公司具有管理道德风险的能力。❸

同时，保险公司有许多降低风险的技术，如风险定价、免赔额、除外条款和减损服务，这些技术的运作效果得到了广泛认可。❹ 通过提供有效的激励措施、运用监管技术和监督被保险人的行为，保险公司可以控制道德风险，促进被保险人做出符合成本效益的行为，从而有助于减轻气候灾害。

第二，以政府介入为最后手段（last resort）。政府需要采取措施，使保险公司能够为灾害频发地区的居民提供灾害保险，并帮助有需要的居民购买这种保险。同时，对于防范私人巨灾保险无法承保的其他巨灾损失，政府也必须发挥作用。

中国政府可以通过再保险的方式帮助承保气候灾害的原保险公司解决其承保能力不足的问题。与私营部门相比，政府的信贷能力最强，可以通过税收或灾后发行债券或政府债券有效、快速地筹集资金。❺ 众所周知，政府有能力避

---

❶ John Aloysius Cogan Jr.，*The Uneasy Case for Food Safety Liability Insurance*，81 Brook. L. Rev. 1495，1522（2016）.

❷ George Priest，*The Government，the Market and the Problem of Catastrophic Loss*，12 J. RISK &UNCERTAINTY 221－225（1996）. Arguing that private insurance is able，via the control of moral hazard by insurers，to provide incentives for mitigation of disaster risks.

❸ By utilizing the methodologies of actuarialism，private contracting，and *ex post* claim investigation，insurers can easily collect customer's purchasing information，thereby replacing the government. See Omri Ben－Shahar& Kyle D. Logue，*Outsourcing Regulation：How Insurance Reduces Moral Hazard*，111 Mich. L. Rev. 197（2012）. It is generally believed that insurance markets tend to be highly competitive with respect to price. See Daniel Schwarcz，*Regulating Consumer Demand in Insurance Markets*，3 Erasmus L. Rev. 23，43（2010）.

❹ Tom Baker & Peter Sicgelman，*THE LAW & ECONOMICS OF LIABILITY INSURANCE：A THEORETICAL AND EMPIRICAL REVIEW*，in RESEARCH HANDBOOK IN THE ECONOMICS OF TORT，at 169－195（Edward Elgar，2013）.

❺ Louis Kaplow，*Incentives and Government Relief for Risk*，4 Journal of risk and Uncertainty 167－175（1991）.

免私人再保险的承保周期，从而促进保险公司对灾难保险的供应。[1] 同时，作为再保险公司的政府不会干涉私营保险公司的业务，诸如承保政策，收取保费和支付索赔等，从而确保私人保险市场能够继续在气候灾害适应和减缓方面发挥主导作用。[2] 实际上，许多国家都制定了政府的再保险模式，以应对地震和恐怖主义风险。[3] 由此我们可以合理地设想这种模式也可以成为应对中国气候灾害风险的可行方法。

此外，政府应该成为低收入居民的最后救济。为使低收入人群能够负担得起保险，政府应给予其特殊待遇。只有当保险公司实行风险定价时，才会从经济上激励被保险人采取改进和减损措施来降低保费。[4] 然而，这对由于预算限制而生活在脆弱地区的低收入居民来说，无疑是个难题。[5] 政府可以向这部分购买保险的居民提供优惠，以帮他们负担部分保费，同时也能保留反映风险程度的保费。[6]

（三）深圳模式的改进与完善[7]

2014 年，在政府财政的支持下，深圳在全市范围内开始了“巨灾保险试点”。这是中国政府首次尝试以巨灾保险的方式在市一级行政单位来分散气候变化带来的风险。[8] 深圳位于自然灾害频发地区，但同时这座城市经济繁荣，资产充足，且目前还是减少温室气体排放进行碳交易的试点，这些因素使得深

---

[1] Reinsurance's underwriting cycles refers to the tendency of insurance markets to go through alternating phases of “hard” and “soft” markets. A hard market leads to decreased supply but increased premium, whereas in a soft market, coverage supply is plentiful and prices decline. See David Cummins & Olivier Mahul, *CATASTROPHE RISK FINANCING IN DEVELOPING COUNTRIES: PRINCIPLES FOR PUBLIC INTERVENTION*, at 194 (The World Bank Group Press, 2009).

[2] Michael Faure, *CLIMATE CHANGE ADAPTION AND COMPENSATION*, in RESEARCH HANDBOOK ON CLIMATE CHANGE ADAPTATION LAW, at 134 (Edward Elgar, 2013).

[3] For example, Turkey (Turkish Catastrophe Insurance Pool), Japan (Japan Earthquake Reinsurance Co.), the UK (Flood Re, insurers can cede the riskiest properties to the Flood Re pool at a discounted price) and the US (Terrorism Risk Insurance Program and the Florida Hurricane Catastrophe Fund, an example of state - level reinsurance).

[4] Howard Kunreuther, *The Role of Insurance in Reducing Losses from Extreme Events: The Need for Public - Private Partnerships*, 40Geneva Papers on Insurance 741 - 762 (2015).

[5] 同上。

[6] Howard Kunreuther& Rosemary Lyster, *The Role of Public and Private Insurance in Reducing Losses from Extreme Weather Events and Disasters*, 19 Asia Pacific Journal of Environmental Law 29, 42 - 43 (2016).

[7] The description of Shenzhen Model draws on the co - author's article, see Anastasia Telesetsky& He Qihao, *Climate Change, Insurance and Disasters: Is the Shenzhen Social Insurance Program a Model for Adaptation*, 43 B. C. Envtl. Aff. L. Rev. 485 (2016).

[8] Susan Munro & Amy Wang, *CHINA ANNOUNCES POLICIES TO ACCELERATE DEVELOPMENT OF CHINESE INSURANCE INDUSTRY*, STEPTOE & JOHNSON LLP, at http://www.steptoe.com/publications-9727.html（最后访问日期：2018 年 8 月 19 日）.

圳成为这次巨灾保险试点的完美选择。[1]

深圳巨灾保险的架构由三个不同层级却又彼此关联的保险组成。第一个层级是政府巨灾救助保险，由深圳市政府从中国人保深圳分行处购买，用以为所有居民提供基本补助。这种保险是一种损害赔偿保险，即当受害者在灾害中受伤或死亡时，由保险公司来支付医药费和抚恤金。第二个层级是由深圳市政府管理的巨灾基金，资金来源包括政府财政拨款、社会捐助和投资所得。第三个层级是涵盖财产损失的私人巨灾保险，相较于前两个有政府资金支持的保险，第三个层级完全是由保险公司运行的。

深圳模式是一个良好的开端，但仍有诸多不完善之处。通过一些改革和创新，深圳可以进一步打造一个多层级、公私合作的巨灾保险体系来减轻气候灾害风险。从保险公司为居民提供保险产品所得利益出发，遵循上述两项指导原则，拟议的新深圳模式旨在为中国未来的巨灾保险体系打下基础。

为了更好地减轻风险，应该由私人保险公司而不是政府来运行新深圳模式。在多层级的公私合作框架之下，层级间的风险转换，需得到公私领域的双重支持，具体做法包括开展以风险教育和降低风险为中心的活动等。[2] 笔者建议深圳模式可以进行以下改善。

第一层级的巨灾损失应由被保险人的自身保险所覆盖（以成本分摊机制和免赔额的形式）。第一层级的保险能够激励被保险人降低风险，预防道德风险。

第二层级的保险是私人保险公司提供的、基于风险定价的强制巨灾保险。将私人保险置于第二层级，不仅能够带来更准确的巨灾风险定价，还能够在减少损失的同时，激活保险对气候变化风险的监管作用。

第三层级由私人保险和保险证券化构成。这两个机制可以将原本由初始保险人承担的巨灾损失在市场经济中进行分散，进而加强保险公司的赔付能力。

第四也是最后一个层级应该是政府财政支持的支柱（比如政府资助的再保险机制），这条底线可以帮助承担超过此前预计的风险，从而为私人保险设立了赔付的上限。这种设立赔付上限的做法不仅从源头上鼓励了私人保险公司的参与，而且还成为整个多层级机制的最后一道救济。

四、结语

总之，由政府主导的命令控制式监管和灾害救济并不足以应对气候变化风

---

[1] Wang Jiajun, *Research on Legislation Pattern of Catastrophe Insurance in Major City of China*: *Based on Study on Pilot Work of Catastrophe Insurance in Shenzhen*, 29 J. POSTGRADUATE ZHONGNAN U. ECON. & L. 81, 81-87 (2013).

[2] Carolyn Kousky& Howard Kunreuther, *Risk Management Roles of the Public and Private Sector*, 21 Risk Management andInsurance Review 181-204 (2018).

险，而私人保险机制则有望在灾害赔偿和减少损失两方面都承担重要角色。

作为人类最伟大的发明之一，保险制度是降低风险的有效工具。[1] 它可以帮助个人转移风险，用保费这样一笔相对小的支出，换取对大额不确定经济损失的赔付。相较于政府干预，有着更低交易成本和更少逆向选择的保险制度，能够在竞争市场中高效运转，从而成为应对巨灾风险的更优选择。同时，保险制度越来越多地充当风险监管的角色，替代或是辅助政府监管。保险人或多或少地都会在保险产品中运用风险定价、合同设计（如限制条款、免赔额、共同赔付和免除条款）、损失预防、索赔管理和拒保等措施。保险人一方面可以利用这些设计来减少道德风险，另一方面也可以激励被保险人降低风险。有学者表达过"保险人是私人监管者"的观点，[2] 笔者深以为然。如果能有效落实上述产品设计，保险人确实能够在降低灾害风险方面作出独特的贡献。但是需要注意的是，由于政府干预的存在，实践中使用这些措施的可能性受到了很大的限制。例如，政府往往会禁止保费收取时的区别对待（为了让更多的人负担得起保险产品），或是规定保险公司不得拒绝赔付（为了保证所有公民在巨灾保险前一律平等）。由于上述政府干预的存在，许多法律体系下的保险人无法充分发挥其私人风险监管者的角色。

从世界范围来看，政府不断扩张其在巨灾救援、救济和赔偿方面的作用。政府在这些领域投入的资金急剧增长，这一趋势在美国、欧洲和其他一些地区尤为明显。[3] 同样的状况也在中国上演着，长久以来中国政府在应对灾害方面扮演着不可或缺的角色。尽管如此，中国还是应该对其举国体制下的巨灾应对方式进行改革。在中国，保险业能否在管理巨灾风险上比政府做得更出色？对于这一问题的回答是肯定的。也许更恰当的表达是，将举国体制和巨灾保险相结合，才能充分发挥市场经济和政府的优势。诚然，举国体制在紧急救助方面的作用显而易见。但除此之外，政府应鼓励实行巨灾保险去应对风险融资和损失赔偿，并支持此类保险的发展。

简单地断定政府干预必然是不可取的，显然为时尚早。然而我们仍能得出

---

[1] Howard Kunreuther, Mark V. Pauly & Stacey Mcmorrow, *INSURANCE AND BEHAVIORAL ECONOMICS: IMPROVING DECISIONS IN THE MOST MISUNDERSTOOD INDUSTRY*, at 13 (Cambridge University Press, 2013).

[2] Omri Ben-Shahar & Kyle D. Logue, *Outsourcing Regulation: How Insurance Reduces Moral Hazard*, 111 Mich. L. Rev. 197 (2012).

[3] David Cummins, Michael Suher & George Zanjani, *FEDERAL FINANCIAL EXPOSURE TO NATURAL CATASTROPHE RISK*, in MEASURING AND MANAGING FEDERAL FINANCIAL RISK, at 61-92 (University of Chicago Press, 2010); *EUROPEAN COMMISSION, DISASTER RISK REDUCTION: INCREASING RESILIENCE BY REDUCING DISASTER RISK IN HUMANITARIAN ACTION, DG ECHO THEMATIC POLICY DOCUMENTS*, at http://ec.europa.eu/echo/files/policies/prevention_preparedness/DRR_thematic_policy_doc.pdf (最后访问时间：2018年8月19日).

这样一个有趣的结论：可以将政治迫切性（例如提供所有人都负担得起的巨灾保险）融合进一个模型，在此模型中，保险人仍可以适用其技术措施来减少灾害风险。政府充当最后的救济是一种理性的选择，因为它不仅可以利用政府的信贷能力（作为最后的手段）去支持商业巨灾保险公司，更重要的是，这给保险公司发挥其作为私人监管机构提供空间，从而替代或补充旨在减少灾害风险的公共监管。这种公私合作机制成为许多国家发展巨灾保险的模式。中国，也应尽快考虑以此种机制来应对不断增加的巨灾风险。

责任保险在中国发展的机遇与挑战

——以诉讼财产保全责任险为例

姚　军　许从吾[1]

一、责任保险面临的机遇与挑战

责任保险是保险业中产生较晚，但发展极为迅速的险种，其保险标的是被保险人对第三人应负的民事赔偿责任。通过责任保险，无论加害人是否具有赔偿能力，受害人均可得到保险人赔付的保险金，从而有效化解了社会矛盾、减轻了政府压力，使得社会管理效率显著提升。

责任保险是西方发达国家财产险行业最重要的险种之一，但我国责任险保费收入在财产险中所占比例较低。随着我国经济和社会制度发展健全，责任保险的功能正在逐渐被政府和各行各业所重视，未来中国责任险发展的潜力巨大。

从国家政策层面来看，2014 年国务院印发《关于加快发展现代保险服务业的若干意见》（国发〔2014〕29 号），该意见第（八）条要求“发挥责任保险化解矛盾纠纷的功能作用……把与公众利益关系密切的环境污染、食品安全、医疗责任、医疗意外、实习安全、校园安全等领域作为责任保险发展重点，探索开展强制责任保险试点”。此后，有关部门陆续出台相关责任险的指导意见，试点工作逐渐铺开。

除政策利好外，责任险相关法律法规也得到了进一步完善。我国现行有效的《保险法》中仅有第 65 条、第 66 条对责任险进行了规定，但 2018 年 9 月 1 日起施行的《保险法》司法解释（四）第 14 条至第 20 条对责任保险问题做出了专门规定。该司法解释中的部分条款对《保险法》中不明确的规定进行了完善，如认定被保险人对第三者应负的赔偿责任确定的几种情形、被保险人怠于请求的情形等；部分条款则填补了《保险法》中的部分空白，如责任保险诉讼

---

[1] 许从吾，中国平安财产保险股份有限公司，公司律师。

时效的起算、保险人的和解参与权等。

相关统计数据显示，2007 年至 2017 年，责任保险保费收入由 66.6 亿元增长到 446.9 亿元，保费增长率始终维持在 10%以上。责任保险已成为车险外的第二大险种，2017 年保费规模超出企财险 59.2 亿元。

与此同时，责任保险在中国的发展仍面临不小的挑战。根据统计数据，近十年来我国责任险保费收入逐年增加，每年的增长率均维持在两位数，但与发达国家责任保险市场相比，还存在巨大的差距。造成此种差距的原因之一是我国责任险发展起步较晚，民众没有相关的保险意识。此外，我国《保险法》第 11 条第 2 款规定，“除法律、行政法规规定必须保险的外，保险合同自愿订立”，因此强制责任保险只能以国家立法形式推动。截至目前，我国现行法律、行政法规中仅规定了极少数的强制责任保险，如《道路交通安全法》第 17 条规定“国家实行机动车第三者责任强制保险制度”；而呼声颇高的环境污染强制责任保险、食品安全强制责任保险等，均未能强制推广施行。

鉴于责任保险在我国起步晚、发展时间短，既缺少立法强制作为推广手段，广大民众也对这一险种缺乏认知和了解，因此，无论是从立法层面还是民众意识层面，责任保险在中国都还有相当长的路要走。

二、诉讼财产保全责任险的问世与面临的困难

除传统的责任保险外，根据我国国情的需要，也有一些新的责任保险险种问世，其中最典型的代表就是诉讼财产保全责任险。诉讼财产保全责任险简称诉责险，是指由保险公司依照与申请人缔结的保险合同，承担申请人可能承担的申请保全错误风险后，向法院出具保函，保证当保险事故发生即申请人的申请保全错误造成被申请人财产损失时，由保险人代替申请人承担对被申请人的赔偿责任的保险。

与传统的诉讼保全手段相比，诉责险费率低，且保单保函受到法院认可。该险种的推出，有效呼应了国家司法体制改革，切实解决了当事人“保全难”的问题，大幅降低了当事人保全成本，提高了法院的保全效率，也为当事人取得生效裁判后的执行提前夯实了基础。基于诉责险的前述优点，一经推出，诉责险便迅速占领了市场，全国各级法院基本实现落地使用。

诉责险问世之初，曾引起广泛争议。有人担心诉责险是否符合《中华人民共和国民事诉讼法》中诉讼保全担保的要求，以及是否符合监管规定。事实上诉讼保全担保与民法上的担保不同，前者指向法院这一公权力机关，后者则指向债权人；前者不具有从属性而后者具有从属性；前者在申请保全错误时将直接赔偿，后者则使债权人取得优先受偿的权利。诉责险当然不是一般的民事担保，但其符合诉讼保全担保的要求，这一创新产品丰富了诉讼保全担保的形

式。还有人担心诉责险是否符合监管对保险公司不得提供对外担保的规定，但这里的“对外担保”指的也是民事担保，而诉责险属于保险公司开展的保险业务，且该业务符合责任保险的特征，因此也无违反监管规定之虞。随着《最高人民法院关于人民法院办理财产保全案件若干问题的规定》的公布、施行，最高人民法院已认可了诉责险成为诉讼保全担保措施之一，相关争议就此也告一段落。

诉责险被推向市场已三年有余，随着诉责险提供保全担保的基础诉讼结案，诉责险面对的问题也逐渐显现出来。

第一，核保环节与一般的责任保险相比，诉责险的核保人员需要更高的法律专业素养，他们要根据被保险人与第三者之间的基础法律关系判断是否承保，而基础法律关系的判断不外乎人、事、物。基础法律关系中的“人”包括基础诉讼中的原告和被告，通常情况下，是由案件的原告作为诉讼财产保全的申请人，但如果原告根本不适格，就会面临被驳回起诉的可能性，此时极有可能导致申请财产保全被认定为错误。同样，如果被告不适格，被认定申请财产保全错误的几率也会大大增加。基础法律关系中的“事”指的就是基础案件的事实，投保人在投保时应当向保险人提供基础案件的相关材料，但保险人并未对提供材料的数量和质量作出硬性规定，再加上核保人员多数不具备法律专业背景，导致核保人员难以对基础案件事实作出初步有效的判断；如果最后法院认定诉讼财产保全申请人虚构案件事实，则保险人也有可能要承担申请财产保全错误的赔偿责任。基础法律关系中的“物”指的就是被申请保全的标的，该标的的权属、价值等，如果在核保时未能确认保全标的是否属于被申请人或标的价值是否与诉讼请求相当，则也有可能导致保险人最终承担申请保全错误的责任。综上，核保环节的风险识别可说是控制诉责险赔付率的第一道防线，但由于核保人员的法律功底参差不齐，目前很难在承保环节进行有效把控。

第二，保险人是否承担保险赔偿责任的前提是申请人是否构成申请财产保全错误，对这一问题，由于缺少明确的法律指引，不同的法院、法官对此认识不一。最高人民法院通过数个《最高人民法院公报》案例，基本确定了申请财产保全错误所承担的责任为一般侵权责任，其成立要件之一为申请人具有主观过错，如果仅是申请人的诉讼请求与法院判决之间存在差异，甚至申请人的诉讼请求完全没有得到法院支持，也不能以此认定申请人具有主观过错，因为申请人不具备法律专业素养，不能以专业人士的高度去要求一个普通的申请人。但笔者近期也曾见到某基层法院的判决，将基础案件判决未全部支持申请人的诉讼请求作为认定申请财产保全错误的理由，这足以证明部分裁判者对申请财产保全错误的认识还停留在表面。

第三，诉责险条款中约定，如果被保险人违反诉责险条款中设定的相关义务，保险人有权向其追偿，但实践中保险人能否成功追偿尚未有结论。鉴于责任保险的保险标的是被保险人对第三者应负的赔偿责任，保险人在赔付保险赔偿金后不享有代位求偿权，因此为了维护保险人的利益，保险条款中通常会设置保险人的免责条款。但在诉讼财产保全领域，法院只接受无条件的担保，这样才能保证在法院认定被保险人申请保全错误应承担赔偿责任时，保险人无条件履行赔付义务。故为了维护保险人自身的权利，诉责险条款中虽然未设置保险人免责条款，但约定当被保险人违反基础诉讼重大节点及时告知义务、未积极行使诉讼权利导致不利诉讼后果等造成保险人承担赔付责任时，保险人向被申请人先行赔付后，有权向被保险人追偿。

据笔者了解，目前尚未出现保险人赔付后向被保险人追偿的诉讼案件，但可以预见到的是，保险人向被保险人追偿的条款有可能被认定为格式条款、免责条款，如果被认定为格式条款中的免责条款，则保险人应当尽到提示和明确说明义务，而现有的保险条款中对该条款没有加粗加黑提示，因此可能面临该条款被认定不发生效力的情况。

三、小结

总的来说，责任保险在中国面临的机遇大于挑战。而以诉责险为代表的新型责任保险面世时间短，且与传统责任保险存在一定差异，在未来面对的困难与挑战将会更多。

参考文献

[1] 姚军，潘诗韵．诉讼保全担保引入责任保险的法律问题探讨［J］．私法，2017，28（02）．

[2] 殷剑峰，朱进元．转型与发展：中国经济和中国保险业［M］．北京：中国社会科学出版社，2014．

[3] 强文瑶，窦兴．诉讼财产保全责任保险的风险和控制——从一则案例谈起［J］．中国保险，2018（10）．

[4] 孙钰祥．诉讼财产保全责任保险可行性研究［J］．上海保险，2017（01）．

[5] 王雪，李勇，王月红．诉讼财产保全责任险的社会效益与风险审查［J］．中国保险，2018（01）．

[6] 伊鲁．诉讼财产保全责任险与恶意诉讼［J］．法制博览，2016（26）．

[7] 姜盛喜．中国责任保险现状及发展趋势［J］．中国市场，2018（34）．

[8] 陈丽娟，李辉．浅谈责任保险发展［J］．大众投资指南，2017（08）．

食品安全侵权救济的社会保险路径探讨

柳　芃[1]

摘　要　近年来，我国的食品安全事故频发，成为影响社会稳定的重大问题。食品安全事故涉及重大社会公益，属于社会保险救济的范畴。社会保险救济具有低成本、高效率、及时性等许多侵权法和责任保险所不具备的优点。我国应当建立符合我国国情的食品安全社会保险制度，与侵权责任和责任保险等救济方式结合，共同实现对受害者的充分、有效救济。

关键词　食品安全　社会保险　责任保险　侵权

近年来，我国的食品安全事故频发，“三聚氰胺”“苏丹红”“吊白块”“孔雀石绿”塑化剂等一系列事件不仅严重损害消费者的生命健康权益，甚至成为影响社会稳定的重大经济、政治和基本民生问题。发生食品安全事故后，如何有效救济受害人是一个重要问题。本文力图对食品安全侵权的社会保险救济路径进行探讨、分析。

一、国内外对于食品安全的不同救济模式

（一）国外救济模式

目前，在西方发达国家，对于食品侵权事故，主要有两种救济模式。一种以美国为代表，主要采取侵权责任与责任保险相结合的方式。尽管美国的责任保险主要采取自愿模式，但由于受美国司法方面的传统及文化影响，为避免被法院判处巨额赔偿金，美国的食品生产者和销售者都积极投保责任保险。因此美国的责任保险制度十分发达，覆盖面相当广。另一种则以德国等西欧国家为代表，主要采取的是社会保险和侵权责任相结合的方式。西欧国家自二战后被称为“福利国家”，其社会保险制度相当发达。这一方面与二战后欧洲国家的“福利国家”思潮影响有关。另一方面，也与其对于侵权法和社会保险等制度的功能定位有关。在欧洲，侵权法的功能定位主要在于预防与威慑，而社会保

[1] 柳芃，中国人民大学法学博士，青岛理工大学教师，研究方向为民商法。

险的功能定位主要是提供救济。因此，在欧洲各国，实践中产生的各种损害通常是由社会保险予以救助，只有在满足特定条件或为追求特定的、更高的目标时才适用侵权法。社会保险主要负责财产损失的救济，对于非财产损失，例如精神损害赔偿，则借助于侵权法。由于社会保险的程序十分便捷，所需满足的条件也远低于侵权责任的要求，虽然其不能像侵权责任那样提供全部损失的救济，但却能够及时有效地给予受害人必要的赔偿与救助。一旦发生食品安全事故造成人身伤害，受害人基本可以通过社会医疗保险以及各种相关种类的社会保险获得足够的救济。如果受害人需要进一步寻求非财产方面的损害赔偿，则可向法院提起侵权诉讼。

（二）我国救济模式

在我国，由于食品安全事故造成的损害相当严重，而且往往引发大规模侵权事件，单纯依靠传统的侵权法往往难以实现对受害人充分有效的救济。目前，建立食品安全责任保险制度应对食品安全事故已经基本成为社会各界的共识，理论界和实务界关于如何建立食品安全责任保险的观点及论著众多。责任保险是一种同时具有保障被保险人和受害人利益的救济机制，对于救济受害人，分摊损失，保障社会稳定等都具有积极意义。建立食品安全责任保险确实是一项对食品安全侵权事故进行救济的重要制度，但责任保险由于自身特点也存在一些不足之处，单纯依靠责任保险难以使受害人获得最充分的救济。而且现代社会，多元化的社会救济机制已经形成，并逐渐形成了侵权损害赔偿、责任保险、社会救助等多种救济机制并存的多元化受害人救济机制。社会保险是社会救助方式中的一项重要制度，虽然学界普遍赞同应当通过多种途径救助受害人，但对于如何利用社会保险制度则较少论及。

二、社会保险救济食品安全事故的正当性与必要性

社会保险是基于社会安定理念而由国家建立的一种社会保障制度，最早产生于职业伤害领域，德国是最早设立工伤保险制度的国家。随着社会的发展，社会保险的保险种类不断增加。目前主要包括养老保险、疾病保险、工伤保险、失业保险、生育保险等。社会保险涉及的问题往往都是重大社会公益和社会公平性质的问题。社会保险的功能除了安全保障、有效救济外，核心在于实现社会公平和保障社会稳定。“社会稳定的基础主要取决于人们心态的稳定，而心态稳定又来源于人们的安全感，健全和完善的社会保险能够为人们提供这种安全感。”

“民以食为天”“食以安为先”，饮食问题与生老病死一样是任何人都无法回避的问题。食品安全问题属于重大公益问题，它不仅严重损害消费者的身体健康，而且严重影响社会稳定，甚至对政府公信力及执政能力产生消极影响。

消费者普遍对食品安全缺乏安全感和信心，食品安全问题已经成为影响国家政治、经济的重大民生问题，理应纳入社会保险范畴。

对于食品安全问题是否应当纳入社会保险，我们还可以将其与工伤保险进行比较。工伤保险是最早纳入社会保险范畴的，在众多社会保险类型中也最具典型性。从社会保险的特点看，社会保险的一个重要特点在于它调整的是“未来社会关系”，“更多涉及人们未来需要”。根据这一特点，学者指出，“养老保险对全体社会成员具有必然性但对全体社会成员并不都具有现实性；工伤保险与疾病保险对全体社会成员都具有现实性却对全体社会成员并不具有必然性，尤其不具有现实必然性；生育保险与全体社会成员相关但只与部分社会成员直接联系；失业在社会成员身上发生的可能与频率呈上升趋势，但对于全体社会成员来说仍然只是或然的和未来的”。以此审视食品安全保险，会发现其与工伤保险、医疗保险性质相同，即对全体社会成员都具有现实性却对全体社会成员并不具有必然性，尤其不具有现实必然性。与生育保险和失业保险相比，则更有保障的必要性与优先性。

从社会保险救济的对象看，相比于其他社会保险的申请人，工伤保险申请人在工伤事故中遭受的伤害最严重。但工伤事故中，无论造成受害人死亡还是伤残，损害仅涉及受害人身体物理机能方面，而且仅限于当事人自身，不会损及后代，食品安全事故损害则具有复合性特点。由于现代化工因素的介入，食品安全事故造成的人身损害不仅仅是人员的死亡和伤病，许多情况下，食品中含有的有毒有害物质会破坏人体基因，产生遗传问题，例如造成不孕不育、婴幼儿先天性畸形、发育不良和各种怪异疾病等。由此产生了代际损害，即不仅损害当代人，还损害后代人。以此视之，食品安全问题造成的损害比工伤事故损害更为严重。因此，从各方面看，按照法律“举轻明重”原则，食品安全事故完全属于社会保险应当涵盖的范围。将其纳入社会保险是应有之义。

有观点认为我国属于发展中国家，受国家财力、人口数量等因素影响，实施广泛的社会保险制度并不现实。诚然，受基本国情制约，我们确实不可能采取像欧洲福利国家那样的高福利、高额度的社会保险救济模式。但可以根据国情建立适合我国实际的食品安全社会保险救济模式。“生活难以为继的情形并不是经济高度发达后才会出现的社会现象，而是与经济和社会发展同步和共生的社会现象。国家和社会所要做的不是等待经济的发展来消除这种现象，而是在经济发展的过程中解决问题。这些问题的解决是经济和社会发展的前提，未能解决或者解决不好反倒是经济和社会发展的障碍。因此，社会的高度进步和经济高速发展并不是社会保险立法的唯一前提，社会保险的立法条件在工业社会的任何时候都是存在的。”

而且即使是社会保险制度发达的欧洲国家，也没有任何一个国家否定侵权法的价值，没有用社会保险完全取代侵权法。都是采取多种救济制度相结合的方式。但侵权法具有成本高昂、耗时持久的特点。迟到的正义不是正义，迟到的救济与赔偿往往也会错过救济与补偿的最佳时机，难以发挥其真正的作用。而社会保险提供的是一种临时性的、过渡性的应急资金救济，可以为受害者在漫长的诉讼中提供基本的必需的生活保障，对于受害者起到必要的支撑作用，是十分重要的。社会保险救济金的获得能使受害人比在没有获得救济金时处于更有利的地位，使其更有能力为自己遭受的侵权损害主张权利，进行斗争。在我国，这种应急性、过渡性的救助金则更加具有迫切性与必要性。

三、社会保险模式的经济学优势

（一）社会保险效率更高，成本更低

侵权法通常被认为在实现救济受害人的过程中缺乏效率且成本过高，主要包括迟缓性、昂贵性、复杂性。

弛缓性，是指侵权案件的审理通常会耗费较长时间，一般来说，法院要在事故发生后很长时间才做出判决。有些案件甚至旷日持久。例如，英国相关统计数据显示，1987 年至 1988 年间，获得 15 万以上赔偿的侵权案件共有 153 件，平均处理时间为 5 年 4 个月。1990—1994 年，侵权案件审理的平均时间为 2.4 年。希腊的数据也显示，侵权案件一般至少耗费 5 年的时间。对于遭受损害亟须救助的受害人来说，最需要的就是及时迅速的救济。耗费较长时间对于受害人往往是难以承受的。而通过社会保险制度，受害人可以在合理的时间内获得相应赔偿。

复杂性，是指主张侵权责任时，受害人通常要负担举证责任，证明加害人存在不法行为、过错以及损害与加害人行为之间存在因果关系等侵权责任构成要件。而这其中存在诸多不确定因素，包括事实的、法律的或者程序上的。如果其中一项无法证明，都将导致最终不能胜诉。即使上述要素都能证明，如果受害人本身对损害发生也具有过错的话，法院将会相应地减少赔偿数额。此外，假使受害人能够证明全部侵权责任要件且自身不存在过错，但如果加害人因财产不足而破产，受害人就算胜诉也将不能获得全部赔偿。而且，无论法院判决赔偿多少，在真正获赔前还有许多障碍要克服。而受害人在这一过程中也需承受相当大的精神负担。

昂贵性，是指侵权制度本身需要相当大的金钱成本，包括支付诉讼费、律师费、鉴定费等。而社会保险所支出的金钱成本远远低于侵权法制度。

在希腊，有分析认为，在诉讼过程中，受害人或死者家属将花掉通过侵权法获得最终赔偿金额的 20%，而依据社会保障计划，成本非常低甚至微不足道。英国学者对此问题的估算结果更为惊人：侵权法制度的实施成本占支付给

请求权人的侵权损害赔偿金价值的50%～70%，有的甚至认为高达到85%。而向受害者提供社会保障款项的成本所对应的数字仅为11%。

侵权法的上述问题在引入责任保险后并没有得到本质解决。责任保险中，保险人承担保险责任的前提是发生约定的保险事故。因此受害人仍然要证明加害人的不法行为、过错、行为与损害间的因果关系等侵权责任构成要件才能获得保险赔偿。即使严格责任下，也只是无需证明加害人过错，其他责任构成要件仍要证明。而且责任保险在一定程度上使得博弈的双方当事人由受害人与加害人转变为受害人与保险人。在某些国家和地区，这种转变甚至是根本性的。例如在英国，诉讼中，实际被告人是保险人，保单持有人将案件的控制权转交给其保险人，对诉讼进程也较少关注，保险人决定诉讼的进程，侵权损害赔偿数额中有94%是由保险人实际支付的。已经有经典的研究揭示，主导大多数诉讼程序进程，并决定和解时机与数额的，不是别人，而恰恰是保险人。这使得受害人可能处于更为不利的地位，因为保险人可能比加害人更为强大。有时保险人为了尽快结束纠纷，会主动提出和解，但会要求受害人放弃部分诉讼请求。受害人为了获得及时救济，往往会被迫答应保险人的条件。

产生上述情形的一个原因在于侵权法的赔偿目的在于恢复原状。侵权法是从侵权人角度，根据其行为来看待损害的。而社会保险是提供基本的保护，是自受害人角度，根据受害人的要求看待损害的。两者“代表着同一硬币的两面”。这就使得社会保险更为注重便捷、效率和及时。社会保险关注的是损害本身，只要是损害属于法律规定的社会保险应当救济的类型与范围即可。有时甚至连加害人是谁都无须确定。而对于侵权责任与保险责任所要求的系列要件，在社会保险中都是不被关注的。

对于加害人的过错，欧洲福利国家的规定高度一致：根本不予考虑。对于受害人的过错，即共同过失问题，规定也较为统一，认为并不重要，通常只有受害人故意的情形才予以考虑。只有在因果关系问题上各国存在一定差异性。在奥地利，因果关系没有发挥作用。在荷兰，因果关系毫无作用。在意大利，无须因果关系实际证明。在比利时，因果关系“几乎毫不重要”。在德国，因果关系不太重要。在希腊，因果关系适用一种更为宽松的标准——概率论。在西班牙，通常要考虑因果关系，但特殊情况无须考虑。但总体上看，对因果关系的要求也基本上可以忽略。

因此，在救济受害人方面，运用侵权法进行救济的门槛被认为相当高，而社会保险救济的门槛比较而言则低得多。有学者形象地将侵权法比喻为“高级时装”“奢侈品”，而将社会保险比喻为“御寒的衣服”“生计”。欧洲国家普遍认为侵权法下的交易成本要远远高于社会保障法下的交易成本。这是欧洲国家普遍采取社会保险救济的重要原因。

（二）社会保险能够更好地解决道德风险问题

传统保险属于第一方保险，即投保人是为自己利益进行保险，投保人既是风险负担者也是利益享有者。虽然保险法允许投保人可以为了他人利益进行投保，换言之，投保人与被保险人或受益人不必为同一主体。但对于此种情况，投保人与被保险人或受益人之间实质上往往是基于某种特定的人身关系而形成某种特殊的利益关系。例如，父母与子女间、夫妻间等。而食品安全责任保险则不同，属于第三方保险，而不是第一方保险。作为不特定主体的消费者与食品生产者或销售者之间并不存在上述的人身关系及利益关系，甚至在某种程度上，两者是处于一种完全对立的状态。而且，食品生产和销售者既可借由保险转嫁食品生产和销售过程中的责任风险，又可通过提高食品价格等方式将保险费用转嫁给广大消费者，可谓双重受益。因此，无论是自愿模式还是强制模式下的食品安全责任保险，都难以避免投保人因责任保险而放松自身的谨慎注意义务的可能性。

另一方面，食品安全责任保险也异于同为责任保险的交通事故责任保险。现代社会，任何社会成员既可能是交通事故的致害者也可能是交通事故的受害者。尤其是机动车间发生的交通事故中，致害人与受害人往往都会遭受损害。任何致害者都难以确保交通事故只造成他人损害而不会危及自身。这就使得每一个潜在致害者基于避免自身利益损害的考虑能够尽可能地维持勤勉注意义务。换言之，在交通事故保险中，投保人缴纳保费以及谨慎约束自身行为本质上是在维护自身利益，从而能够起到防范道德风险的作用。但食品安全事故则与之不同，致害者不当行为并不会给其自身造成任何的伤害风险，这种风险纯粹指向他人，即消费者。由此可以说，在食品安全事故中，避免给自身造成损害的利益一点都不能促进潜在侵害人采取注意措施。

当然，对于责任保险引发的道德风险，人们也会采取相应的措施进行预防，以避免和减少道德风险的发生，这些措施通常包括以下几种。

一是通过对风险进行评估，根据风险高低的不同，设置不同标准，进行保费厘定，实现风险细分与保费细化。二是监控投保人或被保险人。即通过人员、技术等各种手段，加强对投保人或被保险人的监管与检查，要求被保险人遵守相关消防、安全、生产操作等方面的规定，对被保险人提出消除不安全因素和隐患的建议和要求。如果投保人或被保险人未尽到相应安全注意义务的，保险人可要求增加保险费或者解除合同。从而促使投保人或被保险人保持相应的注意义务。三是限制保险范围，即通过部分的将被保险人暴露于风险之下来控制被保险人的行为。具体包括设置免赔额、规定限额赔偿、设置共保比例、故意行为免责条款等费用分担规则，以避免和减少投保人的放纵与松懈行为。

但上述措施实践中也是存在问题的。对于风险评估来说，在实践中，要做到精准的风险评价与区分是极其困难的，通常至多只能进行大致的计算。美国与加拿大学者的联合研究显示，依照风险评级来确认保费，“这个条件极其关键且很少出现在现实中”。大多数情况下，“保费并非按照风险评级而是均一计算”。因为对“每种风险所需保费进行适当计算将耗费巨额成本”。对于监控投保人或被保险人来说，实践中只能进行一定程度的监管，实施无漏洞的监控是不可能的。即使可以做到，也必将耗费巨大的成本，因此所谓无漏洞的监控基本上也是不可取的。而在限制保险范围的措施中，故意行为免责条款，是保险行业的惯例。责任保险一般也遵循该惯例，通常只承担过失责任，故意行为所产生的民事责任不属于责任保险合同的保险标的。但就我国目前的食品安全事件看，大多数情况都是当事人故意行为导致的。这些情况将导致责任保险根本无法救济受害人。而对于设置免赔额、限额赔偿和共保比例的措施，在一定程度上又会增加投保人的道德风险。

与责任保险相比，社会保险则可以更好地控制责任风险。第一，社会保险往往采取个人与政府相结合投保的方式，具有第一方投保的属性，投保人与受益人都具有同一性，符合“风险负担者即利益享有者”的理念。这就有效解决了第三者责任保险中涉及的道德风险问题。第二，与商业性保险不同，社会保险的一个重要出发点是国民互助。因此，保费的收取通常不取决于风险，而是取决于收入。社会保险的保费无须进行分析风险以及以此为根据厘定保费。因此社会保险的保费计算无须考虑风险问题，同时又节约了因区分好坏风险所支付的大量成本。第三，同样道理，社会保险下，保险人也无须像责任保险那样对投保人实施监督管控，从而节约了大量的监督管控成本。第四，从限制保险范围的各种措施看，设置免赔额、限额赔偿和共保比例的措施可以控制社会保险成本，减少财政负担，有助于防范社会保险中的道德风险，是可以被接受的。例如，在社会保险制度中引入免赔额在许多西欧国家的制度中已经成为一种势头渐涨的趋势。对于故意行为免责条款，现实中绝大多数消费者不会故意食用有毒有害食品伤害自身。因此，故意免责条款有助于同时维护消费者和保险人权益，合理平衡双方利益。

四、社会保险的制度优势

（一）社会保险的覆盖面更广

责任保险的保费收缴对象实际上是具有合法资质，经登记注册的各类食品生产、销售企业及其他经营者。但我国发生的食品安全事故，许多是由现实中大量存在的进行非法生产、销售食品的小窝棚、小作坊乃至个人商贩造成的。对于这些责任主体来说，由于具有隐蔽性、分散性、不确定性、数量巨大等特点，目前对其进行全面的查处尚且十分困难，让其缴纳保费更是不可能的。因为让其缴纳保费的前提是对其进行确定，再者如果其能履行相关手续并缴纳保费，就成为合法生产经营者了，也就不存在非法性问题了。由于保险人承担保险责任，是以投保人缴纳保费为前提的。一旦这些非法生产经营者造成消费者损害，因其并未投保，责任保险将无能为力，无法救济受害人。

此外，我国存在的另一个现实问题是初级农产品引发的食品安全事故侵权问题。所谓初级农产品，按照《产品质量法》第 2 条规定，是指未经加工的农产品。由于我国《侵权责任法》与《产品质量法》等法律将初级农产品排除在产品范围外，导致两者适用不同的侵权归责原则：对初级农产品适用过错责任原则，对经加工的食品则适用严格责任原则。如果现行法律不进行修改，那么这种二分法的立法体例也将导致设置食品安全责任保险时面临两种选择：一种是按照现行法律规定，食品安全责任保险的标的仅包括经过加工的食品，排除初级农产品。另一种则是将初级农产品也纳入食品安全责任保险的范围。对于第一种情况，由于目前社会上存在农业生产者自己直接销售的现象，即不是通过合法正规，具有资质的超市、农贸市场等场所销售。一旦因其销售的初级农产品造成损害，由于其存在数量大、流动性、分散性等特点，通常无法确定主体并收缴其保费，消费者因此遭受的损害无法通过责任保险予以救济，这对于消费者显然是不公平的。例如，同一农户生产的同一初级农产品，一部分销售给食品加工企业经加工后进入超市，另一部分经农户自己在大街上直接销售，都因初级农产品本身的相同质量安全问题而非加工中产生的问题造成消费者损害，从超市购买产品的消费者将获得责任保险保障，而在大街上从农户处直接购买初级农产品的消费者将无法获得责任保险。

对于第二种情况，一方面，由于两种情况下侵权归责原则的不同，必然导致消费者在主张救济时处于不同的法律地位，对于初级农产品的受害者，要按照过错责任原则要求，证明加害者有过错，但在现实中极其困难，而且由于农业生产者直销方式的特点，受害者可能最终都无法确定谁是加害人。而在严格责任下，加工食品的受害人无须证明加害人有过错，更不存在无法确定加害人的情形。这也必然造成消费者间的不平等。另一方面，将初级农产品纳入责任保险范围，就必然要采取措施收缴保费，但这在现实中将导致巨大成本，恐怕难以实行。因为这要对具体情况进行区分，但社会生活是复杂的，对于农户来说，有的可能根本不生产，有的生产但不直销，有的直销多，有的直销少，有的根据年份、产量等不同情况而相应变化等，总之农户的直销行为具有极大的不确定性。如果强制性收缴或者进行单一计算后收缴，在某种程度上已经类似于社会保险了，那还不如直接采取社会保险的方式。

（二）社会保险能够筹集更多的保险资金

责任保险的资金来源于投保人缴纳的保费。根据国务院食品安全委员会

2010 年统计数据显示，我国当年食品生产加工单位约 45 万家，食品经营主体约 323 万家，有证餐饮单位约 210 万家。按照此数据，如果实施强制责任保险，以筹集 100 亿元保费为例，每个主体每年平均只需缴纳 1730 元的保费即可。应当说强制责任保险筹集资金数额较为充足，但企业数量及其盈利情况会受经济形势影响发生变动，甚至可能变动巨大。但社会保险属于全民投保，其资金来源取决于国民人口数量以及国家财政投入。我国是 13 亿人口的超级大国，人口基数巨大，而且我国政府也能够保证充足的财政投入。根据报道，2014 年我国税收收入达 103768 亿元（已扣除出口退税），首次突破 10 万亿大关，增长 8.8%。有学者在进行关于小额巨灾保险的研究中，以湖南省 5000 万投保人为基数，通过免赔额、直保、再保、共保等制度设计，每年可获得共计 122.67 亿元保费收入，而每名投保居民每年只需缴纳 24.5 元。照此计算，以全国 13 亿人为基数，每年就可获得高达 3189.42 亿元的保费收入。当然，在设计食品安全社会保险时，不会简单照搬，需要进行具体设计，但即便不考虑免赔额、直保、再保、共保等制度设计，仅以投保人每年缴纳 24.5 元保费直接计算，每年也可获得 318.5 亿元保费收入。而同样以筹集 100 亿元保费计算，则投保人每年仅需缴纳不到 8 元的保费。如果采取个人、政府共同缴纳的方式，每年获得的保费收入将更为充足。

（三）社会保险具有代位求偿权

社会保险下的代位求偿权制度具有两大优点。

第一，保证了侵权法的预防与威慑功能。预防与威慑曾是侵权法的最根本的功能，即使在今天，随着社会发展，侵权法的功能更加多元化，尤其在当下中国，“侵权责任法基本定位为救济法”，“补偿功能是侵权法的主要功能”，但预防与威慑仍是侵权法的基本功能之一。责任保险制度下，当发生食品安全侵权事故时，保险人在向受害人支付损害赔偿保险金后，是不能向加害人行使代位求偿权的，因为保险人对受害人承担保险责任是依据与加害人订立的保险合同，是履行合同义务的行为。因此，在保险人向受害人支付损害赔偿金后，加害人对受害人的责任通常也就消灭了。这无疑大大削弱了侵权法的预防与威慑功能。而在社会保险制度下，基于第一方保险的特点，社会保险机构在向受害人支付保险金后可以从受害人处获得对加害人的代位求偿权进行追索。食品安全事故中，作为致害人的生产销售者通常具有强大的组织人事机构，财力也较雄厚，其实际地位与实力远远高于作为受害人的消费者，两者的实际地位是不平等的，消费者处于弱势地位，加之食品安全事故的复杂性，消费者要证明致害人负有侵权责任十分困难，这也正是产品责任实施严格责任归责原则的原因。即便如此，某些情况下受害人也难以证明因果关系以及确认致害人。与消费者相比，社会保险机构拥有完善健全的组织和人事机构，以及足够的财力支撑，与加害人处于大体同等的水平，某种程度上甚至比加害人更为强大。代位求偿权制度赋予社会保险机构对加害人的追索权，一方面将受害人完全剥离出了针对致害人的索赔程序，另一方面也使得致害人不得不面对受害人的保险人，即社会保险机构这一更为强大的对手。在侵权责任适用严格责任归责原则的情况下，为平衡当事人间利益关系，法律通常规定责任保险人对损害实行限额赔偿，但法律并不禁止受害人对加害人主张过错责任，只要受害人能够证明加害人有过错，受害人就可要求加害人承担全部损害赔偿。只是这一证明极为困难，这也是法律规定严格责任的原因。但社会保险机构远比消费者强大，因此更有可能证明加害人的过错，一旦证成过错，加害人就要承担全部赔偿责任。这就使得潜在加害人不敢因为严格责任限额赔偿而怠于履行自身注意义务，从而有助于实现侵权法的预防与威慑功能。

第二，通过对致害人的追索，可以拓宽社会保险资金来源，减轻政府财政负担。社会保险金通常主要由投保人个人缴纳资金和政府财政支付资金两部分组成。而政府的财政支付资金主要来源于税收。如果不规定追索权制度，那么侵权人造成的损害只能由全体社会成员与政府承担，相当于加害人变相向社会转嫁了其应当承担的责任。这本身就是缺乏正当性的，而且长此以往，必然会给社会保险资金带来压力，从而影响社会保险的可持续性。目前西欧的“福利国家”制度普遍被认为已经进入收缩期。其中一个重要原因就是一部分国家并未规定社会保险机构的追索权，加之高额度的社会保险金支出以及近年来经济增长缓慢引起的政府财政负担压力加大，从而造成社会保险的不可持续性问题凸显。代位求偿权制度使得社会保险机构有权向加害人行使追索权，可以全部或部分追回赔偿金，将其投入到社会保险资金池中，可以补充和扩大社会保险资金来源，保障社会保险的可持续性。

有观点认为，社会保险机构对致害人进行追索，必然会在整体上增加交易成本，其中主要包括设立专门的追索机构或部门的管理成本和追索诉讼的成本两方面。因此，在实施社会保险的西欧国家，对于社会保险机构是否享有对致害人的追索权，各国规定并不统一，大多国家对追索权予以规定，也有部分国家没有规定，例如瑞典。

设立专门的追索机构或部门的确会增加相应的管理成本，但这涉及具体制度的设计问题。如果设计得当，可以最大限度地减少其成本支出。例如英国设立了专门的赔偿追索局对加害人实施追索，但赔偿追索局的设立会增加管理成本的所有担心都被证实是没有根据的。

对于追索诉讼的成本支出，研究数据显示，追索诉讼的成本一般仅占追回赔偿金的很少部分。在瑞士，追索诉讼的成本小于被追回金额的10%。例如1988年，社会保险机构通过追索诉讼追回23350万瑞士法郎，而诉讼成本为

1880 万瑞士法郎。在英国这一比例约为 15%，荷兰的比例也约为 15%。另外，当一个保险标的同时享有社会保险和责任保险时，一些欧洲国家会制定一揽子追索协议，使追索程序合理化、简单化、标准化。通常做法是在社会保险机构和责任保险人间确定一个分担比例。这一措施也可以进一步减少追索成本支出。

可见，追索的总体成本仍是较少的，只占被追回赔偿金的少部分，追索制度是一项积极的，富有效率的制度。

（四）社会保险不受保险期间的限制

关于赔偿请求权的行使，实务界主要有两种索赔制度设计，一种是“事故发生为基础”，即主要事故在保险期限内发生，无论索赔在何时提出，保险人均对保险责任范围内的索赔予以赔付。另一种是“索赔提出为基础”，即只有事故在保险期限内发生，且在保险期限内提出的保险责任范围内的索赔，保险人才予以赔付。两种情况相比较，显然第一种更加有利于受害人保护。但该种情形被业界称为“长尾巴责任”问题。认为是一种拖沓的做法，不宜采取，而应当采取第二种做法。而我国实践中推出的责任保险也普遍采用“索赔提出为基础”，例如，中国人民保险公司的五个责任保险条款，都是采用“索赔提出为基础”。

即便抛开上述问题，任何保险合同都是具有保险期限的，保险人只对发生在保险期限内的保险事故承担保险责任。在自愿投保模式下，如果食品安全事故是在加害人没有办理责任保险期间内发生的，保险人就无需承担保险责任，受害人也就无法受到保险救济。当然在强制投保模式下，这一问题可以得到解决。但现代社会，受大工业化、自然环境等各种因素影响，一些食品安全损害事件，往往具有潜伏性、积聚性、长周期性和不可知性等特点。消费者在食用有毒有害食品后，其中的有毒有害物质可能经过几年、十几年积累后，损害后果才最终显现出来，这时，可能存在以下几种情形使受害人无法获得保险救济：第一，因时间久远，受害人根本无法证明何时遭受损害，因而无法获得保险救济。第二，受害人能够证明，但按照保险理论，一般地，缴纳保费后，如在保险期间内未发生保险事故，保费收入归保险人所有，这是由保险的营利性决定的。换言之，商业保险的保费不能连续积累，即使是采取交强险“不挣不赔”的做法，也是难以积累。因此责任保险也无法救济受害人。第三，加害人早已因为破产、关闭、解散等原因不存在了，即责任主体已经消灭。此时受害人更是无法获得保险救济。

而社会保险则不同，社会保险保费包括受害人自己缴纳资金以及国家财政支付资金，本身具有公益性质而不存在营利性问题，不存在受保险期限制约的问题。无论损害何时发生，受害人都有权获得社会保险救济。另外，如果当年缴纳的保费有盈余，完全可以储蓄累积以备后用。因此不会存在责任保险面临的上述问题。

综上分析，建立食品安全的社会保险救济制度，既具有合理性也具有必要性。建立和运用符合中国国情的食品安全社会保险制度与侵权责任、责任保险相结合，有助于最大限度地实现对受害人的充分救济。

论责任保险的内在逻辑对食品安全风险之控制

李 华[1]

摘 要 风险社会以提供完善的保险保障和强有力的风险控制为己任，以保障社会安全，满足人们追求平等与幸福为终极目标。责任保险具有转移风险、分散损失、填补损害之功能，同时为受害人提供及时的救助。责任风险的转移减弱了侵权法的惩罚与抑制违法功能，有可能诱发食品安全领域的道德危险。以威权管制为主导的食品安全监管尚有不足，食品安全治理应实现从“监管中心主义”向“合作治理理念”的转变。保险人参与食品安全治理具有可行性和必要性。完善的食品安全责任保险制度不仅可以防范食品安全的道德危险的发生，而且还具有风险管理功能，通过保险人与食品安全监管者协作，发挥保险人风险管理的优势，参与食品安全风险的多元治理，创新食品安全治理机制，实现食品安全的目标。

关键词 责任保险 食品安全 道德危险 威权管制 风险控制

一、问题的提起

在风险社会领域，国家应对风险的方式是多元的。在市场不能有效发挥其应有的调节作用，出现所谓的“市场失效”时，政府需要以立法的形式对社会风险予以规制。我国因食品安全事件频发，风险极大，故于 2015 年 4 月修订《食品安全法》，以立法的形式鼓励食品生产经营企业参加食品安全责任保险。因保险具有转移风险、分担损失之功能，可以减轻食品生产经营者的赔偿责任；责任保险是为第三人利益订立的契约，遭受食品安全事故的受害人因食品生产经营者投保责任保险而得到保险人的赔偿给付，其利益能得到及时的保护。然而责任保险所具有的转移风险和分担损失功能，易导致侵权法的惩罚违法、抑制违法功能弱化。社会公众所担心的是由于责任保险的存在，食品生产

[1] 李华，南京大学法学院副教授，南京大学财经法研究中心主任。

经营者的责任风险被转移，责任损失得以分散，原有的侵权责任抑制违法功能是否会诱发食品生产经营者的道德危险。责任保险转移了责任风险，对受害人予以赔偿，能否为食品安全风险的控制提供有力的理论支持，值得深思。因此，有必要考察责任保险对侵权法传统功能的挑战是否会诱发食品生产经营领域的道德危险，保险人的风险管理如何与食品安全政府监管机构通力协作，实现对食品安全风险的治理。

二、责任保险的价值演变：从损失填补到社会救助

责任保险是以被保险人对于第三人依法应负赔偿责任而受赔偿请求时，由保险人负赔偿责任之保险。责任保险的原理在于，被保险人以免除自己对第三人之损害赔偿为目的，通过与保险人订立保险合同，转移责任风险，由危险共同体共同承担。由于个体承担风险的能力非常有限，让个体来承受风险往往过于严苛，故而将风险分散开来由社会承受，已成为一个方向。[1] 从事故的成本来看，通过交纳较少的保险费获得保险保障，在事故发生导致对第三人承担责任的风险时，由保险人来承担该风险，对于被保险人而言，事故的成本较低。故在风险社会中，责任保险成为责任者转移风险的较好选择。

（一）赔偿损失，转嫁风险

在责任保险中，被保险人的损失来自其对第三人造成的损害赔偿。依据我国《保险法》关于保险的分类，责任保险属于财产保险的范畴，故责任保险具有财产保险的损害填补的特征。责任保险以填补被保险人的损失为目的，在被保险人对第三人承担赔偿责任之后，保险人依据保险合同的约定对被保险人因承担责任所致损失承担保险责任。由投保人向保险人投保，在投保人因约定的事项而承担赔偿责任的情况下，保险人依据保险合同的约定对被保险人的责任损失予以赔偿。责任保险发展初期，是以填补被保险人向受害人给付赔偿金所发生的实际损失为目的，通过责任转移和分担而消除被保险人承担的经济上的负担，填补被保险人损失、减轻其责任负担。在保险实践中，因潜在的损害赔偿责任数额难以确定，故责任保险多会确立责任限额，即保险人应付的赔偿责任的最高限额。

（二）以受害人保护为中心，发挥责任保险社会救助功能

随着社会的进步和责任保险的完善，责任保险从重视纯粹的填补损失演变为强调被保险人对受害人的赔偿责任，其对受害人的保护价值越来越受到重视，使责任保险成为社会救助的方式之一。从责任保险的发展趋势来看，责任

---

[1] 参见叶金强：《风险领域理论与侵权法二元归责体系》，《法学研究》2009 年第 2 期。

保险的保险单设计观念已由填补被保险人的损失转为保障受害人为主要目的。[1] 在责任保险制度中，受害人的损失由具有赔偿能力的保险人进行赔付，从而为受害人获得赔偿提供充分的保障，使该制度成为应对风险社会中无处不在的风险保障工具之一。这一制度利用社会化的机制，实现了财富的较为公平的分配，很好地体现了分配正义。台湾学者对于责任保险制度必要性是这样认为的："今日法律之趋势，皆认为未能由责任保险补偿过失行为之后果，本身即构成在经济上不负责任之行为。"[2]

人们视保险人为一个事后参与补救的机构，通过保险人事后的参与，集合与转移风险，降低风险成本。对于事故的发生，人们更多地是考虑与事故紧密关系的主体的责任与赔偿问题，如受害人是否得到及时赔偿，被保险人的责任损失是否通过保险补偿而由社会分担。保险法学者在考察责任保险时，也是关注保险的补偿损失与分散危险的功能。保险人集合处于相同危险单位的风险，通过保险制度予以分散，使责任分担社会化。但保险人作为一个商主体，其开展保险营业的主要目的是为了营利（强制保险与政策性保险除外），保险人在经营过程中亦要考虑承担风险的成本大小，对危险发生可能性大、风险高的投保人，或通过提高保险费以确保实现营利的目的，或是拒绝投保人的投保申请。保险人通过在保险条款中设置除外条款和责任免除，排除了高危险事项。通常情况下，保险人为了防范道德危险的发生，把被保险人的犯罪行为、故意行为等排除在承保范围之外。

（三）责任保险救助的实现：受害人的直接请求权

保险人对被保险人承担保险责任，不再以被保险人实际向受害人给付赔偿金为条件，并在此基础上进一步发展了受害人对责任保险人的直接请求给付保险赔偿金制度，逐步确立了保护受害人的立场。[3] 责任保险中受害人直接请求权，是指在事故发生致人损害而被保险人应当承担赔偿责任时，受害人可以直接向保险人请求支付保险金额限度内的损害赔偿额。受害人对保险人的请求权是基于责任保险所体现的分配正义下的保险金请求权。《保险法》第 65 条第 1 款规定："保险人对责任保险的被保险人给第三者造成的损害，可以依照法律的规定或者合同的约定，直接向该第三者赔偿保险金。"在保险实务中，一些保险人的保险合同条款要求，受害人应先向事故制造者索赔，之后保险人再向侵权人赔付。然而责任保险设置的根本目的在于及时有效地保护受害人的利益，赋予受害第三人直接请求权，可以免去被保险人这一中间环节，能最迅速

[1] 参见杨诚对著：《意外保险理论与实务》，台北：三民书局 2001 年版，第 271 页。

[2] 袁宗蔚：《保险学——危险与保险》，北京：首都经济贸易大学出版社 2000 年版，第 566 页。

[3] 参见邹海林著：《责任保险论》，北京：法律出版社 1999 年版，第 47 页。

有效地保护受害人的利益。故《保险法》第 65 条第 2 款规定，被保险人怠于请求的，第三人有权就其应获赔偿部分直接向保险人请求赔偿保险金。

三、冲突与融合：责任保险与侵权法的互动

责任保险运用大数法则集合危险，发挥保险制度转移危险的功能，实现对被保险人责任损失的补偿。然而随着责任保险的进一步发展，其功能亦进一步扩张，责任保险所具有的救助受害人、安定社会的功能逐渐被人们认识并接受。然而，责任保险的发展对侵权法的机能造成了一定的冲击。

（一）责任保险对侵权法的影响

1. 责任保险影响侵权法的填补损害机能，弱化了侵权法惩罚功能

对侵权行为实施处罚，甚至只是对侵权行为进行调整时，必须对可能引起处罚或规制的行为以及处罚的程度予以充分的注意。通过对侵权人法律责任的分配，发挥侵权法的惩罚性功能，抑制违法行为的发生。侵权法的机能反映了一国当时的社会经济状态和伦理道德观念，通过分配侵权人与被害人之间的损失的制度设计以实现正义。基于公平正义之理念，侵权法填补损害的机能，主要目的是使受害人的损害能获得实质、完整迅速的填补。传统侵权法所强调的功能，着眼于加害人与被害人的关系，以加害人行为的可非难性（故意或过失）为归责原则，标榜个人责任。[1] 随着社会经济的发展，传统侵权法的局限性逐渐暴露出来，由于过于简单地追求矫正正义，而忽视了要达到正义所应具备的其他因素，使其无法实现实质社会正义，依法赔偿的结果往往是企业付出巨大的成本甚至破产的代价，受害者却仍得不到应有的赔偿。

责任保险除了对被保险人的损失具有补偿功能之外，更注重受害人能否得到充分、及时的赔偿，其以“填补损害，分担风险”为首要功能，具有比侵权责任更容易解决赔偿问题的优势。然而责任保险制度适用的结果减轻了侵权人的赔偿责任，将侵权损害赔偿责任从侵权人转由保险人承担，[2] 最终通过保险人将责任风险转嫁于社会危险共同体承担。为实现分散风险和填补损害之目的，被保险人支付一定的保费，来获得保险人对责任风险的承保，避免有可能承担的责任损失，而且受害人也可以及时、有效地得到保险人所给予的赔偿给付。通过责任保险制度，把责任在同种危险制造者之间进行社会性的分散，实现损害赔偿责任的社会化。这样，在肯定责任保险具有填补受害人损害的积极作用的同时，也认为责任保险具有削弱民事责任制度惩戒和教育的社会作

---

[1] 参见王泽鉴：《侵权行为法》，北京：中国人民大学出版社 2001 年版，第 8 页。

[2] Seth J. Chandler, The Interaction of the Tort System and Liability Insurance Regulation: Understanding Moral Hazard, 2 Conn. Ins. L. J. 91.

用。[1] 由于责任保险的存在，一定程度上弱化了侵权法的惩罚功能。

2. 责任保险对侵权法抑制违法功能的影响

侵权法通常被认为是抑制侵权行为的一种有效措施。侵权人因侵权行为所致损害承担赔偿责任，是抑制侵权行为再次发生的有效措施，并能够起到很好的预防作用。但是责任保险将加害人从承担损害赔偿责任的枷锁中解放出来，这在某种程度上使侵权行为法对于加害行为的抑制功能大打折扣，对侵权法抑制加害行为的功能造成了致命的打击。责任保险削弱了侵权责任所包含的道德评价和对不法行为的遏制作用，使侵权责任面临挑战，促使个人责任走向没落。正是因为责任转移使侵权人处于一种无责任状态，行为人主观上会认为，只要支付了保费，那么即使造成了他人的损害，也不会由自己承担责任，所有的赔偿责任都可以由保险人代替自己承担。责任保险的普及使侵权人无须独自承担损害赔偿责任，而是由保险人向受害人承担赔偿保险金的责任，这样直接导致侵权法对加害行为的预防和抑制功能的发挥，削弱了侵权法的抑制违法功能。

（二）道德危险对责任保险的挑战

责任保险弱化了侵权法的惩罚和抑制违法功能，故由于责任保险的存在，道德危险极易发生。对于责任保险这一制度缺陷，如果不采取一定的措施，其引发的道德危险必会损害责任保险存在的基础。事实上，在保险产品的创新过程中，责任保险容易成为道德危险的高发领域，常使人陷入道德困境。[2] 在责任保险领域产生道德危险的主要原因在于保险人为受害人提供经济补偿的同时，也使被保险的侵权行为人从经济赔偿责任中解脱出来。如果将被保险人的故意和违法行为也纳入保险赔偿范围的话，被保险人势将更加无所顾忌，引发道德危险的可能性也大幅提高。

（三）冲突的解决

因保险具有风险转移与分散损失功能，侵权法的抑制违法的功能因责任保险的存在而减弱，如果不对责任保险这一不良后果予以预防，侵权人的道德危险无法抑制，保险事故经常发生，保险营业受到影响，进而影响保险业的健康发展。为了解决这一问题，保险人不论在创设保险产品时拟定保险条款，还是在承保以及保险期间，都应注意道德危险的防范。为防范道德危险，保险人应促使被保险人采取防止或减少危险事故发生的措施，如在保险合同中约定被保险人的自负额；将保险费与投保人的不良记录进行连结，根据投保人的违法情况确定其保险费率。保险人亦应协助被保险人发现或减少危害事故，通过加大

---

[1] 参见邹海林：《责任保险论》，北京：法律出版社 1999 年版，第 38 页。

[2] 参见王和、吴军：《保险产品创新的道德困境》，《中国保险》2003 年第 9 期。

对被保险人生产经营日常监督检查安全监督，根据危险因素灵活调整保险费率，设立投保企业安全信用级别公示制度等方法来避免道德危险的发生。国家相关部门也应抓紧完善监管和处罚机制，从外部对企业进行强有力的威慑。这表现在保险条款的内容控制方面，保险人会通过保险责任限额、免赔额等内容，降低道德危险发生的可能性，抑制责任风险的发生，使侵权法的功能得以维持。

四、从威权走向合作：公共安全视角下保险人参与食品安全风险管理

（一）政府食品安全监管之检讨

食品安全贯穿着“从农田到餐桌”的整个过程，随着食品产业链条的不断延伸，食品不安全因素愈加复杂，安全风险不断加大，每一个环节都有可能发生食品安全事故，频繁发生的食品安全事故促使人们重视对食品安全风险的管理。对于食品安全风险的控制，多数国家的食品安全法律确立了较为完善的以政府为主导的食品安全管理体制，赋予食品安全监管部门对食品安全的监管职责，以控制食品安全风险的发生。在通过政府监管部门的积极作为以减少和控制食品安全风险发生的理念指导下，我国《食品安全法》对食品安全的监管体制进行改革和完善，确立起多个政府监管机构分工负责、协调配合的食品安全监管体制。即使食品安全监管体制相当完善，但对于政府而言，食品安全管理状况令人沮丧。牛奶中含有三聚氰胺，猪肉牛肉中含有瘦肉精，海产品中含有汞和其他有害物质，这些风险很难监管。食品经过销售链条中的诸多环节，每个环节都有可能产生危害人体健康的风险，监管部门因地方管辖问题，也难以有效地管辖。食品容易受到污染，很多情况下需要特别地予以检测，而且食品安全监管还必须通过样本分析，这样需要检测的食品太多。[1] 从我国的实践来看，政府多个监管部门协调配合的监管体制并没有实现对食品安全风险的有效控制。

政府的干预并不总是能够发挥作用，政府也有可能失灵。基于食品安全信息的重要性、时效性与“核实”的困难性，这一规定在客观上将导致政府和食品生产企业对食品安全问题信息的垄断，直接削弱社会公众对食品安全治理的参与能力。[2] 有很多理由担心政府管理者也会犯错误。政府部门对于食品安全的监管仅是履行职务行为，他们不会因为绩效而获得报酬，故对于食品安全的监管缺乏足够的积极性。对食品安全风险的管理需要充分的信息，政府作为风

---

[1] Omri Ben-Shahar, *Outsourcing Regulation*: *How Insurance Reduces Moral Hazard*, 111 Mich. L. Rev. 197.

[2] 参见韩永红：《美国食品安全法律治理的新发展及其对我国的启示——以美国〈食品安全现代化法〉为视角》，《法学评论》2014 年第 3 期。

险管理者需要获取详细的信息，并通过专业人员对信息予以仔细评估，以作出控制风险的决策。然而现实情况是，当前食品安全监管机构缺少获取信息、综合信息的先进工具，难以做出预测。而且，作为公务员编制的政府监管部门，亦缺少对于食品知识以及食品安全风险有充分了解的专业人员，难以作出分析和预测。食品监管者只有在食品安全事故发生后才更有作为，而不能对事故的预防起到积极的作用。政府监管部门以有限资源去监督和预测复杂的工业企业的行为，只能检查很小一部分，其监管水平和技术水平经常被监管者所超越，这就需要在政府主导的监管之外，寻找其他主体参与食品安全风险的管理。在市场经济的运行机制下，食品安全责任保险作为食品安全风险控制的有效手段，可纳入地方政府公共安全应急机制的建设，运用市场机制防范和分散食品安全责任风险。

（二）责任保险功能之扩张

将风险控制可能性作为确定风险领域的考量因素之一，可诱导可控制风险之人尽可能地控制风险，降低风险发生的可能性，减轻损害或避免损害的产生。[1] 从公共安全的角度，在我国的食品安全监管的制度框架内，政府监管一直发挥着主要的职能，我国食品安全法的制度设计亦围绕此展开。然而，一国的食品安全风险的治理并非采用政府监管的单一模式，社会对食品公共安全的治理是多元的，在加强政府食品安全监管的情形下，保险人所推行的食品安全责任保险使保险人成为控制食品安全风险的主体之一。

1. 保险人经营食品安全风险的专业性

保险人作为经营风险的专门机构，对生产与生活中的各种风险有着较于常人的认识，特别是与保险营业有关的风险。保险人的每一个保险产品的推出以及保险条款的拟定，都要经过风险评估，以确定保险责任范围和除外责任范围。保险人充分评估有可能遇到的各种风险，运用统计学的知识，计算保险事故发生的概率，在此基础上合理确定保险费率。所以，保险人需要在一定领域具有专业知识的人参与保险条款的制定，并对该领域的各类风险认识充分。可以说，从食品安全责任保险产品推出之初，保险人已经开始对于该类产品的风险予以管理，并通过保险条款来控制风险。保险法规定投保人在投保时履行如实告知义务，这样保险人可以根据投保人的如实告知来决定是否承保和确定保险费率。如实告知使保险人对投保人的具体情况了解充分，可以评估投保人风险的大小，保险人的承保过程亦是对投保人的风险予以管理的过程。食品生产经营者只有管理好风险，才能获得保险的保障。保险人在接受投保申请时要求投保人告知投保之前发生事故的次数，对于经常发生事故的食品生产经营者提

[1] 参见叶金强：《风险领域理论与侵权法二元归责体系》，《法学研究》2009 年第 2 期。

高保险费率或拒绝承保，这种选择可以促使投保人管理好风险。在保险期间，由于保险合同已经发生效力，对于被保险人食品生产经营者而言，由于获得了保险保障，其防范风险发生的警惕性降低，更有可能发生道德危险；对于保险人而言，在此期间发生保险事故，保险人要承担保险责任。为降低保险事故发生的概率，保险人要求食品生产经营者尽防灾减损的义务，并对经营风险管理予以专业指导。此外，保险人可以派很多从事食品安全风险管理的人才指导并协助被保险人进行风险管理，以减少保险事故的发生。

2. 保险人作为利益相关者，与政府监管部门互相协作，控制食品安全风险

从主体性质来看，保险人与食品生产经营者都是从事营业活动的商事主体，都以营利为主要目的。食品生产经营者虽可以通过责任保险转移危险分散损失，减轻其责任负担和营业损失，但保险条款中的赔偿限额、免赔额以及免赔率的规定，可以促使食品生产经营者控制风险，减少保险事故的发生。保险人帮助被保险人控制食品安全风险，减少食品安全事故的发生，亦可以减少保险人对于食品安全事故的赔偿，增加保险人的利润空间，保险人与被保险人一起，共同防范食品安全风险的发生。易言之，食品生产经营者投保责任保险不仅可以应对有可能发生的食品安全风险，而且还可以使保险人参与食品安全风险管理，有效控制食品安全风险。政府食品安全监管部门在强化监管职责同时，还可以通过监管食品生产者是否购买食品安全责任保险来实现对食品生产经营企业的监管。

3. 保险人可以有一支具有食品安全知识并专门从事食品安全风险管理的团队

保险人要开展食品安全责任保险，必须有一批从事食品生产和食品安全风险管理的专业人员。他们通过汇总食品安全的信息，评估食品安全风险的大小，指导保险人的营业。相较于政府各监管部门的人员组成，保险公司配备的专业人员灵活性更强，对食品安全管理更专业。食品生产经营者购买责任保险，可以从保险人那里获得专家意见，以便更好地管理食品安全风险。比如，食品安全责任保险可以帮助销售者管理食物可能受污染的风险，也可以提供食品安全管理风险保障。

（三）食品安全责任保险经营模式二元化：强制保险与任意保险并存

我国在修订《食品安全法》的征求意见稿中，采取食品安全强制责任保险模式，强制食品生产经营者投保食品安全责任保险。根据我国《保险法》的规定，强制保险由法律、行政法规规定。但是，基于对政府干预企业经营自主权的担忧以及对商事主体营业自由的尊重，最终并没有在《食品安全法》中强制食品生产经营企业投保强制责任保险，而是鼓励企业投保食品安全责任保险。

我国的食品生产经营企业数量多，规模不大，企业的利润有限。企业投保责任保险自然会增加其经营成本，故其投保的积极性不高。从食品安全事件的特殊性来看，食品行业往往是小事故发生的概率很高，大事故发生的概率很低。对小企业来说，在发生小事故的情况下，大部分受害者出于诉讼成本的考量，往往会选择自认倒霉。即使是小部分受害人向企业提出索赔请求，企业凭借个体力量往往就可以解决。在发生大事故的情形下，赔偿责任会远大于其企业的资产和个人资产，在此种情况下损害赔偿责任已经不能为其规避风险提供足够的激励。❶ 正如有的学者所指出的，如果潜在加害人的资产小于他们所引发的损失，出于对风险的厌恶，潜在的加害人会理性地排斥购买保险，这是责任保险产生强制性的原因之一。❷ 从保险公司的角度来说，一般的商业保险皆以营利为目的，强制责任保险却不是以营利为目的，而是出于对公共利益的保护以达到社会公平正义之目标。保险公司追求市场经营利润最大化，但强制责任保险并不能给其带来收益，反而会增加一定风险。

为确保食品安全，实现保障公众身体健康和生命安全这一公共政策，我国台湾地区对食品安全的监管值得借鉴。其“食品卫生管理法”第 21 条规定：经“中央”主管机关公告指定一定种类、规模之食品业者，应投保产品责任保险；其保险金额及契约内容，由“卫生署”会商有关机关后定之。根据这一规定，台湾地区“卫生署”在 2007 年 5 月 2 日公告《食品业者投保产品责任保险》，要求凡是持有营利事业登记证的食品产业，包括制造商、进口商、委托他厂代工的产品供应者，应如期完成投保。食品生产经营企业投保强制责任保险的范围是：“食品产业发生被保险产品未达合理的安全期待，具有瑕疵、缺点、不可预料之伤害或毒害性质等缺陷，致第三人遭受身体伤害、残废、死亡者，被保险人依法应负之赔偿责任，由保险公司补偿。”强制责任保险从防范道德危险的角度考虑，亦采取保险责任限额制，其重心在于强化消费者生命与身体健康的价值取向。❸

食品安全责任保险不仅引起食品安全监督管理部门的重视，而且保险公司和一些食品生产经营企业对此有浓厚的兴趣。但强制责任保险是通过国家公权力对保险政策予以干预，是对契约自由的限制，是对人民财产权的剥夺。❹ 对于是否在食品生产和流通领域推行强制责任保险，是一个有待进一步研究的问题，但并不能否定在食品安全领域推行强制责任保险的必要性。从食品安全的

---

❶ 参见李华：《我国食品安全强制责任保险制度的构建》，《商业研究》2012 年第 5 期。

❷ 参见郭锋、杨华柏、胡晓柯、陈飞：《强制保险立法研究》，北京：人民法院出版社 2009 年版，第 17 页。

❸ 参见谢绍芬：《食品业产品责任保险制度研究——中国台湾食品业强制保险立法的启示》，《经济与管理》2011 年第 12 期。

❹ 参见李新天、印通：《食品安全责任保险二元结构论》，《政法论丛》2012 年第 4 期。

公共利益考量，为了加大对婴幼儿身体健康的保护，对于具有一定生产规模、生产婴幼儿食品的生产经营企业，可以强制要求其投保食品安全责任保险。对于其他食品生产经营企业，鼓励其积极投保食品安全强制责任保险。所以我国的食品安全责任保险可以采用强制保险与任意保险并存的二元化模式。

五、责任保险合同条款对食品安全风险的控制

（一）除外责任

除外责任是指依照法律的规定或者合同的约定，保险人不承担保险责任的范围。食品安全责任保险条款关于除外责任的规定，给寻求保险保障的食品生产经营者以明确的指引，可以知道哪些情形下保险人拒绝承担保险责任，进而在营业中预防属于除外责任范围中的风险的发生。责任保险一般把被保险人的故意行为排除在外，在被保险人的故意行为造成第三人损害时，保险人可以拒绝承担保险责任。所以，即使食品生产者、经营者投保了食品安全责任保险，在其故意造成第三人损害时，因故意行为属于除外责任，被保险人对受害人仍然要承担损害赔偿责任。一旦事故的成本反映在活动的价格中，一些从事相对危险的活动而其价格不反映事故成本的人将转向更安全的行动。[1] 这要求食品生产经营者在生产经营中要尽合理的注意义务。合理的注意，是一种可以公平协调加害人与受害人之间相冲突的注意程度。加害人从施加危险中得到的自由必须与受害人因承受这些危险而丧失的安全相平衡。[2] 如有违反，侵权人会受到惩罚。这促使被保险人谨慎地控制食品安全风险，预防和抑制食品安全事故的发生。责任保险关于除外责任的界定，促使食品生产经营者提供有效管理，加强对食品安全风险的控制。

（二）责任限额

责任保险所承保的是被保险人依法对他人应负的损害赔偿责任。在责任保险合同订立时，保险人往往无法实现预料到所承担的赔偿责任的大小。因此，保险人通常事先约定赔偿的最高限额，对超过限额部分仍须由被保险人自己承担。在食品安全责任保险中，保险条款规定责任限额，保险人因保险事故而向受害人进行保险赔付时，以保险责任限额为限。如受害人所受损害远远超过保险人的赔偿范围，即使食品生产经营者投保食品安全责任保险，对超过保险赔偿限额部分，作为被保险人的食品生产经营者仍需要承担赔偿责任，侵权法的惩罚和抑制违法功能仍能发挥作用。责任限额也会促使食品生产经营者控制食

---

[1] 参见［美］盖多·卡拉布雷西著：《事故的成本》，毕竟悦等译，北京：北京大学出版社2008年版，第62页。

[2] 参见［美］格瑞尔德·J. 波斯特马主编：《哲学与侵权行为法》，陈敏等译，北京：北京大学出版社2005年版，第55页。

品安全责任风险。

（三）免赔额与免赔率

为防止被保险人获得保险保障后疏于管理风险，保险人一般会选择与被保险人共同承担责任损失，于是责任保险单中通常有免赔额或免赔率的规定。免赔额是保险人在保险事故发生后，免于赔偿的数额，通常情况下，此部分数额由被保险人自己承担。免赔率是在保险事故发生后，保险人不赔金额与损失金额的比率。因为免赔额、免赔率的存在，在食品安全事故发生时，侵权人对他人造成损害，不能请求保险人赔付全部损失，而必须自行承担责任保险单约定的固定或比例金额。保险人只对不予赔偿以外的部分承担赔付保险金的责任，对于不予赔偿的金额，侵权人必须自己承担。食品安全责任保险中关于免赔额、免赔率的规定，可以抑制道德风险的发生，促进被保险人控制食品安全风险。

（四）差别费率

保险是专门从事风险管理的企业，保险公司拥有完备的数据，可以应用于评估承保的风险。对于寻求保险保障的食品生产经营者而言，以前是否发生过食品安全事故，食品是否存在不安全因素，企业管理食品安全的能力如何，食品安全等级等，保险人都可以通过信息和数据的分析，确定投保人的保险费率，把投保人管理食品安全风险的状况与应缴纳的保险费联系起来。这一点可以从机动车责任保险中得到借鉴。在机动车责任保险中，保险公司将投保人应缴纳的保险费与违章记录和发生保险事故的次数联系起来，凡是违章记录和发生保险事故次数比较多的投保人，其所缴纳的保险费相应提高。这种差别费率的方法，可以督促食品生产经营者采取更多的预防措施，防止损害的发生，降低食品安全风险。

（五）“长尾”（Long Tail）责任

食品安全事故涉及面广，有可能造成较大范围的人身损害，进而引发集体诉讼。而且食品责任风险具有“长尾”风险的特性，也就是从食品安全事故发生到所致损害出现再到索赔的提起，可能要经历很长的时间。在食品安全责任保险中，保险人同样面临着承担较长的“长尾”责任的风险。从受害人索赔到侵权责任最终得到确认也经常需要较长的时间，特别是以诉讼的方式。责任风险的“长尾”特征使得保险公司面临大量的已发生未报告或已发生未赔付案件，从而可能陷入通货膨胀、集体索赔升级和资本市场低迷所造成的财务困境当中。[1] 通常情况下，造成食品安全侵权行为虽在保险期间内发生，但受害人将在何时发现受有损害，又将在何时向被保险人提出赔偿请求，非保险人和被保险人所能控制，责任保险的保险人在保险期间终了后的很长一段时间内仍有

---

[1] 参见陈晓峰：《〈侵权责任法〉立法通过及其对我国责任保险发展的影响》，《保险研究》2010 年第 3 期。

可能须对被保险人负赔偿责任。保险人作为经营保险风险的企业，从防控风险的角度对被保险人的日常食品生产经营风险提出管理要求，可以完善食品生产经营企业的食品安全风险管理。保险合同条款中应对“长尾”风险因素予以考虑，促使保险公司积极参与食品安全风险管理。

六、结论

受管制传统的影响，长久以来，我国应对食品安全监管的常规路径是行政监管。这种威权的食品安全管制模式虽具有处理食品突发事故效率高的特点，但自上而下的监管模式并不能达到防范风险之目的。有学者认为我国的食品安全监管模式应从威权管制转向合作治理，重视公众等其他社会团体的力量和作用。[1] 而且，保证食品安全不仅是政府的责任，也是所有利益相关者的责任，食品安全治理应实现从“监管中心主义”向“合作治理理念”的转变。基于此，需要发展私人治理机制，建立并发展由所有利益相关者（包括政府、企业、消费者和非政府组织等）参与的食品安全治理的机制。我国需建构食品安全的多中心合作治理模式，改变政府在食品安全领域的绝对主导地位，构筑食品安全社会参与治理的基础，促进第三部门参与食品安全治理。[2] 责任保险从创立到发展，其功能已发生了很大的变化，风险管理功能愈受重视。注重政府威权管制的同时，亦应重视保险人这一社会主体参与食品安全风险管理的积极性，发挥保险人风险管理的优势，使保险人与政府监管部门一起，参与食品安全风险的多元治理，创新食品安全治理机制，实现食品安全的目标。

---

[1] 参见齐萌：《从威权管制到合作治理：我国食品安全监管模式之转型》，《河北法学》2013 年第 3 期。

[2] 参见韩永红：《美国食品安全法律治理的新发展及其对我国的启示——以美国〈食品安全现代化法〉为视角》，《法学评论》2014 年第 3 期。

我国农产品质量安全责任保险属性归位与制度融合

——基于地方实践的思考[1]

刘慧萍[2] 黄文超[3] 聂明珠[4]

摘 要 为保障农产品国际市场竞争力和消费者的切身利益，分散食品生产者的经营风险，我国各地进行了农产品质量安全责任保险的实践，取得一定成效。但也存在保险名称使用不规范、保险性质与定位混乱、试点财政补贴政策迥异等问题。这些问题导致农产品质量安全责任保险属性偏移并阻碍该产品发展，针对产生的原因，我国应该将农产品质量安全保险属性定位为农业保险，探寻农产品质量安全责任保险的中国模式，并完善相关立法，以实现质量兴农的战略目标。

关键词 农产品质量安全 安全责任保险属性归位 制度融合

食用农产品作为食品的初级产品，关系国家食品企业良性竞争、行业健康发展、农产品国际市场竞争力和消费者的切身利益。2007 年国务院发布了《中国的食品质量安全状况白皮书》[5]，表明我国食品安全形势不断好转，但三聚氰胺、皮革奶、毒鸡蛋、工业明胶等一幕幕刺痛消费者神经的事件昭示着当前我国食品（农产品）安全问题隐患依然存在，影响食品（农产品）质量安全的深层次问题还没有根本解决。为此，国家不断探索新路径，并先后以文件或法律法规的形式将责任保险引入食品安全治理环节，以分散食品生产者的经营风险。

食责险推出后，许多加工、销售食品产品的企业也日益规范化、安全化，

---

[1] 本文原载于《学术交流》2019 年第 5 期，本书转载时作者进行了相应的润色修改。

[2] 刘慧萍，东北农业大学教授，博士生导师。研究方向：民商法、农业经济政策与法规。

[3] 黄文超，东北农业大学在读研究生，金融法方向。

[4] 聂明珠，东北农业大学在读博士生，民商法方向。

[5] 参见人民网 2007 年 8 月 17 日 国务院办公室发布的《中国的食品质量安全状况（白皮书）》。

加工完成的产品的合格率一直处于较高水平。但是未经加工的初级农产品——食品的第一道环节未得到保险应有的重视。为保障农产品的安全性和责任保险市场连贯性，并弥补食品安全责任保险制度漏洞和不足，浙江省、海南省、台州市、江门市等地不断创新，推出了农产品质量安全责任保险，为助力农业保险创新进行了有益尝试。但是，在地方试点实践中，农产品质量安全责任保险在释放独特的潜力和价值的同时，也面临着发展的尴尬局面。一是目前的食品安全责任保险制度并未涵盖农产品，使得农产品质量安全责任保险游离于食品安全保险之外；二是两者在保险属性、保险功能、承保范围、产品设计等问题上区别明显，农产品质量安全责任保险到底是在农业保险轨道上前行还是归属食品安全责任保险发展面临困境。因此，关于农产品质量安全保险属性的探讨不仅关系到农产品质量安全责任保险这类兼具公私二元性的保险产品发展的需求弹性和潜力，也关系到乡村振兴战略倡导的农村金融创新发展目标的实现。本文尝试对地方实践试点加以分析，以制度融合为突破口，力寻乡村振兴战略下农产品质量安全责任保险发展的创新及法律保障途径。

一、农产品质量安全责任保险的地方实践及评说

（一）农产品质量安全责任保险的地方实践

自国务院颁布指导意见[1]以来，食责险的试点在地方各市县如雨后春笋般纷纷成立、蓬勃发展。长安责任保险、中国太平洋保险、人保财险和平安产险几大保险公司也相继推出了食责险产品。从吉林、内蒙古到厦门，从上海、浙江到甘肃，从山东、安徽到广西，覆盖了大多数全国大中型食品生产加工的主产区。在国家鼓励投保食品安全责任保险以及食品监管体系已然建立的背景下，许多加工、销售食品产品的企业也日益规范化、安全化，加工完成的产品的合格率一直处于较高水平，且较为稳定。食责险的建立发展一方面能够充分发挥个人保险的功能，分散食品生产者和销售者经营过程中的风险；另一方面也有助于减轻和分担政府在食品行业监管过程中的压力，助力食品市场的良性发展机制。在此基础上，海口市，浙江省的宁波市、嘉善县、天台县设立了农产品质量安全保险试点（试点情况见表1），虽处于起步和探索阶段，但已经展现了自身独特的潜力和价值。

[1] 国务院食品安全办、食品药品监管总局、保监会：《关于开展食品安全责任保险试点工作的指导意见》，中国保险监督委员会网站，2015-01-21。

表 1　农产品质量安全责任保险地方实践情况

试点地区	海口市❶	嘉善县	天台县	宁波市	台州市
属性归类	政策性农业保险	涉农保险❷	涉农保险	食品安全责任保险	政策性农业保险
险种名称	农产品食品质量安全责任保险	农产品质量安全责任保险	农产品质量安全责任保险	电商农产品食责险	农产品质量安全保险
投保主体类型	①以省级现代农业示范基地为主 ②省内特色高效农产品种植大户/相关企业	①10 家农业生产单位包括专业合作社 ②本地农业龙头企业 ③家庭农场	①茶业生产、牲畜养殖加工企业 ②家庭农场 ③大型超市	农产品电商经营单位	①有机农产品 ②绿色食品 ③无公害农产品 ④农产品地理标志
保费/补贴	参保者自缴 10%＋省级财政补贴 90%	企业累计赔偿数额的 0.2%	企业累计赔偿数额的 0.2%	电商负担保费	参保者自缴 40% 省级财政补贴 60%
附加险	附加食品召回费用保险	无附加险	无附加险	无附加险	无附加险
追诉期	未规定	追诉期一年	未规定	未规定	未规定

（二）农产品质量安全责任保险试点评说

各地农产品质量安全责任保险的试点，开启了一条由第三方参与农产品质量安全监管的新路径，弥补食品安全责任保险制度漏洞和不足，既有助于树立消费信心，又有利于进一步提升农产品质量安全水平。从地方实践情况看：(1) 投保主体主要是新型农业主体或专业大户，大多为生产规模较大、投保能力较强的龙头企业或进行规模经营的种植大户，有的地方优先考虑“三品一标”企业，有助于区域农产品质量的提升。(2) 投保目的是保障食用农产品质量安全。保险公司承保农产品质量责任险，不仅是对投保主体风险和潜在风险的识别与估量，承保后，还可以配合当地农经部门对其进行抽查，理赔后，还将为相关部门、相关企业总结经验，为农产品质量把关。(3) 投保费用大多可以得到政府补贴。海南省级财政补贴达到 90%，投保主体只需缴纳 10%的保费，极大减轻了农业生产主体的保险负担。(4) 投保农产品保险可以提升附加值。天台市将“本公司（合作社）农副产品由中国人民财产保险公司提供产品

---

❶　参见《海口试点农产品质量安全责任保险》，《海口日报》，2017-08-24.

❷　《参见浙江省实施〈农业保险条例〉办法》，浙江省政府办公厅第 331 号政令，2015-01-23.

质量安全责任保险”的铜牌挂在养殖场门口，不仅提高了农产品附加值，也树立了广大人民群众对农产品的消费信心。有些投保人还在产品外包装、网店上进行宣传，在产品包装印上“本产品由中国人民财产保险股份有限公司承担产品责任险”等字样，有利于产品品牌的打造。这些有益的探索确实取得了一定成效，但是农产品质量安全责任保险还处于起步阶段，在发展中还面临一些问题。

1. 保险名称使用不规范

《国务院关于加强食品安全工作的决定》《关于开展食品安全责任保险试点工作的指导意见》及修订后的《食品安全法》等一系列政策和立法提及的都是食品安全责任保险。但农产品质量安全责任保险在实践中却出现多种称谓。上海通过对本地农产品产业链进行全流程风险评估，对部分重要农副产品推出了食品安全责任保险，初步建立了本地农产品质量安全管理体系，有效分担政府在突发公共卫生事件时的经济补偿职能。但上海安信农业保险公司推出的食品安全责任保险是农产品食用安全保险，实际上是责任保险。长安责任保险为北京兴农汇电子商务有限公司平台上销售的农产品提供食品安全责任险及产品质量保证险。海南省则为农产品食品质量安全责任保险。江门市称为政策性食用农产品安全责任保险。浙江等地命名为农产品质量安全责任保险。称谓的不统一，容易导致投保主体及消费者的误认和混淆，保险性质也会有区别，不利于责任保险制度的构建和发展。

2. 保险性质与定位混乱

食品安全责任保险在实践与推广中属于商业性保险，受《保险法》规范。如果将农产品质量安全责任保险仅看作食品安全的一个重要环节，保险性质应该是一致的。但在试点地区，有的市县将其归为政策性的农业保险加以规制，如海口市；有的则将其笼统的归为涉农保险，如嘉善县、天台县；而宁波市则将农责险视为食责险的子类，鼓励商业险发展。保险性质不统一在农责险的发展过程中也将引起诸多问题。

3. 试点财政补贴政策迥异

从试点对比情况可以看到，海口市的试点政策文件中将农责险归类为政策性的农业保险，相应的在生产者的保费中就给予了90%的财政补贴，很大程度上减轻了农户投保农责险的成本，鼓励农产品生产者选择农责险分担生产责任风险的积极性，但也存在部分农产品生产企业、农民专业合作经济组织、畜禽屠宰企业、收购储运企业、经纪人和农产品批发、零售市场等生产经营者“搭便车”（正外部性）心理，抑制了保险人的供给和保险市场的健康发展。浙江省的嘉善县和天台县都将农责险笼统地归类为涉农保险，在财政补贴政策上坚持核准制，对部分重要的场所投保农责险给予一定补贴，而普通参保农户并没有享受这一政策。对比宁波市将农责险归类于食责险范畴，鼓励商业险的发展模式，可以看出各地试点农责险的属性偏移引发了各地财政补贴政策的差异，不利于农责险的长期发展和推广普及。

二、农产品质量安全责任保险属性偏移及其归因

（一）农产品质量安全责任保险属性偏移

作为新型的责任保险产品，农产品质量安全责任保险与生俱来地就带有责任保险的基因。因此，也就具有责任保险的普遍性功能：分担责任、管控风险。同时，农产品质量安全责任保险因自身特有的公私二元性产品属性，结合中国农产品市场分布广，生产分散不集中且多以散户、个体户为主的国情，在实践中发挥着鲜明的特殊性功能：强化社会管理、优化政府职能。根据《保险法》第 65 条的规定，农产品生产者、销售者通过支付保险费将农产品质量安全事故责任转嫁到保险人，由保险人以整个行业的保险费用来承担某一个具体生产者或者销售者应当承担的损害赔偿责任。如此一来，农产品质量安全责任保险不仅保障了作为第三人的消费者在遭受到质量安全侵权时所受损失的充分赔偿，而且分散了经济实力有限的个体生产者、销售者所承受的赔偿。当被保险人作为农产品安全事故责任人，无力承担对于第三人的损害赔偿责任时，农产品质量安全责任保险可以使第三人尽快获得比较充分的赔偿，以弥补其遭受的损失。因此，农产品质量安全责任保险应在责任保险的制度框架下运作，而且和食品安全责任保险一样，承担着同样的作用：保障作为第三人的消费者在遭受质量安全侵权时所受损失的充分赔偿。

但是，我国农业具有特殊性，农产品质量安全责任保险准公共产品的属性，发生事故时责任承担成本较低而司法救济体系适用环境混乱，这些因素直接诱使农产品的一些生产者、销售者出于侥幸心理忽视农产品质量安全，大量使用农药、化肥、有毒有害化学物质生产、销售农产品以追逐暴利；相应地，积极遵守质量安全标准的农产品生产者、销售者，在农产品市场质量安全信息不对称，消费者识别困难的情况下，其遵纪守法的“成本”就日益增加，而最终会导致“劣币驱逐良币”悲剧的发生。不同于一般的产品责任保险面临的风险，不可预测性，潜伏性，代际性这些农产品质量安全问题的特殊属性，以及农产品质量生产过程中以农户为主要群体的农产品生产者规模小、分布较为零散，承担责任的难度较大，违法违规生产农产品的成本较低的特殊情况，滋生了农户被动应对农产品质量风险的偏好选择，故意忽视农产品质量而单纯去追

求高收益，引发道德风险。从近年来一些专家学者[1]提出的关于农业生产中的“一家两制”理论就可以窥探一二。农责险的出台很大程度上就是为了填补食责险在制度设计上的漏洞和不足，但由于和农业保险在属性上存在天然的“基因密码”，商业化的制度设计和农责险的运作模式在很多方面就显得格格不入。虽然关于农责险到底是应和食责险一样归于商业性的责任险，还是归入政策性的农业保险，现在的法律规范还未给予明确的界定，试点中也出现将农责险这一险种归于完全不同属性的保险的问题，但就目前的发展阶段和社会可接受程度而言，农产品质量安全责任保险的商业化运作会限制它的生命力。

二、限制农产品质量安全责任保险制度生命力的归因

（一）相关法律间衔接失调是主因

2006年颁布实施的《中华人民共和国农产品质量安全法》[2]（以下简称农产品质量安全法）第2条对农产品和农产品质量安全的含义做出了界定，2015年新修订的《中华人民共和国食品安全法》[3]（以下简称食品安全法）在第一百五十条对食品和食品安全的含义做出了明确规定，对比两者可以看出两部法律对农产品质量安全与食品安全的范围界定并不清晰，衔接过程存在逻辑的混乱。这直接导致了相关保险制度在设计和司法实践过程中的冲突，由于初级农产品的特殊性，实践中并未将其划分在食品安全责任保险管理的范围之内。我国目前的食品商业责任险基本上都是围绕着产品进行设计，缺少对未经加工的农产品承保的经验。如果将农产品纳入承保范围，就应当考虑投保主体、费率以及相关保险条款的设计是否应当与加工食品相区别的问题。

现有法律对农产品质量安全和食品安全内涵范围的规定有冲突，导致出现责任事故时，责任人（被保险人）甚至法院对适用哪部法律、如何使用法律才能正确分担责任主体存在着很大分歧。以下这些案例正体现了司法实践中的分歧与困境：[4] 2017年2月13日山东省济南市中级人民法院审理的滕州市腾盛

---

[1] [5]徐立成，周立，潘素梅：《“一家两制”：食品安全威胁下的社会自我保护》，中国农村经济，2013年第5期。文中曾提到“一家两制”行为的基本逻辑是为逐利而生产的食物体系模式，使得食品市场“脱嵌”并凌驾于社会之上，引发了严重的食品安全问题，破坏了原先家计经济条件下食品安全的“社会共保”机制，农户和城市消费者纷纷转向“个体自保”——农户逐渐采用“一家两制”的食品生产模式，进行食品的差别化生产；城市消费者则逐渐采用“一家两制”的食品消费模式，进行食品的差别化消费。

[2] 《中华人民共和国农产品质量安全法》第2条规定：农产品是指来源于农业的初级产品，即在农业活动中获得的植物、动物、微生物及其产品；农产品质量安全是指农产品质量符合保障人的健康、安全的要求。

[3] 《中华人民共和国食品安全法》第150条规定：食品指各种供人食用或者饮用的成品和原料以及按照传统既是食品又是中药材的物品，但是不包括以治疗为目的的物品；食品安全指食品无毒、无害，符合应当有的营养要求，对人体健康不造成任何急性、亚急性或者慢性危害.

[4] 参见中国裁判文书网（2016）鲁01行终674号，山东省济南市中级人民法院，滕州市腾盛工贸有限公司诉济南市历下区食品药品监督管理局。

工贸有限公司与济南市历下区食品药品监督管理局行政诉讼一案中，原告腾盛公司就以其生产的黄花菜是初级农产品而非一审认定的即食食品为由提出上诉；[1] 2017年3月27日黑龙江省哈尔滨市道里区人民法院审理的孟佟与深圳沃尔玛百货零售有限公司哈尔滨友谊路分店买卖合同纠纷一案中，被告沃尔玛哈尔滨分店称涉案商品属食用农产品，本案不应适用《中华人民共和国食品安全法》，而应适用《中华人民共和国农产品质量安全法》；[2] 2017年4月26日广东省广州市中级人民法院审理的范伟与广东宝桑园健康食品有限公司买卖合同纠纷一案中，被告宝桑园公司以案件标的物“桑叶茶”是食用农产品而非食品，一审法院应当适用《农产品质量安全》而不应使用《食品安全法》为由提起上诉；[3] 2016年12月29日浙江省海宁市人民法院审理的俞光新与海宁市市场监督管理局行政诉讼一案中，一审法院在做出的行政判决书中关于判决的依据指出，燕窝由燕子的唾液分泌物形成，第三人销售的燕窝只是进行了初加工，没有改变其基本自然性状和化学性质，并非是经过深加工的燕窝制品，因此适用《农产品质量安全法》。

这表明，农产品质量安全与食品安全无论在立法还是司法实践中都是独立存在，我国的食品安全法并未包含农产品，食品安全责任保险也未能涵盖农产品，因此应分别运作。

（二）农产品生产者“先天不足”对农责险需求冷淡是内因

发展动力不足是影响农责险属性归位的一个重要内部原因。一方面，农产品生产企业、农民专业合作经济组织、畜禽屠宰企业、收购储运企业、经纪人和农产品批发、零售市场等生产经营者以及食用农产品种养殖基地、畜禽屠宰厂、农资销售单位、农副产品批发市场等重点场所的分布一般较为分散且经济实力有限，加之国内关于农产品质量安全的法律规范并不成熟，没有配套的惩罚性赔偿措施，起不到足够的威慑作用，使得大多数的风险中立偏好型生产者为了降低成本而拒绝投保农责险，对农责险的需求冷淡导致了这一新兴的责任险种市场需求疲软，市场发展缺乏动力，自然直接引发对农责险制度设计属性偏移这类问题的关注度不足，顽疾难以根治。另一方面，国内几大保险公司在食责险特别是农责险这类创新险种尤其对其属性归属、法律规范、政策规定尚不明晰，潜在的投保主体农产品生产者的经济实力有限，需求不足，这些因素

---

[1] 参见中国裁判文书网（2016）黑0102民初8362号，哈尔滨市道里区人民法院，原告孟佟与被告深圳沃尔玛百货零售有限公司哈尔滨友谊路分店买卖合同纠纷案。

[2] 参见中国裁判文书网（2017）粤01民终4316号，广东省广州市中级人民法院，范伟诉广东宝桑园健康食品有限公司买卖合同纠纷案。

[3] 参见中国裁判文书网（2016）浙0481行初64号，海宁市人民法院，俞光新与海宁市市场监督管理局质量监督检验检疫行政管理案。

导致保险公司在开发设计这一险种的收益性风险极大，也就挫伤了其创新开发、完善农责险相关制度属性的积极性，引发了农责险供给的刚性不足。

（三）起步晚、经验不足掣肘发展是外因

农责险作为金融创新与农产品市场健康发展制度融合的产物，仍处于起步阶段，加之自身准公益性产品的属性，中国责任保险市场的发展时间短等原因，现阶段试点实践中出现的关于农责险的属性偏移问题确实是发展初期一个阶段性的问题表现。在一个较为成熟的责任保险市场环境里，鼓励发展农责险的商业属性和运作模式，是充分尊重交易双方意思自治原则的体现。在农产品市场交易中，消费者愿意为购买安全放心的农产品以及预防和救济发生农产品质量安全风险承担额外的支出正是推动农产品质量安全责任保险创新发展的动力源泉和理论出发点，也是市场经济条件下农产品市场交易供给与需求产生的基础。但农责险本省准公益性产品的属性，“先天不足”的农产品生产者对农责险需求的冷淡因素，导致试点过程中地方政府对其归属没有合理的定位。农产品质量安全责任保险的主要功能是分担责任、管控风险，在政府的大力扶持和财政投入下，农产品的生产者、销售者只需通过缴纳较小比例的保险费就可以将农产品质量安全责任风险转由保险人承担。这样就降低了个体生产者、销售者所承担的质量侵权责任的成本，也极有可能因此使得生产者、销售者降低对农产品质量安全的关注和重视程度，甚至诱使他们杀鸡取卵，故意忽视农产品质量而单纯追求高收益，引发道德风险。

三、农产品质量安全保险属性归位与制度融合

（一）农产品质量安全责任保险应归位于农业保险

1. 是公益性产品的客观需要

将农产品质量安全责任保险归位于农业保险是其作为公益性产品的客观需要。农产品质量安全责任保险并非传统意义上的责任保险，本身带有农业生产经营过程中的特殊属性，譬如农业保险中可承保的自然灾害特别是巨灾面前的系统性风险问题，双重正外部性问题，都成为农产品质量保险的特殊基因，使其有别于一般的商业性风险。此外，农产品质量安全涉及广大消费者的切身利益，体现着国家治理水平与治理能力的宏观把控能力，在一定程度上具有公益性产品的属性，在现阶段将其归类为农业保险，借助农业保险的财政扶植政策蓬勃发展，有益于实现帕累托最优。

2. 具有政策性的保障作用

将农产品质量安全责任保险归属于农业保险有利于发挥农业保险政策性的保障作用。近年来，特别是党的十九大召开以来，“乡村振兴战略”“质量兴农”“引入金融创新与制度融合推进农村的改革发展”被日益提到新的战略高

度。一系列政策的积极响应和号召，使得农产品质量安全责任保险在起步阶段带有农业保险的政策性，将其归属于农业保险恰恰使得中央对农村政策的扶持更具连贯性和全面性，农业保险发展以来的政策扶持也对农产品质量安全责任保险的发展起到一定的保障作用。

3. 适合发展起步阶段的定位

将农产品质量安全责任保险归属于农业保险更符合其起步阶段的发展定位。农产品质量安全责任保险作为金融创新与农产品市场健康发展制度融合的产物，仍处于起步阶段，加之自身公益性产品的属性，中国责任保险市场的发展时间短等原因，现阶段将农产品质量安全责任保险归属于农业保险，更符合其起步阶段的发展定位，也更有利于维护消费者权益，降低农产品生产者、销售者生产成本，维护农产品市场的稳定发展。

（二）探寻农产品质量安全责任保险的中国模式

党的十九大报告提出实施乡村振兴战略，为解决关系国计民生的“三农”问题，特别是全面提升农产品质量安全水平指明了新理念、新思路、新要求。如何强化质量兴农、品牌强农，如何加强新型农业经营主体生产风险管理，创新农产品质量安全治理模式，成为新时期亟需解决的重要议题。

1. 美国农责险发展模式及对中国的借鉴意义

美国一些州政府和大多企业，是将农责险归入食品安全责任保险的初级未加工食品环节。针对食品安全责任保险，美国法律并没有单独的规定，而是将其纳入各州产品责任法律的范围。另外，美国法律规定了符合一定条件的消费者拥有集体诉讼权。即“一人诉讼，所有受害者同等收益”。这就意味着，美国食品企业若因被判决存在过失，将会面临更加巨额的赔偿责任，随时有破产倒闭的风险。面对如此昂贵的风险成本，美国食品企业就不得不为了转移风险购买食品安全保险。不但如此，大多数学校、医院等食品消费单位也会购买食品安全责任险转移风险，并要求自己的供应商提供食品安全保险凭证。这个保险链条甚至可以一直上溯覆盖到农户。即便如此，确保特种农作物生产者有足够的动力为广大消费者提供更安全、放心的产品，仍是美国各级政府视为重中之重的任务。与食品安全责任保险有关的各项法规，降低了生产者与保险公司之间由于信息不对称造成的风险。

美国模式是在诉讼的惩罚和赔偿机制日臻完善的基础上对市场特别是大型农产品生产加工者形成了较有威慑力的倒逼机制。结合中国当下的国情，如果照搬照抄美国的商业市场导向性的运作模式可能会引起一系列的水土不服。中国的责任保险的法律法规和市场运作机制还不完善，而且相比于美国机械化、大规模的农业生产加工链条模式，中国的农产品生产更多是分散型，并未形成规模化、产业化，这也导致他们承保能力有限、责任承担能力也十分薄弱的尴尬局面。正因如此，积极探索现阶段政策性农业保险与农产品质量安全责任保险的制度融合与创新就显得因地制宜，更具中国特色。一方面，农产品质量安全责任保险的起步和发展离不开政策的扶持和援助，与农业保险的融合更有利于整合资源，最大限度地发挥制度的实效性和号召力，为农产品质量安全责任保险的可持续发展奠定坚实的基础。另一方面，乡村振兴战略背景下，农业保险如何创新，如何才能更贴近农民切实的需求从而最大程度地释放农村改革发展的活力，农产品质量安全责任保险制度的发展和地方实践为这一问题的答案提供了新思路。

2. 精准定位农责险的效用机制

从试点中各地对农产品质量安全责任保险的属性归类不同可以看出，本质上是许多地区割裂了农产品质量安全责任保险中责任保险和农业保险的关系纽带，孤立地看待问题，没有看到制度融合的潜力和优势互补带来的极大的创造力。如果我们能够融合责任保险与政策性农业保险的优势，从而集中发展农产品质量安全责任保险，例如在将农产品质量安全保险归属与政策性农业保险的框架下，创造性地探索一些责任保险模式的附加险，一方面通过政策性的扶持和引导，鼓励生产者和小农户积极参与投保，提高整个农产品市场的保险意识和责任意识，从消费者的立场也树立了消费者对政府参与规范后的农产品市场的信心，另一方面也很好地将事前的监督预警机制和事后的责任惩处机制有效结合，将市场的基础性作用和政府的监督保障作用协调整合，从宏观层面保证了制度发展的长效机制。

3. 适当开发农产品质量安全责任商业保险

在一个较为成熟的责任保险市场环境里，适当开发农产品质量安全责任保险的商业属性和运作模式，是充分尊重交易双方意思自治原则的体现。作为民法的基本原则——意思自治充分体现了平等主体在民事活动中从事民事法律行为，享有民事权利，履行民事义务的过程中，尊重交易双方的意思自愿、真实的重要性。在一个较为成熟的责任保险市场环境里，适当开发农产品质量安全责任保险的商业属性和运作模式，是充分尊重交易双方意思自治原则的体现，也在一定程度上刺激着保险产品的供给方（保险人）提供更加多元化、多层次、全方位的农产品质量安全责任保险产品。

适当开发农产品质量安全责任商业保险是市场经济背景下，充分发挥“看不见的手”的基础性配置作用，优化政府职能转型升级的体现。现行的《农产品质量安全法》在实践中多数采用行政处罚的方式将政府信用与生产者信用捆绑在一起，让政府为事故发生“埋单”的方式，损失的不仅是生产者的商业信用，也易引发政府信誉危机。农产品生产者、销售者通过支付保险费将农产品质量安全事故责任转嫁到保险人，由保险人以整个行业的保险费用来承担某一个具体生产者或者销售者应当承担的损害赔偿责任，这不仅仅是保护了第三人和生产者、销售的利益，也分担了政府在安全事故中的责任负担，规避了政府的信用危机，优化了政府的社会管理职能。

适当开发农产品质量安全责任商业保险是在农产品质量安全责任保险制度发展较为成熟阶段的新一轮的创新性尝试。以美国为例，他的农产品质量责任保险就历经了四个发展阶段，从单纯的私人资本运作，行政机关公权力的强权推行，到现如今的公司资本（保险公司）、农民、相关金融机构、政府四方协作的较为成熟的模式。这是一个循序渐进，不断创新的过程。

（三）完善相关立法

一个新兴事物的出现和发展，必然需要一系列法律法规制度体系的建立加以规制。富兰克林曾说："人一生两件事不可避免——死亡和纳税"，法律也不外如是。

1. 尽快出台《农业保险法》

对于农业保险，我国政府一直关注、重视并给予政策支持。2004 年开始至今连续 13 年的"中央一号文件"不同程度地提及农业保险。这些文件成为约束和指导农业保险的正式制度。但是，实践证明单纯由政策推动的农业保险的发展并不理想，《国务院关于保险业改革发展的若干意见》(2006)、《中国再保险市场发展规划》(2007)、《关于积极发展现代农业扎实推进社会主义新农村建设的若干意见》、《国务院关于加快发展现代保险服务业的若干意见》(2014) 均是针对农业保险规定的原则性和方向性意见，远不能满足农业风险管理的更深层次的要求，也不符合依法治国理念。我国从 20 世纪 80 年代恢复农业保险以来，三十多年间，涉及农业保险的相关法律主要有《中华人民共和国农业法》(2002)、《中华人民共和国保险法》(2009) 及《农业保险条例》(2012)。但《农业法》和《保险法》对农业保险都鲜有提及。《农业法》(2012 年修正) 第 46 条规定："国家逐步建立和完善政策性农业保险制度。鼓励和扶持农民和农业生产经营组织建立为农业生产经营活动服务的互助合作保险组织，鼓励商业性保险公司开展农业保险业务。"而我国现行的《中华人民共和国保险法》是一部规范商业保险的法律，与政策性的农业保险经营目标不完全一致。该法没有农业保险的具体规定，仅提到"国家支持为农业生产服务的保险事业，农业保险由法律、行政法规另行规定"。虽然《农业保险条例》(简称《条例》) 是针对农业保险的专门性立法，但是立法层次偏低，多为原则性的规定，比较"粗放"，可操作性不强。因此，急需完善相应的法律制度以弥补现行法律缺失造成的诸多问题。

2. 促进《农产品质量安全法》与《食品安全法》衔接

《农产品质量安全法》自 2006 年颁布、实施以来已经过了 12 年，相比于

2015年修订完成的新的《食品安全法》，《农产品质量安全法》的修订显得十分紧要，相关部门也已启动了修订工作。现行的《农产品质量安全法》法律责任的规定共十二条（第43条至第54条），这些条款中真正关系到生产经营者责任的仅七条。且因为过度迷信行政力量的传统，从实施机制上看，现行的《农产品质量安全法》基本上是行政执法法。一方面，第46条至第52条的规定主要是针对农产品生产经营者违法行为应承担的行政责任，主要是行政罚款，一般额度在二千元以内，最高额度为二万元。这种额度设定不仅缺乏弹性，而且与其他立法相比，额度较低，缺乏震慑力；另一方面，由于行政执法资源有限，在行政执法时无法做到对监管对象的全覆盖，存在监管真空。这种将政府信用与生产者信用捆绑在一起，让政府为事故发生“埋单”的方式，损失的不仅是生产者的商业信用，也将引发政府信誉危机。

3. 促进《食品安全法》与《产品质量法》衔接

2015年新修订的《食品安全法》食用农产品方面没有明显变化，仍有部分农产品处于《食品安全法》与《农产品质量安全法》都未提及的真空区域，此外关于新修的《食品安全法》的惩罚性赔偿制度也为将初级农产品囊括在内，导致农产品的生产者、销售者责任成本较低，质量安全意识淡薄。这些问题在新的《农产品质量安全法》的修订过程中都应认真考虑，有所体现。距离《产品质量法》最近一次修订是在2009年，实施至今也已快十年，关于《产品质量法》的法律制定，从法理原则到具体规范，从制定体系到司法实践都较为科学和成熟，从《产品质量法》第2条的规定中可以看出本法调整的对象是已经加工完成的产品[1]，因此在修改《农产品质量安全法》时，除了要吸收《产品质量法》《食品安全法》制定修改中的成功经验，还应注意与这两部法律的合理、“无缝”衔接。

4. 规范使用农产品质量安全责任保险名称

从浙江嘉善、海南省、上海市等地的农产品质量责任保险的地方试点可以看出，农产品质量安全责任保险这一创新型的险种在实践中还不规范。针对各地方实践过程中出现的农产品质量安全责任保险名称使用混乱、保险属性归类界定模糊的问题，应通过相应法律规范和政府文件的出台予以规范，以实现农产品质量安全责任保险发展的规范化、系统化、制度化。

参考文献

[1] 刘玉林. 我国责任保险法制改革之路径选择 [J]. 保险研究，2015 (11).

[2] 李芳，王煜. 食品安全责任保险模式研究 [J]. 保险研究，2015 (9).

[1] 《中华人民共和国产品质量法》第2条规定：本法所称产品是指经过加工、制作，用于销售的产品。

[3] 卢玮. 食品安全责任保险立法模式的比较与选择 [J]. 法学，2015 (8).
[4] 范玲. 责任保险中的保险利益研究 [D]. 哈尔滨：黑龙江大学，2013.
[5] 张聪. 论强制责任保险 [D]. 上海：复旦大学，2012.
[6] 谢书云. 我国责任保险市场发展研究 [D]. 上海：厦门大学，2008.
[7] 庹国柱，朱俊生. 完善我国农业保险制度需要解决的几个重要问题 [J]. 保险研究，2014 (2).
[8] 曾子虎. 食品安全强制责任保险制度研究 [D]. 重庆：西南政法大学，2012：9-10.
[9] 冯丽文. 中国农业保险制度变迁研究 [M]. 北京：中国金融出版社，2004.
[10] 中国裁判文书网 http：//wenshu. court. gov. cn/Index
[11] 肖振宇，唐汇龙. 食品安全责任强制保险设计研究 [J]. 保险研究，2013 (04).
[12] 王泽鉴. 侵权行为 [M]. 北京：北京大学出版社，2016.
[13] 刘学茂. 农产品质量安全法律问题研究 [D]. 重庆：重庆大学，2009.

国内外环境污染责任保险制度比较研究

——以德国、中国为例[1]

朱蓓蓓[2]

摘　要　近年来全球环境污染日益严重，为更好优化国内环境，提高企业竞争力，实现可持续发展，建立环境污染强制责任保险已是重要的有效手段。鉴于我国起步较晚，存在法律制度不够完善、保险责任范围有限等问题，本文通过借鉴发达国家环境污染责任保险的成功经验，力求为我国环境污染责任保险制度的完善，找到适合我国国情的发展模式。

关键词　环境污染　责任保险　国际比较　问题与对策

环境污染责任保险制度被称为绿色保险，起初是由公众责任保险（Comprehensive General Liability，CGL）发展而来。环境污染责任保险制度主要起源于工业化国家，随后部分发展中国家也开始建立。迄今为止，主要发达国家的环境污染责任保险制度已经进入较为成熟阶段，逐渐成为通过社会化手段解决环境污染赔偿责任问题的主要方式之一。

环境污染责任保险制度无论采用强制保险或者自愿保险，都需有一定的基础才能够运作良好。强制环境污染责任保险制度不仅要求有健全的法律制度、行之有效的配套设施；而且需要政府方面的大力支持。自愿保险则要求有良好的商业保险市场环境、保险公司对企业环境污染风险预测及评估、企业高保险意识等条件的支持。

目前，根据环境污染责任保险的发展模式，可以将环境责任保险分为强制责任保险（法定责任保险）和任意责任保险。在强制责任保险与任意责任保险模式的选择上，各国鉴于本国的立法模式、经济水平以及污染产生方式等因素，创造了三种典型模式。

一是强制责任保险制度，以美国为代表。美国《资源保护与赔偿法》规

---

[1] 本文为中国保险学会2018年度研究课题（ISCKT2018－N－1－03）的阶段性成果。

[2] 朱蓓蓓，中原农业保险股份有限公司，发展研究中心。

定，对有毒物质和废弃物的处理、处置可能引发的赔偿责任实行强制保险制度，并规定了投保的限额。而且，对因突发性事故或者非突发性事故导致的情况进行了区别。此种模式实质上是以先指定法律的形式，使环境责任保险成为财政经济上必须遵守的法律条件。其优点在于强制性、明确性、一致性。

二是强制责任保险与财务保证或担保相结合的环境责任保险制度，以德国为代表。德国《环境责任法》兼用强制责任保险与财务保证或担保相结合制度。由于财务保证或担保的方式一方面使得“损害仍由发生之处来负责”无法通过“损害的社会承担”来分散风险，仅对受害人有利而不能减轻加害人的经济负担；另一方面财务保证或担保在实际操作中不能有效吸引银行及金融机构的参与。因此，该模式实质仍然以强制责任保险为主。

三是以任意保险为主，强制责任保险为辅的责任保险制度，以法国为代表。其采取柔性渐进的模式。在一般情况下，由企业资助决定是否投保，但法律规定必须投保的，则必须投保。

一、国内外环境污染责任保险制度体系现状

（一）主要发达国家环境污染责任保险制度体系现状——以德国为例

德国的环境法非常严格，被称为“最绿的环境法”。因其有相对完善的立法政策、严格的执法流程，德国在环境保护实践中取得了良好的效果。与其他国家不同，德国的环境保险主要分为环境责任保险和环境治理保险两大类。环境责任保险针对私法（私法主要指调整普通公民，组织之间关系的法律，如民法、商法以及民事诉讼法），环境治理保险适用于公法（公法主要指宪法、行政法、刑法以及与之相关的诉讼法）。两者互为补充，但不相互代替。

在环境污染责任保险方面，起初德国兼用强制保险与财务保证或担保相结合的方式。自1990年12月10日《环境责任法》（Environmental Liability Act）通过和实施之后，环境污染责任保险为强制保险，要求所有工商企业者要投保环境责任险。强制实行环境污染责任保险制度。

为了确保环境污染受害人能够得到补偿，加害人履行其义务，德国《环境责任法》第19条明确规定，列入特定名录的企业必须采取责任保险措施，包括与保险公司签订损害赔偿责任保险合同，由州、联邦政府、金融机构提供财政保证或担保。如果经营者未能遵守提供保险等财务保证的证明材料，主管机关可以全部或部分禁止该企业的运行。本法第21条还进一步规定对违反规定的企业，可处1年以下有期徒刑或罚金。

（二）我国环境污染责任保险制度体系现状

目前，我国在一些行业已推行强制责任保险，例如客运承运人责任保险。但环境污染责任保险大多数还是属于自愿性投保，在这种模式下，企业是否投

保完全取决于其自身意愿，不具有强制性。很多企业为了追求自身利益的最大化，不愿意投保环境污染责任保险。因此一些企业对环境污染事故的发生抱有侥幸心理，绝大多数企业并没有参加环境污染责任保险。

20 世纪 80 年代，我国因受社会经济发展水平、企业环境保护意识以及保险公司的承保能力等因素制约，尚未建立实质意义上的环境污染责任保险法律法规制度。随着经济的发展以及环境污染赔偿问题的日益凸显，1990 年初，我国由保险公司与当地环保部门合作在一些行业办理污染责任保险，隶属于第三者责任保险，且仅包括油污责任保险，由企业自愿投保。大连是我国最早开展此项业务的城市，随后沈阳、长春、丹东等城市相继开展此项业务。20 世纪 90 年代期间，该项业务仅在几个城市开展，由于采取自愿投保原则，每个城市只有几家乃至几十家投保，整体投保规模处于下降趋势。个别城市因为没有企业投保，已经处于停办状态。

2007 年 12 月，原国家环保总局和原中国保监会联合印发《关于环境污染责任保险工作的指导意见》，我国开始在部分地区开展环境污染责任保险试点。2013 年 1 月原环保部和原保监会联合印发《关于开展环境污染强制责任保险试点工作的指导意见》，将试点范围扩大到全国。2014 年 5 月新修订的《环境保护法》规定："国家鼓励投保环境污染责任保险。"在政策的鼓励下，目前环境污染责任保险得到了一定程度的发展。

2018 年 5 月 7 日，生态环境部会议通过《环境污染强制责任保险管理办法（草案）》（以下简称《办法（草案）》），《办法（草案）》进一步规范健全了环境污染强制责任保险制度，丰富了生态环境保护市场手段，对打好打胜污染防治攻坚战，补齐全面建成小康社会生态环境短板具有积极意义。

二、国外环境责任保险的发展趋势

（一）在环境责任保险模式的选择上，以强制保险为发展趋势

随着环境污染事故的频繁发生，各国都试图在强制性责任保险和自愿性责任保险的定位中构建适合自己国家的环境责任保险法律制度。无论是美国的强制保险模式，还是德国的强制保险与财务保证和担保相结合的模式，或是法国的任意保险模式，实质上都带有一定的强制性。随着环境问题的日益恶化，总体上呈现由自愿保险走向强制保险之趋势。

（二）国外对环境责任保险进行相应的支持与补贴

环境责任保险在某种程度上来说具有公益性和商业性两个特征。甚至说，它的公益性、社会性功能比它的商业性更为重要。在承保该项业务上，美国政府专门成立了环境保护保险公司，通过政府干预，结合多种经济刺激，来激发环境保险市场，推动环境责任保险的发展。

(三) 环境责任保险领域趋于立法

从国外各个国家的环境责任保险介绍可以看出，立法能够为环境责任保险制度提供一定的法律依据，各国都把环境责任保险法律法规的建立构建在责任保险的基础之上，顺应环保时代经济发展的趋势，为大力发展环境责任保险创造了良好的外部条件。有了法律制度的保证，各国的环境责任保险实行都较为顺利。这也充分说明了一国环境责任保险的发展有赖于该国环境相关法律法规的发展。

三、我国环境污染责任保险存在的问题与原因

目前，环境污染责任险在我国发展较慢，从目前我国环境污染责任保险制度的运行来看，有一些问题尚待解决，主要如下：

(一) 环境责任立法缺失，相关法律法规制度不够完善

目前，关于环境污染责任保险，国家层面上的法律依据只有 2007 年 12 月原国家环保总局和原中国保监会联合引发《关于环境污染责任保险工作的指导意见》，这一意见目前尚未上升到法律法规的高度，只有法律的强制实施以及明确法律法规的每项细节，才能保证法律法规的可行性，环境污染责任保险制度建设才能得以实现。

(二) 企业是否投保取决于自身意愿，不具有强制性

目前，在我国环境污染责任保险还属于自愿性保险。在这种保险模式下，企业是否投保取决于其自身意愿，不具有强制性。很多企业为了追求自身利润最大化，置环境破坏于不顾，不愿意投保环境污染责任保险。

(三) 保险赔付率较低，保费收取较高

环境污染责任保险在我国开办的时间较短，鉴于有限的经验数据，各家保险公司无法准确地评估风险，确定费率。为避免亏损，保险公司对于一些风险大的保险项目进行选择性承保。这对已经承保的企业，大多存在着保费高，赔付率低的风险。目前我国在几个城市中开办的环境污染责任保险都采取自愿模式，能够自愿投保的企业本身也是对环境污染问题较重视的企业。企业在日常生产中，也会采取很多污染的防治手段，因此这些企业大多是风险较低的优良体。如果收取高保费，定会削弱企业投保积极性，这样，更加剧了保险需求的减少。

(四) 保险产品单一，无法满足企业多方面需求

在我国环境污染责任保险市场上，只有一种产品——环境污染责任保险。该险种承保的是在保险期间内，经营者在保险单列明的保险地址内依法从事生产经营活动时，由于突发意外事故导致有毒有害物质释放、散布、泄漏、溢出或逸出，造成承保区域内的第三者遭受人身伤亡或直接财产损失；以及经营者

因发生保险事故而对承保区域内非自有场地支出的合理的、必要的清污费用和相关法律费用，保险人按照约定负责赔偿。很少有企业会同时面临以上所有的环境污染风险，保险公司扩大了承保范围，使企业感觉多收取了保费，企业无法选择自己的需求。

（五）政府和有关主管部门支持力度不够

环境污染责任保险属于高风险业务，一旦发生损失，必将涉及巨额赔款，而我国的承保机构只有商业保险公司，其赔偿责任往往超出一般保险公司的承保能力。环境污染管理作为一项造福于人类的公益性事业，应代表社会管理的一项政府重要职能。由于环境污染责任保险的经营风险大大高于其他商业保险，在一定程度上需要政府和相关主管部门的大力支持。目前，我国保险公司承保范围小，企业经营者对该险种的投保并不热心。如果政府或相关部门能够给予一定的支持，由政府出面促使各保险公司联合起来，定能促进环境污染责任保险的发展。

在主要发达国家，环境污染责任保险制度与保险业务已经进入较为成熟的阶段，环境责任保险是随着时代的发展应运而生的，它的存在和发展对各国有着重要的意义。因此，我国应该从外国环境责任保险制度的发展过程中，吸取宝贵的发展经验。

（一）完善环保法律法规制度

从各个发达国家环境责任保险的发展来看，法律法规是业务发展的根本。我国现有的有关环境责任保险的规定，主要散见于《民法通则》（1986）、《环境保护法》（1989）、《大气污染防治法》（2000）、《海洋环境保护法》（1999）等相关法律法规中。这些法律法规，为环境责任保险制度的发展提供了一定的法律依据，但不够明确、全面，缺乏可操作性。因此，我国应当完善现有的环境污染保护立法，当法律细化到每一个步骤时，我们在处理环境污染问题时才可以做到有法可依。

（二）建立政策性承保机构，加强政府对保险机构的扶持

我国地域幅员辽阔，各个地方的环保水平参差不齐，各企业的投保意识不强，而且环境责任保险一旦发生，保险公司承担的风险过大，赔付金额较高，这就导致保险公司没有动力推行环境污染责任保险。根据此种情况，建议在环境污染责任保险的承保模式上采取就地承保、分散风险的策略。一方面，对于突发性的环境污染，由当地财产保险公司直接承保，政府可以出面引导各保险公司组成共保体模式，即由多家保险公司联合起来组成共保体模式，这样，各保险公司的承保能力得到增强，分散了保险人的风险。

另一方面，对于持续性的环境破坏行为，可借鉴美国做法，建立政策性承保机构来开展相应的业务；依法设立的环境保护保险机构应定位于非营利的政策性组织，由政府部分出资建立，受政府或相关部门的监督与指导。

（三）采取强制保险为主，政府引导的任意保险为辅的承保模式

20世纪90年代，我国尝试性地开办了环境污染责任保险，政府和相关部门未介入，最终因企业投保少，保费规模小，赔付金额少，无法得到企业的关注，使该业务进入停滞状态。因此，借鉴国外发达国家的成熟实践经验，结合我国的基本国情，对我国环境责任保险的发展有着重要的意义。

我国在选择承保模式上，一方面要借鉴国外的成功经验，另一方面要充分考虑本国国情，包括我国的经济水平、环境状况、保险业状况以及环境污染的主要种类和污染程度等。目前，我国在环境责任保险的发展上存在的突出问题是企业的保险意识偏低，因此，单纯推行环境污染责任保险并不能取得预设的效果，但全面实行强制保险会对部分污染较轻的企业不公平，从而加重企业的负担。

基于我国经济水平和环境问题现状，我国在将来进行环境责任保险立法时，可借鉴美国和瑞典的立法模式，实行强制责任保险为主、政府引导的任意责任为辅的保险制度。

（四）分行业确立不同的环境责任保险承保模式

建议政府或主管部门分行业建立强制责任保险为主的法律法规，对存在高度危险的环境污染行为尽可能采取强制投保方式，而对危险程度不高的环境污染行为采取自愿投保方式。

如对从事高危险、有毒、易发生环境污染的行业，强制其办理环境污染责任保险。这种强制保险的保费应根据企业的污染严重程度以及污染范围风险预估来确定，若不投保该险种，则政府不予办理相关资质证书。对于危险程度不高或者一般性事故所引起环境污染的企业，原则上可以采取自愿投保，而政府给以积极的引导。

（五）严格规定赔偿责任限额

由于环境污染损害发生的不确定性、受害对象的广泛性，环境污染责任保险是对受害方的一种经济补偿，没有客观价值标准，导致保险金额难以确定。我国现阶段保险公司对于环境责任保险的承保能力有限，对于风险的防范、保费的厘定、理赔的处理还需要一个完善的过程，因此对环境污染责任保险的赔偿限额应给予严格的限额规定。根据目前国家发展情况，在保险期间建议设定累计赔偿限额。

当前，我国正处于环境污染高发期，严重的环境污染不仅危害人们的身体，而且造成受害人的财产损失以及社会的无序，尤其是环境污染事故受害者无法得到及时赔偿会引发更多的社会矛盾纠纷。因此，采取行之有效的手段减少环境污染事故的发生，成为当前环境保护亟待解决的问题。

引入环境污染强制责任保险制度，能够成为我国在环境保护方面的重大突破，利用保险工具参与环境污染事故的处理，不仅能够分散企业经营风险，使企业快速恢复生产；更有益于发挥保险机制的社会管理职能，有益于减轻政府经济压力，促进政府职能转变，减少环境污染事故矛盾纠纷。环境污染责任保险能够得到强制实施，不仅能够维护污染企业经济利益，提高防范环境风险；更能提高受害者合法权益、减少政府压力的有效制度。因此，加快环境污染责任保险制度建设，是切实推进环境保护历史性转变的迫切需求，是治理环境污染与市场经济手段相结合的有益尝试。

参考文献

[1] 别涛，王彬．以社会化途径化解损害赔偿难题——环境污染责任保险法律制度研究系列谈之一［N］．中国环境报，2006-10-20.

[2] 陈会平．环境责任保险所涉法律关系分析［J］．保险研究，2004（6）.

[3] 王明远．环境侵权救济法律制度［M］．北京：中国法制出版社，2001.

[4] 安平．我国环境责任保险制度研究［D］．大连：东北财经大学，2007.

[5] 杨英．论环境责任保险制度—以考察政府角色为主［D］．福州：福州大学，2006.

[6] 李兵．论责任保险对于侵权法的影响［D］．北京：中国政法大学，2005.

[7] 别涛，王彬．应建立强制与自愿相结合保险模式—环境污染责任保险法律制度研究系列谈之四［N］．中国环境报，2006-11-03.

[8] 宋宗宇．环境侵权民事责任研究［M］，重庆：重庆大学出版社，2005.

[9] 常纪文．无过错环境污染损害的赔偿限度研究［J］．中国软科学，2001（8）.

[10] 崔金星．环境污染责任保险的环境法解释与制度构造［J］．环境科学与管理，2007（11）.

[11] 陈立琴．论环境污染责任保险制度［J］．浙江林学院学报（哲学社会科学版），2003（3）.

[12] 林芳惠，苏祖鹏．美国环境责任保险制度及对我国的启示［J］．水土保持科技情报，2005（5）.

[13] 约翰·陶屁茨．联邦德国“环境责任法”的制定［J］．汪学文，译．德国研究，1994（4）.

[14] 贾爱玲，环境责任保险制度研究［M］．北京：中国环境科学出版社．2009.

人身保险法律制度的社会性别分析

何丽新[1]

摘　要　以社会性别视角审视人身保险法律制度，克服性别歧视和偏见，真正反映和支持男女两性的利益和需求，体现对经济弱者和公序良俗予以特别保护的保险法伦理精神，重视男女两性处置危险方式的差异，充分考虑不同的社会性别分工而产生的不同保险需求，在意外险和健康险中设置有社会性别视角的保险险种，保障男女两性之间的保险利益的平等性，将人身保险合同的自杀条款、年龄条款、年金条款等平等适用于男女两性，以达到人身保险法律制度保障男女两性的实质平等。

关键词　人身保险　社会性别　实质平等

保险是源于“我为人人，人人为我”团体共济目的而产生的转移风险和分散风险的极其有效的危险处理方式，虽以投保人与保险人协商订立保险合同规制彼此权利义务关系，但保险具有安定个人和稳定社会秩序的功能。在保险事故发生前，保险可以消弭或减少发生保险事故的恐惧；在保险事故发生后，保险可以填补因保险事故发生所产生的损失或责任，保障被保险人或其遗属的生活。[2] 为维护被保险人的合法权益，保障保险合同交易的公平合理，规制保险经营行为所涉的社会责任，引导保险市场秩序的发展，以保险关系为调整对象的保险法规范较大程度地体现为严格的强制性和至善的伦理性。但保险法的伦理性，不能仅仅地停留在为防止道德危险，要求保险合同的当事人以“最大诚信善意”订立和履行保险合同，其伦理性的实质在于保险法律制度的公平和公正。保险法的社会性别分析，提供了衡量保险法制度规范公正性的尺度，利于反映和支持男女两性实质平等的利益和需求，克服性别歧视和偏见，全方位地完善多目标的保险法律制度。

---

[1] 何丽新，厦门大学法学院教授，民商法专业博士生导师。

[2] 刘宗荣：《保险法：保险契约法暨保险业法》，台北：元照出版有限公司 2016 年版，第 4 页。

一、社会性别理论审视人身保险的立法价值

保险法作为调整和规制保险事故的处理方式的法律，长期以来，特别是在20世纪中期之前，女性特有的独特价值观、遭受的特殊危险和面临的具体问题和困难，都很难反映在法律规范之中。但法律从来不是性别中立的，它倾向于代表那些有决策权的群体的观念和利益。公共领域和私人领域的传统划分，蕴涵着男性活动于经济、政治等公共领域而女性更多地以家庭为活动领域的事实，由于女性长期在社会公共事务决策中处于边缘化的弱势状态，她们的关注和利益易于被忽视，而社会活动中的风险转移而形成的保险法律实际上是被社会化了的男性利益的代表，缺乏女性的视角和经验，从而使保险制度和规范的概念、目的、本质、价值及适用都受到深刻影响。法律规范要实现性别平等，应尊重性别差异和个体差异，考虑不同性别以及同一性别群体中不同个体的愿望和需求，顾及法律规范对不同性别的影响，设置确保事实上性别平等的权利与义务。[1] 因此，保险法也如其他法律，存在隐蔽的性别问题。对保险法尤其人身保险法律制度的社会性别分析，有利于揭示所掩盖的性别歧视和性别盲点，分析性别不平等背后隐藏的法律制度支持系统，以真正地实现保险法的公平性和公正性。

1. 实质公平下经济弱者的倾向保护

公平是法律奉行的基本价值观，保险法同样遵循公平原则。从整体上分析，投保人处于保险法律关系的弱势地位，主要体现为交易信息的不对称和交易力量的悬殊。保险双方的交易信息的不对称需要公平合理的交易平台，保险人履行说明保险条款和投保人如实告知义务等都是追求公平的体现。我国保险法为限制保险人利用专业知识和经济实力上的优势地位损害投保方的利益，改变投保方处于明显弱势的保险交易秩序，体现保险法对实质公平的价值追求，侧重保护处于弱势地位的投保方利益，2009年《保险法》及最高人民法院《保险法司法解释（一）》《保险法司法解释（二）》《保险法司法解释（三）》都将维护被保险人的合法权益置于突出的地位，如弱化投保人告知义务，规范保险合同格式条款，强化免责条款说明义务，限制保险人的合同解除权，增设不可抗辩规则，明确保险理赔时限等，为保护和实现投保方的合法权益和基本需求发挥了重要的作用。

但是，保险领域弱者保护制度，不仅仅局限在交易信息的弱势失衡的干预和规制，而是为维护风险社会实质公平进行全面的制度安排。随着保险覆盖范围的扩大和对社会经济渗透程度的加深，保险的公共性质进一步加剧，保险转

---

[1] 刘明辉：《社会性别与法律》，北京：高等教育出版社2012年版，第27页。

移和分散风险的功能进一步强化，保险法的公益性和社会性在社会福利的提升层面得到彰显。男女两性平等是充分保障社会福利的基础，社会性别因而进入公共决策手段，法律制度就此亦越来越多地体现出对性别关系的高度关注。可是，尽管随着社会的发展，女性财产地位不断提升，但男女两性拥有的财产权利的数量与质量在一定程度上仍存在差异。许多实证显示，在土地、食物、教育资料等方面的分配，男人/男孩比女人/女孩更多得益。[1] 同时，“男主外、女主内”的社会性别分工，强化公私领域的隔离，加重女性对家庭的依赖，母亲和妻子在照料家庭工作中的家事劳动难以体现社会价值。保险法下的经济弱者的保护，不能仅仅停留在为避免保险人的信息优势地位而损害处于弱势的保险消费者的利益成为公共政策干预保险合同自由的基础，而且应充分考虑由于男女两性的财产地位的实质不平等所导致缔结保险合同的基础的不同。

人身保险虽不是社会财富的再分配的路径，但是能有效地转移和分散风险，在被保险人的健康或意外事故发生时，对因保险事故而导致生活陷入困境的一方给予及时的经济补偿，或于意外事故发生时，毋庸顾虑其身后之生计，使受益人生活有所保障。但是，在女性因自身财产状况只能维持正常生存或日常生活的情况下，就无力亦无法具备经济实力向保险公司购买保险单来保障人身安全或转移人生风险，基此，同样处于弱势的保险消费者中，男女两性还暗含着不公平的保险合同缔约基础。保险的本质是提供一种保护，从社会性别的公共政策出发，在保护弱势被保险人的同时，更应关注经济弱势方特别是女性的保险权益的维护。保险法在保障女性的日常生活和表达女性的利益需要等方面应做出必要的制度安排。比如我国目前尚未有法律法规和司法解释对人身保险权益的分割予以规定，对于经济强势一方利用其所占有的夫妻共同财产支付保险费而将人身保险权益占为己有或转移给其所指定的第三人为受益人，这种以保险作为“婚内洗钱工具”而隐匿转移夫妻共同财产的行为，应引入社会性别视角，肯定人身保险权益属于夫妻共同财产离婚分割范畴，以分割保险现金价值为基础，裁决保单归属于被保险人一方并相应补偿另一方配偶，而对以夫妻共同财产擅自投保导致“婚内洗钱”的行为，则通过限定受益人范围的方式予以解决，以实现保险法的实质公平正义。

2. 公序良俗中两性人格的平等保护

保险作为一种集合众人财力化解个人风险的制度，是以最小代价为条件尽可能满足分散风险的社会需求，是一个涉及大多数人利益、具有公共利益性质的产业，体现出服务于公共利益、安定社会的功能。[2] 我国《保险法》第 4 条

---

[1] 谭琳、杜洁等：《性别平等的法律与政策》，北京：中国社会科学出版社 2008 年版，第 41 页。

[2] 谢冰清：《公共政策介入保险合同的正当性研究》，《求索》2016 年第 9 期。

明确规定，从事保险活动必须遵守法律、行政法规，尊重社会公德，不得损害社会公共利益。现代保险发挥社会功能日益强化，公共政策介入保险合同进一步强化，保险不能成为滋生道德风险、危害公共利益的温床。因此，对保险合同效力的评价，不仅要考虑保险双方当事人的意思自治，而且应考虑社会伦理和社会秩序。任何危害社会公共利益，对公共福利存在不良影响，或者破坏公序良俗，保险合同的效力应给予否定性的评价。我国《民法通则》规定了公序良俗的一般条款，《民法总则》第 8 条更强调，民事主体从事民事活动，不得违背公序良俗。因此，对于损害社会公益和社会道德秩序的法律行为，即使缺乏相应的禁止性法律规定，法院也可直接以违反公序良俗为依据判决该行为无效。[1] 在保险中，违背两性平等，有损女性独立人格和社会价值的“女性商品化”的保险合同应被认定为违反公序良俗而无效。

在公序良俗中，独立人格权是基础，是任何民事主体固有的权利，也是民事主体的必备权利。[2] 人格权的客体是人格利益，人格利益体现的是精神利益，男女两性均具有独立的人格，其自身价值和地位应充分且平等地予以尊重。保险法若缺乏社会性别视角，对男女两性的生理特征，对在长期的社会发展中形成的性别偏见以及男女两性的传统社会地位、角色等缺乏性别分析，尽管中立的法律没有明显歧视女性的规定，但受制于传统性别分工和偏见，保险制度规范不可避免地遗留着男权社会的痕迹。在现代社会的某些保险产品的设计中，过分强调男女两性的生理差异，女性滋生为依附于男性而成为“物化”的商品。根据某网站一份关于各类“奇葩”险的统计列表显示，存在诸多与两性相关的创新险种，例如看球喝高险、足球夜猫子险、吃货险（足球）、足球流氓险、球友运动险、外出看球险、看球折腾险、世界杯遗憾险等似乎专为男性而设；而厨娘关爱险、防小三险、美颜险、痛经险似乎专为女性而设。2017 年 7 月 4 日，保监会印发《关于开展财产保险公司备案产品专项整治工作的通知》，对创新不规范、炒作概念和制造噱头、设计偏离保险本源等产品进行重点整治。这些新险种是否涉嫌性别歧视或违背公序良俗，值得深入研究。例如阳光寿险推出的“防小三险”，以丈夫作为投保人，以妻子作为受益人，在因第三者侵害婚姻关系而导致离婚时，妻子可以根据保险合同的约定获得60％～100％的夫妻共同财产权益，这是将婚外性行为作为承保标的，严重违反公序良俗。只有在遵循公序良俗下，在法律的制定和实施中具有社会性别视角，才能充分尊重男女两性间的人格平等，消除制度规范设置中的不平等，以社会性别平等角度来践行男女两性实质平等的法律保护。

---

[1] 梁慧星：《民法总论》，北京：法律出版社 2012 年版，第 51 页。

[2] 王利明、杨立新、王轶、程啸：《民法学》，北京：法律出版社 2017 年版，第 282 页。

二、因男女两性差异而设置独具特性的保险险种

1. 男女两性处理危险的方式各异

危险或风险是保险存在的前提。就男女两性而言，危险的处理方式多样：(1) 回避危险。女性普遍比男性存在更强烈的忧患意识，更敏感地意识到危险的到来，但多数女性比男性缺失果敢，更容易回避危险。遗憾的是，并非所有的危险都可以回避，有时回避某一种危险可能会面临另一种危险。因此，保险成为人类应对危险的极其有效的方法。(2) 危险自留。某些男性愿意冒险，因过于自信或疏忽大意而对危险估计不足或没有预防导致危险自留，或者认为危险损失微不足道或有足够的承担能力并愿意承担这种风险。这种危险自留方式，导致在危险事故发生时，无法化解或分散危险造成的损失，只能自负损害。(3) 危险控制。女性更加谨慎，努力将损失发生的频率和程度控制到最小，包括防止损失和减少损失。因此女性较男性在面临危险时，更加注重防止危险的发生和避免损失的扩大。(4) 危险转移。保险是危险的转移方式，是将危险或风险从投保人或被保险人转由保险人承担，是危险的再分配形式。

保监会、中保协等网站的统计信息显示，目前国内关于保险业的统计数据主要包括保险费收入、保险赔付、资金运用、资产规模等信息，极少以男女两性为视角，以投保人数或缴纳保费的性别比例为内容的统计报告。台湾地区存在相关的统计数据，据台湾地区寿险公会统计，男性成年投保率低于女性，主要是因为男性对保险的认识及信任度比女性要低，是男性的经验和视角使其作出了处置危险的选择导向。[1] 因此，从不同性别的人群持有商业人身险保单的情况来看，女性持有保单的数量总体上多于男性。

表 1：各年龄原及性别投保寿险比较　　单位：万人

年龄原	男		女	
	投保人数	投保率（%）	投保人数	投保率（%）
0～14	83.2	50.85	75.6	50.23
15～19	48.7	65.10	43.8	63.70
20～39	262.5	73.72	268.1	77.48
40～59	257.0	71.59	290.6	78.71
60～64	48.9	64.98	57.5	71.77
65～	69.7	48.65	91.5	54.68
统计	770.0	65.70	827.1	69.97

注：投保率为该年龄原投保人数除以该年龄原统人数。

资料来源：寿险公会

[1] 详见 http：//www.chinatimes.com/cn/newspapers/20170409000080－260205，上网浏览时间：2017－12－28.

可见，男女两性危险处理方式各异，女性更多地倾向回避危险和控制危险，男性更多地自留危险和克服危险。但就危险处置方式，保险则是通过大数法则处理危险的一种最佳方式。保险是将危险转移给专业的保险人承担，保险人通过向投保人收取保险费，建立保险基金，当被保险人发生保险事故时，对其予以补偿或赔偿，而保险合同就是被保险人或投保人与保险人之间缔结的以转移和承受危险为目的的协议，保险因此具有固定损失和心理保障的功能。危险带给人心理上的不确定可以通过保险在一定程度上消除，一旦发生危险，补偿损失的数额是确定的。[1] 保险的目的主要在填补因保险事故所遭受的损失，将少数人不幸的意外损失分散给社会大众，使之消化于无形，从而实现社会的安定。[2]人寿保险还存在以保障生活为目的，通过定期给付保险金而达到保障被保险人及其遗属的生活。因此，应该说，保险成为男女两性处理危险的最有效路径。

2. 因社会性别差异而设置不同的保险险种

男女由于不同的社会性别分工而产生不同保险需求。男女两性的平等，并不是轻视女性的特殊生理和心理特征，无视男女的生理差别。由于女性在承担生儿育女和家务劳动方面付出较多，承担人口再生产和家事劳动的责任无法减轻，就意味在相当程度上加重女性的职业负担和社会责任。性别正义要求尊重男女生理差别及其所决定的社会角色和功能差别，承认男性和女性在各自领域各具优势。在保险领域，以社会性别论实现两性实质平等，应改变不平等的社会性别关系，不能将男性的需求假设为唯一标准，要重点满足女性现实的特殊的利益需求。

（1）男女职业不同下的意外险

意外伤害保险是投保人和保险人约定的，在被保险人遭受意外伤害或由此而致残疾、死亡时，由保险人承担给付保险金责任的人身保险。意外伤害保险的承保范围是外来的、突发的、剧烈的事故造成的被保险人伤害、死亡或残疾。在意外伤害保险中，每个被保险人遭受意外伤害的概率和其年龄之间的关系并不大，并未呈现逐年增大或减少的趋势。[3]因此，被保险人没有年龄限制，但被保险人职业和行为具有限定性，因为被保险人职业或行为与危险程度直接相关。保险人通常通过保险合同的约定来限制被保险人的职业及其行为，避免被保险人从事危险行为，以减少意外事故的发生。我国保险实务中通常把被保险人的职业根据其可能遭受意外伤害的危险系数的大小予以区分进而确定不同

[1] 韩长印、韩永强：《保险法新论》，北京：中国政法大学出版社 2010 年版，第 6 页。

[2] 覃有土：《保险法概论》，北京：北京大学出版社 2001 年版，第 2 页。

[3] 韩长印、韩永强：《保险法新论》，北京：中国政法大学出版社 2010 年版，第 163 页。

的保险费类，如机关事业单位的人员因为发生意外伤害的可能性较小，所以这些职业的保险费率较低；而从事井下采矿、海上钻探、航空执勤等行业人员由于发生危险的可能性大，所以这些工种的保险费率高。男女两性在社会分工中，由于生理差异和体力不同，从事的工种亦有所侧重，从事高度危险行业如上述采矿、海上钻探、航空执勤等，多是男性，发生意外事故的概率显然高于女性，因此，社会性别理论下的意外险，应重视男女两性因职业不同而导致保险事故发生的概率不同，应依据不同的职业风险设置不同的意外险的承保范围。但是，值得注意的是，在意外保险中，被保险人斗殴、酗酒等，被保险人流产、分娩等，被保险人因整容手术或其他内、外科手术导致医疗事故，被保险人从事潜水、跳伞等探险等高风险运动都属于除外责任范围，通常不列入意外险的承保范围，以防止男女两性以生理差异而故意追求或制造保险事故的道德危险。

(2) 因女性分娩而产生的健康险

健康保险是指保险人在被保险人发生疾病、分娩以及由此残疾、死亡时，依据约定给付保险金的一种人身保险合同。健康险适用于被保险人因病理状况造成疾病而发生的身体上的能力欠缺，由被保险人自身的非先天原因引起，保险人对被保险人由健康状态而转入不健康状态而承担保险责任。在健康保险下，女性分娩视为身体健康发生问题，保险人对女性分娩而遭受残疾或死亡的给予保险赔偿。这种将分娩视为疾病同等对待，将分娩认为是属于内在的身体变化所致，而非外部因素引起，是社会性别理论在人身保险领域的典型体现。但健康保险中的分娩，主要是基于女性在生育上救助或医疗所必需，承保范围的对象仅限于女性，而不适用于男性。而在社会保险中，男性也存在以其配偶分娩而领取生育给付的机会，从社会性别理论出发，在健康险给付保险金时，也应充分考虑男性因配偶分娩生育而产生的误工、照护等支出。另外，社会保险中的生育保险是指妇女劳动者因生育或者计划生育而暂时丧失劳动能力时，给予必要物质帮助的一种社会保障制度，如对生育者给予收入补偿、医疗服务和生育休假等。[1] 此是针对女性劳动者因怀孕、分娩而暂时中断履行劳动给付义务时，依法有权从国家和社会获得经济补偿和物质帮助的社会保险险种。[2] 但该险种的保险对象是就业职工，不包括家庭妇女，其潜在作用是鼓励妇女就业，只有就业才能得到生育保险。[3] 这样，家庭妇女因生育而产生的残疾、死亡的风险只能通过商业保险予以保障，健康险在实现该保险保障功能时，应平

---

❶ 谭琳、姜秀花：《社会性别平等与法律研究和对策》，北京：社会科学文献出版社 2007 年版，第 301 页。

❷ 叶姗：《社会保险法》，高等教育出版社 2006 年版，北京：第 84 页。

❸ 潘锦裳：《中国生育保险制度的历史与现状》，《人口研究》2003 年第 2 期。

等对待所有的女性因分娩而产生的生育风险，以充分实现保险在社会治理，甚至在人口再生产上的价值和功能。

同时，女性特有的疾病也应纳入健康险的承保范围。据不完全统计，有40%的女性患有不同程度的妇科疾病，而已婚女性的发病率更是高达70%。社会性别视角下的健康险，应根据女性的生理特点和社会特点专门设计相关的保险产品：①女性专用型保险：专用型保险是指专门针对女性生理特征设计的相关保险产品，保障发病率较高且医疗费昂贵的女性常见疾病，如将女性高发的原位癌七个部位的病变纳入保险保障，基本涵盖了最常见的妇科疾病，如乳腺癌、子宫颈癌、子宫内膜癌、卵巢癌、绒毛膜癌等，这些都是女性发病率较高的疾病，应归入承保范围。②母婴保险：该险种主要保障对象为孕期妇女与新生儿。怀孕是女性最为重要的人生阶段之一，孕期保障至关重要。妊娠意外风险虽然原因很多，但多数不太符合人身意外险的保障范围，因此有必要就此设置母婴保险。母婴保险最大的特点就是对妊娠疾病进行保险金给付予以保障。以某保险平台推出的母婴卫士产品来说，既保障母亲又保障孩子，既可以对孕期疾病（如羊水栓塞、胎盘早期剥离等高发疾病）予以保障，又可以将新生儿先天畸形（如唇腭裂等）纳入保障范畴。此外，不问流产原因，也能进行保险赔付。这极大地保障了怀孕期间母婴的人身安全。因此，专门作为主险销售的母婴险，主要针对妇女孕期并发症与新生儿疾病进行保障，而部分母婴保险则属于附加险，通常在女性购买健康险或人寿险后附加投保，保险期限相对较长，能有效地分解女性在孕期由分娩产生的健康风险。③一般性保险产品中突出女性需求。如在一般性不分性别的储蓄型保险中，保险产品的设计上突出可以“女性尊享”的理念，增加一些免费女性体检、美容健身场所打折等附加优惠。

三、男女两性之间的人身保险利益分析

保险利益是投保人对保险标的具有法律上承认的利益。在人身保险上，保险标的体现为人的寿命和身体，人身保险利益的目的在于投保人对被保险人存在法律上的利害关系（亲属关系或信赖关系），防范投保人利用人身保险进行投机或谋财害命而获取不当利益，维护被保险人的人身安全利益。[1] 因此，由于人身保险标的为被保险人的寿命和身体，只有以被保险人为中心，才能有效避免道德危险的发生。从性质而论，人身保险利益虽不是纯粹的财产性权益，但也是一种满足人们需要的具有经济价值的权益，应该说是围绕着人身保险主体的身份产生的，是能够以货币衡量价值大小的各种人身或财产权益的集合。

---

[1] 邹海林：《论保险利益原则及其适用》，《中外法学》1996年第5期。

人身保险涉及的保险利益因保险险种的不同呈现出复杂多样的特点，而当涉及投保人、被保险人和受益人与不同家庭成员身份发生联系时，又出现更加错综复杂的情形。性别视角的人身保险利益更应建立在男女两性人格完全平等的基础上。

各国保险法关于人身保险利益采用不同的原则。但本人对自己的身体或生命存在的保险利益，世界各国保险法基本作出一致的规定。而投保人以他人的生命或身体为保险标的，是否具有保险利益？有的以利益为原则，以投保人和被保险人相互间是否存在金钱上的利害关系或者感情为基础的利害关系或其他私人间的利害关系为判断依据来识别保险利益的存在；有的采用同意原则，不论投保人和被保险人之间有无利害关系，均以投保人应取得被保险人的同意为判断依据来识别存在保险利益；有的以利益和同意兼顾为原则，如我国《保险法》第52条规定："投保人对下列人员具有保险利益：（一）本人；（二）配偶、子女、父母；（三）前项以外与投保人有抚养、赡养或者扶养关系的家庭其他成员、近亲属。除前款规定外，被保险人同意投保人为其订立合同的，视为投保人对被保险人具有保险利益"。

（1）本人：任何人对自己的生命或身体有无限的利益，投保人以其本人为被保险人订立的保险合同，任何人均不得否认保险合同的效力。只有将男女两性看作独立自主的人，才能成就男女的人格、尊严和权利的平等。男女两性均有权以自己的生命和健康为保险标的来获得人身保险保障，不能将女性视为男性的依附而丧失女性独立平等的法律地位，更不能在现实的家庭物质资源有限的情况下，妻子为保障丈夫的社会活动和事业成功而在家相夫教子导致丧失自我的"支配权"，成为"夫贵妻荣"的依附对象，不能自主地进行人身保险。

（2）配偶、子女、父母：在家庭结构中，父母、配偶和子女是最为常见的家庭成员。这些核心家庭的家庭成员之间存在亲属、血缘以及经济上的利害关系，投保人以家庭成员的身体或生命为保险标的，彼此之间存在保险利益。从社会性别论，家庭成员之间的保险利益是相互的，既包括夫对妻，也包括妻对夫，既包括父母对儿子，也包括父母对女儿。这里的子女包括婚生子女、非婚生子女、养子女和形成抚养关系的继子女，父母包括生父母、养父母和形成抚养关系的继父母，无论家庭成员的性别如何，投保人对上述家庭成员享有保险利益。但值得注意的是，人身保险以被保险人为中心，对于投保人以死亡为给付条件而订立的保险合同，除父母为其未成年子女投保外，未经被保险人的书面同意和认可保险金额的，保险合同无效。被保险人同意权是尊重被保险人的人格权和意思自治的体现，其意在于将道德风险的大小交由被保险人自行判断，通过被保险人对投保人的投保动机及保险金额进行控制，以尊重个人的

“自主决定权”，达到阻却“谋财害命”道德风险发生的目的。❶

特别值得说明的是，夫妻关系是如此的紧密，以至于推定两人之间不会发生谋财害命的事情，夫妻中的一方对另一方的健康或生命拥有保险利益。但妻子对丈夫存在保险利益，丈夫对妻子也存在保险利益，并不意味着男性或女性是另一方的从属者或附属物。承认男性和女性的人格完全平等，消除任何形式上的基于性别的歧视，是实现社会性别正义的核心内容和重要标志。❷当然，离婚自然导致夫妻之间的保险利益关系终止。但有学者提出，婚姻当事人通过离婚，法院判决或双方协议一方向另一方支付赡养费，这就创造出彼此之间存在“法律上承认的利害关系”，类似于债权人对债务人的生命拥有保险利益。❸

（3）其他家庭成员、近亲属：如祖父母、外祖父母、孙子女、外孙子女、兄弟姐妹等，这些“其他家庭成员或近亲属”与投保人之间存在扶养关系或赡养关系的，投保人才存在保险利益。若没有形成扶养关系或赡养关系，则不存在保险利益。人身保险合同是投保人用以转嫁被保险人的生命风险和身体风险的一种法律手段，在给予被保险人本人防范危险和救济损失的同时，被保险人的生命延续对家庭成员具有巨大的物质利益和精神利益，被保险人死亡后，被其扶养或赡养的人将失去经济来源进而失去生活保障，家庭成员对于被保险人死亡存在经济支出和精神痛苦的损失，实质上是隐藏在家庭成员的身份关系之后的经济利益关系，人身保险为被保险人所在的家庭提供一定的弥补损失的保险保障。因此，无论是来自男性血亲还是来自女性血亲，只要与投保人存在扶养关系或赡养关系，就存在保险利益。从性别角度分析，这些家庭成员或近亲属彼此之间存在抚养和赡养关系，投保人对被保险人的持续生存拥有经济利益，不再局限于女性需要男性抚养了，不分性别的家庭成员或近亲属之间，均存在彼此的保险利益。

（4）同意他人投保的被保险人：被保险人是人身受保险合同保障且享有给付保险金请求权的人，是人身保险合同的重心，是承保危险的承受者。因此，为明确人身保险中保险利益的有无，尊重和保护被保险人的人格权，各国保险法都对被保险人的同意权进行了相应的规定。我国《保险法》也规定，虽不属于上述家庭成员或形成扶养关系和赡养关系的近亲属，但只要被保险人书面同意订立保险合同，不论投保人和被保险人相互间有无亲属关系或扶养（赡养）

---

❶ 樊启荣：《死亡给付保险之被保险人的同意权研究——兼评我国〈保险法〉第56条第1、3款之疏漏及其补充》，《法学》2007年第2期。

❷ 孙文恺：《法律的性别分析》，北京：法律出版社2009年版，第7页。

❸ ［美］小罗伯特·H. 杰瑞，道格拉斯·R. 里士满：《美国保险法精解》，李之彦译，北京：北京大学出版社2009年版，第122页。

关系，均视为投保人对被保险人有保险利益。从性质上分析，人身保险权益具有专属性，并不是资本性保险，与财产保险属纯粹的商业行为不同，存在强烈的伦理性，除防范道德危险外，还应维护被保险人的人格权。正是基于保障人格权不受侵害，应让被保险人知悉并决定是否愿意以自己的生命、身体作为保险合同之标的，此被视为被保险人对自己人格权的处分。在人身保险合同中，以被保险人的寿命、身体为保险标的，就涉及人格权中的生命权、身体权和健康权。无论男女两性，基于被保险人同意权的运用，投保人与同意投保的被保险人之间形成人身保险利益。保险法赋予男女两性平等的被保险人同意权，不仅是私法自治理念的体现，更是对被保险人人格的尊重。

四、人身保险合同特有条款对男女两性的适用

由于人身保险以人的生存或死亡为保险金支付条件来实现对生老病死的保险保障，因此，人身保险合同对被保险人或受益人的权益予以特殊的保护，存在不同于财产保险合同的特性条款。

1. 自杀条款

自杀条款是人身保险合同中的特有条款之一。为了避免道德风险的影响，各国的保险法都将被保险人的自杀作为保险人免责的法定或约定事由之一。但自杀是一种不可避免的社会现象，被保险人自杀，并非都是图谋保险金，也可能是因为其他原因，根据死亡率计算的保险费率已经包含自杀的因素，[1] 因此，没有必要将被保险人自杀一概归于除外责任。人寿保险尤其死亡保险的主要目的在于保障受益人的利益。在被保险人生前，受益人多是依靠被保险人提供经济来源的人，如果自杀一概不负担支付保险金的责任，必然损害受益人的利益，且大数法则在编制生命表时已经考虑了自杀的因素，从保险的诚信原则出发，应考察投保人购买保险与其自杀行为的时间间隔，对自杀事故的保险金赔付规定一个时间限制，既能适当防止道德危险用以保护保险人的利益，又能保障受益人或被保险人家属不致因被保险人自杀而不能正常生活。这样的自杀条款在社会公序良俗之公益的维护与保险受益人之私益的保护之间找到平衡点，是人寿保险立法史上一项伟大的制度创新。[2] 因此，世界上晚近的各国保险立法大多规定，被保险人在保单生效或复效后的 2 年内自杀的，保险人不负给付保险金责任；但自杀发生在 2 年以后，保险人则承担给付保险金的责任。

从社会性别分析，男性自杀率高于女性，男性是自杀的重点预防和研究对

---

[1] ［美］肯尼思·布莱克、哈罗德·斯基珀著：《人寿保险》（第 12 版）（上册），洪志坚等译，北京：北京大学出版社 1999 年版，第 39 页。

[2] 樊启荣：《保险法诸问题与新展望》，北京：北京大学出版社 2017 年版，第 394 页。

象。男女两性自杀率的比值在2.4～4.1倍之间，即男性的自杀率是女性的2～4倍。从生物学分析，女性雌激素比男性高，从而降低自杀率；从心理学分析，男性遇到的社会压力和应激比女性多，故自杀率较高。从年龄分析，5～74岁，男性自杀率随年龄而升高，大约在40岁左右达到最高状态。❶ 因此，社会性别视角下的人身保险制度分析，应对男性给予特殊的关爱和保护，保障男性生活愉悦和自由发展。尤其在现今社会，多数男性仍承担家庭抚养的重担，保险人因发生被保险人自杀事故以拒绝支付保险金的方式来惩罚死者，已没有任何实质意义，对大多数自杀者而言，自杀行为都是不得已而为之。不能因被保险人自杀死亡而导致保险受益人失去经济保障。被保险人自杀后，不仅给家庭成员造成精神上的伤害，而且会使其家庭经济限于困境有时甚至是绝境。❷ 因此，既然男女两性的生命表或死亡率已将可能发生的自杀事故计算在内，那么，无论是承担抚养重担的男性，还是情绪敏感的女性，发生自杀行为多数不是故意制造追求保险金的道德危险，被保险人自杀后的保险受益人（通常是被保险人的家庭成员）的权益就成为重点保障对象。因此，保险人对被保险人的自杀行为不能绝对免责，我国《保险法》第44条规定，被保险人在保险合同成立二年之内自杀的，保险人不支付保险金，但应按照保险合同的约定返还保险现金价值；在二年之后自杀的，保险人应支付死亡保险金。

2. 年龄条款

人身保险根据其保障责任范围分为人寿保险、健康保险和意外伤害保险，每个人身保险产品特别是人寿保险对被保险人的年龄都有一定的限制。被保险人的投保年龄是确定寿险费率的重要依据，也是承保时用以测定危险的一个因素。❸ 以成年人为承保对象的人寿保险，一般要求被保险人投保时的年龄必须满16岁或18岁。同时，由于一周岁以下的儿童死亡率较高，以少年儿童为承保对象的人寿保险，一般要求被保险人投保时的年龄必须满一周岁等。高于或低于承保年龄最大限制的，保险公司都会拒保。而且，不同年龄阶段的死亡概率和生存概率是不同的，一般而言，死亡的概率随着年龄的增长而逐年增大。因此，投保人申报的被保险人年龄不真实，并且其真实年龄不符合保险合同约定的承保年龄最大限制的，保险人可以解除合同。而投保人申报的被保险人年龄不真实，致使投保人实付保险费少于应付保险费的，保险人有权要求投保人补交保险费，或按照实付保险费与应付保险费的比例支付保险金。

有统计数据表明，男性的平均寿命比女性的平均寿命短，多数国家的男女

❶ 喻东山：《男性自杀率和男女自杀比与年龄变化的曲线拟合》，《中国行为医学科学》2004年第2期。

❷ 傅廷中：《保险法论》，北京：清华大学出版社2011年版，第111页。

❸ 温世扬主编：《保险法》，北京：法律出版社2003年版，第364页。

两性寿命差异在 3～8 岁之间。在人寿保险领域，多数保险公司向男性被保险人收取的保费高于女性被保险人，而在年金保险中，因女性的寿命长，向女性被保险人收取的保费高于男性被保险人。这是否构成性别歧视？就商业保险而言，保险人依据被保险人的风险水平的不同而将其区分为不同的群体，并分别向其收取不同的保险费，这样的保险费与被保险人的风险水平相对应。因此，虽然男女的平均寿命有所差异，但人身保险合同对男女两性的承保年龄的最高或最低限制不应存在歧视性的不同规定，人寿保险是以人的生死为保险事故，当发生保险事故时，保险人对被保险人或受益人履行给付保险金的责任，因此，无论死亡保险还是生存保险或两全保险，其保险所承担的人身风险的“准人”年龄和“退出”年龄都是按照生命率的大数法则计算的，不存在男女两性的性别差异问题。即使是由保险金给付期间而确定的终身死亡保险，以被保险人的生存作为保险金的支付条件，因男女两性的平均寿命存在差异而导致保险金支付的数额总额存在不同，但亦不能因女性寿命长而在同等条件下每年缴纳更多的保险费，因为在“终身死亡保险”下，保险人应承担短寿的风险，其损失分担方式由长寿的被保险人分担，按照每年被保险人的死亡人数作为保险费决定方式，其生命表类型是以可使用最高年龄为 99 岁的生命表。[1] 因此，即使男女两性平均寿命存在差异，亦不能因年龄问题而存在性别歧视性规定。

3. 年金条款

我国的社会养老保险的年金保险制度采用“个人领取养老金的权利与缴费义务相联系”的方式进行，在面临人口老龄化、少子化及政府财政负担过重的情况下，人们在社会养老保险之外，还以商业保险的形式强化个人养老计划。从商业保险角度，年金保险是一种生存保险，是在被保险人约定生存期间，一次或多次给付定额或增额的保险金。年金保险属于以提供老年生活费需要为特点的险种，以被保险人届满一定年龄仍然生存作为给付保险金的条件，其目的在于保障被保险人晚年生存期间的生活费用。因此，个人可以利用年金保险安排自己的养老及子女的教育，企业可以利用年金保险安顿员工退休。

年金保险虽然在性质上属于生存保险，但也可约定以被保险人死亡时给付保险金，这样从支付首期年金开始，只要被保险人生存，保险人即按照保险合同的约定给付年金直至被保险人死亡为止，而被保险人死亡的，这时的保险金的受益人往往是被保险人的子女或其他家庭成员，年金保险又成为死亡保险。因此，享有年金保险金请求权的主体有二：被保险人本人和被保险人之外的第三人。在以被保险人为年金请求权主体的情形下，被保险人的生存期间为年金

[1] 余志远：《人寿保险与索赔理赔》，北京：人民法院出版社 2002 年版，第 8 页。

的给付期间，这导致保险人就年金保险与传统的人寿保险所承担的风险有所不同，一般的人寿保险在于预防被保险人过早死亡而对受益人（或依赖被保险人的其他人）产生的风险，而年金保险在于预防“过久生存的风险”，即“延年益寿”的风险，也就是由保险人承担长寿的风险，损失分摊方式由短寿的年金受领人分摊，以预计每年被保险人的生存人数作为保险费决定方式，以可使用最高年龄为 115 岁的生命表为生命表类型。[1]而男女平均寿命存在差异，女性普遍因寿命较长而领取比男性总额更高的年金。那么，女性缴纳保险费的年限是否更长、是否缴纳更多的保险费呢？

以满足养老需要的年金保险，一般从女性 55 周岁和男性 60 周岁开始领取年金，如某《年金保险条款》第 5 条规定：“年金开始领取年龄分为 55 周岁和 60 周岁两种，投保人可选择其中一种作为本合同的年金开始领取年金。”[2]但是，男性平均寿命少于女性 5 年左右，领取年金的年龄却晚于女性 5 年，这么一减一加，男性领取年金的平均年限比女性少 10 年。男女两性领取年金的年限差异源于男女退休年龄的规定，而我国关于退休年龄的规定最早见于 1951 年颁布的《劳动保险条例》。退休年龄事关每一个家庭和每一个公民，与公民的福祉和幸福感相关，也维系着社会的稳定和安全。[3]我国法律对男女退休年龄的规定的不同，直接影响女性年金的保险保障权。就社会保险而言，养老年金保险的确定与缴费年限有关，缴费年限越长，养老年金水平越高。而女性相比于男性提前 5～10 年退休，意味着相应缴费年限的减少，从而只能享受打折的养老年金。当初法律规定男女不同的退休年龄，很大程度上是出于对女性的照顾和保护，但这种差别对待在社会保险上对男女两性均构成保险保障权利的消减和不利。就商业保险而言，保险费的支付与年金的给付构成人身保险合同下的对价关系，不存在投保人缴纳更多的保险费以获得相同的保险金，或在缴纳相同保险费的情况下向其给付不同数额的保险金。因此，无论社会保险还是商业保险，要实现男女两性的年金给付的实质平等，不仅仅是简单地消除因男女平均寿命差异而产生的年龄歧视，更多的是以年金保险充分保障男女两性老有所养。

五、两性实质平等下人身保险制度的完善

鉴于法律制度已赋予女性与男性平等的法律地位，法律制度对性别关系的调整随着人类社会的发展而不断强化的现实，性别正义是性别平等的应有之

---

[1] 余志远：《人寿保险与索赔理赔》，北京：人民法院出版社 2002 年版，第 8 页。

[2] 韩长印、韩永强：《保险法新论》，北京：中国政法大学出版社 2010 年版，第 173 页。

[3] 林嘉：《退休年龄的法律分析及制度安排》，《中国法学》2015 年第 6 期。

义，不仅在保险法中追求“同等者同等对待之，不同等者不同等对待之”的形式平等，而且保险法律制度还需要将男人、女人分别以男人或女人的方式对待，实现家庭成员之间保险利益的性别平等，避免因男女两性平均寿命的不同带来人身保险权益的差异，充分保障男女两性的实质平等。

论我国团体保险的规制路径与立法完善

于晓萍[1]

摘　要　团体保险的发展对于社会保障体系的完善有着重要作用。我国团体保险的发展虽有政策支持，但因缺乏完善的法律规范体系，制约了团体保险市场的发展。团体保险作为人身保险的一个分支，在法律适用上，理应适用保险法的基本原理和人身保险法律规范，但由于团体保险在风险选择、承保方式等方面的独特以及为了保障团体保险功能的发挥，在适用人身保险的具体规则时应作出突破。团体保险应排除对我国《保险法》人身保险利益同意原则的适用，在以被保险人死亡为保险事故的团体保险中取得被保险人同意仍有必要。在道德危险的防范上需要适格团体确定、限定受益人资格、被保险人同意、自杀免责制度的共同作用。

关键词　团体保险　法律关系　一般性与特殊性　道德风险

一、问题的提出

起源于19世纪末20世纪初的团体保险，是保险公司介入员工福利计划的重要途径。[2] 现在已成为世界各国雇员福利计划的重要组成部分。[3] 我国自1982年恢复开办人身保险业务以来，人身保险的起步是从团体保险开始的。伴随着中国保险市场的快速发展，团险市场作为发达国家保险市场重要组成部分，在中国的发展也备受关注。为了支持和鼓励团险业务的发展，国家出台了

---

[1] 于晓萍，吉林大学法学院民商法硕士研究生。

[2] 陈文辉：《团体保险发展研究》，北京：中央编译出版社2005年版，第1页。

[3] 中国报告大厅：http：//www.chinabgao.com，访问时间2018年9月20日。

一系列政策。[1] 2015年2月2日，中国保监会正式下发《促进团体保险健康发展有关问题的通知》（保监会［2015］14号，以下简称《通知》）。有人认为此番保监会再次发力，预示着团体保险的春天即将到来。[2] 但是，此种看法未免过于乐观。数据显示，团体保险市场的发展并不尽如人意。[3] 实践中纠纷不断，主要集中在被保险人同意的缺失导致保险合同无效、保险公司明确说明义务的履行、受益人的指定、团体保险当事人之间关系的界定等问题上。这些纠纷若得不到妥善解决，势必影响团体保险的发展。

实践中团体保险纠纷解决不畅主要有两方面原因：其一，立法层面，未形成完善的法律规范体系。我国《保险法》中没有专章规范团体保险，在人身保险部分第31条、第39条就团体保险的保险利益和受益人指定进行规范。此外，保监会2015年《通知》作为专门规范团体保险的法律文件，对团体保险的概念、团体保险合同变更、团体保险的承保与退保、团险业务拓展等作出规定。其二，法律适用层面的混乱。与2005年保监会制定的《关于规范团体保险经营行为有关问题的通知》相比，2015年《通知》虽有进步，但是该通知属部门规章，效力层次低，内容不全，存在与现行《保险法》规定冲突之处，能否在保险纠纷的审判中予以适用，尚存疑虑。团体保险并非人身险的下位概念，在类型上属于人身保险的一种，理应适用人身险的一般规范，但由于团险在经营方式上与个人保险有较大差异，这种差异使得团险在适用很多个人保险规则时矛盾丛生，产生了诸多难以解释的问题。《保险法》明确了雇主对员工具有保险利益，但是实践中，团险业务的发展早已超出雇主为员工投保的范围。团体保险中要取得各个被保险人的同意存在实务操作的困难，是否可以对被保险人同意的规定有所突破，团体保险中对投保人受益权的限制是否足以防范道德风险等问题的解决亟待保险法的进一步完善。团体保险的发展不仅需要

---

[1] 2006年6月15日国务院在《关于保险业改革的若干意见》（国发〔2006〕23号）中提出："积极发展个人、团体养老等保险业务。鼓励和支持有条件的企业通过商业保险建立多层次的养老保障计划，提高员工保障水平。"2014年，国务院为推进全面深化市场改革的目标，下发了《关于加快发展现代保险服务业的若干意见》〔国发29号〕，其中不仅直接涉及企业建立商业养老健康保障、企业年金、独生子女家庭保障、政府向商业保险公司购买服务、城乡居民大病保险、治安保险、社区综合保险、农村小额信贷保险、农民养老健康保险、农村小额人身保险等现行市场上已经发展或正在探索中的团体保险产品与服务，更明确"对于商业保险机构运营效率更高的公共服务，政府可以委托保险机构经办，也可以直接购买保险产品和服务；对于具有较强公益性，但市场化运作无法实现盈亏平衡的保险服务，可以由政府给予一定支持"。

[2] 张绍白：《迎接团体保险的春天》，《中国保险》2015年第6期。

[3] 依照2017年1～2月同业交流数据显示，中国人寿、平安寿险、太保寿险、新华寿险、泰康寿险、人保寿险、太平寿险七家公司团险渠道实现保费收入（旧准则统计口径）150.0亿元，同比增长18.7%，其中人寿保险以47.3亿元的团险总保费排名第一，但增速为-6.6%；国寿40.1亿元排名第二，同比增长4.5%；泰康人寿37.4亿元排名第三，同比大增211.4%。其余分别为太保寿险15.1亿元，增速-12.9%；新华人寿9.6亿元，增速73.3%；平安寿险1.2亿元，增速-58.4%；太平寿险0.2亿元，增速-26.3%。从团险短险的表现来看，国寿、平安寿险、太保寿险、泰康人寿四家均遇增速下滑，仅新华人寿和人保寿险分别获得12.7%和18.7%的正增长。数据来自中国报告大厅。

政策的支持，也需要保险法规范的进一步完善。

二、团体保险的界定和特征

（一）团体保险的界定

团体保险是指由保险公司用一份保险合同为团体内的许多成员提供保险保障的一种人身保险业务。[1] 团体保险是美国保险业高速发展的产物，它指的是把大量在某一方面具有相同性质的个人集中起来参加同一种保险计划，以便实现规模效应的经营手法。[2] 保监会《通知》第 1 条规定："本通知所称团体保险是指投保人为特定团体成员投保，由保险公司以一份保险合同提供保险保障的人身保险。"单从团体保险的定义来看，团体保险的突出特点是被保险人是团体内的众多成员，实际上团体保险具有区别于个体人身保险的诸多特征。

（二）团体保险的特征

（1）风险选择的特殊性。团体保险最显著的特征就是用对团体的风险选择来取代对个人的风险选择。团体保险投保过程中无需提供团体中个人的可保证明，保险人只需对整个团体的可保性做出判断，即对团体面临的风险进行选择，用对团体的核保来替代对个人的核保。[3]

（2）经营成本较低。较个人保险，团体保险体现出经营成本更低的特点，这一优势是由团体保险经营的各个环节决定的。首先，在风险厘定方面，以团体为单位，而非以单个的被保险人为单位，降低了经营成本，并且参保人数越多，可以基于规模效应进一步降低经营成本。其次，一些团体保险的购买者可以直接与保险公司洽谈，从而可以避免佣金支出。相对于个人寿险的佣金，团体保险的佣金占总保费的份额要低得多。团体保险的销售制度免除了很多代理人或经纪人在个人寿险销售或服务的场合必须承担的义务、责任和费用。团体保险一般采取一张主保单承保一个群体的做法，节省了大量的单证印制成本和单证管理成本，简化了承保、收费等手续，获得了规模效应。[4] 最后，团体保险的投保人群体能够实现自我筛选，将同质化的风险主体自动集中起来，创造性采用事后核保的模式，节省了大量前置成本，在达到规模效应的同时又不牺牲经营的稳健性使得保费价格得以大幅降低，惠及广大消费者。[5]

团体保险的上述特殊之处使其发挥了更大的保障优势，通过团体保险机制，寿险公司能够在相对短的期间内以相对小的成本对大量的个人产生影响，

---

[1] 陈文辉：《团体保险发展研究》，北京：中央编译出版社 2005 年版，第 5 页。

[2] 黄勇、李之彦：《英美保险法经典案例评析》，北京：中信出版社 2007 年版，第 290 页。

[3] 陈文辉：《团体保险发展研究》，北京：中央编译出版社 2005 年版，第 13 页。

[4] 陈文辉：《团体保险发展研究》，北京：中央编译出版社 2005 年版，第 15 页。

[5] 黄勇、李之彦：《英美保险法经典案例评析》，北京：中信出版社 2007 年版，第 291 页。

还将保障扩展到大量的不可保的人身上。[1] 但同时因为团体保险在承保方式、风险选择等方面的独特性，使得其适用的保险法规则迥异，全部适用人身保险的相关规定具有不妥之处。

三、团体保险的法律关系之厘清

（一）团体保险法律关系之厘清

团体保险与个人保险最大的不同之处在于其承保方式，一张保单承保所有团体内成员，成员个人持有保险凭证手册或其他保险凭证。在个人保险中，投保人按照与保险公司签订保险合同为准来确定，自不待言。然则在团体保险合同中，单位或团体是否具有投保人地位理论上存在争议，主要有投保人或投保代理人两种见解。投保人是保险合同的当事人，依照合同原理合同当事人享有合同权利并履行合同义务。不建议采取投保代理人说的原因有三：第一，雇主是否是被保险人的代理人本身具有不确定性。雇主为被保险的雇员获得保险保障，将雇员的投保书交给保险人，为雇员选择团险的险种，扣减雇员工资交纳保费，报告被保险雇员的变更，这些行为是为雇主和雇员的利益进行的，因此雇主是被保险雇员的代理人。而当雇主履行团险合同项下的义务，如收取保费、审核个人参保资格、进行保单复效等行为时，雇主又成为保险公司的代理人，因此雇主的地位不能一概而论，应具体情况具体分析。[2] 第二，团体保险合同的当事人为团体成员和保险公司，此种解释方法直接导致团体保险与个人保险无本质区别，与团体保险的核心特征相违背，使得团体保险的优势无法发挥。第三，投保人代理说本是为了解决欠缺保险利益以及说明义务履行问题，但同时产生了代理人资格问题如欠缺权利能力等。实务中的做法通常是在保险合同中将投保单位约定为投保人。众安在线财产保险股份有限公司团体疾病身故保险条款第 3 条规定上："本保险合同的投保人应为对被保险人有保险利益的法人或非法人组织属于不以购买保险为目的而组成的团体的，投保人可以是特定团体中的自然人。"

（二）团体保险中的风险转嫁关系

保险的核心目的在于将某种不确定风险以及可能造成的损失加以确定化，即将个体成员难以单独承担的危险，转移给专门从事保险事业的保险机构，并最终转嫁给同类型保险的投保人，实现对被保险人利益的保障。[3] 从被保险人的角度来看，团体成员是风险的直接承受者，为了能够在日后自己年老、伤

---

[1] ［美］肯尼思·布莱克、哈罗德·斯基博：《人寿与健康保险》，孙祁祥、郑伟等译，北京：经济科学出版社 2016 年版，第 463 页。

[2] 陈欣：《美国团体保险的法律、合同与监管》，《保险法前沿》（第二辑），第 46 页。

[3] 叶林、郭丹：《保险本质和功能的法学分析》，《法学杂志》2012 年第 8 期。

残、失去劳动能力的情况下，继续维持生活的安定，同意订立团体保险合同。至于投保人的投保动机可能是基于社会生活的人情关系等，不在保险法规制范围内。但是在团体保险中，作为企业为职工投保团体人身保险，一方面可以完善职工的福利待遇。职工福利计划已成为现代企业竞争的重要因素。另一方面，企业通过商业保险的手段转嫁企业面临的因职工伤亡所带来的经济损失的风险，降低企业成本，达到企业经营的利润最大化。

四、团体保险规制的一般性与特殊性

（一）团体保险的保险利益

保险利益是保险法上的重要概念，可决定谁有将保险利益投保，而无需他人同意之权，[1] 关系到保险合同的效力。保险利益原则从起源至今，最大的作用仍是防范道德风险。我国《保险法》第 12 条规定：“人身保险的投保人在保险合同订立时，对被保险人应当具有保险利益。”在人身保险领域，当投保人以他人的生命或者身体投保时，各国对于保险利益的确定有不同立法例，主要有三种模式——利益主义、同意主义和折中主义（利益主义兼同意主义），我国保险法采折中主义。[2] 我国《保险法》第 31 条规定，投保人对下列人员具有保险利益：（一）本人；（二）配偶、子女、父母；（三）前项规定以外与投保人有抚养、赡养或者扶养关系的家庭其他成员、近亲属；（四）与投保人有劳动关系的劳动者。除前款规定外，被保险人同意投保人为其订立合同的，视为投保人对被保险人具有保险利益。该条第 1 款和第 2 款似乎存在逻辑矛盾，第 1 款采列举式方法确认投保人对被保险人具有保险利益，而第 2 款同意原则的适用似乎可以涵盖第 1 款的规定，需要通过解释予以明确。

第 31 条第 1 款前三项均为投保人与被保险人之间具有某种人身关系或血缘关系，即存在“法律上承认的利益”。为解决团体保险中，雇主可能因对被保险员工不具有保险利益而导致保险合同无效，第 31 条对雇主和劳动者之间的保险利益予以规定。立法推定用人单位对其劳动则具有保险利益促进了团体保险的发展若不如此，用人单位面对数量庞大的劳动者要征得每一个劳动者的同意，操作程序势必繁琐，造成资源的浪费，有违对商事活动效率的追求，阻碍用人单位为劳动者购买保险的动力。实际上，雇主确实可能基于各种原因而关心雇员的生死。雇员的技艺和劳动能力对雇主来说具有某种利害关系，因此，雇主在其享有获得雇员工作的法定权利范围内，对雇员的生命和健康具有

---

[1] 江朝国：《保险法基础理论》，北京：中国政法大学出版社 2002 年版，第 72 页。

[2] 任以顺：《保险利益研究》，北京：中国法制出版社 2013 年版，第 46 页。

可投保利益。❶ 也正是因为立法上对用人单位对劳动者具有人身保险利益的确认使得团体保险盛行并发展起来。人身保险利益所体现的是投保人与被保险人的关系，而人与人组成的社会关系是复杂的、变化的，这也注定人身保险利益仅凭亲属之间的血缘关系以及用人单位与劳动者之间的关系加以认定是不够的，同意原则能有效化解血缘关系与劳动关系的封闭性，适应社会关系多元发展的开放性。❷《保险法》第 31 条第 2 款的同意原则，似乎将保险利益的确定扩大至只要被保险人同意即可，体现不出第 1 款列举式规定的价值和作用。但是，从人身保险利益的内涵和法律解释的视角，第 2 款的同意原则的适用也应以投保人与被保险人之间具有某种人身依附关系为前提。由此，便产生了一个问题，实务中，投保团体形态早已不拘泥于企业，政府部门、事业单位、协会、旅行社、学校等作为投保团体已十分常见。依照保险法，如果此类业务保险利益均采同意主义原则，承保时均需要“被保险人同意”，也将极大制约相关保险业务的发展。因此，基于团体保险交易快捷、成本节约以及商事效率的考虑，《保险法》应对团体保险保险利益的确定适用“被保险人同意”原则作出例外规定，排除第 31 条第 2 款的适用。

（二）以被保险人死亡为保险事故的团体保险中被保险人同意之必要

在一般的个人保险合同中，订立以被保险人死亡为给付保险金条件的保险需要征得被保险人的同意。我国《保险法》第 34 条规定：“以死亡为给付保险金条件的合同，未经被保险人同意并认可保险金额的，合同无效。”在个人人身保险中，取得被保险人同意相对比较容易操作。但是，在团体保险中，取得被保险人同意确有实务上的操作困难。例如企业为员工投保的团体保险，由于被保险人人数众多，由于员工人数众多，要征得每个员工的同意，不是件容易的事，增加了企业的成本，可能造成企业为员工投保的积极性不高，不利于团体保险市场的发展。考察域外立法例，已有对团体保险的被保险人同意做出例外规定之范例。韩国《商法典》第 731 条规定，“关于以他人的死亡为保险事故的保险合同中，在签订合同时需经他人书面同意。同时该法第 735 条第 3 项又规定，在团体按照规章将其全体或者一部分成员为被保险人而签订生命保险合同时，不适用第 731 条。因此，有观点认为，既然被保险人无决定保险金额的权利，那么保险金额需被保险人同意已无实意，因此，在团体保险中，考虑保险实务的需要，不应以被保险人同意为必要。但是，笔者认为，团体保险中，订立以被保险人死亡为给付保险金条件的合同，征得被保险人同意仍有必要。

❶ 樊启荣：《保险法诸问题与新展望》，北京：北京大学出版社 2015 年版，第 431 页

❷ 李游：《人身保险利益的内涵界定与制度定位》，《政治与法律》2017 年第 6 期。

第一，在人身保险中，订立以被保险人死亡为给付保险金条件的合同，征得被保险人同意，首先是对被保险人人格自主决定权的尊重。只有生命利益的拥有者（被保险人）可以处分该利益。也可以宣示保险法尊重人格权，生命权之价值。[1]

第二，征得被保险人同意是基于防范道德风险之需要。人身保险契约如附有死亡保险事故，防范道德危险之方法乃由被保险人自行决定。盖保险标的乃被保险人对自身生命价值之利害关系，唯有透过其自身评估危险、决定保险金额，使得有效降低道德危险。[2]

第三，征得被保险人同意因不限于“书面”而减轻了实务中的操作困难。2009 年《保险法》修订之前，被保险人同意仅限于“书面”，修法之后，将“被保险人书面同意”修改为“被保险人同意”，放宽了被保险人同意的形式，最高人民法院《关于适用〈中华人民共和国保险法〉若干问题的解释（三）》规定当事人可以采取书面形式、口头形式或者其他形式，可以在合同订立时作出，也可以在合同订立后追认。因此，仅以实务中的操作不便为由而避免被保险人同意条款的适用实为不妥。

在团体保险中，需经被保险人同意之限制应仅限于以被保险人死亡为给付保险金条件的保险，但现行监管规定对此却有不同要求。保监会《通知》第 2 条规定：“除政府作为投保人等特殊保险业务外，保险公司承保团体保险合同，应要求投保人提供被保险人同意为其投保团体保险合同的有效证明和被保险人名单。”该条规定显然与《保险法》第 31 条的规定相冲突，第 31 条第 1 款第 4 项规定雇主对其劳动者享有保险利益，投保时无需被保险人同意。因此保监会《通知》实际与《保险法》规定相抵触。

五、团体保险道德危险与逆选择之防范

（一）团体保险受益人的指定

我国《保险法》第 18 条第 3 款规定：“受益人是指人身保险合同中由被保险人或者投保人指定的享有保险金请求权的人，投保人、被保险人可以成为受益人。”在团体保险中，雇主能否成为受益人要从团体保险的目的和功能来看。团体保险发展初衷即是为员工提供福利保障，作为员工福利计划的一部分，此种福利本就是员工应获得总报酬的一部分（也有人将此概括为延期工资理论[3]）。因此，团体保险保障的核心对象即是员工。

---

[1] 江朝国：《保险法修正草案评析》，《月旦法学杂志》2012 年第 1 期。

[2] 江朝国：《保险法修正草案评析》，《月旦法学杂志》2012 年第 1 期。

[3] 延期工资理论认为，退休福利安排应被视为员工同意将当期薪金延至在预期收入将会很低的退休期间内支付。

道德风险的防范是人身保险中永恒的话题。一般来说，保险人不会过分担忧被保险人由于买了寿险就去从事那种可能要他们的命、或可能缩短其性命的事情；同样保险人也不会特别地担忧购买了年金的人就会从事那些能够延长他们生命的事情。对于我们大多数人来说，对长寿的渴望不是由我们是否上了保险决定的。但另一方面，保险人非常担忧保单受益人做出试图缩短被保险人寿命的事情来。保险人也同样非常担心会售出提供的收益可能超过被保险人从被雇佣中所获收益的伤残收入保险。这种情况意味着，保险本身提供了一种让被保险人试图获取保险金的动力，这无疑将产生道德风险。因此，道德危险之防范是人寿保险中的重大问题。[1]

从保险合同订立的终极目的——受领保险金这一结果观察，保险合同利益最终归结为保险金请求权上，任何其他的权利义务设置均服务于这一核心权利的实现，在保险合同构筑的权利体系中，保险金请求权居于核心地位。对被保险人权利义务渊源的判断应该以其保险金请求权的享有情况作为重要标准。受益人是享有保险金请求权之人。我国《保险法》第 18 条第 3 款规定："受益人是指人身保险合同中由被保险人或者投保人指定的享有保险金请求权的人，投保人、被保险人可以成为受益人。"在日本，团体生命保险有 A 型和 B 型之分。A 型团体保险的保险金受益人是投保团体，被保险人发生保险事故，团体在受领保险金后仅将小部分保险金作为职工的抚恤金或吊唁费用支付给遗属，因此导致实践中诉讼不断。一些保险公司因此推出了 B 型保险，受益人由被保险人决定，还可以将被保险人的家属列入保险的对象之中。[2] 在人身保险中要避免道德危险的发生，应从被保险人（当要保人与被保险人不同一时）与受益人的这层关系着手，限制两者间的关系才是正确的。[3] 有观点认为，就我国《保险法》而言，要保人订立合同并支付保费，其虽然有权利指定受益人，但除非其指定自己为受益人，否则其仍无法享有受领保险金之利。道德危险之发生，系构筑在"保险金"之上，若无保险金请求权，即无道德危险。因此，限定受益人资格足以有效防范发生道德危险。应将受益人限缩于"被保险人本人及其家属、法定继承人"的范围内，强调受益人须与被保险人具此特殊关系，方能有效降低道德危险发生的几率。[4] 而考察我国《保险法》的规定，第 39 条第 2 款规定："投保人指定受益人时须经被保险人同意。投保人为与其有劳

---

[1] ［美］肯尼思·布莱克、哈罗德·斯基博：《人寿与健康保险》，孙祁祥、郑伟等译，北京：经济科学出版社 2016 年版，第 14 页。

[2] 沙银华：《日本保险经典判例评释》，北京：法律出版社 2011 年版，第 58 - 59 页。

[3] 江朝国：《保险法基础理论》，北京：中国政法法学出版社 2002 年版，第 71 页。

[4] 温世扬、蔡大顺：《论我国团体保险法制完善的路径选择——以要保人的资格规制为中心》，《法学杂志》2016 年第 1 期。

动关系的劳动者投保人身保险的，不得指定被保险人及其近亲属以外的人为受益人”。《保险法》对雇主为员工投保的团体保险的受益人资格已作出明确限制。《保险法》第 39 条规定的问题之处在于以列举式的方式对雇主为员工投保的团体保险的受益人做出了限制，但是除此之外，对其他类型团体保险例如为学生投保的团体人身保险没有相关规范，此种列举式方法难免挂一漏万。在死亡保险中，被保险人不能领取自身之死亡保险金，因此投保人、被保险人、受益人得为不同主体；虽然仅受益人享有保险金请求权，但是投保人、被保险人依然可能是人身保险的道德风险源，并非无保险金请求权即无道德风险。[1]

（二）被保险人自身风险之防范

道德风险问题是指被保险人在购买了保险以后改变其行为方式的一种倾向。[2] 被保险人虽然不能领取自身之死亡保险金，但并不意味着被保险人不能通过其自身行为谋求保险金。深圳一位 63 岁母亲跳楼，希望用自杀方式得到保险公司 30 万赔偿款，来为患病儿子治疗。[3] 我国《保险法》第 44 条规定：“以被保险人死亡为给付保险金条件的合同，自合同成立或者合同效力恢复之日起两年内，被保险人自杀的，保险人不承担给付保险金的责任，但被保险人自杀时为无民事行为能力人的除外。”

（三）适格团体的确立

在其他条件相同的情况下，高概率风险的投保人会比低概率风险的投保人有更大的投保偏好。如果潜在的保单持有人比保险人更了解自己是否会遭受相对高概率或者相对低概率的风险，就会发生逆向选择。[4] 在团体保险中，因保险人以团体核保代替个人核保，并不注重对团体中个体被保险人健康、道德或习惯的考察，因此极易发生“逆选择”。因此，各国保险法大都对团体的人数、参保比例和团体人员资格做出规定。我国保监会《通知》对投保团体的规定涉及两方面内容，一是《通知》第 1 条第 2 款，对团体组成的规定，应是不以购买保险为目的而组成的团体，[5] 从而将以购买保险为目的而组成的团体排除在承保范围之外，避免吸引大量高风险人组成团体，从而给保险人带来逆选择风险。二是对团体人数的限制，《通知》第 1 条第 3 款规定团体保险中的被保险

[1] 偶见：《用人单位（雇主）为法定非受益人——与温世扬教授、蔡大顺博士商榷》，《保险职业学院学报》2017 年第 1 期。

[2] ［美］肯尼思·布莱克、哈罗德·斯基博：《人寿与健康保险》，孙祁祥、郑伟等译，北京：经济科学出版社 2016 年版，第 14 页。

[3] 搜狐网：http：//www. sohu. com，访问时间为 2018 年 9 月 20 日。

[4] ［美］肯尼斯·S. 亚伯拉罕：《美国保险法原理与实务》，韩长印等译，北京：中国政法大学出版社 2012 年版，第 6 页。

[5] 中国保监会《关于促进团体保险健康发展有关问题的通知》第 1 条第 2 款规定：“前款所称特定团体是指法人、非法人组织以及其他不以购买保险为目的而组成的团体。特定团体属于法人或非法人组织的，投保人应为该法人或非法人组织；特定团体属于其他以不购买保险为目的而组成的团体的，投保人可以是特定团体中的自然人。”

人在合同签发时不得少于三人。团险业务中的团体类型早就突破“企业员工型团体”，除了对团体的组成人数和组成目的加以限制外，团体是否具有权利能力决定其是否有权利缔结保险合同。对团体权利能力的规定是目前法律规范层面和保险实务层面都缺失的部分，应纳入适格团体的条件中去。

六、结论

团体保险作为企业补充保险的实现形式之一，凭借其低成本、高保障的优势，成为了弥补社会保险对社会成员保障不足的有效工具，随着团险类型的丰富，团险的优势也将在更多领域发挥作用。我国团险市场的发展不仅依赖于政策支持，法律规范体系的建立和完善也至关重要。我国未来修法和对团险进行规范时应注意以下问题：一、立足于团险市场发展的需要，在对投保团体进行限制的同时应扩大团体的类型，为团险的发展留下空间；二、坚持被保险人是保险合同的核心主体，以保障被保险人的权益为中心，建立多种制度防范道德风险，发挥团险的功能；三、对团险进行法律适用时，遵循一般性和特殊性原则，在适用保险法原理和人身保险规定时，对具体规则进行突破。

论我国养老保险制度的借鉴与发展

——以台湾地区“长照保险”与大陆“以房养老保险”的比较为视角

贾林青

应当说，发展养老事业是两岸都面临的重要问题，保险业介入养老事业又具有着难以替代的意义，为此，需要保险市场不断创新发展。其中，台湾地区的“长照保险”和大陆的“以房养老”均属于新兴的养老保险领域的创新产品。因此，要想让上述养老保险正常发展，对它们加以比较研究就十分必要。

一、台湾地区“长照保险”与大陆“以房养老”的制度比较

凡是关心“新国十条”的，都知道在其规定的发展现代保险服务业所涉及的九大类具体内容中，首先在构筑保险民生保障网，完善多层次社会保障体系方面，将“开展住房反向抵押养老保险试点”（俗称“以房养老”保险）纳入其中，成为具体内容之一。这完全是保险市场适应我国自 1999 年进入老年社会的现实需要而拓展的新领域，即介入养老事业的新型养老保险产品。不过，正因为它属于新型保险业务，其制度建设需要经过试点总结正反两方面经验，进行科学的法律设计，才能够形成符合我国国情，并具有科学性和实用性的保险制度。

所谓“住房反向抵押养老保险”，也就是俗称的“以房养老”，表现为老年人作为被保险人将其拥有所有权的私有房屋抵押给具有相应保险资质的保险公司，其在生前继续享用和居住该住房并从保险公司获得约定的养老费用（一般称为贷款），而在其去世后利用该私有房屋的价值归还上述贷款款项的养老保险关系。应当说，以房养老实质上属于社会机构提供的以房养老服务，它是老人生前对其拥有的房产资源进行的优化配置，利用其住房的寿命周期和自身生存余命的差异，通过让渡住房的权益（所有权或处置权或使用权）而盘活存量住房来实现价值上的流动，即提前让死房子变现为补贴晚年生活的“活钱”。可见，“以房养老”是完善我国养老保障机制，扩大养老服务的供给方式，构

建多样化、多层次、以老年人的养老需求为导向的养老服务模式（而不是唯一）的具体类型之一。

而台湾地区的“长照保险”，同样是因应养老事业（乐龄产业）的发展需要，以向被保险人提供长期照顾服务为内容的新型保险产品。体现着台湾保险市场的养老保险产品的创新与服务的整合。

显而易见，大陆的“以房养老”保险和台湾地区的“长照保险”均是对传统养老保险产品的创新发展，可以满足两岸养老事业发展的需要。然而，相比较之下，也可以发现上述两个保险产品存在诸多差异。

首先，各自的投保人和被保险人的主体范围，有着明显的不同。比较上述两个保险产品的主体结构，其差异在于投保人和被保险人的范围不尽相同。从目前大陆适用“以房养老保险”的情况看，以抵押住房作为获取养老保险之对价条件，决定着接受该养老保险的被保险人应当用其自有的住房作为抵押物，也就是说，保险公司要求被保险人应当是用于设定抵押之房产的所有权人。所以，其被保险人本人也就是投保人，这两者主体身份归于参与该保险的一人身上。而“长照保险”因并不存在此类抵押担保内容，只是缴纳货币形态的保险金即可，故而其投保人可以是被保险人本人，也可以是被保险人的亲属等第三人，抑或是社会机构等。

其次，分析各自的保险服务的内容和形式，可以发现其区别是明显的。大陆保险业现行的“以房养老保险”一般是约定保险人提供货币形式的养老金为唯一的保险服务内容，而排除了其他形式的保险服务。即使是当前保险公司参与的养老项目，也仅仅是作为其投资手段或者用于宣传展业的方法，并未将这些养老项目所涉及的养老服务纳入“以房养老保险”的服务之内。而台湾地区的“长照保险”的约定内容则是向被保险人（老年人）提供多种内容的养老服务。

再次，比较保障效果，二者也存在一定的差异性。大陆的“以房养老保险”的现有适用效果，主要集中在向被保险人（老年人）提供稳定的养老资金，能够让被保险人在生存期间获取较为稳定的经济来源而满足其日常的生活之需。不过，也正因为只有单一的货币形态的养老金，因而无法让被保险人获取诸如医疗护理、生活照顾、精神抚慰等非货币形式的养老照顾。而台湾地区的“长照保险”的保障效果，恰恰相反，以各类医疗、生活照顾等形式来实现其对被保险人的养老保障。

可见，上述两个养老保险产品正可以取长补短，相互借鉴。特别是大陆尚处于尝试阶段的“以房养老保险”，因其现有的适用效果不太理想，更需要吸取和借鉴台湾地区“长照保险”的有益经验，进行完善和补充，实现其预期的保障效果，真正成为我国养老事业的组成部分而促进社会发展。

二、大陆“以房养老”保险制度的适用分析

笔者之所以有此想法，缘于大陆“以房养老保险”的现有适用效果不太理想。出于落实“新国十条”要求完善多层次社会保障体系的需要，中国保监会于2014年发布《关于开展老年人住房反向抵押养老保险试点指导意见》，根据该项“以房养老”政策的决定，先在北京、上海、广州、武汉等地开展试点，一时间，“以房养老”成为人们热议的话题。

作为世界第一人口大国，2018年我国60岁以上老年人口已达2.5亿，约占全国13亿总人口的16%，表明我国的人口老龄化趋向日益突出，进入老龄化社会已是不争的事实。由此引发的我国养老保障体系存在的问题逐步显现，这意味着发展养老事业已经成为我国社会发展过程中亟待解决的课题。正如有的专家所说的“从某种意义上讲，‘未富先老’的中国比世界上任何国家的养老问题都更加严峻，庞大的老龄人口将成为决定未来中国经济发展各种重要因素中的重中之重”[1]。于是，国务院于2013年9月发布了《关于加快发展养老服务业的若干意见》，确立的目标是：“到2020年，要全面建成以居家为基础、社区为依托、机构为支撑，功能完善、规模适度、覆盖城乡的养老服务体系。”具体要求相关的20个政府机构和部门“在制定相关产业发展规划中，要鼓励发展养老服务中小企业，扶持发展龙头企业，形成一批产业链长、覆盖领域广、经济社会效益显著的产业集群”。

笔者认为，值此大力发展我国养老事业之时，商业保险业应当凭借其保险保障功能来参与我国的社会养老事业。因为，社会养老保险是由国家通过国民收入的分配和再分配实现的，其主要职能是为国民在年老后提供物质上的帮助，商业保险公司经营的养老保险责无旁贷是其组成部分。为此，“新国十条”将“创新养老保险产品服务”列为发展我国现代保险服务业内容之一，并明文规定要“开展住房反向抵押养老保险试点”。

客观地讲，“以房养老”泛指老年人生前利用其私有房屋来实现养老的运作形式，而住房反向抵押养老“以房养老保险”仅仅是其中借助保险公司实现养老的一种，其专业名称为“倒按揭”，它作为舶来品始自于20世纪80年代中期的美国[2]。如今，不仅在美国日趋兴旺，在加拿大、英国、日本、新加坡等国家亦得到良好的运用和发展。但是，这一养老保险模式在我国出现后的适用情况却呈现“叫好而不叫座”的局面。之所以说对“住房反向抵押养老

---

[1] 孙祁祥：《加快养老产业发展正逢时》，《中国保险市场热点问题评析（2013—2014）》，北京：北京大学出版社2014年版。

[2] “倒按揭”最早是由美国新泽西州劳瑞山的一家银行于20世纪80年代中期创造的，一般常说的“倒按揭”就是以美国模式为蓝本的。

保险”叫好，是大多数专家的观点一致：认为“以房养老”值得期待，它能够改善“有房富人，现金穷人”的“中国穷老人”的现状。但是，在广州、上海、北京、成都、南京等地的试点过程中，较早推出“住房反向抵押贷款”（或保险）的，购买者寥寥无几，甚至在深圳、合肥等多地的交易量为零。

究其原因，除了理论界和金融、保险业界普遍认为的三点以外，相关法律制度的欠缺不能不说是重要影响因素。这些原因包括：第一，中国人的养老“靠儿不靠房”仍是主流观念，导致人们大多不看好“以房养老”；第二，养老机构的巨大缺口❶，让人们不愿意冒着“有钱而无处养老”的风险，以而削弱了参加“以房养老”保险的愿望；第三，我国的房价高度的波动性和不明朗的发展走向使得稳定的房价上涨预期难以形成，致使保险公司担心无法收回全额贷款。至于相关法律制度的欠缺则成为影响“住房反向抵押养老保险”推行的直接因素，这可以用“住房反向抵押养老保险”的试点历程加以佐证。2003年3月，中国房地产开发集团总裁孟晓苏提议开办“反向抵押贷款”寿险服务后，2006年由其筹建的幸福人寿保险公司就以试水“以房养老”作为目的之一，但因当时的《物权法》和《保险法》对开发该保险产品存在障碍而作罢。2013年9月国务院发布的《关于加快发展养老服务业的若干意见》和2014年6月中国保监会发布的《关于开展老年人住房反向抵押养老保险试点的指导意见》均明确了“开展住房反向抵押养老保险试点”，然而，大多数保险公司都限于研究“以房养老”政策，却对推出该保险产品持观望态度。其涉及的法律层面的障碍包括：现行的70年房屋产权的限制；保险机构不具备办理抵押贷款的资质，而具备抵押贷款业务资格的商业银行又与保险机构各自经营；房产评估缺乏完善的制度规则等。所以，直到2015年3月，经中国保监会批复的首个“以房养老”保险产品（幸福人寿保险公司最早推出的“幸福房来宝”）才正式投入保险市场。

三、台湾地区“长照保险”对大陆“以房养老”的发展具有重要的借鉴价值

笔者认为应借鉴台湾地区“长照保险”的经验，改进、完善大陆的“以房养老保险”制度，以求破解“以房养老”保险当前的推广困难，改变其“叫好不叫座”的局面。具体有两点建议：

（1）借鉴台湾地区“长照保险”的做法，扩大“以房养老保险”的投保人

❶ 据统计，我国的城乡养老机构现有养老床位365万张，平均每50位老人不到一张床，且养老从业人员更是不足百万人。

范围。如前所述，大陆“以房养老保险”其要求投保人必须是抵押房产的所有权人，导致其投保人（抵押人）限于被保险人（老年人）本人。不仅如此，老年人用于抵押的自有房产大多又因购买时间较早而比较陈旧，房产价值不高，同时因我国当今人口的生存年限普遍提高，待老年人过世时，该抵押房产的价值更所剩无几。无形中加大了保险人在“以房养老保险”经营中的风险。尤其是，当前我国的房产评估行业因缺少统一的行业规则和房产评估业务平台而较少参与“以房养老”保险业务，所以，保险人无法准确地预测抵押房产在将来变现时的价值水平。这不能不说是导致很多保险公司对“以房养老保险”持观望态度的因素之一。

鉴于此，笔者认为，可以借鉴台湾地区“长照保险”的经验。扩大投保人范围，这样不仅可以进一步提升晚辈对长辈的尽孝之心，更能够稳定抵押房产的经济价值，降低保险人经营该养老保险的风险，促进保险业推广和经营“以房养老保险”的积极性。因此，建议按照《物权法》规定的抵押物权的法律构建，抵押人可以是提供抵押物的主债务人也可以是第三人的原理，在设立“以房养老”保险时，允许老年人的子女或者其他近亲属作为连带担保人参与“以房养老保险”，提供其享有所有权的房产一并作为抵押物。当被保险人（老年人）去世后，若子女或者其他近亲属负责偿还养老款项或者用其抵押的房产折抵养老款项的，则不必处置被保险人（老年人）抵押的房产；若出现被保险人（老年人）之房产抵押价值低于养老款项数额时，则由子女或者近亲属承担偿付责任，以此达到降低经营风险的作用，打消保险公司经营“以房养老”保险的顾虑。

（2）借鉴台湾地区“长照保险”的经验，在“以房养老保险”项下建立多样化的养老保险服务的内容和形式，提升其综合性的保险保障效果。如前所述，大陆“以房养老保险”当前的适用效果，主要集中在向被保险人（老年人）提供稳定的养老资金，而忽视了老年人群体还需要获取医疗护理、生活照顾、精神抚慰的事实，这一保险难以满足被保险人这些非货币形态的养老照顾。扩大“以房养老”保险的保障内容，提升其综合保障功能，适应我国养老事业的现实需要。

更为重要的是，丰富“以房养老保险”的保障内容形式，有利于填补当前养老产业对老年人群体提供的服务产品不足的巨大缺口，使其真正纳入我国养老事业，成为我国社会保障体系的组成部分。“以房养老”应当与当前各地探索的“医养结合”和“居家养老”等养老模式相互配套，使其对社会公众产生更大的吸引力，充分发挥其应有的社会保障效果。

“以房养老”与“医养结合”“居家养老”等是在我国的养老事业发展中创造的新制度，它们各有优势、各具特色。其中，“医养结合”的特色是将一定的医疗资源与养老资源相互结合，就是说养老院的医疗设施是以医院为依托，老人在养老院里得到的不仅是生活上的照顾，而且有定期的医疗检查，生病时及时医治，并有专业的护理人员进行照顾，提高老年人晚年生活的质量。这样既能够实现社会资源利用的最大化，又可以使老年人得到最快和最专业的医护治疗和专业化护理。“医养结合”区别于传统的单纯为老年人提供基本生活需求的养老服务，它在传统的生活护理服务、精神心理服务、老年文化服务的基础之上，更加注重医疗康复保健服务，涵盖医疗服务、健康咨询服务、健康检查服务、疾病诊治和护理服务、大病康复服务以及临终关怀服务等。居家养老（服务）是指以家庭为核心、以社区为依托、以专业化服务为依靠，为居住在家的老年人提供以解决日常生活困难为主要内容的社会化服务。服务内容包括生活照料与医疗服务以及精神关爱服务。随着老年人口的不断增多，各地开始对养老福利模式进行积极的探索。现在全国各地高校已经陆续开办与养老相关的专业，相关产业更应该及时引进专业人才，完善我国养老模式。

无论是发展以健康为先导的“医养结合”养老模式，还是“居家养老”模式都比较符合中国国情，但需要不断总结经验来提高其科学性。这均涉及资金的充足和有效运用，只靠政府提供的补贴是难以彻底解决问题的。保险公司经营“以房养老保险”则具有明显的资金优势，因为保险公司作为以房养老的经营方，不仅可以利用其雄厚资金来参与养老事业的投资建设，履行其承担的社会责任，更在于各家经营以房养老的保险公司能够在适用其手中持有的以房养老保险基金时，除了确保被保险人维持日常生活所需费用以外，还可以将相应的部分专项用于维持和发展“医养结合”“居家养老”的资金缺口。不言而喻，将“以房养老”与“医养结合”、“居家养老”等模式相互结合，既可以解决资金不足，逐步减轻甚至替代政府的财政负担，也可以构建符合中国国情、具有中国特色的综合型养老体系，提升我国养老事业的发展水平。

第一，“以房养老”保险的制度内容所包含的抵押贷款环节，应当按照《物权法》有关抵押权的法律规则来构建。因为，在各地现有的“以房养老”保险的内容来看，老年人用于抵押的房产权利并不一样，有的是让渡抵押房产的所有权，有的是抵押房产的使用权，也有的是抵押房产的处分权。如此五花八门的抵押内容，不仅会造成“以房养老”保险的混乱，更有可能让人们误解“住房反向抵押贷款”是不是在《物权法》规定的抵押制度以外存在的另类制度？非也。应当说，“住房反向抵押贷款”就是《物权法》上的抵押制度在养老保险领域的运用。因为，老年人将其所有的房产作为抵押物抵押给保险公司，不是为了当即转移该房产的所有权，而是在保留居住权的前提下获取生存期间的养老费用。与此相对应，保险公司向老年人支付养老保险金的条件，就是在老年人去世后对处分该抵押房产所得价款行使优先受偿权，从而得到老年人作为投保人所应支付保险费的清偿[1]。可见，老年人借助抵押住房给保险公司而获得的是用于满足其养老生活所需的养老费用款项，同时也不影响老年人对该房产享有的居住权。“由此，财产（尤其是不动产）的经济价值和经济功能被发挥到极致。”[2]

因此，设计“以房养老”保险制度，就必须符合《物权法》规定的抵押权制度规则，即自住房反向抵押贷款关系成立和生效之时起，该房产的所有权人保有房产所有权，但该所有权包含的处分权在抵押期间受到限制。根据《物权法》第191条的规定，未经作为抵押权人的保险公司的同意，作为抵押人的房产所有权人不得处分该房产。而且，建立住房反向抵押贷款关系，依据《物权法》第187条的规定：“还应当办理抵押登记。抵押权自登记时设立。”从而，在确保住房反向抵押贷款保险合同效力的同时，也可以对外对抗第三人对该抵押房产的异议请求。

第二，“以房养老”保险应当将抵押贷款设计为养老保险金（人身保险金）。原因是保险实务界普遍认为，保险公司并非经营货币业务的商业银行，没有办理抵押贷款的资质。这只是拘泥于“住房反向抵押贷款关系”的字面含义所做的解释，在现代经济社会环境下，住房反向抵押作为一种融资行为的适用范围比较广泛。如果房产所有权人将其房产抵押给银行而获取的款项当然是贷款，构成“住房反向抵押贷款关系”。如果房产所有权人将其房产抵押给保险公司而获取的对价条件就是向相对人支付养老保险金，构成“住房反向抵押保险关系”。只不过，保险公司需要根据保险运作的规律，考虑影响“以房养老”保险的诸多因素，运用精算技术来计算所应支付的养老保险金数额和应当计收的保险费数额。既要尽可能降低保险公司自身的经营风险，也应当实现投保人追求的养老权益。

正是在此意义上，“新国十条”和中国保监会《关于开展老年人住房反向抵押养老保险试点指导意见》均将“以房养老”保险明确地称之为“住房反向抵押养老保险”。因此，保险公司的从业人员应当改变现有观念，注意界定和区分保险公司经营的“住房反向抵押养老保险”业务与银行经营的“住房反向抵押贷款”业务，不要把“以房养老”保险视为银行经营的抵押贷款业务。也就是说，保险公司应当按照人寿保险的经营规律来经营“以房养老”保险，确立保险公司与老年人之间交纳保险费和支付养老保险金的保险商品交换上的对价关系，并基于此构建当事人之间的保险权利和义务关系。

---

[1] 笔者认为，在住房反向抵押养老保险关系中，保险公司通过行使优先受偿权而从处分抵押房产所得价款中获得清偿的应当是该保险关系产生的保险费，而并非清偿贷款金额。

[2] 尹田：《物权法》，北京：北京大学出版社2013年版，第513页。

第三，“以房养老”保险应当纳入具有中国特色的养老制度体系之中。众所周知，“新国十条”是从构建我国多层次社会保障体系的角度，提出进行“以房养老”保险的试点。可见，“以房养老”保险制度绝非特立独行的孤立制度，而是我国社会保障体系的组成部分。而就我国新兴的养老事业来讲，它只是其中的一种具体模式，应当与当前各地探索的“医养结合”和“居家养老”等养老模式相互配套，才能使其对社会公众产生更大的吸引力，充分发挥其应有的社会保障效果。

第四，扩大“以房养老”保险的保障内容，提升其综合保障功能，适应我国养老事业的现实需要。由现有的“以房养老”的保险内容多限于支付养老金，不能适应“养老一族”的养老需求，因此，“以房养老”的保障内容不应局限于支付养老保险金，而应扩大到老年人养老期间的照顾服务。相比较而言，老年人借助“以房养老”保险获取养老保险金而有一个稳定的经济来源，只是老年人购买“以房养老”保险的基本要求，而很多老年人的养老需求更多在于得到生活支援、精神慰藉和养生照顾、医疗服务、健康管理等多方面。鉴于此，保险公司要想推广“以房养老”保险产品，就不能只把养老服务停留在给付养老保险金，而应当在扩大保险服务内容范围上予以突破。这可以借鉴台湾地区的保险公司销售“长期照护保险”的经验，将“以房养老”保险的保障内容扩大到养老照护的诸多方面，供老年人购买“以房养老”保险时，根据实际需要选择。既可以提高“以房养老”保险对老年人的吸引力，也有利于缓解当前养老产业对老年人群体提供的服务产品不足的问题。

第五，房产评估行业的主管部门应当就房产评估活动出台行业规则，以供保险公司在经营“以房养老”保险活动中作为聘任房产评估机构的依据。概括国外适用“住房反向抵押贷款”的经验，地产评估机构参与其间，提供中立的、权威的地产评估报告是确保老年人合法权益和减低保险公司经营风险的重要条件。而针对当前我国的房产评估行业因缺少统一的行业规则和房产评估业务平台而较少参与“以房养老”保险业务的情况，房产评估行业的主管部门应当就房产评估业务出台行业规则，制定房产评估机构的从业资格、业务标准、信誉等级、评估结果效力等规则，培养和树立房产评估行业的职业形象，以便让保险公司据以进行选择，确保其在经营“以房养老”保险业务过程中，选择具备国家级评估资格的房产评估机构进行评估活动。并以其评估结果作为预测经营风险和给付养老保险金数额的主要依据。

第六，关于现行的70年有限房屋产权制度应涉及的价格风险以及房屋产权到期后的处置问题是导致“以房养老”保险推广不利的又一重要因素。当然，解决此问题的最佳方案是国家对于70年房屋产权届满后的处置方法做出明确的规定。然而，无论有无明文规定，保险公司均应当变等待为主动，为

“以房养老”保险的制度设计寻找出路。建议一，借鉴美国的（补充型）“公共保险”制度（为避免老年人最终的融资总额超过其提供抵押的不动产价值的风险，政府设立“公共保险”来弥补该差价部分），国家在发展养老事业中为鼓励保险公司积极推广“以房养老”保险，授权各地方政府设立养老公共基金来填补老年人抵押房屋与实际获取养老保险金的差价，以此填补保险公司经营“以房养老”保险的实际亏损。建议二，借鉴日本发展“以房养老”制度的“连带保证人”经验，在设立“以房养老”保险时，允许老年人的子女作为连带保证人参与“以房养老”保险。当老年人去世后，若子女负责偿还养老款项，则不必处置老年人抵押的房产；若在出现房产抵押价值低于养老款项数额，子女承担偿付责任的，就可以打消保险公司经营“以房养老”保险的顾虑。

应当说，“以房养老”保险作为一项新的保险类型和新的养老产品，只要各级政府和保险公司采取人们喜闻乐见的方式加以普及宣传和营销推广，就能够为社会公众逐渐接受。其中，政府的作用是不可缺少的。因为，“完全依靠商业机构的纯粹商业行为来推行‘以房养老’保险困难重重，就需要政府出面推动”[1]。然而，不要期望“以房养老”保险在一夜之间就为全国人民所接受，因为它只是保险公司经营的众多保险产品的一种，同样存在着相应的市场风险。

[1] 李心愉：《“以房养老”：剪不断理还乱的政府角色》，孙祁祥等著：《中国保险市场热点问题评析（2013—2014）》北京：北京大学出版社2014年版，第225页。

保险消费者之个人信息的私法保护

贾辰歌

摘　要　我国的社会生活已经进入信息时代，已然影响甚至改变了每一个人的生活方式。每个人在参与各种社会活动中，要借助各种具有客观性和可识别性的特定化信息形成独立的人格，由此引发个人信息的新的法律保护。保险业作为现代服务业的组成部分，经营的内容之一在于获取和适用当事人的个人信息，故而个人信息的保护必然是保险业必需解决的现实课题。而个人信息保护实质上是个人信息的使用者与享有者之人格利益的冲突与平衡。为此，只有通过个人信息保护的制度规则来平衡两者之间的冲突，寻求解决该社会矛盾的方法。构建科学可行的个人信息权利与相应的保护个人信息的义务关系，就是必要的法律举措。在私法范畴内，应当称其为个人信息权保护制度。就保险业来讲，必须了解和正确执行个人信息保护制度，履行相应的法律义务，合理收集和使用他人的个人信息。针对我国个人信息保护制度存在的问题，要加强对个人信息的私法保护，建立以《民法总则》为基础的，由《侵权责任法》加以具体规范的，用众多民事法律制度和商事法律法规配套的保护个人信息的法律规则体系。

关键词　保险领域　个人信息权　私法保护

一、信息时代产生新的法律课题：个人信息保护

当今，我国的社会生活已经进入信息时代，现代信息科技已然影响甚至改变了每一个人和每一个社会组织的社会生活方式。人作为最小的社会单位，既是我国宪法、刑法上的公民，也是我国民商事法律（私法）上的自然人。每一个人在社会环境中为了满足其实现自身生存需要而参与的各种社会活动的要求，势必要借助各种能够将其特定化的信息资料来形成独立的人格。对于此类的个人信息资料，不同的国家或地区有“个人数据”“个人信息”“个人隐私”等多种提法，我国的有关立法和学术界普遍称其为“个人信息”。（例如 2017

年 6 月 1 日生效施行的《中华人民共和国网络安全法》第三章和 2017 年 10 月 1 日施行的《中华人民共和国民法总则》第 111 条均采用了“个人信息”的称谓）

那么，如何理解“个人信息”的法律内涵？《中华人民共和国个人信息保护法（专家建议稿）》第 9 条将“个人信息”定义为“个人姓名、住址、出生日期、身份证号码、医疗记录、人事记录、照片等单独或与其他信息对照可以识别特定的个人信息”资料[1]。而《中华人民共和国网络安全法》第 76 条第 5 项进一步从现代信息技术角度涉及的个人信息，确定为“指以电子或者其他方式记录的能够单独或者与其他信息结合识别自然人个人身份的各种信息，包括但不限于自然人的姓名、出生日期、身份证件号码、个人生物识别信息、住址、电话号码等”。

上述个人信息的定义，表明其具有如下法律特征：

（1）个人信息的主体限于自然人，而不包括法人和非法人组织等社会组织。由于自然人是构成人类社会的最基本单位，也是存在数量最多、各种社会活动最为普遍的参与者，并且自然人需要提供和记载的个人信息资料是最为广泛的。不仅如此，与法人和非法人组织相比较，自然人又是弱势的社会群体。因此，对其个人信息加以法律保护就是必然的。

（2）个人信息具有客观性。个人信息是依托各类客观载体而得以存在和表现的。不论是传统文字书写记载的，还是利用现代信息技术记载的，均使得这些个人信息资料在客观上被记录，并被使用者利用。可见，个人信息的内容范围大于运用现代信息技术记载的个人数据。

（3）个人信息具有可识别性。也就是说，个人信息成为每一个人在社会成员群体中特定化的能够被区分开来和进行识别的依据。个人信息的社会价值恰恰就在于其可识别特性，它不仅是自然人的人格利益获取保护的依据，更是人与人之间的社会关系得以确立和实现的基本条件。我国《网络安全法》第 42 条正是基于个人信息的可识别性，将“经过处理无法识别特定个人且不能复原的”信息资料排除在个人信息以外，恰恰证明了可识别性是界定个人信息的重要特征。这也意味着个人信息的可识别性使其与自然人的隐私之间存在着差异。虽然“个人信息保护是源于隐私保护”，但是“个人信息的概念是在信息通信技术发展中逐步确立的，它与隐私存在一定的区别”[2]。因为，“隐私包括私人生活秘密和私人生活安宁”，其中，“私人生活秘密属于信息范畴，私人生活安宁多不属于信息范畴。而私人生活秘密往往是个人信息中较为重要和敏感的

---

[1] 周汉华：《中华人民共和国个人信息保护法（专家建议稿）及立法研究报告》，北京：法律出版社 2006 年版。

[2] 杨合庆主编：《中华人民共和国网络安全法解读》，北京：中国法制出版社 2017 年版，第 161 页。

部分”[1]。与此相比较，个人信息在私密程度、负面性等方面则弱于隐私，并具有更强的公开利用的商业价值。

由于我国保险市场属于现代服务业领域，个人信息的收集和运用是各家保险公司和保险中介机构开展保险业或者保险中介服务的必要内容之一。只有获取和使用参与保险活动的投保人、被保险人以及受益人等当事人的个人信息，承保和保险服务才能够进行，保险理赔也就能够合法、准确、高效地完成。因此，保险公司经营保险产品的过程也就是收集和运用参与保险活动的投保人、被保险人和受益人等当事人的个人信息的过程。特别是，适应互联网信息技术在保险领域的适用和发展，当事人个人信息的存在更成为互联网保险不可缺少的保险内容之一。

需要强调的是，个人信息的保护同样是我国保险业面对互联网的迅猛发展而需要解决的新课题。虽然，个人信息的收集和使用自古以来就是社会活动的必要组成内容，但是由于个人信息泄露和非法使用而引发个人信息保护的社会问题，则是2010年以来互联网迅速发展带来的新情况和新问题。中国互联网络信息中心发布的《2013年中国网民信息安全状况研究报告》[2]显示，2013年下半年，我国就有74.1%的网民遭遇过信息安全事宜，人数达4.38亿的个人信息遭到泄露和非法使用，由此造成的个人经济损失达196.3亿元。

中国社科院于2012年发布的《法治蓝皮书》[3]显示，个人信息被泄露的渠道很多，包括电信运营商、互联网公司、房地产开发商、航空公司、银行、证券公司、保险公司、各类中介机构以及各类零售企业。于是，该《法治蓝皮书》将我国个人信息的泄露情况归纳为三大类：一是过度收集个人信息，并对采集到的个人信息未经享有者许可而进行二次利用；二是擅自披露、传播其所占有的个人信息；三是以获取非法利益为目的而将其所掌握的房主、股民、商务人士、车主、电信用户、保险消费者等个人信息进行买卖，形成了买卖个人信息的地下产业。社会公众的个人信息遭受侵害的情况已经十分严重，保险业也难以独善其身，必需充分认识到保险领域个人信息保护的必要性。同时，用户信息泄漏也会对我国互联网和信息产业的发展带来负面效果。从国际角度来讲，我们应当站在维护国家安全的高度来认识个人信息保护制度的作用。没有完善的个人信息保护制度，不仅会影响我国的信息安全和国际竞争力，也会在国际交往中，成为其他国家实行贸易壁垒的新口实。

仅就互联网保险的发展而言，根据国务院2014年发布的《关于加快发展

---

[1] 张新宝：《〈中华人民共和国民法总则〉释义》，北京：中国人民大学出版社2017年版，第219页。

[2] 中国互联网络信息中心：《2013年中国网民信息安全状况研究报告》第10页。

[3] 中国社会科学院：《2012年法治蓝皮书》，社会科学文献出版社。

现代保险服务业的若干意见》（又称“新国十条”），鼓励保险业积极培育新的业务增长点，支持保险公司积极运用新技术促进保险业销售渠道和服务模式创新，保险业顺势而为，积极投身互联网变革，于 2014 年实现了保费规模跨越式发展。根据中国保险行业协会的统计，我国保险业 2014 年的互联网保险业务收入为 858.9 亿元，同比增长 195%，互联网渠道保费规模比 2011 年提升了 26 倍，占保险业总保费收入的比例由 2013 年的 1.7%增长近 4%，成为拉动保费增长的重要因素之一[1]。这也意味着互联网保险所收集和使用的参保人的个人信息不仅是不可缺少，还是成几何基数的增长，从而个人信息的保护便是保险业在中国保险市场上不可回避的现实问题，更是开展保险经营时必需充分重视和妥善处理的业务课题。

二、保护个人信息的实质，是个人信息的使用者与享有者之人格利益之间的冲突与平衡

研究个人信息的保护问题，首先应当认识到其本质在于处理个人信息的占有者使用个人信息与个人信息享有者的人格利益之间的平衡与冲突关系。个人信息是其通过一定途径而收集到的，目的是将这些个人信息在一定的社会活动之中加以公开和运用，以便取得一定的社会效益和经济效益。在现代信息社会的条件下，姓名、住址、出生日期、身份证号码等个人信息作为识别一个自然人的必要条件，体现着其特定的人格利益，应当得到法律的保护，他人不得侵犯。为此，个人信息的享有者就需要排除个人信息的占有者非法获取其个人信息，更不得以获利为目的来买卖、提供或者公开享有者的个人信息。显然，个人信息的占有者与个人信息的享有者之间的利益冲突是普遍客观存在的，只有通过个人信息保护的制度规则来平衡两者之间的冲突，寻求解决该社会矛盾的方法。仅以保险业为例，无论是保险公司还是保险中介机构对于其在保险业务经营中所获取的或者接触了解到的投保人、被保险人以及受益人的个人信息，有权合理使用，用以实现保险经营的目标，并保护个人信息享有者之个人信息涉及的人格利益。笔者认为，保险公司或者保险中介机构要求投保人提供的相对人的个人信息时所告知的使用目的，就是其得以在保险经营中使用该个人信息的合理范围，而超出该范围，并且是在投保人、被保险人以及受益人等个人信息享有者不知（未经许可）的情况下使用该个人信息的，便构成非法使用。

就法律层面而言，构建科学可行的个人信息权利与相应的保护个人信息的义务关系，就是实现个人信息保护的必要法律举措。

首先，应当确认个人信息享有者对其个人信息依法享有的个人信息权。从

[1] 中国保险行业协会编：《2014 互联网保险行业发展报告》，北京：中国金融出版社 2015 年版，第 10 页。

民法角度讲，所谓个人信息权是自然人作为民事主体而依法享有的一项人身权，它是与自然人的“人身不可分离亦不可转让的没有直接财产内容的法定民事权利”[1]。其次，个人信息权应当纳入自然人的人格权的范畴，因为个人信息基于其具有的客观性和可识别性而成为每个自然人之个性化的客观标志，成为自然人作为民事主体依法固有的为维护自身独立人格所必备的，以人格利益为客体的权利。[2] 我国《民法总则》第 111 条正是在此意义上，以宣示性条款规定：“自然人的个人信息受法律保护。”实际上是确认自然人依法享有的个人信息权受法律保护。

不过，我们也应当认识到，个人信息权是一项独立的新型人格权利，是为了适应现代信息社会的发展要求，解决个人信息保护问题所产生的新的权利，它有别于传统民法上的自然人的姓名权、生命健康权、名誉权、隐私权、肖像权等人格权。其特点之一就是作为其权利客体的人格利益并非是姓名、生命、隐私或肖像等单一的具体的人格利益，而是通过姓名、出生日期、身份证号码、住址、电话号码等诸多信息的相互结合而综合体现自然人的人格平等、人格尊严、人格自由的人格利益，具有明显的概括性和包容性。其特点之二就是构成人格信息权的权利内容，不同于民法上的其他人身权。即围绕着自然人参与社会活动的需要而应当向相对人提供个人信息，并允许相对人合理使用而设计个人信息权所包含的诸多具体权利内容，包括：(1) 个人信息支配权，自然人有权决定和支配其个人信息的权利；(2) 个人信息保密权，自然人有权决定在一定范围内公开或者保密其个人信息的权利；(3) 个人信息处置权，自然人有权独立决定向他人提供、或者允许他人在一定范围内使用、或者封锁或删除其个人信息的权利等。

显而易见，由于个人信息权是其权利人面对除他以外的不特定的一切人，符合民法上的对世权的属性，因此，与个人信息享有者的个人信息权利相对应，包括个人信息占有者在内的其他一切法律主体均承担保护权利人之个人信息的义务，包括：(1) 依法取得他人个人信息的义务；(2) 不得非法收集、使用、加工、传输他人个人信息的义务；(3) 不得非法买卖、提供或者公开他人个人信息的义务等。从共性上讲，因个人信息权的“实现不需要任何不特定义务主体的积极作为行为，而权利主体可以以自己的行为行使权利，实现其人身方面的利益”[3]，故针对个人信息权而设计的不特定义务人所承担的上述各项义务均表现为不作为的义务内容。为此，我国《民法总则》第 111 条在确认了

[1] 王利明主编：《民法（第四版）》，北京：中国人民大学出版社 2008 年版，第 604 页。
[2] 王利明主编：《人格权法新论》，长春：吉林人民出版社 2002 年版，第 10 页。
[3] 张新宝著：《〈中华人民共和国民法总则〉释义》，北京：中国人民大学出版社 2017 年版，第 218 页。

自然人享有的个人信息权的前提下，也明确了义务人对个人信息权利人所承担的基本义务，包括：(1)“任何组织和个人应当确保依法取得的个人信息安全，包括确保这些个人信息不被破坏、丢失、窃取、泄露等”；(2) “不得非法收集、使用、加工、传输他人个人信息”；(3)“不得非法买卖、提供或者公开他人个人信息”等。

通过上述权利的行使和大家自觉履行个人信息保护义务，达到法律平衡个人信息的使用与个人信息享有者之个人信息的人格利益的效果，实现个人信息的合理使用与个人信息享有者之人格利益的双赢发展。

而就保险业来讲，不论是保险公司，还是保险中介机构，既然其开展保险经营或者保险中介服务离不开参与保险活动的当事人的个人信息，也就必需了解和正确执行个人信息保护制度，理解《民法总则》第111条所赋予的针对个人信息权利人所承担的保护个人信息权的各项法律义务，在保险经营的过程中合理收集和使用他人的个人信息，实现预期的经营目标，也避免侵害个人信息权利人的个人信息权。不仅如此，保险公司也应当看到个人信息保护是一个新的市场领域，可以就个人信息保护的需要，设计和推出相应的保险产品，提供相应的保险保障，从而提升个人信息保护制度的适用效果。

三、个人信息权需要私法（民商事法律）提供相应的法律保护

不可否认，美国、欧盟、日本等发达国家，被纳入私法领域的有关个人信息保护的法律制度经历了近半个世纪的发展，还是较为完善的。如以德国为代表的，建立在一般人格权基础上的个人信息保护模式。德国法关于个人信息保护理论是以一般人格权为基础的，各种具体人格权都是基于一般人格权而具体化形成的，并通过法院判决来不断确认和发展的一般人格权，正如德国联邦最高法院所说“在特别的程度上对一般人格权下定义时，必需进行相当的利益衡量”[1]。再如以美国为代表的，用隐私权的制度设计来实现的个人信息保护模式。按照美国学者Warren和Brand在1890年《哈佛法学评论》发表文章的解释，隐私权就是“关于个人私生活不公开之自由及属于私事领域不受他人侵入之自由”。[2] 尤其是经过著名的Proser教授列举的4种侵犯隐私权情况，包括：(1) 盗用，即非法利用他人姓名等个人信息获取不正当利益；(2) 入侵，即用令人不悦的方式侵入他人的住处；(3) 私人事务的公开，即对私人的事实真相的令人不悦的报道；(4) 误导，即通过不实或者歪曲的信息宣传，使个人信息

[1] ［德］迪特尔·梅迪库斯：《德国民法总论》邵建东译，北京：法律出版社2001年版，第800页。

[2] ［美］WilliamL. Prosser. *Law of Torts* (*47thED.*). West Publishing Company. 1971. 802—804.

为公众误解[1]。这使得美国的隐私权成为人格权保护的权利基础，促进了美国侵权行为法的发展。它们均为各自的个人信息保护制度的完善和发展创建了理论基础，积累了法律经验，并可为我国建设个人信息保护制度所借鉴。

与上述发达国家相比，我国当前的个人信息保护制度还处于逐步建设和完善的过程，需要重视和加快该法律制度的建设工作。

我国有关个人信息保护的法律规则实际存在于诸多法律法规之中。据不完全的统计，目前，有将近 40 部法律、约 30 部法规的规定内容涉及个人信息的保护，另有 12 个省市出台了包含个人信息保护内容的地方法规。

例如，我国 2009 年的《〈刑法〉修正案（七）》和 2015 年《〈刑法〉修正案（九）》均确立了“出售、非法提供公民个人信息罪”（第 253 条第 1 款）和“非法获取公民个人信息罪”（第 253 条第 3 款），而《护照法》《身份证法》就直接规定了个人信息保护问题。尤其需要强调的是，我国的现行立法设计的个人信息保护的法律模式，是在隐私权和一般人格权之外确认独立的个人信息权，《民法总则》第 111 条的规定便是代表，形成了具有中国特色的个人信息权保护制度。笔者认为，从私法范畴，应当称其为个人信息权保护制度。

但是，我国的个人信息权保护制度也存在着明显的缺陷和不足，第一，涉及个人信息的法律规则见于诸多法律法规之中，未能形成统一的、成体系的、相互配套的法律制度。第二，现有的个人信息权保护制度，强调对个人信息的公法保护，即保护个人信息的手段是重视“刑事处罚”和“行政管理”，忽视对其实施必要的私法保护，包括运用民事法律进行“民事确权”和“民事归责”。其产生的法律保护效果，往往是侵权行为人承担了刑事处罚或者行政处罚，得到的刑罚是法律或者行政法律的制裁，然而遭受侵害的个人信息权的享有者由此承受的人格利益上的人身损害或者财产损失却不能得到实质意义上的补偿。

鉴于此，笔者认为，应当在我国的个人信息权保护制度框架内，建立相应的私法保护体系，加强对个人信息权的私法保护。笔者有如下建议。

第一，改变我国目前的个人信息权保护法律制度上存在的政出多门且各自为政、群龙无首的局面，构建以《个人信息保护法》为核心的、统一的、系统的个人信息权保护制度体系。因为，《个人信息保护法》是专门用于规范个人信息权保护事宜的、具有统领作用的基本立法。目前全球有近 90 个国家和地区颁行了个人信息保护法，以其作为个人信息保护制度的核心和基础，它已成为构建个人信息保护制度的发展趋势。总结国际上的有关个人信息保护立法的

---

[1] ［美］爱伦·艾德曼，卡洛琳·肯尼迪著：《隐私的权利》吴懿婷译，北京：当代世界出版社 2003 年版，第 59 页。

经验，进而借助我国《个人信息保护法》的出台，确立统一的个人信息权，明确信息处理主体收集、使用和处理个人信息的基本原则和行为规范，特别是为个人信息权提供保护程序和救济途径等。

当然，《个人信息保护法》并非单一性质的立法，而是一部围绕着保护自然人个人信息的主题，由行政法、刑法和民商法等法律部门的相关法律规范融为一体的综合性立法。其中的民商事法律规范也就是民商法的组成部分，形成对个人信息权的私法保护体系。

第二，建立以《民法总则》（第 111 条）为基础的、由《侵权责任法》加以具体规范的、用众多民事法律制度和商事法律法规相配套的保护个人信息权的私法规则体系。

法律理论按照法律调整方法的不同，将法律体系划分为调整和维护社会公共利益和国家利益的公法（宪法、刑法、行政法等）和以保护私人利益为目的、规范平等私人关系的法律则属于私法，民法和商法是公认的私法。我国法学界也认为，“公、私法正是一国、一地区法律统一体的一个最基本的划分”[1]，有助于提升我国法律体系的科学性和法律调整效果，更能够帮助立法者选择适合社会生活需要的法律调整方法。我国现有的个人信息权保护制度的法律规范存在的明显的重公法而轻私法的倾向，有关保护个人信息权的私法规范明显薄弱，未能对遭受个人信息侵害的个人信息权的享有者因此承受的人格利益上的人身损害或者财产损失提供切实有效的私法性的法律救济。

《民法总则》第 111 条是宣示性规范，还不具备实际的可操作性，还需要通过《侵权责任法》的具体规范来加以落实。通读我国现行的《侵权责任法》，发现该法仅有第 36 条关于“网络侵权”的规定涉及个人信息的保护，即“网络用户、网络服务提供者利用网络侵害他人民事权益的，应当承担侵权责任”。显然，上述法定的网络侵权责任能否全部涵盖个人信息保护范围，认定其所述利用其网络服务“侵害他人民事权益”是关键所在。对此，学者解释为“凡是在网络上实施侵权行为能够侵害的一切民事权益”[2]。更有权威解释对网络侵权所侵害的他人民事权益加以类型化归纳，包含着侵害人格权、侵害财产利益和侵害知识产权等三类。其中，侵害人格权的主要表现为：（1）盗用或者假冒他人姓名，侵害姓名权；（2）未经许可使用他人肖像，侵害肖像权；（3）发表攻击、诽谤他人文章，侵害名誉权；（4）非法侵入他人电脑、非法截取他人传输的信息、擅自披露他人个人信息、大量发送垃圾邮件，侵害隐私权。[3] 不难

---

[1] 朱景文主编：《法理学》，北京：中国人民大学出版社 2008 年版，第 381 页。

[2] 杨立新著：《简明侵权责任法》，北京：中国法制出版社 2015 年版，第 216 页。

[3] 《中华人民共和国侵权责任法（实用版）》，北京：中国法制出版社 2015 年版，第 31 页。

发现，《侵权责任法》规定的网络侵权责任既包含侵犯个人信息，更包括诸多侵害人格权的行为。但是，网络侵权责任所涉及的个人信息却未能包括非网络方式的侵害个人信息的侵权行为，表明《侵权责任法》第 36 条规定的网络侵权只能是侵害个人信息的一部分（主要部分）而并非全部。因此，笔者建议，或者是在《侵权责任法》中另行规定侵害个人信息权的侵权责任，或者是在《个人信息保护法》中专门并全面地规定个人信息权的私法保护规则，包括个人信息权利的确认、侵害他人个人信息的行为认定、侵害个人信息的法律责任等。

具体到保险领域，《保险法》更需要与《民法总则》有关个人信息保护的规定相互配合，充实关于个人信息保护的具体规定，用以规范和调整我国保险市场所涉及的个人信息权保护事宜。因为 1995 年的《保险法》第 31 条曾经赋予了保险人和再保险人以保密义务，即“保险人或者再保险接受人对在办理保险业务中知道的投保人、被保险人或者再保险分出人的业务和财产情况，负有保密的义务”。然而，2002 年和 2009 年《保险法》却把该条规定删除了。如今，在我国《保险法》已经进入第三次修改工作的情况下，应当适时借鉴 1995 年《保险法》第 31 条规定，参照《民法总则》第 111 条的规定精神，将个人信息权保护的规定全面地体现在修改后的新的《保险法》之中。

首先，在“保险合同”部分增加如下规定：“保险人、再保险接受人和保险中介机构对于其在办理保险业务中所收集到或者知晓的投保人、被保险人的个人信息、业务和财产情况，或者再保险分出人的业务和财产情况等，负有保密的义务”（第一款）；“保险人、再保险接受人和保险中介机构不得非法收集、不合理使用投保人、被保险人的个人信息、业务和财产情况或者再保险分出人的业务和财产情况”（第二款）；“保险人、再保险接受人和保险中介机构不得非法买卖、提供或者公开投保人、被保险人的个人信息、业务和财产情况或者再保险分出人的业务和财产情况”（第三款）。

其次，在“保险业法”部分增加如下规定：“保险人和保险中介机构应当建立科学的个人信息管理制度，确保其依法取得的个人信息的安全。”“保险人和保险中介机构因管理制度的漏洞造成其收集的投保人、被保险人的个人信息被泄露，或者非法收集、不合理使用、或者非法买卖、提供投保人、被保险人的个人信息，并因此给投保人、被保险人造成损失的，应当承担民事责任；因此违反行政法规的，应当承担行政责任；因此触犯刑法而构成犯罪的，责任人应当承担刑事责任。”用以在《保险法》框架内构建兼顾保险合同规则（私法规范）与保险监管规则（公法规则），私法保护和公法保护并重的规则体系，将个人信息权的法律保护纳入全面、科学的法律环境之中。

第三编

中国保险法制实务研究

关于中国责任保险产品制度设计的思考

贾林青　贾辰歌

近年来，中国的责任保险市场生机勃勃，成为我国保险业发展的新兴领域，这也要求我们加强相应的制度规则建设，为保险业开发和经营责任保险提供法律依据。笔者认为，如下的三个方面就是在制度层面上建设和完善责任保险法律制度的任务。

一、及时总结适用经验，修改完善我国的交强险制度

大家知道，交强险的全称为机动车交通事故责任强制保险，它是根据2006年7月1日施行的《机动车交通事故责任强制保险条例》，在全国范围内统一适用的首个强制保险险种，用以取代此前在各地区依据地方性法规强制适用的"机动车第三者责任保险"。总结我国交强险适用近十二年的经验，它确实发挥了维护道路交通制度，保护社会公众合法权益的效果，但它在全社会也不断引发讨论和争议。分析其原因，一方面，随着我国社会经济的迅速发展，各类社会组织和公众个人的汽车保有量呈现上升趋势，国家针对汽车时代发布的政策和法律自然要引起重大的社会反响；另一方面，广大社会公众对于交强险的性质、特点和保障内容还不太了解，而各级政府对于交强险的宣传普及又较为欠缺。具体表现就是，《机动车交通事故责任强制保险条例》在保险实务和司法审判中的适用过程中，经常因其规则内容存在疏漏导致人们的理解不同或者适用标准不一致。例如，认定交通侵权责任的规则、原则是什么，交强险应适用赔偿范围的认定，交强险是否采取法定的分项赔偿规则，交通事故受害人是否享有直接赔偿请求权，以及如何理解交强险的性质和特点等都需要交强险立法加以明确规定。

需要说明的是，在道路交通领域强制适用强制保险并非我国特有，而是普遍存在于众多国家，只不过国际上通常称之为汽车第三者责任强制保险。比如，德国是依据《车主赔偿责任保险法》予以强制推行；在日本，该强制保险的保障范围限于机动车造成的人身伤亡的赔偿；而号称"超级汽车王国"的美

国，自1927年由马萨诸塞州颁布实施《强制汽车责任保险法》至今，汽车责任强制保险已经在美国各州施行。可见，有关机动车交通事故责任的强制保险是维护现代社会的道路安全秩序不可或缺的保险法律制度。交强险是我国责任保险领域的必要组成部分，鉴于其存在的实际问题，应当尽快修改和完善交强险条例，统一保险实务和司法审判的适用标准，增强交强险法律制度的科学性，提升其维护我国道路交通安全的适用效果。

二、亟需建立推广食品安全责任保险制度

应当说，食品安全是近年来国人经常谈及的话题，由此看出人们对保险保障提出了新的要求。近年来困扰人们的一系列食品安全问题[1]，不仅暴露出一些企业生产经营者丧失道德底线，显现我国食品安全监督管理体制的诸多漏洞，更反映出社会公众对食品消费安全的期待。正如中国公众环保民生指数显示的，82％的公众都高度关注食品安全，38％的公众在日常生活中“遭遇”过食品安全问题。可以说，能否有效地解决食品消费问题已经成为关乎我国经济社会稳定和睦发展的重要因素。

我国政府出于保障食品安全的需要，强调严力打击食品生产中的非法添加物，严格食品质量标准，并加大了惩处力度，专家学者和社会公众也纷纷为此献计献策。笔者认为，我国经营财产保险或者专营责任保险业务的商业保险公司，应当适应社会公众对食品安全保障的需求，尝试创设和推出食品安全责任保险。因为，面对一再出现的食品安全事件，不管政府处理得当与否，首要的问题都是遭受损害的食品消费者能不能得到及时有效的医疗救助和充分的经济补偿。为此，仅仅依靠政府的财政拨款和行政命令常常独木难支，而借助保险制度就可以取得有效的社会支持。中国的保险市场作为我国社会主义市场经济的组成部分，以其独有的社会保障功能向社会经济活动的各个领域和广大社会公众提供着保险服务。其中，食品安全责任保险作为责任保险领域的新成员，将发挥其转移和分散食品安全事件所造成的社会损害后果的功能，使广大遭受食品安全事件损害的消费者及时得到保险赔偿，发挥现代责任保险制度的积极效果。

借助食品安全责任保险的保障功能和条款设计，还能够达到督促食品产品的生产、经营以及运输、仓储和销售的企业认真履行其食品安全责任，为广大消费者创造安全的生活环境。这些企业作为食品安全责任保险中的被保险人，要想获得保险人提供的保险保障，就必须履行该责任保险所赋予的包括在食品产品生产经营过程中的安全注意义务等诸多义务，客观上达到提高食品产品的

[1] 例如三鹿奶粉事件、三聚氰胺事件、双汇瘦肉精事件、地沟油事件等，不一而足。

安全质量，降低发生食品安全事件概率，维护广大消费者消费利益的社会效果。

笔者认为，首先应将食品安全责任保险纳入商业保险的范畴。因为，推出食品安全责任保险的立足点是中国保险市场在我国经济生活中的市场功能和社会需求。

与此相适应，食品安全责任保险就不属于社会保险。虽然适用食品安全责任保险的初衷是为了落实国家的食品安全法律政策，用以保护食品消费者权益，但是，食品安全责任保险不是政府经办的社会保险，而是由商业保险公司自主经营的商业保险业务，它是按照中国保险市场的发展和社会公众的需求来经营食品安全责任保险，追求盈利是其作为商事经营者必然的经营目标。将食品安全责任保险与社会保险加以区别，是对其进行准确市场定位的必要步骤。

同样，食品安全责任保险也应排除在政策保险范围之外。因为，食品安全责任保险并不是由国家设立的专门性保险机构或者授权商业保险公司经营相应的政策性保险业务。

其次，食品安全责任保险应当在财产保险范围内取代产品质量责任保险。按照保险法理论，食品安全责任保险作为独立的保险险种，其保险标的——基于食品安全事件（行为）导致食品的消费者（第三人）的人身伤害和财产损失而需要对第三人进行民事赔偿——决定了其应当属于财产保险的范畴。故而，商业保险公司经营食品安全责任保险就应当保持财产保险的运行特点，确保其填补性的实现，并与人身保险（人寿保险）突出的给付性和返还性截然不同。

再次，食品安全责任保险是一种全新的责任保险类型。它所针对的是食品生产经营企业因过失而违反食品安全义务的行为而设立的责任保险，应不仅仅限于食品质量责任。当前，我国保险市场上即使有个别保险公司推出了食品安全责任保险[1]，但是也因缺乏完善的制度设计和理论支持而影响甚微。原因在于，其市场定位存在问题。笔者认为以食品安全责任保险取代现有的产品质量责任保险符合我国社会市场经济条件下的社会资源优化配置的要求。

再有，食品安全责任保险投入保险市场，适宜采取自愿保险与强制保险并存的市场格局。

[1] 2007年，上海安信农业保险公司推出我国首个农产品食用安全保险；2008年，平安财产保险公司开办了食品安全责任保险；2009年，我国长安责任保险公司亦于《食品安全法》颁布后开设了食品安全责任保险。

大多数学者对食品安全责任保险定性为强制保险的观点持有异议❶，笔者认为，要确认食品安全责任保险在中国保险市场上的适用，应当建立自愿保险与强制保险并存的格局，即以自愿保险为主，而特定范围内则适用强制保险。

食品安全责任保险应当以自愿保险为主，取决于中国保险市场的基本规律，即在保险立法和相关立法未有明文规定的情况下，食品安全责任保险的适用贯彻自愿原则，赋予当事人自愿决定的权利，任何一方都不得强制对方投保该责任保险。当然，针对社会公众的食品安全责任保险的需求，只要经营食品安全责任保险的财产保险公司和责任保险公司进行切实有效的宣传和推广，让食品生产经营企业准确了解该保险的内容、运行机制和保障效果等，就能够促使企业主动投保该责任保险。

而法定范围内的食品安全责任保险宜适用强制保险，因为政府要保护特定社会公众群体在食品消费过程中的利益。强制保险实质上是对合同自由的限制，不应当成为市场活动的普遍现象，而应当属于例外，适用于需要用政府的社会公益政策施加影响和干预的特定情况。具体到保险领域，强制保险也就应当带有特定性。为此，不宜将所有的食品安全事件一律纳入强制保险的范围。正确的处理方法是，区别各类不同的情况，针对特定的范围适用强制保险。

其一，根据食品行业的企业规模，确认食品安全责任强制保险适用于大中型企业。从我国的社会现实角度讲，食品行业领域内的大中型企业，因其生产经营食品产品的规模大，品种多，销售范围广，影响力巨大，一旦涉及食品安全事件，所支出的成本更高，商誉损失更大，所以，这些企业接受食品安全责任强制保险的阻力会较小。同时，将食品安全责任强制保险适用于大中型食品企业，可以借助这些企业的社会影响力产生较好的示范效果。特别是大中型食品企业的影响力决定了与其有关的食品安全事件所产生的负面影响往往会引发社会公众对食品行业甚至是政府的信任危机，故应对食品行业大中型企业适用强制性食品安全责任保险。

其二，根据食品产品的种类和消费群体的不同，确认食品安全责任强制保险适用的特定范围。例如，儿童食品、老年食品、康复食品等纳入食品安全责任强制保险的适用范围。理由是众所周知的，儿童食品的消费群体是儿童，未成年人不具备正确的分析判断意识，且求知欲和好奇心极强，其身体极易遭受侵害。一旦遭遇食品安全事件，所需医疗费用和相关费用较大。因此，对儿童食品适用食品安全责任强制保险符合对儿童的身心健康实施特殊保护的精神。

---

❶ 中国人民大学法学院海商法保险法研究所与中国保险法学研究会共同编《责任保险在中国的适用与发展——暨产品安全责任保险研讨会论文集》所载李华《论我国食品安全强制责任保险制度的构建》，潘红艳《食品安全强制责任保险的几点思考》。卢燕：《构建食品安全强制责任保险的必要性和可行性》，《商业时代》2009 年第 32 期；段胜：《构建我国食品安全强制责任保险之我见》，《上海保险》2009 年第 1 期。

需要进一步指出的是，当前建立和推广的食品安全责任保险制度仅仅适用于食品生产和经营领域，而着眼于广大民众的身心健康和安定生活的需要，该责任保险的适用范围应当不断地扩大，有必要从现有的食品逐步扩展到医药、医疗设备、疫苗、保健品、化妆品等领域，这意味着现有的食品安全责任保险应当在这些新的领域向人民群众提供保险保障。故而，责任保险法律制度的建设和发展就是必然的。笔者的设想是，出于此类责任保险的发展需要，应当确立用产品安全责任保险制度取代现有的产品质量责任保险制度。

三、应当适度发展我国的强制责任保险制度

在现代商业保险领域，强制保险是与自愿保险相对应的保险类型，表现为根据国家有关法律法规的规定，特定范围内的社会群体或者行业领域内的社会组织承担着投保特定保险的义务，无论其是否愿意，都必须参加该保险。显然，强制保险区别于自愿保险的特殊性，就在于其适用上具有法律的强制力，“强制要求符合条件的人员投保相应的保险，并进而通过保险分散相关行业的风险，减少社会矛盾，以实现和谐社会的基本目标”[1]。责任保险基于其保护受害人利益，解决社会矛盾，维护社会秩序的功能而成为强制保险的适用区域，特别是现代工业社会条件下，有限责任理念的形成和侵权责任的社会化发展趋势，越来越多的责任保险品种具有了强制性内容，改变了其原有的自愿保险的属性，成为落实国家特定政策的工具。因此，无论是在美国、英国等普通法系的代表性国家，还是德国、日本等大陆法系代表性国家，其商业保险市场上均存在强制责任保险，只不过除了汽车责任强制保险外，其他强制责任保险的种类、适用范围和覆盖区域因各国的经济发展水平和法律传统的差异而不尽相同。

就我国现有的强制责任保险的适用情况看，其受到责任保险制度总体发展的影响，具有明显的局限性，主要集中在机动车第三者责任，船舶污染责任，煤炭、建筑等高危行业的意外伤害责任和旅行社职业责任等。涉及强制责任保险的立法也呈现出法律、行政法规，特别是地方性立法和部门规章等多个层面，因此，这些有关强制责任保险的规范性文件大多具有明显的地域性，规则内容过于简单，缺乏可操作性，并且往往与人身意外伤害保险相混同。所以，改变我国强制责任保险落后的局面，首要环节就是加强涉及强制责任保险的立法水平。

但是，需要强调的是，强制责任保险的适用，对于强化受害人保障体系，实现和谐社会建设和分散风险，实现政府的社会管理政策确实有特殊的意义。

---

[1] 郭锋等：《强制保险立法研究》，人民法院出版社 2009 年版，第 1 页。

不过，针对特其为处理这些事件定领域的风险责任决定是否借助强制保险手段加以转移，应当持谨慎态度。原因在于，以保险手段转移特定的法律风险毕竟是通过合同方式来完成，应当主要建立在双方当事人自愿的基础上。而强制责任保险仅仅是责任保险市场上的一种类型，不应当成为责任保险的主流发展趋势。尤其是在中国的责任保险领域，切忌过分夸大强制责任保险的作用，更不能期冀利用行政命令来强推责任保险。否则，动辄就采取强制责任保险的结果，必然是淡化了强制责任保险的市场价值，不利于责任保险市场的稳定发展。

所以笔者认为应当适度发展我国的强制责任保险制度，这也符合“新国十条”将“探索开展强制责任保险试点”作为发展我国责任保险体系的任务之一。当前，要重点做好两方面的工作：一是努力提升现有的强制责任保险的科学性和可操作性，强化其适用效果。例如，前文所讲的全国统一适用的交强险，再有就是适用于特定行业的强制船舶污染损害责任保险、强制旅行社职业责任保险等，需要有相应完善的保险制度立法来为其提供法律保障。二是谨慎地扩大新的强制责任保险的适用领域。即衡量强制责任保险的适用范围时，具体的标准包括特定的社会群体或者特定行业所面对的责任风险是否属于高于一般责任风险的高危程度。只有在日常的工作或生活中承担着难以控制的、一旦发生会造成很大损害后果而又无法定免责事由的高风险，才能够纳入强制责任保险的范畴。再有就是这种高危风险是否与公共利益密切相关，如环境污染责任、食品安全责任、医疗责任等都与社会公众的利益关系密切，对于整个社会会产生巨大的不利影响，故而才属于强制责任保险的适用范围。而上述以外的一般社会风险，则应当在立法上加以引导，使得相应的社会公众树立投保的自觉意识，适用自愿责任保险。

互联网保险背景下保险人说明义务履行方式之完善

李经纬[1]

摘　要　互联网在拓宽保险行业发展空间的同时，亦为保险人带来说明义务履行对象身份确认、保险条款交付及履行过程证明等三大问题。本文结合司法裁判观点深入分析互联网保险背景下保险人说明义务性质及互联网投保媒介对保险人说明义务履行的实质影响。在此基础上，提出构建互联网保险“身份核实-提示阅读-条款交付-可视化说明-过程存证”的五层次保险人说明义务履行体系，以促进互联网保险业健康有序发展。

关键词　互联网保险　保险人说明义务　履行方式完善

互联网的普及与发展令其渗透至人们生产生活的方方面面。根据中国互联网络信息中心发布的第 42 次《中国互联网络发展状况统计报告》，截至 2018 年 6 月 30 日，我国网民规模达 8.02 亿，普及率达 57.7%。其中，手机网民规模达 7.88 亿，网民使用手机上网比例达 98.3%。[2] 这无疑为保险行业在互联网领域深耕持续发展奠定了坚实根基。

根据中国保险行业协会统计，2018 年上半年，互联网财产保险业务同期增长率为 37.29%，较产险公司所有渠道业务同期增长率高出 23.11 个百分点。[3] 2018 年 10 月，中国银行保险监督管理委员会针对《互联网保险业务监管办法（草稿）》向原保监会机关各部门和各保监局征求意见。通过该草稿可以窥见，更多险种的互联网经营或将不再受保险公司是否在相应区域设立分公司的限制，可以不限区域实现全网销售。

处于快速发展中的互联网保险，在产品设计、技术支持和销售模式等方面

---

[1] 李经纬，北京互联网法院副院长。

[2] http：//www.cac.gov.cn/2018-08/20/c_1123296882.htm，访问时间 2019 年 1 月 13 日 10：36。

[3] 数据来源于中国保险行业协会发布 2018 年上半年互联网财产保险业务数据通报，https：//www.135995.com/274/216257.html，访问时间 2019 年 1 月 14 日 16：59。

都在不断迭代更新。这意味着，其中的经营风险和规范路径也不可避免地需要跟进升级。

反观司法实践，涉互联网的保险纠纷数量不断攀升。在这些案件里，投保人和保险人之间争议较大的，恰是线上投保过程中保险人是否完全履行了法定的提示说明义务问题。但目前，在立法层面，对互联网保险人说明义务履行的针对性规定尚付阙如；于司法裁判领域，对互联网保险人说明义务履行标准的认定亦难谓统一。这既不利于维护投保人与被保险人的合法权益，又不利于保险行业在互联网领域健康、有序、可持续发展。因而，在互联网保险业不断普及发展的背景下，构建出与之相适应并能够有效平衡各方利益的保险人说明义务履行方式迫在眉睫。

一、争端：互联网保险中保险人说明义务当如何履行——以曹某诉某财产保险股份有限公司北京分公司财产损失保险合同纠纷案为例

（一）曹某诉某财产保险股份有限公司北京分公司财产损失保险合同纠纷案基本案情

2017 年 10 月，曹某于汽车 4S 店在保险公司业务人员协助下，为其所有的车辆在某保险公司投保机动车损失险、车损险无法找到第三方特约险等共计 11 项险种。后在保险期间内，曹某车辆在北京市某小区地下停车场被他人严重损坏，车身和车内被泼洒不明液体，车顶被锐器划伤。曹某随即向保险公司电话报案告知投保车辆的受损情况并提出理赔申请。

2018 年 1 月，保险公司出具《机动车保险拒赔通知书》，作出不予赔付决定。保险公司认为，保险合同条款即《中国保险行业协会机动车综合商业保险示范条款》第 1 章第 6 条约定的保险责任范围包括“碰撞”，且在《中国保险行业协会机动车综合商业保险示范条款》“释义”部分对“碰撞”的解释为“被保险机动车或其符合装载规定的货物与外界固态物体之间发生的、产生撞击痕迹的意外撞击”。而致使曹某被保险车辆受损的原因为不明液体泼洒和锐器划伤，均不属于被保险车辆与固体相撞。

但曹某主张，保险公司所提对“碰撞”一词的解释出现在《中国保险行业协会机动车综合商业保险示范条款》的释义部分。而在其通过互联网在线进行投保的过程中，所有线上操作过程均由保险公司业务员代为进行，没有收到过保险合同条款，保险中介机构的工作人员并未对有关保险条款进行解释和说明，故曹某对保险条款的内容并不清楚。因此，曹某认为，保险公司并未履行法定说明义务，《中国保险行业协会机动车综合商业保险示范条款》释义部分对“碰撞”一词的解释对其不能发生效力。对“碰撞”一词应当参照《现代汉

语词典》进行解释，即指物体与物体之间的撞击，其中当然包括液体与固体之间的撞击。从被保险车辆受损的原因来看，向车身泼洒不明液体属于液体与车辆的撞击，锐器划伤车身是固体与车身之间的撞击，均属于“碰撞”，在保险公司承担保险责任的范围之列，保险公司应对此进行赔偿。在双方协商未果的情况下，曹某将保险公司起诉至北京铁路运输法院，要求保险公司承担保险责任。[1]

（二）互联网投保媒介下保险人说明义务履行面临的主要问题

上述案例是涉及互联网保险中保险人说明义务履行争议的一则典型案例，其中折射出的若干问题在涉互联网保险纠纷中普遍存在。

1. 投保人的身份认证问题——说明义务的履行对象是否适格

线下投保过程中，保险公司业务人员可以通过核实居民身份证原件等方式确定投保人主体身份的真实性，继而向其进行保险条款的说明；只要保险人履行了说明义务，则一般不会出现说明义务履行对象不适格的问题。但在互联网保险情形下，实际操作电子投保系统的主体与投保人本人存在主体分离的可能性，加之互联网保险人说明义务的履行多以书面文字说明的方式进行，那么点击“确认阅读”按钮的主体即可能并非投保人本人。在此情形下，例如在本案中，即便电子投保流程可能包含对保险条款的展示和说明，但由于系保险公司业务员等非投保人本人或其授权代理人亲自操作投保系统，保险公司可能面临说明对象不适格引起的说明义务履行瑕疵。事实上，这一问题在自助保险卡线上激活由保险代理人代为操作的情形中体现得更为突出。[2]

2. 保险条款的交付问题——说明义务履行的必要前置条件是否成就

很多案件中，当事人都主张，在保险公司业务员辅助投保人进行线上投保时，整个操作流程均由保险业务人员代为操作，投保人从未见过保险条款且保险业务员从未针对保险条款进行过提示说明；而在投保人自主进行线上投保时，不知从何处获取保险合同条款，或者根本来不及阅读保险合同条款，即便阅读也不理解其中的含义，只能按照系统中统一设定的操作流程逐一进行勾选，但对于勾选内容不明就里；在通过电话进行投保时，保险公司接线员不可能通读合同条款，甚至也没有解释说明，所有操作流程都仅仅是流于形式。还有部分案件中，投保人主张自己非但没有见过保险合同条款，即便通过保险公司官网也查不到保险合同条款。

《中华人民共和国保险法》第十七条第一款规定，订立保险合同，采用保险人提供的格式条款的，保险人向投保人提供的投保单应当附格式条款。因

---

[1] 北京铁路运输法院作出裁判后，当事人上诉至北京市第四中级人民法院，该案二审最终以调解方式结案。

[2] 参见贾林青、李祝用主编：《海商法保险法评论》（第6卷），知识产权出版社2014年版，第145页。

此，保险人向投保人交付保险合同交款是保险人履行说明义务的必要前置条件，即保险人的说明义务具有先合同性。在线下投保中，保险合同格式条款通常随纸质投保单一并交付投保人，保险人未交付保险条款的情形发生概率不高。但在互联网保险中，保险条款通常在电子投保流程中以超链接的方式呈现，如果对保险条款没有进行强制阅读设置或者特别提示，很多投保人则不知道或者不主动点击打开保险合同条款进行阅读了解。此种情形下，保险人即可能因没有交付保险条款而面临说明义务履行上的瑕疵。特别对需要保险人明确说明的保险合同免责条款而言，电子投保页面的保险条款链接设置和点击链接进入后对免责条款的加粗加黑标注，难以达到《最高人民法院研究室关于对保险法第十七条规定的“明确说明”应如何理解的问题的答复》中规定的要求❶。

此外，在前述案例中，投保人曹某主张保险公司未向其交付保险条款，更遑论保险人说明义务的履行。但在案件审理过程中，保险公司主张其在曹某针对涉案事故报案后将电子保单和保险合同条款一并发送至了曹某投保时预留的电子邮箱；且通过电子保单载明的太平洋保险官网及客服电话，曹某亦可查询到保险条款的相关内容。需要说明的是，部分保险公司确实会在保险合同线上订立完成后，向投保人的电子邮箱一并发送保险单和保险条款。但并不能据此证明保险人履行了《中华人民共和国保险法》第 17 条第 1 款规定的交付保险条款的义务。因为交付保险条款是保险人履行法定说明义务的前提条件。要求保险人对保险条款进行说明的目的在于保护投保人的知情权，即令投保人在充分知晓保险条款含义与保险合同对价的前提下作出是否投保的决定。因此，保险条款的交付及对保险条款的说明均需在保险合同订立前进行。故对于保险合同订立后保险人向投保人电子邮箱发送保险条款的行为，不能认定是对交付保险条款义务和说明义务的履行。

3. 保险合同条款含义的知悉理解问题——说明义务履行过程如何证明

保险合同条款通常篇幅较长且具有一定的专业性。对于保险合同条款内容的理解，不能单纯依赖投保人自行研习。尽管法律要求理性经济人在订立合同时必须审慎，但在缔约一方地位优势明显、专业优势突出且合同条款为优势方提供的格式条款时，说明义务的履行确属必要。况且，从实际情况出发，很多投保人是非理性消费者，缺乏全面获取保险合同信息的积极性，容易对承包范

❶ 《最高人民法院研究室关于对保险法第 17 条规定的“明确说明”应如何理解的问题的答复》中规定：《中华人民共和国保险法》第十七条规定的“明确说明”，是指保险人在与投保人签订保险合同之前或者签订保险合同之时，对于保险合同中所约定的免责条款，除了在保险单上提示投保人注意外，还应当对有关免责条款的概念、内容及其法律后果等，以书面或者口头形式向投保人或其代理人作出解释，以使投保人明了该条款的真实含义和法律后果。

围产生误解[1]。线下投保时，保险公司工作人员还可以与投保人当面交谈，在保险公司业务员主动对保险条款含义进行解释说明的同时，亦可以针对投保人提出的诸多疑问进行回应。即便保险公司业务员不能针对保险合同的每一个条款进行逐一解读，但可以重点说明免责条款、解释投保人容易忽视或不易理解的条款，并可以根据投保人的个性化需求进行进一步说明。但在线上投保场景下，对于一般投保人而言，都不会有保险公司业务员一对一在线进行说明。保险公司说明义务的履行改由书面文字替代。

由此引发如下两个问题：其一，尽管《最高人民法院关于适用〈中华人民共和国保险法〉若干问题的解释（二）》第12条规定，通过网络、电话等方式订立的保险合同，保险人以网页予以提示和明确说明的，人民法院可以认定其履行了提示和明确说明义务。但保险合同条款本就篇幅较长，若仅通过网页以书面文字解读书面文字，会加重投保人的阅读负担并可能加剧投保人对保险合同条款含义的理解困难。其二，为证明线上投保过程中自身已经履行了说明义务，很多保险公司采取了声明确认的方式，即设置“本人已经阅读并理解免责条款在内的全部保险合同条款内容”的声明栏并要求投保人勾选，只有投保人进行勾选确认才能投保成功。这样的设计令阅读保险条款与否变成了投保人可自行选择的事项，违背保险人明确说明义务的主动性。[2] 究其本质，此等声明至多仅为保险人履行说明义务的间接证据，在投保人与保险人就线上投保时保险人说明义务履行与否问题发生争议时，能否仅凭此等声明认定保险人已经完全适当履行了说明义务，司法实践中的裁判尺度并不统一。[3] 因此，互联网投保时保险人如何有效证明其已经履行了说明义务的问题值得探讨。

二、思索：互联网业务媒介为保险人说明义务履行带来的挑战与机遇

（一）互联网保险中保险人说明义务内容与性质辨析

1. 说明义务是互联网保险人必须履行的法定义务

互联网保险中交易交往方式的便捷绝不意味着保险人说明义务履行的简化。互联网保险只是改变，或者说是拓展了投保人购买保险的媒介，提升了操作便利。但对于保险人应当履行的法定提示说明义务而言，并没有因此而免除；对于提示说明义务的履行程度，也没有因此而降低。与传统保险营销模式相较，互联网保险场景没有改变保险人和投保人的缔约优势地位，尽管投保人

---

[1] 马宁：《保险人明确说明义务批判》，《法学研究》2015年第3期。

[2] 王家骏：《互联网保险明确说明义务问题研究——基于司法判例争议的分析》，《保险研究》2017年第8期。

[3] 参见（2015）浙嘉民终字第691号民事判决书及（2017）粤01民终2437号民事判决书。裁判文书查阅网址为 http：//wenshu. court. gov. cn/，访问时间2019年2月13日21：21。

可以选择的保险人日益增多，但当前各大保险公司的线上说明义务的书面履行方式都是近似的，投保人仍然处于“要么全部接受、要么走开”的缔约地位。因此，网络模式下，提示说明义务，仍然是互联网保险中保险人必须履行的法定义务。保险人甚至更要加强对说明义务的履行，而不能为了图便捷弱化此义务。[1]

《中华人民共和国保险法》第 17 条明确规定的保险人提示与说明义务分为两个层次：该条第 1 款规定，订立保险合同，采用保险人提供的格式条款的，保险人向投保人提供的投保单应当附格式条款，保险人应当向投保人说明保险合同的内容，这是保险人的一般提示说明义务；该条第 2 款规定，对保险合同中免除保险人责任的条款，保险人在订立合同时应当在投保单、保险单或者其他保险凭证上作出足以引起投保人注意的提示，并对该条款的内容以书面或者口头形式向投保人作出明确说明，未作提示或者明确说明的，该条款不产生效力，这是保险人的特别提示说明义务。法律规定的保险人对普通保险合同条款的一般提示说明义务与对免责条款的特殊提示说明义务当然适用于互联网保险领域。并且一旦发生争议，保险人应当对于相应义务的履行情况承担举证证明责任。

2. 互联网保险人负担的说明义务是先合同义务和积极义务

上文已经论述，保险人说明义务是先合同义务的性质并未因为投保媒介的变化而发生改变。与此同时，必须予以明确的是，无论线下还是线上投保，说明义务都是保险人需要主动履行的义务。[2] 说明义务是保险人积极义务抑或消极义务的争议，在《中华人民共和国保险法》颁行后既已存在。将说明义务界定为消极义务是出于对保险合同签订效率的侧重维护；而将说明义务界定为积极义务则是出于对投保人利益的侧重维护。笔者认为，保险人的说明义务应当是其主动予以履行的积极义务，原因有四：其一，从制度初衷来看，保险契约是一种无形的金融商品，而投保人大多不具备保险的专业知识[3]，保险人说明义务的设立初衷是保护投保人的知情权，令其在充分知悉保险合同条款内容即支付相应保费所能获取的合同对价的前提下，作出订立合同与否的意思表示。从投保人的角度出发，这种法律所赋予的保护应当是当然可以得到的，而非主动索取才可获得的。其二，从保险合同内容特性来看，保险合同内容本就具有较强的专业性、技术性和抽象性，对于一般认知程度的非保险专业人士而言，很难辨别哪些条款对自身的利益影响重大，甚至不能够识别出全部免责条款和

---

[1] 展凯莉：《我国互联网保险合同之保险人条款说明义务》，《华北金融》2017 年第 3 期。

[2] 吴勇敏、胡斌：《对我国保险人说明义务的反思和重构——兼评新“保险法”第 17 条》，《浙江大学学报（人文社会科学版）》2010 年第 5 期。

[3] 叶启洲：《诚信原则在台湾保险纠纷裁判实务的运用》，《法律适用》2013 年第 2 期。

隐性免责条款。如果再将保险人的说明义务界定为消极义务，投保人就可能连要求保险人说明哪些内容都无法选定，说明义务本身的设立价值难以实现。其三，从权利义务对等角度来看，法律法规同时规定了保险人的说明义务和投保人的如实告知义务。保险实践中，保险人通常会在其单方制定的保险合同格式条款文本和互联网投保流程中设置投保人需要主动如实告知的若干内容。由此可以看出，保险人有条件借助自身制定并提供保险合同条款和线上投保流程的优势，要求投保人主动履行告知义务，实践中保险人也的确如此执行。那么如果一方面保险人要求投保人主动履行告知义务，另一方面又将保险人的说明义务界定为消极义务，势必造成保险人与投保人权利义务的不一致，并加剧二者在缔约过程中的不平等地位。其四，从民法原则在保险合同订立中的贯彻角度来看，最大诚信原则既是对投保人在缔约以及谈判能力方面提升的助力，可以最大程度减少保险合同条款专业化、技术化、定型化和格式化所带来的负面效应，又是保障保险人合法权益的基本原则。[1] 因而，在对诚信程度要求较普通民事合同更高的保险合同订立过程中，保险人的说明义务和投保人的告知义务，均应是义务主体主动履行的。

（二）互联网保险中保险人说明义务履行面临的核心问题

互联网保险究其本质，是投保人与保险人磋商及缔约媒介发生了由线下至线上的改变。这为保险人说明义务履行带来的挑战包括三个方面：其一，互联网的虚拟性，令交易对象的真实性需要进一步核实。否则会导致说明义务履行对象不适格，从而引起说明义务履行瑕疵。其二，互联网的跨域性，令保险人和投保人的磋商及缔约得以在非同一地点进行，物理上的空间位移使得保险公司工作人员不能与投保人面对面口头解释说明保险合同条款内容。双方交易交往的便利性得到了提升，但是双方交易交往过程中的互动性由此减弱；形式上的信息获取便捷与实质上的投保人对信息理解的障碍并存。其三，由于投保人与保险人不在同一场地，现场当面的录音录像变得不再可行。电子投保流程和电子保单上的“投保人声明栏”等载明的“我已阅读并理解免责条款”等内容，并不是保险人万能的免责护身符。在诉讼中，法院不应仅以此声明栏就直接认定保险人完全、适当履行了法定的提示说明义务。具体的事实认定，还有赖于义务履行过程的客观记录。因此，传统的证明方法在互联网保险中难以达到充分的证明目的，互联网保险人履行说明义务的证据留存及证明方法需要随之作出改变。

（三）运用互联网思维为保险人说明义务履行赋能

然而，挑战与机遇并存，互联网保险领域自不例外。以互联网为媒介出售

---

[1] 于永宁：《保险人说明义务的司法审查——以〈保险法司法解释二〉为中心》，《法学论坛》2015 年第 6 期。

保险，是为顺应和引导培育用户消费习惯对售险媒介作出的迁徙。除在宏观层面互联网交易媒介总体上提升了保险人的经营效益外，从保险人说明义务履行的微观层面看，我们不难发现，互联网媒介亦为信息化、智能化说明义务履行和存证方式的运用搭建了有效平台。互联网保险依靠计算机软件与硬件构筑的一个网络交易平台，是一个完全开放的自动化营业部。[1] 因而，保险人实体经销网点的场地租赁、场所维护、人力资源等经营管理成本大幅缩减，在说明义务方面加强智能化建设并非不合理负担。况且，信息化、智能化的说明义务履行和存证方式可以有效解决互联网跨域性和虚拟性为保险人说明义务履行和过程证明带来的新问题，其建设成果和经验同时可以复用到传统线下投保过程的保险人说明义务履行中，实现事半功倍的效果。因此，以互联网思维去破解互联网保险中保险人说明义务履行存在的困境，不失为变挑战为机遇的一计良策。

三、破解：互联网保险人说明义务履行模式构建

互联网保险不仅要在其服务模式与销售渠道上实现前沿革新，也要对其业务过程中的传统模式进行科技性和法律性创新。[2] 笔者认为，在电子投保流程中应当建立“身份核实—提示阅读—条款交付—可视化说明—过程存证”五层次说明义务履行体系，并在各个环节充分运用智能科技手段完善说明义务履行方式，以此构建互联网保险合规生态。

（一）建立投保人及其代理人在线身份核实验证机制

目前，各大银行金融机构和部分开展线上支付业务的非银行金融机构已经与公安部门实现了人口信息数据库的对接，以确保从事线上资金融通活动的主体身份得以查验。保险行业协会及从事互联网保险业务的保险公司可以通过人口信息数据库对接及人脸识别技术、电子签名技术的有效运用，实现对投保人主体身份的有效核实。

在以技术手段实现对投保人主体身份进行验证的基础上，保险人应当将操作互联网投保系统的主体限定为投保人本人。如果投保人委托他人代为操作互联网投保系统，保险人则应对投保人的委托代理人的授权委托手续及主体身份进行再次核验，不能任由非正式授权主体代操作情形的发生。如此方能从源头上确保保险人说明义务履行对象的主体适格性。

（二）建立销售宣传网页与电子投保页面的双重保险合同条款提示阅读机制

在互联网保险中，很多保险人会在其官方网站上设置若干险种的销售宣传

---

[1] 李中杰：《互联网保险的法律风险分析及监管建议》，《法治论坛》2014 年第 4 期。

[2] 董斌：《互联网保险仲裁：保险人履行说明义务标准重构》，《华中师范大学研究生学报》2016 年 3 月。

页面，以促使投保人打开电子投保页面进行正式投保。销售宣传页面至关重要，是投保人对保险产品所获取的最初且最直观的内容。[1]

就法律属性而言，销售宣传网页为要约邀请，其目的在于令潜在的投保客户向保险人正式发出订立保险合同的要约。有学者提出，互联网保险销售过程中，为了突出用户体验，销售页面成为互联网保险的广告中心，但同时，销售页面是保险合同的组成部分，因此保险人还需就此履行说明义务，从而使得广告宣传与说明义务的履行存在一定程度的竞合。[2]

笔者认为，虽然保险人在销售宣传网页即开始履行说明义务并不现实，但保险人应当在销售宣传网页通过足以引起投保人注意的方式提示投保人阅读保险合同条款，从而在销售宣传网页和正式的电子投保页面，建立起双重的保险合同条款提示阅读机制，令投保人充分意识到阅读保险合同条款的重要性。

（三）建立符合投保人知情权保护初衷的保险合同条款在线交付机制

当下的互联网保险实践中，保险条款的呈现是通过在投保页面设置链接的方式进行的。如果投保人想查阅保险合同条款需要主动点开链接阅读全文。但交付保险合同条款，是保险人必须主动履行的先合同义务，单纯的链接设置仅创设了交付保险合同条款的可能性，并不当然意味着对保险合同条款的实质交付，不能有效保护投保人的知情权，故不能认定为保险人对说明义务的充分适当履行。

因此，首先，应当于在线投保系统中，对保险合同条款文本内容进行强制展示并进行最短阅读时间限制，令投保人一定可以看到保险合同条款全文并给投保人留有必要的阅读理解时间；其次，应当在展示保险合同条款全文的同时，对保险合同条款设置有下载或发送等选项，令投保人可以根据自身需求保存保险合同条款。在此基础上，保险人要注意保存交付保险合同条款的相关证据。在司法实践中，很多保险人提交的系统记录，只能显示某年某月某日某时保险人向投保人发送过一封电子邮件，但对电子邮件特别是附件的内容，系统中没有保存。因此，如果保险人以电子邮件、微信、微博等形式发送保险合同条款，则应当对发送时间、发送对象、发送内容等证据进行全面留存。

（四）建立可视化的保险合同条款内容说明机制

目前，在互联网保险实践中，保险人的一般说明义务是通过链接嵌入保险合同条款全文的方式履行的；对于保险合同的免责条款，保险人则以加粗加黑的方式进行标注，作为对《中华人民共和国保险法》第 17 条特别说明义务的

---

[1] 武长海、郭文姝：《互联网保险人说明义务履行标准司法判例实证研究》，《法律适用（司法案例）》2018 年第 8 期。

[2] 武长海：《互联网保险的法律规制研究》，北京：中国政法大学出版社 2016 年版，第 103 页。

履行。这种链接的设置是否可以认定为保险人完全适当履行了法定说明义务，司法实践中观点不一。

上海市第二中级人民法院作出的（2014）沪二中民六（商）终字第 88 号民事判决书认为，投保过程中投保人勾选同意的“投保人声明”以及生成的电子保单中的“法律声明”，均表明投保人对包括免责条款在内的保险条款已了解并同意遵守。而安徽省六安市中级人民法院作出的（2014）六民二终字第 00346 号民事判决书则认为，保险公司提供格式条款应是主动履行的义务，即其应当向投保人直接、主动、完全地展示所适用的保险条款内容，同时对其中的免责条款应作出更明显标志。网络投保过程中直接显示的为保险条款名称，对于具体内容需点击链接进行查阅，只有基于投保人链接请求才会出现格式条款，而非保险人主动履行义务。因此，网络流程中的保险条款告知及明确说明不符合法律规定。湖北省襄阳市樊城区人民法院（2014）鄂樊城民三初字第 00518 号民事判决书认为，投保人在投保过程中需主动点击方可查看保险条款，不点击也不影响投保进程，此种格式条款的提供方式相当于保险人根据投保人的请求提供格式条款，该方式不符合《中华人民共和国保险法》第 17 条的规定。

事实上，很多保险公司和保险中介机构已经意识到，保险产品中条款一定要清晰并且可视化，尽量使用户一目了然，清楚条款可以在很大程度上避免之后用户出现的一些问题和纠纷。[1]《最高人民法院关于适用〈中华人民共和国保险法〉若干问题的解释（二）》第 12 条，也列举了音频、视频等说明义务履行方式。

因此，保险人应当在以链接嵌入方式呈现保险合同条款全文的同时，以音频或视频等更为生动的方式对合同条款进行提示说明，要求投保人必须收听或观看。例如，保险人可以对保险合同内容录制解说视频，辅之以典型案例，向投保人明确说明合同条款，特别是免责条款的确切含义。从而借助互联网技术的优势，在保险人与被保险人之间实现更为高效的触达。

可视化方式在解决因互联网保险产生的新问题的同时，亦能解决保险业长久以来存在的顽疾，让投保人的知悉权实现得更加容易。例如，本文第一部分所提案例中呈现出的，对机动车商业保险中的“碰撞”等词语的解释通常出现在保险合同条款的“释义”部分；在这种情况下，释义部分的内容就可能涉及对保险人承保边界的限缩、涉及被保险人可获得保险保障的确切边界，其事实上就可能构成隐性免责条款，而需要保险人进行特别提示说明。如果保险人没有特别提示说明，就有可能构成其义务履行上的瑕疵，从而引发争议。如果运

[1] 徐瀚、陈德涛：《互联网保险进化史》，微信公众号“分子实验室”2018 年 11 月 5 日推送。

用可视化的方式，则可以在保险责任范围条款上，设置“释义”音频或视频链接，对相应条款内容进行详细解释，令投保人充分理解自身能够获得的保险保障范围，从源头上减少和避免争议。

此外，保险人也可以考虑在电子投保页面设置智能客服和人工客服链接，及时解决投保人在投保过程中产生的个性化问题。

（五）建立说明义务履行实时存证机制

有观点认为，应当加强保险电子证据的保全公证。[1] 但电子证据保全公证成本较高且具有滞后性。保险人可以考虑利用区块链技术无中心节点、不可篡改的优势，建立实时可链入数据的区块链存证平台，对电子投保过程进行实时存证，减少因互联网保险中说明义务履行问题产生的争议。此外，笔者注意到，早在 2014 年 1 月，中国保险信息技术管理有限责任公司即经国务院批准设立。该公司设立时为中国保监会辖属企业，其主要职能为统一建设、运营和管理保险信息共享平台，通过信息技术手段，采集保险经营管理数据，建立标准化、系统性的数据体系，为保险业发展和监管提供基础性的网络支持和信息服务。[2] 因此，亦可借助保险行业业已建立的信息化集中管理优势，建立联盟区块链，实现对互联网保险程序设计及投保过程存证的进一步优化。

通过审视当下高频发生的互联网保险领域司法实践案例，我们不难总结归纳保险人说明义务履行所面临的新问题。保险行业在互联网领域面临的新挑战注定需要运用互联网思维进行应对。唯此方能切实提高保险人在数字经济背景下的风险应对能力，有效保护保险人、投保人和被保险人的合法权益。从而实现互联网保险的创新与规范发展，实现各方共赢。

---

[1] 展凯莉：《我国互联网保险合同之保险人条款说明义务》，《华北金融》2017 年第 3 期。

[2] https：//baike. baidu. com/item/中国保险信息技术管理有限责任公司，访问时间：2019 年 2 月 17 日 21：18。

关于政策性农业巨灾保险中不对称风险管理的法律研究

——以北京市的农业保险实践为例

张　浩[1]

中国是世界公认的四大文明古国，在源远流长的文明中，“重农抑商”与“兴修水利”几乎是历朝历代统治者共同的价值取向。自中华人民共和国成立以来，“农业是国民经济的基础”不仅被写进宪法，更成为耳熟能详的标志性口号。但是，不可否认农业依然是一个具有高风险的产业。受制于气候、气象以及地理、水利、技术和管理等因素制约的农业生产不时会受到巨灾风险的袭击。

据查，巨灾风险在国际上还没有统一定义，世界各国均根据本国实际情况对其进行定义和划分。国内学术界在研究巨灾风险时主要从三个角度进行定义：一、采用美国保险服务局（ISO）对巨灾的定义——导致财产直接损失超过2500万美元，并影响到大范围保险人和被保险人的事件；二、根据巨灾风险的特点定义——低概率，高损失；三、从保险公司的角度分析，将巨灾保险定义为超过其一般偿付能力的风险。农业巨灾风险指由极端气候事件造成农业种植业生产巨大损失的事件。维基百科网站将极端气候事件定义为历史记录上的极端气候现象，特指严重的气候事件和非季节性气候事件，即低概率和严重的、剧烈的事件，同时引起极端的结果。如2008年发生于我国南方的低温雨雪冰冻极端气象灾害。农业保险中的巨灾风险为农业保险承保范围内的极端气候事件造成保险出现特定超赔责任的风险。就北京市的政策性农业保险制度而言，笔者将保险公司的当年综合赔付率超过160%的政策性保险，视为农业保险的巨灾风险。

笔者作为一名律师，曾参与北京市政策性农业保险的条款拟定，事故查勘，诉讼处理。结合政策性农业保险的承保和理赔实务，针对农业保险中不对

---

[1] 张浩，北京市律师协会保险法专业委员会主任。

称性风险进行论述，并试图寻找解决问题的途径。

一、农业风险的相关性与农业保险巨灾风险的特点——覆盖性

农业风险的高度相关性使得农业保险的经营始终面临巨灾风险，这是世界农业保险发展中的一个普遍规律。农业风险可能在一个较为广泛的区域内都是系统性的，这被称为相关性风险（correlated risk），这就使得同一个地区的农户可能同时遭受不利的天气条件带来的损失。一般保险公司的赔款支出加权平均变异系数百分数为8.6%，而经营农业保险的公司则为84%，所以说，经营农业保险的公司所面临的相关性风险是一般保险公司的10倍左右。这种系统性风险的相关性削弱了保险公司在农户之间、农作物之间、地区之间分散风险的能力。

保险经营的基础是“大数法则”，指被保险的风险单位数目要足够大，才能使风险得到分散，从而风险损失接近期望值，保险公司的财务数据才能稳健。但农业风险单位之大，要承保足够多的风险单位困难更大，这就使得农业保险难以在空间上得到分散，呈现正相关性。如农业风险的风险单位往往很大，一个风险单位往往涉及数县、甚至数省，特别是洪涝灾害、干旱灾害这些风险事故，一旦发生则波及万千农户家庭、万千公顷农田、森林、万千平方公里水域，一次流行性疫病，受传染的家禽和牲畜成千上万。农业风险单位与保险单位的不一致，有时会给不了解这个特性的保险人造成错觉，以为动员的被保险人越多，承保的标的越大越能分散风险，岂不知如果在一个风险单位内，承保的农户越多，承保的面积越大风险反而越集中，风险损失会越大，保险人的经营风险也越大。另一方面，农业风险属于小概率、高损失事件，理论上属于“厚尾分布”（heave tailed distribution）。这种覆盖性特征使得风险集合分散的可能性大大下降，甚至出现“分散陷阱”，给农业保险经营带来特殊的困难。因此，各国农业保险在发展中普遍建立了巨灾风险分散制度。

二、农业巨灾风险保险市场失灵的原因——不对称风险

就如同农业生产的广阔性和多样性一样，农业保险也存在广阔的市场。通常，保险公司可以通过再保险市场有效分散风险，或者通过资本市场将风险证券化，将巨灾风险联结于全球资本市场。目前，影响农业保险市场健康发展的障碍在于农业巨灾保险市场的失灵。

所谓农业巨灾保险市场失灵，指的是由于农业巨灾风险的系统性、信息不对称性等特点致使市场机制不能有效运转，引发保险公司选择退出市场，从而出现农业保险产品的有效供给不足，无法实现农业保险资源的优化配置，难以形成充分转移农业巨灾风险的现象。具体而言，农业巨灾保险市场的信息不对

称性，不仅包括因私有信息而引发的道德风险和逆选择问题，也包括因为保险合同双方对风险信息的感知程度不一致而导致的供求失衡，以及由此引发的保险公司融资成本过高等问题。信息不对称反映在投保人低估巨灾风险而不愿意投保，保险人由于无法获取巨灾事件的相关数据，很难向从事其他业务那样通过大量数据对风险进行精确定价，由此导致对不精确数据的厌恶使得保险对巨灾风险的评价大大提高，因此双方很难在价格空间上达成一致，保险交易也就无从谈起。

三、政府部门在农业保险巨灾风险管理中的角色和定位

对于农业巨灾保险市场，政府应当在法律允许的框架内进行有效干预，这是各国普遍遵循的准则。政府干预的一个重要功能在于消除巨灾保险市场上的信息不对称性，引导保险关系双方在风险认知上达成共识并作出理性决策，另一方面，政府参与巨灾风险管理的目的是减少市场失灵，促使商业保险公司积极参与市场竞争，而不是替代商业保险公司独立承担巨灾风险。政府在职权范围内，应当采取成本可控的手段和工具达到干预的目的，政府行为必须依据现实条件和经济发展水平，如农业生产发展水平、公众的保险意识、巨灾风险的特点以及资本市场的规模等关键因素。

四、世界上不同农业保险制度模式下的巨灾风险分散制度

首先，“私营、部分补贴模式”，美国农业保险巨灾风险分散制度主要是由联邦农作物保险公司以及私人再保险公司共同构成的再保险体系。其中联邦农作物保险公司作为美国政府的全资保险公司，既是农业保险的管理机构，又是农业保险在保险业务的主要载体。同时，可以通过信贷以及发行财政部允许的专门债券的形式支付巨灾条件下的保险赔款。

其次，西班牙农业保险制度在欧盟国家中属于典型。1978 年西班牙颁布《农业保险法》，提出由农民自愿参加保险。西班牙成立了农业再保险公司，政府对私人保险公司提供再保险，并对农民补贴保费。

五、北京市农业保险巨灾风险分散制度以及存在的问题

首先，我国一系列农业保险法规、政策的颁布实施为农业保险巨灾风险分散提供了法律保障。如国务院《农业保险条例》、中国保险监督管理委员会北京监管局和北京市农村工作委员会发布的《北京市政策性农业保险承保理赔业务规范》以及北京市农村工作委员会颁布的《北京市政策性农业保险统颁条款（试行）》。

其次，农业保险不同于一般商业性保险，以北京市为例，主要特点如下：

第一，政策性农业保险不以营利为目的。基本原则为“政府推动、农户自愿、市场运作”。以农作物种植保险为例，保险条款中对保险责任表述为在保险期限内，由于下列原因直接造成保险经济损失，保险人按照本保险合同的约定，对受损农作物的投入成本的损失承担赔偿责任。

第二，一方面，政府为保险公司的经营管理费提供10%的政策补贴，另一方面，保险费由政府根据不同保险标的物按照相应标准进行补贴。以梨种植为例，保险费补贴标准为，农户投保梨种植保险的，省财政补贴50%的保费，地、市财政补贴30%的保费，农户自缴20%的保费，政府通过财政补贴有效减轻了农户的经济负担。

第三，行政监管严格，主要体现在对保险费补贴的规范中。根据《农业保险条例》第23条的规定，禁止以下列方式或者其他方式骗取农业保险的保险费补贴：（一）虚构或者虚增保险标的或者以同一保险标的进行多次投保。第30条规定，违反本条例第23条规定，骗取保险费补贴的，由财政部门依照《财政违法行为处罚处分条例》的有关规定予以处理；构成犯罪的，依法追究刑事责任。

第四，规定农业保险特殊的经营方式。根据《农业保险条例》第10条规定，农业保险可以由农民、农业生产经营组织自行投保，也可以由农业生产经营组织、村民委员会等单位组织农民投保。由农业生产经营组织、村民委员会等单位组织农民投保的，保险机构应当在订立农业保险合同时，制定投保清单，详细列明被保险人的投保信息，并由被保险人签字确认。保险机构应当将承保情况予以公示。说明农业保险合同的签订具有特殊形式。第12条规定，保险事故发生后，保险人可以采取抽样方式或者其他方式核定保险标的的损失程度，说明农业保险理赔的特殊方式。

北京市政策性农业保险经过多年的发展，出现了如下发展趋势。

其一，广度上，纳入农业保险的农作物品种大量增加，从一开始的20个品种增加到目前40个品种，品种分类出现了细分趋势；深度上，随着人工成本、物化成本的增加，保险金额和保险范围逐年增加。

其二，保险性质改变，体现在成本保险逐渐转变为价格保险，从产量保险转变为收入保险。

其三，通过与期货的结合促进巨灾风险证券化的发展。期货市场对于玉米、大豆、白糖、棉花、橡胶五类大宗农产品进行期货交易，以期货交易为基础，促进期货和保险融合的发展模式，使农业保险的形态完成从成本保险到收入保险的跨越。保险公司提供价格指数保险，通过一定时期期货市场的价格走势，触发保险赔偿机制。

其四，根据中国农业科学院信息技术所开发的技术，保险公司普遍运用卫星遥感技术，确认土地测绘数据和圈化面积，确定位置，辨别真伪，政府提供数据平台，对于涉及农业保险的数据是否真实有效和保险公司对接。

北京市农业保险存在的问题概括如下：

其一，政策补贴不足，北京市政府对保险公司经营管理费用提供 10%的政策补贴于 2017 年取消，不利于农业保险的发展。

其二，政府披露的相关数据信息严重不足，体现在对土地统计数据、农作物产量数据、气象数据披露不充分。

其三，政府的宣传，公众对农业保险的了解程度不够。

其四，农业保险的技术设备存在缺陷，其缺点为实时性不够明确，对于土地用途变化不够敏感。

其五，再保险手段缺乏，对巨灾风险的治理手段局限于保险期货，严重不足；期货市场上公允的价格确认机制难以形成。

其六，农业保险合同纠纷大量发生，市场失灵出现萌芽。

自 2013 年北京市出现首例农业保险合同案件，2014 年接连爆发大量农业保险合同群体诉讼。在随后几年，保险公司选择退出农业保险市场，农户骗取保险赔款和补贴，农业保险补贴资金大量闲置的消息接连不断，暴露出信息不对称，风险对农业巨灾风险保险市场的危害愈演愈烈等问题，笔者结合参与的农业保险诉讼案件进行分析。

案例一，政府对土地面积的错误计算导致保险赔偿金额出现争议，在被保险人和保险人之间就保险赔偿方面产生信息不对称。

北京市房山区琉璃河镇贾河村村民委员会（以下简称村委会）投保梨树 4165 亩，共计 177 户，村委会提供了政策性种植业保险分户标的投保清单、贾河村草图、土地承包合同等附件。

2013 年 7 月 31 日，贾河村发生暴雨冰雹灾害，梨树遭受损失。2014 年 1 月 8 日经村委会召开村民代表会议决定重新核实亩数时将农作物确定为大梨树，出具签字表明确记载承保亩数和赔偿金额等数据。保险公司根据上述数据对保险亩数重新进行了批改，由投保时的 4165 亩变更为 2676.7 亩。177 户被保险人（农户）中 3 户无地农民放弃索赔，169 户农民对重新核实面积的内容签字画押确认，另外 5 户未予确认。重新核实结果于 2014 年 1 月 21 日至 27 日进行公示，保险公司于 2 月 20 日和 2 月 21 日将差额保险费农民自缴部分退还到户，经多次协商后，保险公司确定了损失比例标准为保险金额的 70%，即每亩赔偿 2800 元。保险公司于 2014 年 2 月 20 日和 2 月 22 日将保险赔偿款支付给 174 户被保险人。

《中华人民共和国保险法》第 16 条规定："订立保险合同，保险人就保险标的或者被保险人的有关情况提出询问的，投保人应当如实告知。投保人故意或者因重大过失未履行前款规定的如实告知义务，足以影响保险人决定是否同意承保或者提高保险费率的，保险人有权解除合同。前款规定的合同解除权，自保险人知道有解除事由之日起，超过三十日不行使而消灭。自合同成立之日起超过二年的，保险人不得解除合同；发生保险事故的，保险人应当承担赔偿或者给付保险金的责任。投保人因重大过失未履行如实告知义务的，对保险事故的发生有严重影响的，保险人对于合同解除前发生的保险事故，不承担赔偿或者给付保险金的责任，但应当退还保险费。”

本案中，从投保程序以及单证提供上看，完全符合《保险法》《农业保险条例》的规定，但保险亩数的争议源自村委会在投保时所申报亩数与实际情况存在巨大差距，依据《村民委员会组织法》的规定，核实亩数的签字表具有法律效力。在出现保险亩数与实际不符的情况下，保险公司在获得核实后的保险亩数后，依据《保险法》第 20 条规定，投保人和保险人可以协商变更合同内容。变更保险合同的，应当由保险人在保险单或者其他保险凭证上批注或者附贴批单，或者由投保人和保险人订立变更的书面协议。经过公示，保险公司及时进行保单批改并向被保险人退还了多余保险费。

梨种植保险条款第 21 条约定：“保险合同载明的保险果品种植面积大于实际种植面积时，保险人按实际种植面积计算赔偿。”且《保险法》中有损失补偿原则以及保险行为合法性原则。本案中，在确认实际种植面积并对保险单内容进行变更后，按照实际种植面积进行计算赔偿，符合保险合同约定及法律规定。

笔者认为，政府部门在土地确权和土地承包中，应当提供数据作为保险公司承保的基础。由于政府提供的数据出现较大偏差而导致保险合同的订立出现重大争议，这是信息不对称在农业保险合同形成过程中的表现，严重动摇了保险各方的诚信基础，对此政府存在不可推卸的责任。

案例二，政府部门对事故是否构成保险责任未及时履行协助证明责任，造成被保险人和保险人之间就保险责任是否成立出现信息不对称。

2013 年 3 月 20 日，北京市昌平区十三陵镇长陵园村股份经济合作社向人保财险公司投保《桃树、樱桃、苹果种植保险》，保险期限为 2013 年 4 月 1 日到 2013 年 10 月 31 日，单位保险金额为 3000 元/亩。《保险条款》约定：“第三条在保险期限内，由于下列原因直接造成经济损失，保险人按照本保险合同的约定，对受损农作物的投入成本的损失负赔偿责任：三、0℃以下低温造成花器官或幼果损伤。”第 21 条第（6）款在发生损失后难以立即确定损失程度的情况下，可实行多次查勘一次定损。遭受冻灾一个月后进行二次查勘定损，并经农林技术部门共同确定最终损失。

2013 年 4 月 20 日受南下冷空气的影响，北京市昌平区十三陵地区出现零下0.7℃低温，种植农户认为，因低温引发的严重霜冻造成包括桃树等受损，请求保险公司赔偿因冻害给其造成的经济损失。

保险公司在农户报案后，立即组织政府农林、果树部门的人员进行了现场查勘，并收集了气象部门的证明，经分析研究后认为该低温不构成保险责任。理由为：

首先，2013年4月20日气温虽为-0.7℃，但根据现场查勘来看，并未造成花器官损伤，如花器官损伤将导致不结果，从2013年6月的视频来看，桃子已经坐果，说明在4月20日桃花并未冻伤。

其次，最低气温-0.7摄氏度不会导致桃、樱桃、苹果发生冻害。

《农业气象灾害及其减灾技术》称："冻害是植物遭受的低于0℃的低温灾害，造成组织细胞冰冻、破裂而受损，并可造成植株死亡、产量减少的灾害。……园艺植物遭受冻害后，植株体外部症状表现为树皮纵裂、外卷，韧皮部和木质部分离，组织器官色变呈水浸状，严重的植株整体死亡。花芽受冻会畸形或干枯脱落。苹果的花期受冻临界温度为花蕾期-3.8℃、开花期-2.2℃、幼果期-1.5℃；桃的花期受冻临界温度为花蕾期-3.8℃、开花期-2.7℃、幼果期-1.1℃；樱桃的花期受冻临界温度为花蕾期-2.2℃、开花期-2.2℃、幼果期-1.1℃。"由此可见，2013年4月20日的最低气温为-0.7℃，不足以对桃、樱桃、苹果造成冻害，导致花芽畸形、干枯或脱落，事实上根据现场查勘来看也没有造成花芽畸形、干枯、脱落的损失。

因农户和保险公司对此存在异议，农户起诉保险公司至法院后，法院在向昌平区园林绿化局进行调查后，该局在2014年8月29日出具《2013年春低温天气对桃树花期影响》的证明：4月20日正值桃树花蕾期，依据《果树栽培学各论》中"桃花芽在萌动期后花蕾变色期受冻温度为-1.7～-6.6度"，当日-0.7度低温天气高于桃花蕾期耐受的低温温度值，同时为观察花蕾是否受冻，两位技术员对桃花蕾进行解剖观察，发现雌蕊、雄蕊发育正常。证明附随昌平区气象局关于气象监测点温度记录表和《果树栽培学各论》相应章节。

但是，法院并未采纳该证明的内容，认为保险公司未在法律规定的60日内未出具现场查勘报告，未出具拒赔通知书，应当承担保险赔偿责任。

笔者认为，政府部门应当在其分工职权范围内承担协助保险公司查勘、定损和证明责任，根据北京市昌平区农村工作委员会发布的文件，确定了园林绿化局的职责：负责林果业、百合花卉设施农业的数据提供，协助保险公司做好政策宣传、业务开展、查勘定损和矛盾协调处理等工作。园林绿化局应当在保险法规定的时间范围内履行其职责。本案中，该局在2013年4月22日查勘后，本应及时出具相关证明，对低温是否对农作物造成的损害进行认定和鉴别，但是该局并未履行职责，在争议激化诉诸法院后，特别是在法院进行反复调查后才出具了相关证明，但是没有起到应有证明作用，正如法院判决书所言，“众所周知，果木具有季节性特点，其查勘、定损工作只能在特定期限内完成”，“人保公司未按约定履行义务的行为致使农户无法确切知晓查勘及定损结果，进而使其丧失了第一时间寻求救济的权利”，“同时人保公司的上述行为致使在本案诉讼过程中无法对花器官是否受损以及与低温天气的因果关系进行司法鉴定，应当承担相应的法律责任”。

六、关于信息不对称的治理思路和措施

笔者认为，可以借鉴政府信息公开的模式逐步解决信息不对称的问题，披露有关重要信息，改进技术手段，强化责任意识。

《信息公开条例》第 2 条：本条例所称政府信息，是指行政机关在履行职责过程中制作或者获取的，以一定形式记录、保存的信息。第 9 条：行政机关对符合下列基本要求之一的政府信息应当主动公开：

（一）涉及公民、法人或者其他组织切身利益的；

（二）需要社会公众广泛知晓或者参与的；

（三）反映本行政机关机构设置、职能、办事程序等情况的；

（四）其他依照法律、法规和国家有关规定应当主动公开的。

第 10 条：县级以上各级人民政府及其部门应当依照本条例第 9 条的规定，在各自职责范围内确定主动公开的政府信息的具体内容，并重点公开下列政府信息：

（一）行政法规、规章和规范性文件；

（二）国民经济和社会发展规划、专项规划、区域规划及相关政策；

（三）国民经济和社会发展统计信息；

（四）财政预算、决算报告；

（五）行政事业性收费的项目、依据、标准；

（六）政府集中采购项目的目录、标准及实施情况；

（七）行政许可的事项、依据、条件、数量、程序、期限以及申请行政许可需要提交的全部材料目录及办理情况；

（八）重大建设项目的批准和实施情况；

（九）扶贫、教育、医疗、社会保障、促进就业等方面的政策、措施及其实施情况；

（十）突发公共事件的应急预案、预警信息及应对情况；

（十一）环境保护、公共卫生、安全生产、食品药品、产品质量的监督检查情况。

第 11 条：设区的市级人民政府、县级人民政府及其部门重点公开的政府信息还应当包括下列内容：

（一）城乡建设和管理的重大事项；

（二）社会公益事业建设情况；

（三）征收或者征用土地、房屋拆迁及其补偿、补助费用的发放、使用情况；

（四）抢险救灾、优抚、救济、社会捐助等款物的管理、使用和分配情况。

第 12 条：乡（镇）人民政府应当依照本条例第 9 条的规定，在其职责范围内确定主动公开的政府信息的具体内容，并重点公开下列政府信息：

（一）贯彻落实国家关于农村工作政策的情况；

（二）财政收支、各类专项资金的管理和使用情况；

（三）乡（镇）土地利用总体规划、宅基地使用的审核情况；

（四）征收或者征用土地、房屋拆迁及其补偿、补助费用的发放、使用情况；

（五）乡（镇）的债权债务、筹资筹劳情况；

（六）抢险救灾、优抚、救济、社会捐助等款物的发放情况；

（七）乡镇集体企业及其他乡镇经济实体承包、租赁、拍卖等情况；

（八）执行计划生育政策的情况。

第 13 条：除本条例第 9 条、第 10 条、第 11 条、第 12 条规定的行政机关主动公开的政府信息外，公民、法人或者其他组织还可以根据自身生产、生活、科研等特殊需要，向国务院部门、地方各级人民政府及县级以上地方人民政府部门申请获取相关政府信息。

除此之外，该条例对政府信息公开的程序、法律责任等进行了相应规定。

笔者认为，农业保险涉及的气象记录信息、土地权属（用途）信息以及农作物包括种植物、养殖物市场价格信息、交易信息等均属于上述政府信息，完全可以通过政府主动披露，或者申请获取方式取得。只有农业保险信息完全公开，可以查询，有效利用，才能减少，直至逐步消除因信息不对称引起的争议，引导农业保险参与方在风险认知上，进而在价格空间上达成一致，减少市场失灵，协助巨灾保险市场有效运转。

结语

笔者认为，以上案例反映了农业巨灾保险一定发展阶段的情况。这些保险产品从设计理念、理赔管理和政策补贴均基于传统农业保险理念，适应当时市场经济发展状况。但当时法律制度尚不完善，农业保险理念也未深入人心，这使农业保险对巨灾风险的保障作用受到一定的影响和质疑。笔者相信保险条款的设计、保险产品的销售、保险理赔的理念，法律环境的变化等综合因素必定使农业保险在防范巨灾方面能够进一步解决突发性、公众性、技术性、法律性的问题，摆脱司法环境的不利影响，以全新的姿态建立为农业保障和服务的理念，服务于社会大众。

论保险竞合的实务处理

张艳秋[1]

摘　要　损失补偿原则是保险法的基本原则，补偿不得超过损失是损失补偿原则的精髓，以防止被保险人通过保险不当得利。随着人们忧患意识的增强，同一保险标的上存在多份保险的情况日益增多，在损失补偿指导下，伴随产生的是两个或两个以上保险人对同一损失赔偿责任的分配问题。我国目前仅对重复保险有明确的法律规定，对于保险竞合在立法上仍是空白，由此可能产生保险人互相推诿造成被保险人损失难以弥补或是分配不均导致保险人间有失公平的情况。本文从一实务案例入手，对保险竞合基本概念及立法完善进行分析，进而对我国保险竞合分配规则的完善提出相关建议。

关键词　重复保险　保险竞合　分配规则

一、案例简介

A公司向B公司租赁机械设备用于生产，2014年11月A公司向保险公司投保了财产险，被保险人为A公司，保险期间为2014年11月1日至2015年10月31日。2014年7月B公司向D保险公司投保了财产险，被保险人为A公司和B公司，第一受益人为B公司，保险期间为2014年8月1日至2016年7月31日。A公司和B公司投保的标的中均包括A公司向B公司租赁的该套机器设备，2015年2月19日，因厂房发生火灾，造成财产损失，其中包括这套机器设备。A公司向C保险公司索赔，同时向D保险公司报案，C保险公司向A公司赔偿后，A公司出具权益转让，后C保险公司以代位求偿纠纷为案由起诉D保险公司，要求D保险公司分摊该套设备的损失，期间B公司从未向D保险公司索赔。

该案一审中法院认为本案焦点在于A和B公司分别购买的两份保险是否

[1] 张艳秋，中国人民财产保险股份有限公司苏州市分公司，研究生学历。

属于重复保险。后一审判决中法院认定：该案投保人不同，保险利益不同，不构成重复投保，C公司要求D公司返还赔偿款的请求于法无据，故不予支持。后C保险公司上诉，该案目前仍在二审进行中。笔者认为本案的关键是如何定性C、D保险公司分别承保的保险之间的关系，以及在此关系中赔偿责任如何进行分配。

二、重复保险与保险竞合

在上述案例中可能涉及的是重复保险及保险竞合，故先对这两个概念进行基本分析。

（一）重复保险的定义

我国保险法对重复保险的定义见于保险法第56条。重复保险是指投保人对同一保险标的、同一保险利益、同一保险事故分别与两个以上保险人订立保险合同，且保险金额总和超过保险价值的保险。根据该定义，重复保险须同时具备以下条件：1. 投保人须向数个保险人订立数个保险合同；2. 须为同一保险标的上的同一保险利益；3. 须为同一保险标的中的同一保险事故；4. 保险期间重叠；5. 须保险金额的总和超过保险价值。

对于重复保险有明确和严格的界定，但现实中不符合重复保险构成要件，但同时存在多张保单对同一损失负赔偿责任的情形却很多，即保险竞合的情形。

（二）保险竞合的定义

保险竞合源于美国法律中的“其他保险”，即本保险外，尚有对统一损失亦承担责任的其他保险公司的保险，其他保险与本保险存在相同的保险范围。目前我国对保险竞合的研究并不深入，关于保险竞合的范围也并没有最终统一的界定。从构成要件上来说，一般学界皆认可保险竞合的内涵应包括同一风险、同一保险标的、两个以上保险人对同一损失均负责和投保人投保两张以上保单这四个要素。另外笔者认为保险竞合中还有一个暗含的要素，就是存在一个同时有权向所涉及的不同保单的保险人索赔的被保险人（受益人）。

（三）重复保险与保险竞合的区别

重复保险与保险竞合的区别主要在于：

(1) 保险利益的要求不同。重复保险要求保险利益同一，在此基础上，重复保险只可能涉及同种保险，而保险竞合对于保险利益并不要求同一，因此保险竞合可能出现在同种保险间，亦可能出现在不同保险之间。

(2) 投保人要求不同。重复保险要求为同一投保人，而保险竞合可能为同一投保人，也可能为不同投保人，而不同投保人也是导致保险竞合的一个重要因素。

（3）产生原因不同。重复投保以投保人的主动选择为主，而保险竞合既可能是投保人主动，亦可能出于被动。

（4）分摊规则的侧重点不同。虽然两者都以贯彻损失补偿原则为出发点，但重复保险更关注的是制定损失分摊机制，防止出现不当得利。而在保险竞合的情况下，更关注的是如何有效地分摊损失以及维护保险合同当事人的合法利益。

（四）重复保险和保险竞合的联系

根据徐民、缪晨的观点，广义的保险竞合包括重复保险，笔者认同这一观点。从上文的定义和对保险竞合内涵要素的分析来看，重复保险满足保险竞合的要素的要求。而上文中对两者的比较其实是对广义的保险竞合中剔除重复保险后的保险竞合。基于此，笔者认为在实务中处理保险竞合的方式是能运用到重复保险中去的。重复保险的处理方式对于保险竞合也是有借鉴意义的。

（五）我国关于保险竞合立法的现状

在我国保险法中并没有明确保险竞合这一概念，因此可能会出现“于法无据”的情况。因保险竞合可能涉及多种保险，目前从一些其他法条中，能见到关于保险竞合的一些处理方法原则。譬如《道路交通安全法》76 条规定：“机动车发生交通事故造成人身伤亡、财产损失的，由保险公司在机动车第三者责任强制保险责任限额范围内予以补偿；不足的部分，按照下列规定承担赔偿责任。”因此在交强险与其他险种发生竞合的情况下，由交强险先行赔付。而对于商业险之间出现保险竞合如何赔偿，则无相关法律法规规定。

三、本文案例分析

结合重复保险、保险竞合的介绍及我国现行的立法来看，法院已明确前述案件中 C 和 D 公司分别承保的保险，并非我国保险法中约定的重复竞合。关于该案是否属于保险竞合，笔者认为判断依据在于被保险人是不是同一人。该案中 D 保险公司的保险中被保险人为 A 公司和 B 公司，第一受益人为 B 公司，从 B 公司对被保险人的安排和第一受益人的设定分析：被保险人为 A 时，该保险的保险利益与 C 保险公司承保的保单相同；而被保险人为 B 公司时，则保险利益则为 B 公司对该套机器设备的所有权。如果被保险人为 B，则这两个保险也不构成保险竞合。因为被保险人（受益人）不同，C 保险公司无法向 D 保险公司索赔，因此这就是两个无关的保险，A 公司本就不能向 D 保险公司索赔，也就不存在 A 公司向 C 公司索赔权的转让。但由于 D 保险公司保险中设置了第一受益人为 B 公司，如果该保险自始至终是以 B 公司为被保险人，那么第一受益人的设定并无意义。故笔者认为在该案中，B 公司投保时即设定了一定时间和情况范围内被保险人应为 A 公司，为确保在被保险人为 A 公司的情况下，其出租的设备损失不会由于A公司索赔后不赔付B公司以致B公司的损失不能及时得到补偿，故设定了第一受益人。因此在租赁期间，该套设备损失指向的被保险人应当为A公司，故在本案中应当成立保险竞合。假设本案中A在已赔偿B公司的前提下同时向两家保险公司索赔，最终的结果应该为保险公司分摊赔偿（按保额比例或者酌定），因为如果法院之判决其中一个保险公司赔偿，那么势必影响这家保险公司继续向另一家保险公司分摊的权利，在此基础上判决哪一家保险公司承担损失就是一个悖论。但是本案中C保险公司先行赔付后，向D保险公司分摊，由于顺序的关系及法律没有相关规定，D保险公司得以不承担保险责任，这明显有失公平，且可能导致保险竞合的保险人不愿意积极向被保险人履行赔偿责任，而导致被保险人的利益无法得到有效保障，明显有违保险的初衷。因此在立法中明确保险竞合，并设立分配规则是十分重要的。

四、完善保险竞合相关规则的建议

（一）完善保险竞合相关规则的重要性

1. 填补重复保险的立法缺失

重复保险制度适用构成要件严格，因此涵盖范围狭窄，而随着人们风险意识的增强，保险产品日益丰富，风险保障范围不断扩大，保险竞合出现的情况势必会越来越多。而无法可依的状态，既可能引发道德风险是受害人不当得利，也可能使其不能及时得到补偿救助，均有违保险的初衷。

2. 有利于平衡保险人之间的关系

笔者认为保险竞合问题最后落到的是保险人之间的分配问题上，而被保险人（受益人）不当得利或是不能得到及时救助，均是保险人之间保险分摊机制出现问题的反向作用。被保险人（第三人）对于保险人来说仍然有独立的保险合同存在或是保险法律的规定要求保险人履行赔偿义务，而保险人之间并无合同关系，亦无法律明确规定的法律关系。如何调和保险人之间的关系并解决分配的效率问题，需要完善的规则。

（二）关于完善保险竞合分配规则的相关研究

目前关于保险竞合立法完善的研究主要从以下几个方面入手：不同种类保险竞合时的赔偿顺序，保险竞合条款的应用及争端解决，监管机构、行业协会等发挥的作用。

1. 不同种类保险竞合的赔偿顺序

理论界会将保险竞合就保险的性质进行分类，然后确定赔偿顺序。一般来说大多数的意见是：首先强制保险（社会保险）优先于其他保险，如存在两个强制保险，则按比例分摊。其次在不存在强制保险、社会保险的情况，责任保险优先于非责任保险。依据是非责任保险赔偿后可能存在代位求偿，而最后仍由责任保险进行赔偿，故责任保险的保险人最终会承担全部或大部分损失。因此由责任保险先行赔偿符合代位求偿制度的价值，也可以减少理赔和诉讼环节。最后存在两个以上责任保险竞合的情况下，按照直接责任和间接责任区分两个责任保险适用的先后顺序，在无法确定直接责任的情况下，按比例分摊。

2. 保险竞合条款的运用和赔偿分配

保险竞合条款是保险竞合制度的一项重要内容，即根据保险合同中保险竞合条款的规定，分配各保险人所应承担的责任。保险竞合条款最早起源于英美保险合同，主要有以下几个基本类型：（1）超额保险条款（excess clause），即存在其他保险的情况下，本保险仅负责赔偿超额部分，也就是由其他保险先行进行赔付。（2）比例分摊条款（pro rate clause），即按保险人各自承保金额与全部保险人所承保保险金额总额的比例来负赔偿责任。（3）免责条款，即当损失发生时，若该损失由其他保险合同承保时，约定免责条款的保险人不负赔偿义务。另外在这三个基本分类的基础上可能衍生出更多保险竞合条款种类。

保险竞合条款的问题在于，如果保险竞合条款之间无相互矛盾之处可正常的适用。譬如不同条款之间均约定按比例承担赔偿责任。但当保险竞合条款之间存在矛盾，保险赔偿应如何分摊则是个复杂的问题。由于保险竞合可能存在多个投保人，各个投保人与保险人之间的合同协商不一致，即被保险人（权益人）无法得知全部赔偿的约定情况，如不能协调好彼此之间的关系，可能出现投保人相互推诿，被保险人（受害人）无法获得赔偿的情况。目前我国的条款中对于“保险竞合条款”的约定并不多，仅一些保单中有重复保险情况下的赔付方式。随着保险业的不断发展，笔者认为关于保险竞合的条款将会越来越多地出现。存在这些条款的情况下，如何分配保险人之间的责任是急待研究的。

由于保险人之间并不存在合同关系，保险人只能靠保单去进行协调。于是，保险竞合条款的出现成为一种必然。但保险竞合条款导致的保险分摊最大的问题在于：保险人之间并无直接的法律上的关系。保险人分别与投保人订立保险合同，基于合同相对性，这是两个独立的合同，保险人对投保人、被保险人的制约不能突破合同而适用到另一个合同中的保险人身上。在美国的保险审判中，对于保险竞合条款产生的争议，主要采用以下几种方式进行调和：

（1）合同解释的方式，即提取竞合保单中的保险竞合条款，对其进行解释，并根据保险竞合条款的类型，设计出匹配规则。用以解决责任分配问题。譬如比例分摊条款与超额条款竞合时，一般来说会要求订立了比例分摊条款的保险人承担主要责任，而超额条款的保险人对超过部分的损失负责。

（2）明尼苏达规则，又称“与风险联系最为密切”规则，其主要内容是法院将赔偿责任分配给与风险联系最为密切的保险人。法院通过分析保险事故发生的原因、投保人所缴保费以及保险合同承担的保险范围等方面来审查保单，根据这几个因素来确定保险竞合中的哪个保单与风险联系最密切，最密切的保险人承担第一位责任，次之的保单承担次要责任，对超过第一位责任的保险人的保险金额的损失负责。如果密切程度相同或难以区分，则按比例分摊。该种方式考量的因素更为具体。

(3) 兰波-韦斯顿规则。该规则的处理方法为，无论同一损失由多少被保险人的多少保单承担，也无论这些保单载有何种类型的保险竞合条款，如果这些竞合条款之间是互相排斥的，那么这些条款的效力均应一体漠视，各保险人应按各自保险金额占总保险金额的比例分摊。该规则的优点在于规则明确，结果清晰明了，有利于对被保险人第一时间的保护和平衡各保险人的利益。

对于上述3种方式，学者认为也存在明显的缺陷。首先，对不存在合同关系的保险人之间用合同解释的方法去处理是根本性的错误。其次，这种方式漠视或者误解了保险人订立他保条款的目的。法院仅认为保险竞合条款的目的在于保险人限制自己责任。但是这种理解“无法解释保险人选择地位不同类型的他保条款的问题，不能解释为何保险人明知被保险人还持有其他有效保单，却仍合同中规定自己提供首要保险责任。”再次，保险竞合条款日趋复杂，传统的匹配规则容易产生错误结论。最后，按比例分配的方式在同种保险下对于各保险人是公平的，但是不同险种的保险竞合时，可能导致不公，因为不同类型的保单预期风险和保费厘定基础不同，同等保费不代表同等保险金额。

3. 监管机构、行业协会对保险竞合争端的指导意见

在美国等发达国家，保险业是最具自我约束机制的行业。为了避免冗长的法律诉讼程序和昂贵的法律诉讼费用，保险业者常常采用保险人协调或仲裁的方式解决保险竞合的分摊争议，为方便保险人协调确定分摊责任，保险同业协会为保险竞合的分摊制定了必要的指导原则，如美国财产责任保险同业协会制定的“1963年指导原则”，适用于“承保了相同财产和相同利益”的财产损失及部分责任保险中的保险竞合。该指导原则在美国保险实务中发挥了非常重要的作用。

(三) 对完善保险竞合相关制度的建议

综合上文所述，笔者认为对于保险竞合应在立法上进行完善。首先应当在立法中明确界定保险竞合的存在。其次对于保险竞合下的不同种类保险的适用规则，笔者并不认同通过立法过细地规定不同种类保险的先后适用顺序。由于保险是建立在侵权、债权、物权等法律关系上的，保险适用是在上述法律关系明确的情况下进行赔偿，基于此，根据基础法律关系的归责原则，自然能将竞合的保险最终归于责任承担方。最简单的就是车损险和三者责任险竞合的情况下，并不需要规则规定责任险先予适用，基于侵权责任和现有的法律规定，最

终必然是会基于侵权责任的责任分配使保险公司最终承担相应的赔偿责任。最后，对于保险竞合条款的适用和争端解决，笔者认为采用行业协会、监管部门的指导意见的方式优于在法律条款中予以规定，这样既能保证立法的稳定性，也能使法律不过多干涉私法的自治，而行业协会和监管部门的指导意见也更能利于保险业的自律，促进保险人之间协商解除相关争端，避免保险竞合条款的滥用，避免司法资源的占用。因此建议通过行业协会及监管部门层面以指导意见的方式协调保险人之间的赔偿分配，促进保险业内部的自律和协调。

参考文献

[1] 陈欣．保险法［M］．北京：北京大学出版社，2000.

[2] 樊启荣．保险法［M］．北京：北京大学出版社，2011.

[3] 徐民、缪晨．保险竞合研究——兼论我国保险法的完善［J］．中国商法年刊，2007（00).

[4] 柴亚炫．保险竞合适用范围和处理机制研究—兼论保险竞合的完善路径［D］．中国青年政治学院，2017.

[5] 林娜．我国保险竞合问题的法律研究［D］．云南大学，2016.

[6] 李悦．我国保险竞合及其处理实务的研究［D］．西南财经大学，2014.

[7] 徐斌、郭沛阳．保险竞合及其赔偿规制探究［J］．上海保险，2013（12).

[8] 李素红．保险竞合的法理分析及实务处理［D］．西南政法大学，2011.

[9] 罗向明、岑敏华．基于损失补偿原则的保险竞合研究——兼论保险利益与重复保险［J］．中央财经大学学报，2010（3).

[10] 易萍．保险竞合制度研究［D］．上海交通大学，2010.

[11] 熊海帆．论保险竞合的概念：分类及其处理［J］．金融教学与研究，2009（4）．

[12] 徐民、缪晨．美国保险法上的兰波-韦斯顿规则述评［J］．河南省政法管理干部学院学报，2009（2）．

[13] 刘李．从大连“3.4”风暴潮看保险竞合的法律问题［J］．中国保险，2008（4）．

[14] 马宁．美国法上责任保险竞合的协调——以他保条款冲突为中心［J］．首都经济贸易大学学报，2008（2）．

财产保险公司保险产品的管理研究与思索

——基于监管政策变化的视角[1]

谢雨轩[2]

摘 要 保险是保障社会风险的重要金融工具，消费者通过购买保险产品来化解各类风险，因此保险产品便成为了监管机构进行市场监管的天然抓手。近年来，监管机构对保险经营主体的监管强度在不断加强，这要求保险公司必须对照监管政策建立相应的产品管理体系。本文通过归纳产品管理监管政策的沿革与特征，结合财产保险公司产品管理面临的现实问题，总结得出保险经营主体建设产品管理体系的相关建议。

关键词 保险产品 管理与开发 监管政策

一、引言

保险是市场经济条件下风险管理的基本手段，是现代金融体系的重要支柱，是社会保障体系不可或缺的组成部分，是促进创新的有效机制，而保险产品则是保险经营主体履行社会保障职能、化解经济民生风险的具象化载体，消费者通过购买保险产品来化解自身面对的各类风险。但保险作为一种信用活动，消费者需要持续一段时间后才可能发现其存在的服务瑕疵，这就需要监管机构作为市场的制度规范体系，对保险经营行为进行调整与约束，因此保险产品便成为监管机构进行市场监管的天然抓手。

现阶段中国银保监会已确定了“加强保险监管、治理市场乱象、补齐监管短板、防范行业风险”的总体任务，并将产品管理设定为市场监管的重要版块。但目前各类保险经营主体更关注产品的条款设计与费率厘定，产品管理并未引起足够的重视，大部分保险公司尚未建立起售产品的追踪评估、停售与迭代，新产品市场适应性的系统评估，开发程序的管控等产品管理核心内容。

---

[1] 本文为中国保险学会2018年度研究课题项目（ISCKT2018-N-1-03）的阶段性成果。

[2] 谢雨轩，就职于中原农业保险股份有限公司。

产品管理是经营管理专业化的延伸，是加强市场经营与公司治理联系的纽带，是平衡公司发展与保险监管的重要手段，是提升保险服务社会经济发展效能的重要路径。对于财产保险公司而言，其经营范围涉及财产、人身、责任及信用保证等多个领域，产品形态多样且数量庞大，更易出现“噱头产品”“僵尸产品”等吸引媒体和公众眼球的荒唐做法，是监管机构重点关注的问题，因此更需要建立一套完整且贴合监管要求的产品管理体系。

二、财产保险公司的产品管理

在保险经营实践中，保险公司通过保险条款向消费者具象化风险保障服务，利用费率控制各种风险的不利影响以获取稳定的经营利润。同时保险作为国家“强监管”的金融行业，保险公司需要在市场经营中遵循一系列的监管规定。监管机构对产品的要求不仅是产品管理需要遵守的“法律”，也是公司搭建产品管理体系的导向、依据与实施路径。

（一）产品管理中的监管政策

当前参与保险产品监管的单位很多，包括制定行业发展规则的立法机构，执行日常监管的中国银保监会及其派驻机构以及参与如农业保险等特定险种管理的中央部委与其分支机构，也形成了一系列适用产品管理的监管政策。

一是总纲类。该类规定包括立法机关颁布的法律法规及行业发展的精神指示与纲领性文件，是产品管理需遵守的原则性、导向性与根本性规定，如《保险法》与其衍生的四项司法解释、《农业保险条例》及行业发展的重要会议精神等。

二是规章类。该类规定多为监管机关发布的执行制度，界定了产品管理中的执行原则、管理流程与通行规则等内容。如《财产保险公司保险条款和保险费率管理办法》《财产保险公司保险产品开发指引》等。这类规定是产品管理中遵循的主要规定。

三是实务类。该类规定多为监管机关针对某个制度或特定险类发布的补充或特殊规定，多以通知形式出现。如《关于实施财产保险公司保险条款和保险费率管理办法有关问题的通知》《中国保监会财政部农业部关于进一步完善中央财政保费补贴型农业保险产品条款拟订工作的通知》等。该类规定针对性较强，会指向特定产品或特殊情境规定执行性的实务细则。

四是案例类。该类规定是监管机关根据具体案例或事实情况作出的提示、说明或处罚等。这类规定形式多样，有记录经营问题的监管函与行政处罚书，也有关于某类销售行为或产品类型的提示，也有座谈或会议形成的纪要等。案例类规定是前述三类规定的延伸，通常是对争议规定、违规行为等特定情境进行说明，是经营主体理解监管精神的重要参考。

（二）监管政策下的产品管理

各类监管规定组成了产品管理需遵守的规范，也提供了产品管理体系建设的导向与依据。当前产品管理可依据产品开发及上市流程划分为以下几个方面：

一是产品开发管理。产品开发是产品管理的核心内容，在《保险公司偿付能力监管规则第11号：偿付能力风险管理要求与评估》中对产品开发管理的内容进行了界定，具体包括基于市场调研的开发可行性分析，基于经验分析和合理预期的定价管理，基于预期经验分析的风险控制以及覆盖销售、承保、理赔及账户管理等方面的产品管理能力评估。

二是审核管理。依据"管住前端，放开后端"的监管思路，监管机构对于保险公司产品审核管理的水平越来越高。保险产品电子化备案改革以及产品管理系列专项制度出台以来，均对保险公司的产品审核提出了较高要求。首先是组织设置层面，要求建立独立的保险产品管理委员会，强化对产品的实质性审核，完善经营主体对重大产品的管控。其次是平台建设层面，严格对电子化备案平台的使用，通过信息手段切实提高产品的审核效率。最后是规则制定层面，要求保险公司针对产品审核设置针对性的管理规则。

三是评估管理。评估是产品管理的重要组成部分，也是监管机构关于保险公司产品管理效能的重要考核指标。当前，"偿二代"对产品管理规定了流动性风险、操作风险、声誉风险及保险风险四方面的评估内容。其中，流动性风险评估主要评估销售新产品或停售现有产品对公司流动性的影响，操作风险评估主要是在新产品上线时进行针对性的风险识别与评估，声誉风险评估则是评估产品设计上潜在的声誉风险因素，保险风险评估是对责任设计合规性、定价厘定合理性及风险控制措施适用性等产品质量内容进行考察。

三、监管政策与产品管理

（一）监管政策的变化趋势

随着产品监管规定的不断完善，中国银保监会通过产品备案电子化改革、偿付能力风险管理体系搭建、产品乱象整治等措施，逐步搭建起涉及产品开发、销售、回溯及退出等产品管理全流程监控的监管制度体系，极大地规范了保险公司的产品开发与使用，强化了经营主体的产品管理能力，相应的监管政策也在经历着巨大的变化。

一是从形式监管向实质监管转变。受保险产品审核工作量大、监管力量薄弱等因素的影响，传统的产品监管侧重于产品的规范性管理。随着产品备案电子化改革的持续推进，行业协会在产品监管上的深度参与，产品的规范性审核多由信息系统自动约束，原有监管力量解放后被逐步投入在产品的实质审查上。从监管强度上看，2018 年银保监会与原保监会共计开出 47 张监管函，超过半数涉及产品管理，其中针对产品实质问题的 21 张，其他相关事项的 3 张，披露问题包括产品责任设计、费率厘定、费用率设置、消费者权益保护、产品信息披露等近百项。从监管力度上看，近年来对于产品问题的监管力度在迅速加大（见图 1），自 2016 年末发布产品管理“双指引”后，2017 年、2018 年便成为保险产品的“监管年”，监管的重点也从车险扩展至财产保险、人身保险及保证保险等多个领域，处罚问题也不再停留在产品完备性监管，更多的是关注责任设计、费率厘定、信息披露及产品推广等产品实质问题。

二是从事后监管向源头监管转变。在早期的产品监管中，更多的是针对产品规范与事后监管，以 2015 年之前的监管函为例，产品相关处罚多集中在报送时限、签字不全及要件缺失等方面，且多作为市场销售问题的延伸。自中国风险导向的偿付能力（下简称“偿二代”）监管体系及系列产品管理细则实施以来，对于产品的监管从销售阶段开始全面延伸至开发、审核及管理等多方面。如偿二代规定了产品开发与入市前的评估程序，《财产保险公司保险产品开发指引》等监管规定设置了产品管理委员会等公司组织对不同类型的产品进行分类管理。

三是“点线式”监管向“穿透式”监管转变。以往的产品监管多为点线式，当某个产品出现市场销售问题时，会集中对该类产品进行集中监管，如行业暂停车贷险、车险“高保低赔”清查、重疾险“保死不保生”等产品监管事件，均是以某市场销售问题为起点，而后延伸至某类产品的清查。但随着偿二代与系列产品管理规章制度的深入执行，产品已经被作为市场监管的重要版块。监管机构通过监督保险公司建立“偿二代”风险管理体系，促使其将产品管理的各项环节与公司管理市场经营绑定，对产品管理进行“穿透”监管。

综上所述，监管机构从监管力度、强度及频度等多方面全面强化对经营主体的产品管理要求，同时以“偿二代”风险管理体系为媒介，将产品监管融入了保险公司的日常经营环节中，初步实现了对产品的“穿透式”监管。

（二）财产保险公司产品管理面临的问题

当前产品管理已经成为监管机构释放市场管理效能的延伸，期望通过产品管理来促进行业整体的稳健经营与可持续发展。但任何监管都是有成本的，保险公司在依据监管政策改造自身产品管理体系的同时，也必然面临一系列问题。

一是产品管理与产品创新矛盾。当前，保险公司的产品管理体系是建立在产品监管政策上的，不可避免地会为产品创新设置大量约束规则，但产品创新本身就意味着打破规则，其改变也往往会带来正负效应。特别是财产保险公司应对客户群体多样，市场复杂且竞争激烈，这必然要求其保险产品快速更新迭代。但产品管理对于产品创新带来的负向效应是排斥的，这在一定程度上会降低保险公司的创新意愿。此外，各保险公司对于产品管理的强度都在日趋强化，对于内部产品管理人员的要求也更高，这也在一定程度上降低了产品创新的积极性。

二是产品管理成本的不断攀升。产品管理政策趋严带来的是产品管理成本的提高。首先是流程环节增加带来的时间成本上升。依据监管规则，保险产品的上市需要经过3～4轮次的审核与评估，这使得产品管理环节被拉长，时间成本加大。其次是管理强度提高带来的人力成本的增加。产品管理的高要求需要保险公司投入更多的产品专业人员，人力投入也在相应增加。

三是监管政策多样化带来的合规风险提高。财产保险公司涉及的产品类别较多，对应的监管政策也是多样化的。农业保险、意外伤害保险、健康保险、财产保险等都有专项的业务管理规定，此外互联网渠道、直销渠道及中介渠道等也都有特定的操作规程，这均为产品管理需要遵循的规定范围。这要求产品管理人员须进行大量积累，才能有效降低产品的合规风险。但保险行业的人员流动性很强，当出现人员变动或新员工培训不足时，极易形成产品管理的合规风险敞口。

四、财产保险公司产品管理的方向

（一）重视产品管理的体系建设

对应银保监会建立的产品监管规则，财产保险公司也应对应建立符合其规则的产品管理体系。在组织架构上，重视多部门产品会商机制的建立，在加强精算、法务等传统产品管理部门职能的基础上，将声誉风险管理、流动性风险管理及资产管理等部门纳入产品管理体系中，加强对公司产品的专业性审核。在制度建设上，侧重专项产品管理制度体系的搭建，形成“总纲＋细则”式的产品管理制度，在归纳总结监管精神与原则的基础上，制定总括式的产品管理制度，同时重点以各产品管理环节为载体，编撰实务操作细则，以实现产品管理的有序且可持续的发展。

（二）加强需求与评估端的管理力度

财产保险公司的经营是需要一定程度的“产品试错”的，在当前“强监管”态势下，需要经营主体平衡业务需求与产品管理的关系，以达到输出保险产品的最优化，因而更需要保险公司加强对于开发需求与产品评估的投入。在需求端，应结合市场环境、合规风险及经营预估等情况，科学筛选产品需求。在评估端，则是建立起以数据指标为标准的测评机制，通过回溯产品的运行情况，评估产品经营成果与产品设计、推广渠道及理赔核保政策上的运营效率，并定期对保险产品进行停售、清退或修订。

（三）建立专业化产品管理团队

“强监管”决定了保险产品的入市标准是在不断提高的，这也对产品管理提出了更高的要求。当前大部分财产保险公司的产品管理职能都由开发人员兼任，但产品管理的目标偏向经营控制，而开发的目标则更侧重市场扩展，双向职能的集中无疑会降低产品管理的整体效率。从效率最优化的导向出发，应建立起相对专业化的产品管理团队。首先，专业化的管理团队能更系统地梳理多样化的监管政策，降低产品开发的合规风险；其次，专业化的管理团队定位于整体产品监控，能更好地进行产品需求及评估管理；最后，专业化的管理团队能更好地搭建产品开发及管理的人员梯队，保证产品管理的稳健运营。

综上所述，保险行业的“强监管”对产品管理提出了更高的要求，但同时一系列产品管理工具也为保险公司进行有效的风险管理提供了新的路径，通过系统的产品管理能帮助经营主体合理控制无限制的、过度的保险产品创新。因此搭建合理高效的产品管理体系对管理保险公司自身风险、提高经营效益具有重大意义。

关于财产保险合同纠纷案件裁判思路的几点思考

罗 珊[1] 姜 源[2]

审判实践中，财产保险合同纠纷案件以围绕财产及其有关利益这一保险标的，在保险事故发生后，判断保险人是否应当向被保险人承担保险责任的占有很大比例。与其他案件的裁判思路相同，有认定事实和适用法律两方面的问题要解决。自《中华人民共和国保险法》1995年颁布实施的24年来，法官于审判过程中逐渐形成的惯常思路为，根据法律规定并结合当事人之间的焦点问题重点查明以下事实：保险标的、被保险人对保险标的的保险利益、保险责任的起始时间、保险事故的认定（包括保险事故的性质、发生原因及损失程度的查明）以及出现保险公司拒赔情况时对其拒赔依据的合同约定条款（通常是免责条款）的内容查明等。在适用法律方面，法官则往往需要判断：原告对保险标的是否具有保险利益，涉案事故是否属于保险事故，原告主张的损失金额是否在保险金额范围之内以及是否符合保险理赔的限制约定，作为保险公司拒赔依据的免责条款含义符合通常理解，是否对投保人产生效力以及保险公司最终应否承担保险责任等等。而财产保险合同纠纷案件中的责任保险纠纷案件则呈现出主体多，争议事实多，权利救济程序、法律关系更为复杂等特点。

值得注意的是，24年间，随着保险业内部结构和外部环境的深刻变化，保险纠纷案件数量一直呈现高位运行状态。据统计，2009年全国法院保险合同纠纷一审案件41752件、2013年76430件、2017年达127611件。从单个法院来看，以北京铁路运输法院[3]为例，该院自2014年1月1日至2017年6月30日，共受理保险合同纠纷案件3011件，其中财产保险合同纠纷2256件，人身保险合同纠纷635件，其他保险合同纠纷120件，诉讼案件数量以年均

[1] 罗珊，北京市第二中级人民法院法官。

[2] 姜源，北京市第二中级人民法院法官助理。

[3] 由北京市高级人民法院指定，自2013年12月21日起，北京铁路运输法院受理北京市东城区、西城区、朝阳区、海淀区内发生的保险纠纷一审案件。

10%左右的速度稳步递增。[1] 再以北京市法院为例，[2] 笔者将从中国裁判文书网通过案由检索而取得的2008年至2018年数据进行汇总分析（图1）。

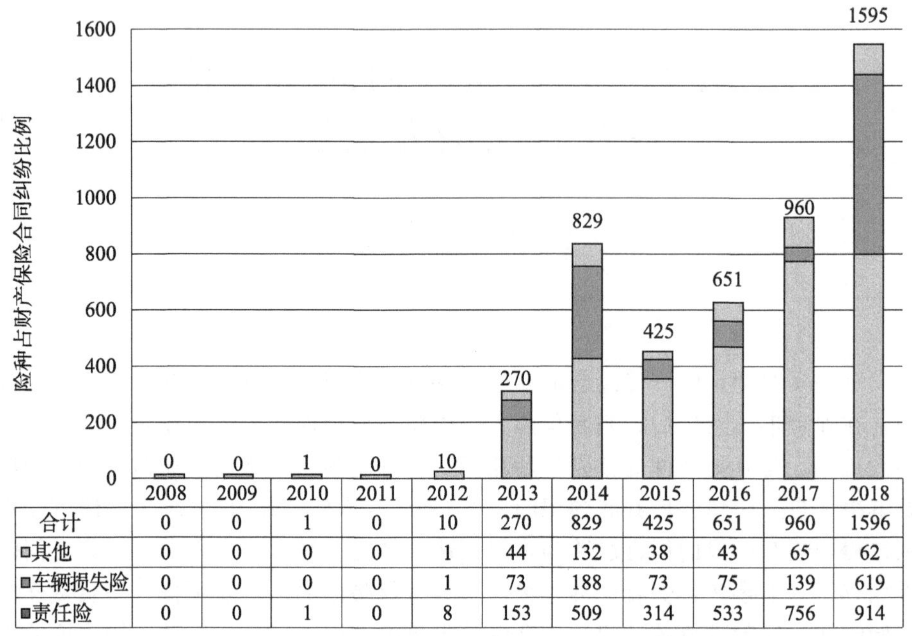

	2008	2009	2010	2011	2012	2013	2014	2015	2016	2017	2018
合计	0	0	1	0	10	270	829	425	651	960	1596
□其他	0	0	0	0	1	44	132	38	43	65	62
■车辆损失险	0	0	0	0	1	73	188	73	75	139	619
■责任险	0	0	1	0	8	153	509	314	533	756	914

图1：2008年至2018年北京市保险合同纠纷公开文书数量图

不难发现，财产保险纠纷案件在保险纠纷案件中占比平均70%以上，因此对于财产保险纠纷案件的审理思路分析于提升审判质效而言有着重要意义。而伴随着保险业的发展，法官经常会遇到新类型纠纷，由于法律和司法解释难以避免的滞后性会导致法官无法顺利寻找到可以直接适用的规范，既有法律和司法解释内容的开放性和不确定性赋予法官一定的自由裁量权，24年来经年的保险类案件审理使得法官逐渐形成的倾斜性保护投保人的裁判心理，均会影响裁判案件时的价值取舍和最终走向，从而影响保险纠纷案件裁判标准的统一。在财产保险合同纠纷案件中，仅以北京市法院2008年至2018年财产保险合同纠纷案件为例，从中国裁判文书网搜索，笔者发现，因机动车车辆损失险引发纠纷的平均占比约15%，因责任险引发纠纷的平均占比30%左右，这两类案件在财产保险合同纠纷案件中常年占有很大比重，

[1] 参见最高人民法院民事审判第二庭编：《最高人民法院关于保险法司法解释（四）理解与适用》，北京：人民法院出版社2018年8月版，第2页。

[2] 由北京市高级人民法院指定，自2014年12月30日起，北京市第四中级人民法院按照级别管辖标准管辖本市保险纠纷一审案件及不服北京铁路运输法院判决提起上诉的保险纠纷二审案件。

具有典型性和代表性。因此有必要对这两类案件的审理思路进行重点分析。以下几个笔者曾经办理过的案件，通过合议庭在讨论案件过程中的观点碰撞，引发了我对审理保险案件时必须遵循的司法原则的重温和对财产保险合同纠纷案件裁判思路的几点思考：

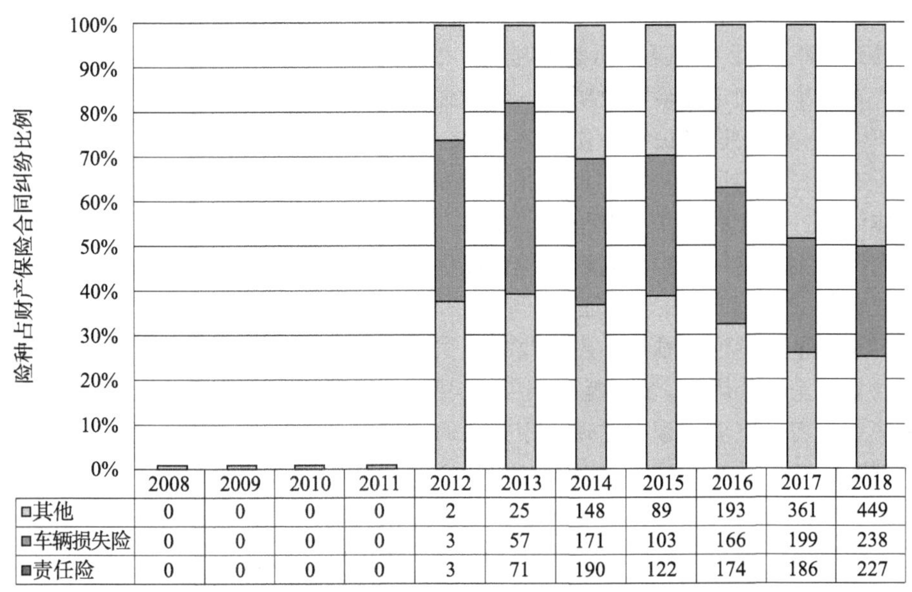

	2008	2009	2010	2011	2012	2013	2014	2015	2016	2017	2018
其他	0	0	0	0	2	25	148	89	193	361	449
车辆损失险	0	0	0	0	3	57	171	103	166	199	238
责任险	0	0	0	0	3	71	190	122	174	186	227

图 2：2008 年至 2018 年北京市财产保险合同纠纷案件比例图

第一，充分注意保险案件的特殊性，在法定和约定的基础上进一步厘清举证责任分配的思路。案件事实查明是民事审判活动的核心，而举证责任分配又是查明案件事实的重中之重，特别是当案件事实处于真伪不明状态时，这一问题更显得尤为重要。案例 1：刘某投保车辆损失险，该保险条款中约定：保险期限内，保险机动车使用过程中，因火灾、爆炸原因造成保险机动车的全部损失或部分损失，保险人依照保险合同约定负责赔偿；被保险人索赔时，应当向保险人提供与确认保险事故的性质、原因、损失程度有关的有效证明和资料；火灾是指保险机动车本身以外的火源引起的、在时间或空间上失去控制的燃烧所造成的灾害。在保险期间内的某天夜里，停放在刘某家门口的保险车辆因发生火灾致损。公安消防支队出具情况说明，认为“该起火灾与当晚另一起汽车火灾现场相距较近，且案发时间相差不到一小时，火灾原因均不能排除人为因素所致，存在放火嫌疑”。消防支队将该火灾案移送至公安机关，案件尚未侦破。后刘某为维修保险车辆花费 5 万余元，因保险公司拒赔，诉至法院。保险公司拒赔理由是，事故发生原因不明，无法确定自燃起火还是人为放火，保险车辆未投保自燃险，保险责任范围不明确。一审法院审理后认为，从公安消防支队出具的情况说明看，事故原因仅具有人为放火的嫌疑，但尚未确定是人为放火造成火灾，更未确定是驾驶人、被保险人、投保人之外的其他人实施的放火，未排除因其他原因导致的车辆自燃，亦未排除因自燃之外的不明原因产生火灾。而保险条款中有被保险人应当向保险人提供与确认保险事故的性质、原因、损失程度等有关的有效证明和资料的约定，现刘某不足以证明涉案火灾事故导致的损失属于保险公司赔偿范围，故判决驳回刘某的诉讼请求。笔者认为，该案中将确定保险事故原因继续举证的责任分配给刘某，应属过苛。理由如下：首先，我国《民事诉讼法》第 64 条所规定的“当事人对自己提出的主张，有责任提供证据”即“谁主张，谁举证”的民事举证责任分配一般原则，具体到同一事实的主张上有结合“积极”和“消极”加以区别适用的规定，并且在提出主张的一方当事人对其主张提供证据后，反驳方当事人承担该反驳的举证责任。[1] 可以看出，举证责任在当事人之间有转换循环的客观情况存在。而考虑当事人举证的难易程度、收集证据的能力强弱以及是否有利于实现实体法的立法宗旨等因素，来重新确定某些特殊情形下的举证责任的配置标准，也是法官在案件审理过程中体现程序公平的应有之义。其次，保险案件特别是涉及理赔的案件具有特殊性的原因在于，通常情况下保险事故的发生由意外所致，保险危险的发生出乎当事人意料之外，该脱离主观控制的或然性本身就决定了负有举证责任的索赔一方的举证难度。我国《保险法》第 22 条规定：“保险事故发生后，依照保险合同请求保险人赔偿或者给付保险金时，投保人，被保险人或者受益人应当向保险人提供其所能提供的与确认保险事故的性质、原因、损失程度等有关的证明和资料。”笔者认为，对该等证明资料的范围应有合理的界定，即“其所能提供”的证据。考虑到这类案件的保险索赔一方通常为普通人，自身缺乏保险的专业素质和技能，不应对其举证责任要求过苛。最后，从保险的职能分析，保险制度的目的在于分散风险，补偿损失。社会生活中，保险事故的成因复杂，无形中已经加重了保险索赔方的举证难度。若一味苛责保险索赔一方举证，也有悖于设立保险制度的初衷。因此，笔者认为，保险索赔方只须对其中一项原因进行举证，即完成初步举证责任。具体到本案，刘某在事故发生后已提供了证明资料，从相关部门出具的情况说明内容“火灾原因均不能排除人为因素所致，存在放火嫌疑”已初步排除自燃的情况，刘某又无需证明系“驾驶人、被保险人、投保人之外的人”放火，而保险公司没有任何反驳证据，从诉讼利益衡平规则考虑，本案应当支持刘某的诉讼请求。

第二，延伸适用“最大诚信原则”确定财产损失保险中事故机动车损失的证明标准。基于保险合同射幸性的特点，保险活动对当事人诚信的要求更为严

---

[1] 参见李浩编：《民事举证责任研究》，北京：中国政法大学出版社 1993 年版，第 158 页。

格，要求当事人必须具有最大诚信。我国学者普遍认为，最大诚信原则是指保险合同当事人在订立保险合同及保险合同有效期内，应同对方提供影响对方作出订约与履约决定的全部实质性危险的重要事实，同时绝对信守合同订立时的认定与承诺；否则，受到损失的一方，可以以此为由宣布合同无效或不履行合同的约定义务或责任，甚至对因此而造成的损失可以要求对方给予赔偿。[1] 通常在审判实践中，该原则适用于查明投保人如实告知义务的履行、保险人对免责保险条款提示说明义务的履行、对部分格式保险条款作不利解释等情形。笔者认为，该“最大诚信原则”贯穿于保险纠纷案件审理过程始终，法官应坚持遵循适用该条款查明事实，并于裁判结果中予以集中体现。同理，在遇有财产损失保险涉及交通事故机动车损失认定问题时亦可适用。实务中，证明事故机动车的实际损失的责任通常在原告一方，要求原告出具事故车辆的维修项目明细和维修发票等，保险公司对车辆未实际修理、未实际支付维修费的不予理赔的做法，往往能够得到相当部分的法官支持。笔者认为，这一认定不仅有对财产损失概念认识上的局限性，更不利于保护保险消费者的利益。案例 2：毛某投保车辆损失险 42 万余元以及涉水险等。后保险期间内保险车辆发生水淹事故，导致车辆损失，因毛某与保险公司就赔付方案未协商一致，保险车辆未进行实际修理。毛某主张，涉案车辆应当推定全损，无修复必要，保险公司不予认可并拒赔。一审法院审理认为，因毛某提交的证据不能证明其主张的修理费已经实际发生，故判决驳回毛某的诉讼请求。二审中，毛某提交了由当地 4S 店出具的《估价单》，载明了对涉案保险车辆维修费用估价为 34 万余元，确已超出保险车辆在保险事故发生时在计算折旧后的实际价值。笔者认为，机动车损失保险属于不定值保险，保险标的发生损失时，以保险事故发生时保险标的的实际价值为赔偿计算标准来确定损失，该实际价值或损失的确定不应等同或局限于实际修车费用的支付。试想，在涉案保险车辆很有可能推定全损时，要求被保险人实际支出高额维修费用再进行理赔，确实不当加重了被保险人的负担。因此，审判实践中如何科学确定保险标的损失，比如寻找有资质的第三方机构进行估损、实际价值鉴定等，审判思路仍有待统一。从对前述“最大诚信原则”的重温中，笔者认为，该原则对投保人（被保险人）一方的履行保证要求亦有体现，并由此可以作为保险制度之损失补偿原则适用过程中的重要依据。集中体现在：一、投保人应在保险事故发生前，采取有效措施，尽量避免事故的发生。一方面，保险人会将该义务固定于保险条款之中，要求被保险人严格遵守，另一方面，对保险单中虽然没有明文加以规定的，也会有被社会公

---

[1] 参见林宝清编：《保险法原理与案例》，北京：清华大学出版社 2006 年版，第 58 页；贾林青：《保险法》，北京：中国人民大学出版社 2012 年版，第 61 页。

认的被保险人应该保证的作为或不作为存在。比如法律中的禁止性规定，被保险人必须遵守。二、危险增加时的通知义务，即对于在保险合同订立时双方均未曾预料到的危险可能性而履行过程中呈增加趋势的，被保险人应遵从“最大诚信原则”将该情况通知保险人，该义务直接在我国《保险法》第 37 条有规定：“在合同有效期内，保险标的危险程度增加的，被保险人按照合同约定应当及时通知保险人，保险人有权要求增加保险费或者解除合同。被保险人未履行前款规定的通知义务的，因保险标的危险增加而发生的保险事故，保险人不承担赔偿责任。”三、投保人（被保险人）对保险事故发生后的及时通知和抢救义务。保险事故发生后规定投保人及时通知和抢救，避免损失扩大，于保险人而言有着重要意义：一方面，它可以使保险人得以迅速调查真相，不致因拖延时日丧失证据而影响责任的确定；另一方面，便于保险人及时处理，不致扩大损失；再则还可以使保险人有准备赔偿金额的必要时间。而抢救义务是指在保险事故发生后，投保人应进行积极的施救，对申报后的财产进行整理、修复，采取各种必要措施减少财产损失。[1] 而当投保人（被保险人）拒不履行前述义务时，将承担对其不利的法律后果。对在审判实践中损失补偿原则的具体适用，衡量损失一节一直是法官处理保险纠纷案件的重中之重，法官们很清楚地知道在保险事故发生后，保险人所能给付被保险人的经济赔偿以能够大致填补被保险人遭受保险事故所致损失为标准，如果保险赔偿明显大于损失，则可能会刺激人们去主动触发保险事故，容易引发道德风险。[2] 因此，法官会以此为据在无形中执着于对投保人（被保险人）就证明实际损失和合理费用的证据的审查，并提高证明标准。如前述案例所反映的情况，相当数量的法官会要求被保险人实际修理汽车，以对修车费用的直接认定替代对车辆损失的审查认定，以保险车辆的修理事实发生来避免投保人骗保诈保的不诚信行为，并以此作为唯一判断标准。笔者对该做法并不认同。正是由于保险活动中的“最大诚信原则”同样为投保人（被保险人）信守，法官所坚持的理应是对保险双方当事人违背该原则时的否定态度，依法追究制造虚假保险诉讼者的责任，甚至加大惩处力度均符合法律规定和原则，而非不当地提高证明标准，加重守约者的举证责任负担。同时，作为保险业者也应当诚信经营并提高抵御风险的能力，其他保险活动参与者如保险经纪人、保险代理人及保险评估机构等亦应秉持诚信原则，禁止利用自身条件参与或者为保险欺诈提供便利条件，如有违反，必须依法予以制裁。

---

[1] 参见姚嘉欣、刘祥斌：《论最大诚信原则对投保人的约束》，《律师与法制》第 2006 年第 12 期。

[2] 参见［美］小阿琴·威廉斯等：《风险管理与保险》，马从辉、刘国翰译，北京：经济科学出版社 2000 年版，第 370 - 371 页；夏正芳、马燕：《当前保险纠纷案件若干疑难法律问题研究》，《法律适用》第 2018 年第 1 期。

第三，在责任保险纠纷案件审理中对加强保险理赔信息数据一体化处理的思考。责任保险以被保险人对第三者依法应承担的赔偿责任为保险标的，责任保险的保险事故并非损害事故，而是被保险人已确定的向第三者承担的赔偿责任。审判实践中，通常会遇到被保险人的保险赔偿金给付之诉，第三者保险赔偿金给付之诉以及责任保险理赔后的保险人代为求偿之诉等，这类案件往往涉及主体多、争议事实多、权利救济程序时间长、法律关系更为复杂等特点，法官在办理中尤为需要清晰的审判思路、牢固的保险法理论认知和法律明确规定作支撑。案例 3：李某投保机动车损失险，保险期间内，保险车辆与王某驾驶的另一车辆发生交通事故，导致保险车辆损坏。本次事故经交通部门认定，王某负事故的全部责任，李某无责任。事故发生后，经李某申请，李某的保险公司 A 定损并进行理赔，后李某将对王某的索赔权益转让给该保险公司 A 寿北分公司。而王某在保险公司 B 投保交强险，事故发生后，保险公司 B 向王某支付了交通事故责任强制保险限额内的赔偿款 2000 元。现保险公司 A 起诉保险公司 B，以交强险应保障第三方的利益为由，要求再行支付该交强险项下的赔偿款。一审法院认为，根据《机动车交通事故责任强制保险条例》第 31 条规定，保险公司可以向被保险人赔偿保险金，也可以直接向受害人赔偿保险金。现保险公司 B 已经向王某赔偿保险金，不应重复承担赔偿责任，故对保险公司 A 的诉讼请求予以驳回。笔者认为，虽然法院在审理上述案件时，已经有《中华人民共和国保险法》第 65 条第 3 款“责任保险的被保险人给第三者造成损害，被保险人未向第三者赔偿的，保险人不得向被保险人赔偿保险金”的规定，但并未对保险公司 B 依据《机动车交通事故责任强制保险条例》第 31 条规定的上述行为应如何规制进行详细规定。案例 4：王某驾驶的“福田”货车与申某驾驶的“金龙”客车相撞发生交通事故，“金龙”客车上张某死亡，申某受伤，两车损坏。此事故经交管部门处理，认定王某与申某负同等责任，张某无责任。“金龙”客车在保险公司 A 处投保有交通事故责任强制保险和道路客运承运人责任险。后死者张某家属起诉申某及保险公司 A 要求赔偿，保险公司 A 在道路客运承运人责任险内赔偿死者张某家属死亡赔偿金、丧葬费等共计 42 万余元。保险公司 A 履行了该判决确定的给付义务。另，王某在保险公司 B 处投保了交通事故责任强制保险和商业第三者责任保险。张某家属亦找到王某及保险公司 B 要求赔偿，张某家属、王某、保险公司 B 签订赔偿协议，约定由保险公司 B 一次性赔偿张某家属 15 万余元（包括在交强险死亡伤残赔偿金限额内赔付款、交强险财产损失限额内赔付款等）。后保险公司 A 起诉王某和保险公司 B，要求根据交通事故的同等责任承担申某及保险公司 A 已向张某家属理赔金额的一半。与前一个案例相同的情况是，两个保险公司均已实际承担了保险责任，或即将面临双重赔偿或在双重赔偿之后应如何救济权利的问题。案例 3 中的保险公司 B 是否应当再赔偿一次，案例 4 中的保险公司 A 是否无权向保险公司 B 主张责任险理赔。因当时没有明确的归责原则，这类问题成为困扰法官许久的问题之一。笔者注意到，2018 年9 月1 日开始施行的《最高人民法院关于适用〈中华人民共和国保险法〉若干问题的解释（四）》第 10 条的规定：因第三者对保险标的的损害而造成保险事故，保险人获得代位请求赔偿权利的情况未通知第三者或者通知到达第三者前，第三者在被保险人已经从保险人处获赔的范围内又向被保险人作出赔偿，保险人主张代位行使被保险人对第三者请求赔偿的权利的，人民法院不予支持。保险人就相应保险金主张被保险人返还的，人民法院应予支持。保险人获得代位请求赔偿的权利的情况已经通知到第三者，第三者又向被保险人作出赔偿，保险人主张代位行使请求赔偿的权利，第三者以其已经向被保险人赔偿为由抗辩的，人民法院不予支持。该规定内容明确了在先赔偿的保险公司有通知第三者的义务，笔者认为此处的“第三者”还应扩展到第三者进行投保的保险公司，保证第三者的保险公司既依法理赔，又维护财产安全，从而有效避免双重赔付的局面。同时，同为专业的保险从业者，保险公司对保险理赔所负有的审慎核实审查的义务是相同的，因此，保险公司之间加强同业协作，建立保险理赔信息数据共享渠道，例如网络一体化处理就显得尤其重要，只有这样才能更好地促进保险业健康发展，更有利于保险市场的繁荣和稳定。

总之，笔者认为，法官的任务是按照现有法律规定进行解释和适用法律，法官在裁判过程中的价值判断应当是更多的摒弃认识上的差异性而走向裁判结果统一。其间真正应关注的问题是，制定者已经对保险中的社会现象评价的前提下，如何不再进行二次价值判断和利益衡量，就能最大限度地实现立法者初衷，从而实现保险中的公平与正义。

司法审判对我国责任保险业务的影响研究

张俊岩[1]

摘　要　侵权责任法律体系的不断完善和保险相关政策的支持，都为我国责任保险业务的发展奠定了基础。但是从投保数量、保费规模和业务占比来看，近年来我国责任保险业务并没有取得大幅度进展。在影响保险业务发展的众多外部因素中，法律环境尤其是司法审判对责任保险业务有较大影响。责任保险合同纠纷裁判对保险业务的影响是多方面的，既可以为保险公司在产品定价、条款拟定及制定保单释义等方面提供参考，也提醒保险公司注意参与权、抗辩权以及条款说明等合同权利义务的行使。与此同时，保险公司在诉讼过程中的抗辩理由是否合理、相关抗辩理由能否得到支持，也将影响保险公司对诉讼风险的判断和业务经营策略的选择。实践中，不能把对单个被保险人开展有效保护的法律制度看作是对整个保险体系有利的制度设置，尤其不应忽视信息成本、难以通过统计方法预测的不确定性以及社会效用最大化的思考。

关键词　司法审判　责任保险　产品定价　合同条款　抗辩事由

一、问题的提出

责任保险的产生与应用被称为整个保险行业发展的第三阶段，是保险业直接参与社会管理和履行社会责任的具体表现。2006 年国务院《关于保险业改革发展的若干意见》中提出大力发展责任保险，采取市场运作、政策引导、政府推动、立法强制等方式，发展安全生产责任、建筑工程责任、产品责任、公众责任、执业责任、董事责任、环境污染责任等保险业务。2014 年国务院《关于加快发展现代保险服务业的若干意见》再次提出，发挥责任保险化解矛盾纠纷的功能作用，把与公众利益关系密切的环境污染、食品安全、医疗责任、医疗意外、实习安全、校园安全等领域作为责任保险发展重点，探索开展

[1] 张俊岩，中国人民大学金融学院副教授。

强制责任保险试点。尽管有上述国家政策的大力推动，责任保险业务和保费规模却并没有如预期般取得大幅增长。2016 年我国产险业务原保险保费收入 8724.50 亿元，其中责任险保费收入 362.35 亿元，仅占 4.15%。2017 年责任险保费收入 451.27 亿元，在财产保险中占比 4.59%。而在西方发达国家的非寿险业务中，责任保险的保费收入通常占比在 30%以上。影响责任保险业务发展的因素很多，金融生态环境作为金融业生存和发展的外部环境，包括政治、经济、法制、市场主体等影响金融可持续发展的多种因素，责任保险的发展同样受到上述因素的影响。其中，司法环境对责任保险的发展影响深远，它通过改变微观主体的预期进而影响其保险交易行为，最终影响责任保险市场发展秩序和资源配置效率。有效的司法环境可以对保险业务中的各经营主体发挥正向激励作用，反之则会改变经济主体的预期和行为，制约保险业务的发展。

二、文献综述

学术界有关法律环境直接影响财险市场的研究并不多，大多是从财险市场的影响因素切入。例如夏才生认为影响非寿险需求的主要因素包括法律环境等，一个国家法律完善，执法严格，人们法律意识越高，对保险需求也越强烈，通过保险转嫁风险，即产品责任保险、医疗责任保险等的需求就越高。直接将法律环境和财险市场作为分析对象的研究，如 Esho 等人的研究证明了法律对产权保护的程度显著正向影响了财产保险市场的发展。Lin 等人的研究表明，中国区域差异导致的产权保护程度变动显著影响企业的财产保险购买决策，更强的法律对产权保护指数将促使企业购买更多的财产保险。许荣等基于 1997—2009 年的中国省际面板数据开展法制环境影响财产保险市场的实证研究表明，在控制各省份经济规模、城市化水平、收入差距以及风险偏好的基础上，法制环境的改善对于财险市场的发展具有显著的促进作用。研究中采用了樊纲和王小鲁等设计的法律环境指数作为法律对市场参与者产权保护水平的代理变量。这一指数由于不仅包括了法律执行效率，同时还涵盖了市场中介组织的发展水平、产权保护和对市场参与者权利的保护程度，在近年来的一些文献中被广为采用。各地法律环境包括司法环境对责任保险是否有影响？美国的经验表明，医疗纠纷的胜诉率存在地域差异，例如 1985 年纽约州布朗克斯郡的胜诉率为 56%，而在丹佛这一比例仅为 21%。但这种地域差异在中国的医疗责任保险纠纷诉讼中表现得并不明显。司法环境对保险业务的发展显然有很大影响，当前诉讼实践中保险公司胜诉率都比较低。以云南为例，2009—2011 年，某财险公司的保险合同纠纷案件胜诉率为 39. 76%；某寿险公司的案件胜诉率为 21. 62%。福建的情况略好一些，2011—2013 年，某财险公司保险诉讼案件胜诉率约为 47%，某寿险公司保险诉讼案件胜诉率为 55.5%。由于存在对法律条文及立法精神理解的差异，司法审判中还经常出现同类案件存在不同审判结果的现象。对保险公司在诉讼中胜少败多产生影响的，除了保险合同条款本身设计不合理、保险公司对代理人和业务人员管理松散外，法院系统对保险公司存在偏见、诉讼环境不利于保险公司等也都是重要的因素。在诉讼过程中，对保险条款的随意解释，会助长公众获取不当利益的倾向；不利解释规则被过多适用，在一些地区，保险条款中的免责条款在司法审判中根本就不被支持，甚至在保单上用大体字印上提请关注免责条款的内容也无济于事；最大诚信原则也往往成为对保险人一方的单方要求。当然，也有学者通过对部分基层保险机构的调研发现，导致基层保险机构诉讼失败率居高不下的原因，虽有客观上的外部环境因素，但更主要的还是保险公司自身重视不够，以及产品条款设计、内控制度及具体业务经营中存在各种瑕疵。上述研究结果说明法律环境尤其是司法审判对保险业务存在影响，具体就责任保险而言，研究判决书可以帮助我们进一步了解责任保险业务所面临的司法环境。截至 2018 年 10 月底，在中国裁判文书网上以“责任保险合同纠纷”为案由进行检索，共有 17464 个结果。接下来选取医疗责任保险、安全生产责任保险、道路危险货物承运人责任保险等合同纠纷为例来分析判决书中体现出来的问题。

三、产品定价、条款完善、抗辩事由与合同权利义务的实现

司法判决对责任保险业务的影响表现在多个方面，既有积极影响，也有消极影响。一方面，判决结果可以提醒保险公司更好地设计保险产品、完善保险条款，使产品定价更准确、条款表述更合理、保单释义更加明确以减少歧义。另一方面，保险公司合理的抗辩理由和合同权利如果在审判过程中得不到支持，也会影响保险公司对诉讼风险的判断和责任保险业务经营的积极性。

第一，保险公司应合理定价，使产品费率更好地与其所保障的风险相对应。

保险产品的价格应准确地反映保险标的的风险状况，价格既要能够覆盖保险人的成本又要为投保人所接受。很多类型的责任风险在实践中缺乏足够的经验数据，司法审判的结果可以为保险行业积累经验数据提供参考。以医疗责任保险合同为例，在收集到的相关判决涉及的医疗损害中，发生医疗纠纷较多的损害类型为产妇和新生儿的医疗事故，其次为骨折的手术治疗。这一情况与美国的统计结果类似，从事妇产科业务的医生比从事其他医疗服务的医生面临更多的诉讼风险。在美国 20 世纪 80 年代的医疗纠纷危机中，妇产科医师的被诉率高、起诉后的败诉率高、败诉后的赔偿金额高，使得妇产科医师责任保险的保费居高不下。其中的重要原因就在于妇产科医生在新生儿出生活动中的医疗风险极高。这一结果可以为医疗责任保险业务设计差别费率提供参考。由于欠

缺经验数据，目前医疗责任保险费率的厘定还比较粗放，通常仅根据医院床位、医务人员、护士和医技人员的数量来收取保费。但实际上，医疗行为具有合法的侵袭性，因医师的资质、专业和科别的不同而存在程度上的差异。哈佛医学院麻省总医院的 Jena 等分析了 1991—2005 年间美国大型保险数据库中的所有医疗事故数据，结果显示：在索赔风险排名上，风险高的学科集中在外科体系，依次为神经外科、胸心外科和普通外科；风险低的学科包括家庭医生、儿科和精神科。由此可见，除上面提到的厘定费率时考虑的因素外，医院的管理水平、技术水平、医务人员素质、不同科室和手术类型以及年住院病人手术次数等因素，都应该在医疗责任保险的定价中加以考虑。

另外，从判决书中所得到的数据来看，目前国内医疗责任保险的费率普遍较高。医疗责任保险合同中通常约定了每人次的赔偿限额以及累计的赔偿限额，由于多数医疗责任保险条款中有免赔额（1000 元或 2000 元）或免赔率（从 5%到 10%、20%不等）的规定，因此医疗机构向患者或其家属支付的损害赔偿金并没有全部被医责险的保单限额所补偿，甚至个别案件中由于保单限额和免赔额的规定，医疗损失赔偿金额与保险赔偿金额差距较大，这必然影响医疗机构的投保意愿。一方面，该险种目前过低的投保率不利于满足大数法则所要求的投保标的数量以实现准确测算出险概率、精确定价的目的；另一方面，费率过高又反过来影响医疗机构的投保意愿。再如，我国的医责险合同纠纷判决中均未出现高额的惩罚性赔偿，即使有精神损害赔偿，其限额通常限定在医责任限额的 30%。鉴于我国《侵权责任法》已有关于产品责任中被侵权人有权请求惩罚性赔偿的规定，可能会对以后因药品、消毒药剂、医疗器械的缺陷发生的医疗损害纠纷案件产生影响，医疗责任保险条款也应作出相应调整。

第二，责任保险保障内容在不同险种中存在重合，可能影响相关险种的发展。

以环境污染责任保险为例，该险种既有客户潜在的风险保障需求，又有国家政策的大力推动，但市场发展和投保情况却并不乐观。在国家加强生态环境治理的背景下，2017 年以来查处的环境犯罪案件呈明显增长态势。据统计，仅 2017 年 1 月至 10 月全国各地环保部门就移送环境犯罪案件 2313 件、行政拘留案件 7093 起，分别比 2016 年同期增长 54%、161%。环境污染案件频发意味着实践中有转移损害赔偿责任风险的潜在需求，环境污染责任保险也成为近年来责任保险领域的热点话题。2017 年 6 月 7 日，环境保护部办公厅、保监会办公厅对《环境污染强制责任保险管理办法（征求意见稿）》公开征求意见；2018 年 5 月 7 日，生态环境部召开部务会议，审议并原则通过《环境污染强制责任保险管理办法（草案）》，政府推动该项业务发展的意愿十分明显。

从市场情况来看，我国自 2007 年开始开展环境污染责任保险的试点工作，2016 年全国投保企业 1.44 万家次，但保费收入仅为 2.84 亿元。参与试点的保险产品从初期的 4 个发展到目前的 20 余个，国内各主要保险公司都加入了试点工作。

在中国裁判文书网上，以“环境污染责任保险”为关键词，却检索不到相关的判决书。国内环境污染事故发生的情形多样，如果构成重特大安全事故并引发社会关注，一般不会发生保险理赔纠纷；如果有生效判决认定是投保人、被保险人的故意行为导致的污染事故，则属于保险人免责范围；如果是因为突发意外事故导致污染损害，并由此造成第三者的损失，则属于保险责任。实践中有第三种情形导致的环境污染损害赔偿案件发生，但查不到环境污染责任保险合同纠纷判决，其中的原因还需要进一步调查分析。再以“环境污染”和“责任保险合同纠纷”为关键词，检索到 10 余份判决书，虽然都涉及环境污染损害赔偿，但投保人购买的却不是环境污染责任保险，而大多是道路危险货物承运人责任保险。《道路危险货物承运人责任保险合同》条款中通常约定，被保险人使用的运输车辆在中华人民共和国境内（不包括港澳台地区）运输和装卸保险合同中载明的危险货物，因合同约定的意外事故造成环境污染危害的，原告为排除该危害而支付的合理的、必要的除污费用，保险人按照合同的约定负责赔偿。例如某案例中，保险车辆在行驶过程中由于事故导致罐体盐酸泄漏，造成停车区路面损坏、绿化受损、自供水井污染、农田受损的事故。对被保险人赔偿的农田、农作物等损失、危废处置费、水井修复费等，法院判决保险公司按照道路危险货物承运人责任保险合同中的约定予以赔付。

尽管其他险种也可能会涵盖环境污染损害赔偿责任，但相关企业尤其是从事环境高风险生产经营活动的企业事业单位或其他生产经营者还是应该重视环境污染责任保险。2012 年修订的《民事诉讼法》规定，对污染环境、侵害众多消费者合法权益等损害社会公共利益的行为，法律规定的机关和有关组织可以向人民法院提起诉讼。2018 年 5 月生态环境部审议并原则通过的《环境污染强制责任保险管理办法（草案）》中，要求高风险领域企业必须投保该险种，而且保险责任中增加了生态环境损害和生态环境修复及环境功能永久性损害补偿的责任。随着公益诉讼的展开，保险责任的扩大，环境污染责任保险是企业转移环境污染损害赔偿责任风险，实现外部成本内部化的一个可行渠道。

第三，保险公司合理的抗辩事由如果得不到支持，有可能影响保险业务经营。

保险合同中设计的保险责任和免责条款决定了合同所提供的风险保障范围，免责事项的列举通常与保费厘定相对应。而且在某一保险产品中不予承保的事项，并不能单纯从形式上认定其不合理，该事项可能是需要购买其他保险产品来进行风险保障的。每一责任保单中，皆将在其他保险契约中所承担之责任除外不保。仍然以医疗责任保险合同为例，多数医责险保单仅承保“被保险人的投保医务人员在诊疗护理活动中，因执业过失造成患者人身损害”，不包括因医疗意外造成的患者人身损害，医疗意外造成的伤害可通过附加医疗意外责任保险予以承保。

在某些判决中，保险公司的合理抗辩理由没有得到法院的支持，这对保险公司的业务经营可能会产生不利影响。例如《安全生产责任保险条款》通常约定：“在保险期间内，被保险人的工作人员在中华人民共和国境内（港澳台地区除外）因下列情形导致死亡或伤残，且经县级以上安全生产监督管理部门认定为生产安全事故，依照中华人民共和国法律（不包括港澳台地区法律）应由被保险人承担的经济赔偿责任，保险人按照本保险合同的约定负责赔偿……”对于保险行业内安全生产责任险中关于保险责任条款的这一通常表述，有法院在审理中认为上述保险条款规定的“且经县级以上安全生产监督管理部门认定为生产安全事故”，属于《中华人民共和国合同法》第 40 条规定的“提供格式条款一方免除其责任、加重对方责任、排除对方主要权利的，该条款无效”之情形，应当认定该部分内容无效。这一条款中约定的赔偿条件在多个判决中都没有被支持，理由不尽相同，还有的法院以被保险人提供了公安机关的证明为由认为无须再要求安监部门的认定。

再如，医疗责任保险合同条款中约定保险人仅负责赔偿“被保险人的投保医务人员在诊疗护理活动中，因执业过失造成患者人身损害……应由被保险人承担的民事赔偿责任”，而且“在保险期内，由于医务人员发生变动，需要加保或退保，被保险人应当书面通知保险人”。实践中通常要求被保险人在投保时提供投保医务人员的名单，但在判决书所涉案例中，实施手术的医生有的是外单位医生，有的是援助医疗人员，并不在投保医务人员名单中，法院也判决保险公司予以赔偿。另外，医疗责任保险合同条款中通常约定“发生保险责任范围内的事故后，被保险人应按照规定向有关部门报告，并按照规定的程序申请或进行调查、分析、鉴定”，并将“法定医疗事故鉴定机构出具的医疗事故技术鉴定书”列入被保险人请求赔偿时应当提交的证明和材料范围。我国《保险法》第 22 条也规定了投保人、被保险人或者受益人在索赔时提供有关的证明和资料的义务。但有法院在判决中认为“医务人员在诊疗护理活动中有无过失，医疗事故或医疗过错鉴定并非唯一证据”，因此保险公司辩称“医患纠纷中医院没有进行医疗事故或医疗过错鉴定，不能确定医务人员在诊疗护理中有执业过失，医院提出保险赔偿的证据不足”的理由不能成立。

从历史上看，司法审判对责任保险业务会产生影响，这在美国的责任保险危机中表现得十分明显。20 世纪 70 年代中期，由于产品责任诉讼的变化，许多制造商的保险费增加了 2 倍或 3 倍，在极少数情况下，有的增加近 10 倍。为了应对责任保险业务的危机，保险商不但提高了费率，还大幅度削减了可保险种的范围，这样的结果对需要进行责任风险转移的客户也是很不利的。理论上讲，如果保险合同中约定的条款不违反我国《保险法》第 17 条关于说明义务、第 19 条关于格式条款、以及第 30 条关于不利解释规则的规定，通常应该被支持。否则将影响保险人对责任风险发生概率的判断，进而对业务经营产生影响。

第四，保险人在责任保险中的参与权和抗辩权应受到保护。

责任保险是以被保险人对第三者依法应负的赔偿责任为保险标的的保险。对于责任保险而言，其保险事故就是第三人请求被保险人承担法律责任。第三人请求被保险人承担法律责任及其赔偿数额的确定，对保险公司的责任保险理赔具有重要意义。因此，责任保险通常要求被保险人向保险公司通知影响到被保险人的索赔，其目的是使保险公司可以较早地调查索赔，以免搜集证据变得困难。相应地，很多国家和地区的法律也都赋予责任保险的保险人以参与权。所谓保险人的参与权，是指当责任保险的责任发生后，保险人在被保险人和第三人协商赔偿的过程中，享有决定、和解以及进行抗辩的权利。在责任保险中，由于被保险人的赔偿责任最终将通过保险合同转移到保险人身上，被保险人与第三者就其责任的承认、和解、否定以及赔偿金额的多少等问题所达成的事项，均与保险人的利益密切相关。为了避免损害保险人利益的情况发生，需要赋予保险人以参与权，即未经保险人同意，被保险人不得在诉讼中或诉讼外与第三者达成和解协议，不得依此对第三者进行赔偿，否则所达成的协议对保险人不产生约束力，保险人可不依其协议所确定的责任范围对被保险人负赔偿责任，而只按保险合同的约定支付赔款。

从我国司法实践的情况来看，保险人参与权的实现情况较差。例如，医疗责任保险条款中通常约定："被保险人收到索赔方的损害赔偿请求时，应立即通知保险人。未经保险人书面同意，被保险人对受害人及其代理人作出的任何承诺、拒绝、出价、约定、付款或赔偿，保险人不受其约束。"此即保险人在责任保险中的参与权。尽管相关判决中显示保险公司以自己的名义参与处理医疗损害相关的诉讼或调解等事宜的积极性不高，其自身对权利的行使也有懈怠；但确实也有不少医疗纠纷发生后，医疗机构不向保险公司报案，直接交给调解机构调解；甚至在未事先征得保险公司同意的情况下，直接按调解机构确定的标准赔付给患者或其家属，然后再到保险公司索赔，导致保险公司的合同主体地位和参与权得不到保障。但部分法院在审理过程中并未依据条款约定充分保护保险人的参与权。

责任保险中的抗辩权是指保险人在责任保险事故发生后有权利参与到被保

险人所面临的诉讼或者仲裁中，按照条款的表述，即“被保险人获悉可能发生诉讼、仲裁时，应立即以书面形式通知保险人；接到法院传票或其他法律文书后，应将其副本及时送交保险人。保险人有权以被保险人的名义处理有关诉讼或仲裁事宜，被保险人应提供有关文件，并给予必要的协助。对因未及时提供上述通知或必要协助导致扩大的损失，保险人不承担赔偿责任”。既然在合同中有明确约定，投保人、被保险人如不履行上述义务，保险人有权对扩大的损失不承担赔偿责任；而且法院在审理过程中也已经查明，医院在对患者进行手术发生医疗事故后未将此事通知保险公司，患者向法院提起诉讼及医院与患者达成调解协议后也没有通知保险公司。在这种情况下仍然判决保险公司承担责任，显然保险人在责任保险合同中的这一重要权利没有得到足够的重视。甚至有法院以上述条款属于格式条款为由，依据我国《合同法》第 40 条的规定，认定上述条款属于无效条款，更是对责任保险合同中设计保险人的参与权和抗辩权的合理性没有充分理解。

结语

保护投保人、被保险人利益是我国《保险法》的基本精神，2009 年修订《保险法》时即强调坚持以人为本，更加注重保护被保险人利益。在当前的保险合同纠纷审判实践中，法官倾向于从保护弱势群体的立场出发，保护投保人、被保险人的利益；这种倾向性不是我国司法实践中的特有现象，在英美国家，法官和陪审团也倾向于在个案中支持被保险人对抗强大的保险公司。尤其是当前我国保险业务经营中还有很多问题，如产品条款不完善，展业行为不规范，存在误导客户、拖延理赔等为公众所诟病的现象，使得社会公众对于保险公司的评价总体不高。针对这些问题，保险公司及其从业人员应该完善保险条款，规范自身行为。但与此同时，我们还应该重视另一方面的问题，传统保险法理论的研究重点在于保护被保险人权利，因而很自然地把对单个被保险人开展有效保护的法律制度看作是对整个保险体系有利的制度设置。然而，上述论断忽视了信息成本、难以通过统计方法预测的不确定性以及社会效用最大化的思考，同时也忽视了保险业务本身的规律以及投保人不阅读保险条款进而对合同所提供的风险保障范围的误解。一旦上述条件被引入，那么从有利于个体被保险人保护视角出发的法律制度和司法环境未必对整体的保险市场稳定性有利。司法审判的结果不但会影响投保人、被保险人的利益，同样会影响保险人对合同条款、赔偿风险的合理预期，如果责任保险业务的赔付率超出了产品设计时的定价假设，保险人可以通过调整费率或者保障范围、缩减业务等方式作出应对，对整体保险市场的发展以及社会风险保障体系的完善未必有利。

保险诉讼案件"同案不同判"问题和解决思路

何　伟[1]

前　言　我国不是判例法国家，在先判例不是类似案件或相同案件处理的依据，除非在先判例系最高院的指导性案例。法律体系风格迥异，再加上法官个体素质参差不齐等因素，"同案不同判"问题在我国司法实践中较为突出，不论是民商事案件，还是行政和刑事案件，都客观存在"同案不同判"问题。同一个当事人，对于案件事实相似、争议焦点相同的两个诉讼案件，却收到截然不同的判决结果，一个胜诉，一个败诉，可想而知将极大伤害当事人对司法的信任感，极大影响法院裁判的公正和权威。笔者律师团队长期代理保险诉讼案件，发现不同地区法院甚至同一法院对于保险诉讼案件同样存在着大量"同案不同判"现象，故特作此文提出问题，并尝试分析问题的原因和解决问题的思路。

关键词　同案不同判　保险诉讼　解决思路

伴随着我国保险深度和密度的不断提高以及保险消费者维权意识的增强，涉及保险的诉讼案件层出不穷，但绝大部分保险诉讼案件均以保险人败诉告终。有学者曾做过统计，在《最高人民法院关于适用〈中华人民共和国保险法〉若干问题的解释（二）》（简称《保险法解释二》）生效前适用《保险法》第17条的案件中，保险人败诉率高达96%。《保险法解释二》实施后，在适用《保险法》第17条的案件中，保险人的胜诉率提高至22%，总体而言仍是输多赢少。究其原因，其中有保险公司内部治理的深层次原因，也不乏法官对保险原理和保险实务理解不透，以及"重民轻商""弱势群体利益至上"的司法政策导向等因素。

---

[1] 何伟，北京德恒（广州）律师事务所。

一、保险诉讼案件的整体现状

本文所指的保险诉讼案件不仅包括投保人、被保险人提起的保险合同纠纷和保险人提起的代位求偿权纠纷等保险纠纷案，还包括受害人或第三者在与被保险人之间的基础法律关系案件中将保险人列为共同被告的涉保险案件，如机动车交通事故责任纠纷案件。根据《最高人民法院〈关于审理道路交通事故损害赔偿案件适用法律若干问题的解释〉》第16条规定，法院在审理机动车交通事故侵权案件合并审理商业三者险保险合同法律关系时发现，大部分财产保险公司的业务领域主要集中在车险，有关车险的理赔争议和保险欺诈是困扰保险行业多年的老大难问题。车险诉讼案件（包括机动车保险合同纠纷和机动车交通事故责任纠纷）不仅量大且有增无减。笔者在威科先行法律信息库中检索发现：2016年1月1日至2016年12月31日，全国各地法院审结的机动车交通事故责任纠纷案件共计373021宗，其他涉保险纠纷案件共计53749宗；2017年1月1日至2017年12月31日，全国各地法院审结的机动车交通事故责任纠纷案件共计398431宗，其他涉保险纠纷案件共计61166宗。每年45万左右的保险诉讼审结案件量约占全国各级法院民商事诉讼审结案件的12%强。而截至2018年6月20日，最高人民法院共发布的十八批96个指导性案例中，只有一个是机动车交通事故责任纠纷案例。涉及保险诉讼的指导性案例，一共只有四个，而这四个指导性案例都没有涉及保险诉讼案件尤其是日常生活中经常遇到的车损人伤案件中普遍存在的争议性问题，比如涉及法律禁止性行为责任免除事项的提示和说明，家庭自用车做网约车使用引发的保险理赔问题等。保险法及其司法解释存在滞后和模糊，难以有效规范不同个案存在的共性法律问题，而指导性案例又没有对热点争议问题作出有效指引，面对数量庞大的保险诉讼案件，基层法官缺乏对保险法律、原理和惯例的准确认知，普遍存在先入为主速裁速判、同案不同判的现象。

二、“同案不同判”中的“同案”识别

客观上不存在真正相同的两个案件，主观上也不可能作出完全相同的裁判。两案是否归属“同案”，重点要准确识别两案的关键事实和争议焦点是否存在相似或相同。比如，甲乙两案案由均是机动车交通事故责任纠纷，甲案是被保险人张某驾驶车辆发生交通事故后逃逸，乙案是被保险人李某驾驶车辆发生交通事故后离开现场。显然，甲案的关键事实是肇事逃逸，乙案的关键事实是离开事故现场，关键事实不同，不属于“同案”。如果保险人经过调查核实乙案的李某是为了逃避法律责任而离开事故现场，该调查报告被法院采信，那么李某的行为有可能被定性为肇事逃逸，关键事实存在相似处，但是不是“同

案”，还要看争议焦点是否相同。假设两案的被保险人都向保险人投保了机动车第三者责任险，根据机动车第三者险条款的约定，肇事逃逸行为属于责任免除范围，那么两案的争议焦点就是“对于肇事逃逸行为，保险人应否在机动车第三者责任险范围内承担保险责任”。此时，甲乙两案应属“同案”。

当然，不同法官对每个案件关键事实的识别也会有所不同，每个案件也会存在多个关键事实，比如上述甲乙两案，有没有投保单，保险人有没有就免责条款尽到提示和说明义务等事实，也会影响法官的裁判观点。机动车交通事故责任纠纷案件属于民事侵权案件，而保险合同属于商事合同，在民事侵权案件中合并审理商事合同法律关系，必然会因部门法的价值取向不同而产生“同案不同判”的现象。长期审理民事案件的法官倾向于“弱者利益保护”，会加重保险人的举证责任，而审惯商事案件的法官讲究商事效率优先，尊重合同的自由约定。

三、保险诉讼案件“同案不同判”原因分析

（一）法官自由裁量权过大

人保财险某分公司与某高速公路公司在同一基层法院有三宗保险代位求偿权纠纷案件，人保财险某分公司系原告，某高速公路公司系被告，大致案情和法院裁判结果如下。

案例一：2014 年 8 月 11 日，马某驾驶被保险车辆在广惠高速公路路段发生交通事故，交警认定车辆碰撞高速公路路面铁块，造成车辆损坏，马某违法行为代码是 029，应负事故全部责任。人保财险某分公司承保了上述车辆的机动车损失保险，按照保险合同约定承担保险责任之后向广惠高速公路的管理方某高速公路公司提起代位求偿之诉。某高速公路公司辩称其已按《公路养护技术规范》履行巡查和养护义务，不应承担责任。法官认为：被告作为收费公路管理者的赔偿责任不能免除。……考虑到本案损害后果的发生既与高速公路管理者未能完全尽到路障清理和安全防护义务有关，同时也与涉案事故车辆驾驶人在高速公路行使过程中未能保持高度警惕，努力排除险情从而实现“安全驾驶、文明驾驶”的行为之间存在一定因果关系，综合分析双方的过错以及事故产生的原因，由被告某高速公路公司承担事故损失的 80%责任。

案例二：2015 年 12 月 20 日，张某驾驶被保险车辆在广惠高速公路路段发生交通事故，交警认定车辆碰撞高速公路路面木板，造成车辆损坏，张某违法行为代码是 029，应负事故全部责任。人保财险某分公司承保了上述车辆的机动车损失保险，按照保险合同约定承担保险责任之后向广惠高速公路的管理方某高速公路公司提起代位求偿之诉。某高速公路公司辩称其已按法律规定和行业标准履行巡查和养护义务，不应承担责任。法官认为，被告在公路维护、

管理上存在瑕疵，其行为并没有达到保障公路安全通行的目的，应承担相应违约责任。本案损害后果的发生既与公路管理者管理上的瑕疵有关，也与驾驶员自身过失行为也存在一定因果关系，综合分析双方过错以及事故发生的原因，由被告某高速公路公司承担事故损失的10%责任。

上述两案关键案情相似，都是小轿车司机在高速公路上正常行驶时发生碰撞障碍物的单方交通事故，司机的交通违法行为一样，保险人履行保险责任后向高速公路管理方提起代位求偿之诉，争议焦点都是高速公路管理方在涉案交通事故中应否承担赔偿责任，应属“同案”。同一个法院不同的法官都认为高速公路管理方应当承担赔偿责任，但在责任比例认定上，一个认定为主要责任中的80%比例，另一个却认定是次要责任中的10%比例。两案的原被告都是相同主体，几乎相同的案情在同一家法院却出现不同的判决结果，难以令人信服。而在同时期当地中院和其他基层法院的判例基本上也是认定高速公路管理方承担主责以上（80%）的赔偿责任。司法改革后，不再推行领导审批制度，员额法官将会有更大的自由裁量权，自己承办的案件，自己签发法律文书，很容易出现“同案不同判”现象。

（二）法官对保险法和保险实务缺乏准确认知

一直以来，保险人在诉讼中举证难、败诉多是常态，但一家经营诚信业务的金融机构长期处在诉讼困境，并非是诚信社会的正常现象。车损人伤案件中“司法黄牛”干扰保险理赔，买断诉讼案件屡见报端，也反映了“一面倒”的司法裁判对保险行业的发展，对社会诚信体系的建设带来不利影响。法官判决保险人败诉的理由不外乎都是依据保险法第17条认定保险人对责任免除条款没有尽到提示和明确说明的义务，对于“无证驾驶”“肇事逃逸”和“道路运输人员从业资格证”等驾驶常识也需要保险人加大履行提示和说明的力度，方能免责。在保险人看来，胜诉的判例一定是举证非常到位、说理非常透彻的，法官不仅要熟悉保险法，还要对保险的承保理赔实务、保险原理和惯例有准确的认知。

案例三：张某为其名下小客车向太平洋财险某分公司投保交强险、车损险，车辆使用性质是“家庭自用车”。一日，张某通过滴滴平台搭载陈某等人发生交通事故，造成车上人员受伤和车辆损坏。张某就其车辆损失向太平洋财险某分公司主张保险赔款。太平洋财险某分公司以张某事发时从事网约车营运服务，改变了车辆的使用性质导致危险程度显著增加为由拒赔。一审法官审理查明投保单上的签名是太平洋财险某分公司的销售人员代签，以保险法第17条认定太平洋财险某分公司未尽明确说明义务，判决太平洋财险某分公司承担保险责任。二审法官以保险法第52条认为张某将车辆做为网约车有偿载客使用，属于改变车辆用途并显著增加了保险车辆的危险程度，张某负有及时通知太平洋财险某分公司的法定义务，但张某没有证据证明已经履行了该义务，故改判太平洋财险某分公司不承担保险赔偿责任。

案例四：范某为其名下小客车向人寿财险某分公司投保交强险、第三者责任险，车辆使用性质是“家庭自用车”。一日，范某驾驶车辆从事“滴滴打车”客运服务时发生碰撞行人李某并致其死亡的交通事故。死者家属谭某等人诉至法院要求人寿财险某分公司承担交强险和第三者责任险保险责任。人寿财险某分公司以范某事发时从事网约车营运服务，改变了车辆的使用性质导致危险程度显著增加为由拒赔。一审法官认为范某通过滴滴打车软件载客营运，对投保的车辆危险程度增加显而易见，但是否显著增加没法评判，且人寿财险某分公司未按保险法第 17 条尽到提示和明确说明义务，判决人寿财险某分公司承担保险责任。二审维持原判。

网约车肇事，保险能否拒赔？司法实践中存在较大争议，上述两个案例在同一个中级法院同一个审判庭出现不同的认定足以说明法律问题的复杂性，而且一个是涉及财损案件，一个是涉及人亡案件，法官判案时还要面对和谐维稳的社会问题和舆论压力。

（三）不同业务审判庭对保险诉讼案件价值取向不同

保险诉讼案件有可能是民事审判庭审理，也有可能是商事审判庭审理。交通事故案件较多，有些法院还单独设立了交通庭；有些金融业发达的地区法院还专门设立金融庭审理保险诉讼案件。民法偏重于追求公平，而商法更注重效益，不同的业务审判庭对保险诉讼案件价值取向不同，造成了“同案不同判”。

案例五：万顺公司为其名下车辆向中华财险某分公司投保车损险，保险条款载明：驾驶人无驾驶证或驾驶证有效期已届满，保险人不负责赔偿。一日，万顺公司司机刘某驾驶被保险车辆发生交通事故，造成刘某死亡和车辆损坏，交警认定刘某在驾驶证超过有效期仍驾驶车辆，承担全部责任。万顺公司主张车损险理赔，中华财险某分公司以事发时驾驶证有效期已届满为由拒赔。万顺公司主张其只收到保险单，没有收到保险条款，保险人没有就免责条款尽到解释说明义务。法官认为：保险单已明确告知万顺公司保险合同包括保险条款等，且提示仔细阅读保单所附保险合同，特别是免责条款；此外，万顺公司为开业多年的专业从事道路运输的公司，理应对机动车辆保险业务非常熟悉，因此，万顺公司在未收到保险条款的情形下就与保险人缔约的主张，明显有违常理。免责条款已用加黑及加粗的字体印刷，且保险单正本“明示告知”栏中亦有提示，在此情况下，应认定被上诉人履行了明确说明义务，该条款依法发生效力。

案例六：陈某驾驶被保险车辆发生交通事故，保险人平安财险某分公司调查发现事发时陈某的驾驶证有效期已经超过一年五个月，保险条款约定“无驾驶证、驾驶证被依法扣留、暂扣、吊销、注销期间”保险公司均不负责赔偿。平安财险某分公司遂根据《机动车驾驶证申领和使用规定》第77条规定，以陈某驾驶证在事发时已被注销，属于无证驾驶为由拒赔。陈某认为自己没有收到保险条款，平安财险某分公司未尽到提示和说明义务。法官认为：保险人并未明确说明驾驶证超过有效期属于保险条款中约定的“无驾驶证”，保险人无证据证明其已向投保人送达保险条款以及就上述免责条款向投保人履行了提示和明确说明义务。

如何认定保险人已对责任免除条款尽到提示和说明义务？尽管保险法司法解释二已作出具体规定，但同一个法院的商事审判庭和民事审判对具体案件的处理观点仍存在很大差异。保险条款是保险合同的重要组成部分，一个谨慎善良的投保人在缔约过程中收到保险单，没有收到保险条款，却不及时向保险人索取，直至出险理赔时主张存在保险责任，却又称未收到保险条款、不清楚条款内容，显然不符合谨慎善良人的交易行为。商事审判庭从正常交易行为分析万顺公司在未收到保险条款，未清楚保险条款内容的情形下就与保险人缔约的主张违背常理，且免责条款已加粗加黑，足以证明保险人已经尽到提示义务。而民事审判庭则加重保险人的举重责任，认为保险人无证据证明其已向投保人送达保险条款，更不能证明已就免责条款履行了提示和说明义务。

四、“同案不同判”问题的解决思路

（一）规范法官自由裁量权

坚持法官依法独立行使审判权的同时，法官应当适当关注民意、关注行业呼声、关注司法审判的社会效果，但绝不能让维稳政策、社会舆论绑架司法裁判。司法实践中存在的专业法官会议、审判委员会制度、检察建议制度等机制在限制法官自由裁量权方面发挥举足轻重的作用，但提请会议研究的案件一般是重大、疑难、复杂的案件，而绝大部分保险诉讼案件都是标的小、法律关系简单的车损人伤案件，不可能件件召开会议，可以定期组织民、商事审判庭的专业法官就保险行业反映的类案共性问题进行学习研讨，形成会议纪要供经办法官参考。当然，能否有效规范自由裁量权，还需要法官自身素质和修养的提升。

（二）培养保险法律领域专家型法官

保险是舶来品，其中很多保险术语、原理和实务等都来源于国际保险业的通用规范，保险条款的制定尤其是保险责任和责任免除的内容背后隐含着诸多深刻的保险原理和精算预期，而且保险诉讼案件还会涉及其他行业的专业知识，比如交通事故案件会涉及到运输行业规范、建筑工程险案件和保证保险案件又会涉及建筑工程行业和金融行业的各类规范，可见保险诉讼案件的审理专业性很强，但目前熟悉保险法和保险实务的法官凤毛麟角。各地保险行业协会也正积极与当地法院开展多形式的学习交流活动，通过不断的相互学习，保险经营主体也正视和纠正自身内控管理存在的问题，法官也能深入了解保险行业的发展状况，了解保险的承保理赔流程、原理和惯例等。保险行业希望有更多的保险法律领域的专家型法官审理保险诉讼案件，准确适用保险法，统一裁判尺度，有效打击保险欺诈，维护社会公序良俗。

（三）提升涉保险诉讼指导性案例的质量和数量

目前最高人民法院共发布十八批 96 个指导性案例，涉及保险诉讼的案例只有四个，一个涉及机动车交通事故责任纠纷，一个涉及海上货物运输保险合同纠纷，两个涉及保险人代位求偿权纠纷。保险诉讼案件中占比最大的车险诉讼案件，只有一个被列入了指导性案例，根本不可能对车险诉讼案件中存在的普遍性争议问题作出有效的裁判指引，需要提升涉保险诉讼指导性案例的质量和数量。系关保险行业健康发展和公序良俗价值观的案例都应纳入指导性案例备案审查的范围，同时加强保险法律领域专家型法官队伍的建设，提升法官办案素质和专业水平，进而提升保险诉讼指导性案例的质量。专业型法官队伍壮大了，必然会提升法官运用指导性案例的能力，也规范了法官的自由裁量权，也从根本上解决了“同案不同判”的问题。

承运人投保货运险法律问题研究

——兼评保险法司法解释四征求意见稿之第 8 条

王羽中[1]

一、问题的提出

承运人以自己为被保险人投保货运险的情形屡见不鲜，引发大量纠纷案件的原因是多方面的：承运人（物流企业）、甚至有些保险公司的业务销售人员对保险利益等保险法原理不甚了解；业务销售人员以展业为第一要务，忽视承保险种是否匹配承运人的投保目的；承运人责任险的保费费率明显高于货运险，承运人不愿投保。

承运人并非运输货物的所有人，当其以自身为被保险人就承运货物投保货物运输保险时有无保险利益，有何种保险利益，保险人能否拒赔，承运人有何其他救济途径？对于这些问题的理解和认定，司法判例极不统一。

2017 年 9 月公布的最高人民法院关于适用《〈中华人民共和国保险法〉若干问题的解释（四）征求意见稿》之第 8 条规定："承运人以自己为被保险人为承运货物投保财产损失险，保险事故发生后，保险人以被保险人不具有保险利益为由拒绝赔偿保险金的，应予支持。被保险人依据保险人在承保过程中的过错程度，主张保险人承担相应损害赔偿责任的，应予支持。"可见，最高人民法院意图通过司法解释统一上述问题的裁判规则，即认定承运人以自己为被保险人投保货运险不具有保险利益，无权请求保险人赔偿保险金，但可要求保险人承担缔约过失赔偿责任。该裁判规则是否符合合同法、保险法原理，对于此类案件是否有其他更好的处理方式？本文在撰写过程中，最高人民法院于 2018 年 7 月 31 日颁布的《保险法司法解释（四）》删除了该条规定，选择不对此问题制定明确的裁判规则，亦可见该问题之复杂性。

本文拟就上述问题展开讨论，并提出观点和建议。

---

[1] 王羽中，上海邦信阳中建中汇律师事务所合伙人。

二、保险判例的汇总归纳

通过曾代理的案件和检索裁判文书网，笔者将司法裁判对此类纠纷的处理方式归纳为以下四类。

观点一：认定承运人无保险利益，保险合同无效，无权请求保险人赔偿。

此类判例出现在2009年保险法修订之前，旧保险法规定投标人对保险标的没有保险利益的，保险合同无效。2009年保险法第48条规定，保险事故发生时，被保险人对保险标的不具有保险利益的，不得向保险人请求赔偿保险金。因此，目前已难见到此类裁判认定。

观点二：认定承运人有责任利益，但不适用责任保险的规定。

【案例一】广西壮族自治区高级人民法院（2014）桂民四终字第46号民事判决书认定：

关于原告对本案受损的葵花籽是否具有保险利益的问题。根据《中华人民共和国保险法》（下称《保险法》）第12条第6款“保险利益是指投保人或者被保险人对保险标的具有的法律上承认的利益”的规定，原告对本案受损葵花籽具有保险利益，本案保险合同有效。理由如下：1. 保险利益既可以是经济上的利益，也可以是投保人依法或依合同所承担的义务、责任而产生的利害关系。本案中，原告租赁、经营的是“卫东10”号船，田庆学为原告聘请的“卫东10”号船长，代表原告在承运凭证单上签收。因此，原告是案涉货物的承运人，其负有将该批货物安全运抵目的地的责任，在运输途中，该批货物一旦发生货损，其责任由原告承担，故原告对该批货物具有风险责任和利害关系。

可见，该判决认定承运人对其承运的货物享有责任利益。但是，该案中法院并未适用保险法第65条第3款的规定，即未查明作为被保险人的承运人是否已经向托运人作出赔偿，而是径行判决保险人赔偿保险金。

笔者认为，此类判决认定承运人具有责任利益是正确的，但在此认定的基础上不适用关于责任保险的法律规定并不妥当。如果承运人尚未向货主支付赔款，其要求保险人赔偿保险金的请求不应得到支持，否则可能使承运人获得不当利益。

观点三：认定承运人不具有保险利益，但保险人应承担缔约过失损害赔偿责任。

【案例二】山东省青岛市中级人民法院（2018）鲁02民终1452号民事判决书认定：

1. 关于佳宇物流公司是否享有《货物运输保险协议》项下保单的保险利益的问题。本院认为，《中华人民共和国保险法》第12条第2款规定，财产保险的被保险人在保险事故发生时，对保险标的应当具有保险利益。本案中，佳宇物流公司作为承运人，不是货物的所有者，对货物不享有所有权，对货物的损失不享有保险利益。依据《中华人民共和国保险法》第 48 条的规定，保险事故发生时，被保险人对保险标的不具有保险利益的，不得向保险人请求赔偿保险金。佳宇物流公司对保险标的不具有保险利益，不能依据《货物运输保险协议》向华泰财险青岛分公司请求保险金。

2. 关于华泰财险青岛分公司是否应承担赔偿责任的问题。本院认为，根据《中华人民共和国保险法》第 5 条的规定：保险活动当事人行使权利、履行义务应当遵循诚实信用原则。保险人负有揭示险种性质、披露保险利益的告知义务。本案中，佳宇物流公司作为承运人为了转移运输风险与华泰财险青岛分公司订立《货物运输保险协议》，华泰财险青岛分公司作为保险人，在订立合同时应当向佳宇物流公司披露承运人在货运险项下无保险利益，不能得到货运险项下赔偿。但在双方订立《货物运输保险协议》中并未对佳宇物流公司作为承运人无保险金请求权作出提示与说明，仅是协议中列明了所适用的条款。在该协议中使用了："甲方（佳宇物流公司）或者被保险人在向丙方（华泰财险青岛分公司）索赔时，通常需要提交相关材料……立即对甲方提出的索赔开展调查及相关的理赔处理工作……"等用词，存在诱导佳宇物流公司作出投保的可能。华泰财险青岛分公司与佳宇物流公司订立的货物运输保险合同，不能满足佳宇物流公司合理的期待利益，使佳宇物流公司丧失了投保其他险种的机会，依据《合同法》缔约过失责任的规定，华泰财险青岛分公司应当承担由此给佳宇物流公司造成的损失。

3. 关于赔偿金额的认定问题，本院认为，上诉人佳宇物流公司所承运的货物出险后，经山东纸业公司检验，该公司出具了产品检验单、湿货残值处理方案、索赔函、扣款证明及增值税发票、检测费收据，处理废纸收据可以证明货物的损失情况，上诉人佳宇物流公司向山东纸业公司支付了货物损失款项及检验费共计 161318.12 元，本院对此予以确认。保险合同约定的保额为 20 万元，而货物的总价为 208618.22 元，应为不足额投保，保险金应按比例进行折算。折算后，根据保险合同约定，扣除 10％的免赔后，华泰财险青岛分公司应当承担保险赔偿损失为 139188.52 元。北京华泰保险公估有限公司出具的公估报告定损为 20％的意见，没有依据，本院不予采纳。

该案裁判思路与上述司法解释征求意见稿的观点完全一致，认定承运人对货物的损失不具有保险利益，但同时以保险人违背诚信原则、未经告知义务（应为说明义务）为由，认定保险人应承担缔约过失赔偿责任。关于缔约过失责任的赔偿数额，判决未直接论述和认定当事人缔约中的过错程度，而是直接参照保险合同履行时保险人应支付的保险赔偿金计算。当然，从判决关于"保险人存在诱导投保的可能”的表述来看，实际上是认定保险人存在重大过错。

观点四：认定承运人有责任利益，并适用责任保险的规定。

【案例三】广东省东莞市中级人民法院（2014）东中法民二终字第194号民事判决书认定：

根据《最高人民法院关于适用〈中华人民共和国保险法〉若干问题的解释（二）》第1条的规定，财产保险中，同一保险标的可能存在不同投保人，各投保人可根据各自保险利益范围分别投保并主张保险赔偿。而财产保险的保险利益包括责任利益，责任利益是指投保人或被保险人对保险标的所承担的合同上的责任，以及投保人或被保险人应承担的侵权损害赔偿责任。可见，当投保人或被保险人有承担民事责任的可能时，对其可能承担的责任具有保险利益。本案中，吴丽梅在平安财险东莞分公司投保的《货物运输预约保险协议》系财产保险合同，吴丽梅作为承运人，为其承运的货物向保险公司投保货物运输险，根据上述司法解释精神，吴丽梅作为承运人基于运输合同对其承运的货物享有保险利益。原审法院对此认定不当，本院予以纠正。

……吴丽梅为证明案涉货物在运输过程中被盗，向原审法院提交两份黄梅县公安局独山派出所出具的《证明》，内容显示吴丽梅报案所称的丢失物品数量及地点均不详，且该案至2013年1月20日止尚在调查中。由此可见，独山派出所并未对案件进行定性，也未说明案件发生地点及货物损失情况；而吴丽梅证明其已向案外人（货主）赔偿损失的证据均是其单方与案外人之间形成，案外人均未为此出庭作证。故，本院认为在现有证据下，吴丽梅主张案涉货物在运输过程中被盗及其向案外人赔偿损失347238元的证据并不充分，对其要求平安财险东莞分公司赔偿保险金277790.4元及利息的请求不予支持。

该判决认定承运人具有责任保险的保险利益，并审查承运人是否已向案外人（货主）作出赔偿，在承运人没有证据证明向货主进行赔偿的前提下，法院对其赔偿保险金的请求不予支持，符合责任保险的法律规定。

笔者认为，上述观点一、观点二并不符合保险法规定和保险法原理，应予摒弃。观点三和观点四都符合合同法和保险法的原理，但哪种救济路径更优，值得进一步分析研究。

三、观点分析

此类纠纷中诉辩双方以及法庭都会从不同的角度提出自己的主张和观点，笔者将对这些观点进行汇总和逐一分析。

（一）关于保险利益

财产保险中，保险利益原则是损失补偿原则的直接体现，也为防止赌博和道德风险。根据保险法原理，保险利益与损失乃一体两面，没有保险利益就没有损失，此时若能通过保险合同获得赔偿，则使被保险人获得不当利益，违背损失补偿原则。承运人对承运之货物不具有货物所有权人具有的财产权利益（积极利益），但因可能对货主负有法定赔偿责任而具有责任利益（消极利益），对此并无争议。但是，观点三依据前者，认定承运人无财产权利益，不得请求保险人赔偿，转而通过缔约过失责任救济被保险人；相反，观点四以后者为基础，认定承运人有责任利益，推定保险合同的性质为责任保险。两者的差异比较，待下文展开，但有另一问题值得探讨——保险人能否事先放弃保险利益的抗辩。

根据保险法第48条的规定，无保险利益时被保险人不得向保险人请求赔偿保险金，此时保险合同并非无效。因此，有观点认为，此类案件中法庭不应依职权主动审查承运人是否具有保险利益。此时，承运人可能主张，如果保险公司不据此抗辩，即便认定双方成立货运保险合同关系，法庭也不应以承运人不具有保险利益为由驳回承运人的保险金请求权。更进一步，承运人可能主张，保险人明知承运人对货物不具有保险利益，却仍承保货运险，应视为保险人事先放弃了关于保险利益的抗辩。笔者认为，上述主张不能成立。首先，“损失”是被保险人保险金给付请求权的权利形成规范要件之一，而有无保险利益与损失具有同一性，因此审查被保险人是否存在损失就是在审查其是否具有保险利益，认为财产保险合同纠纷案件中法庭不应主动审查被保险人是否具有保险利益并不妥当。其次，如果允许保险合同当事人事先约定不具有保险利益也不影响被保险人的保险金给付请求权，无异于允许通过保险赌博，并将诱发道德风险，这根本性地背离保险利益原则的规范意旨。

（二）关于当事人意思表示的解释

观点三的裁判思路乃基于案涉保险合同的性质为货运险，法庭依据货运险投保单、货运险保险单或双方签订的货物运输保险协议作出此项认定，似并无不当。观点三认定保险人“明知承运人不具有保险利益”，违背诚信原则、违反保险人的说明义务，进而判令保险人承担缔约过失责任。但是，既然保险人知道或应当知道承运人投保的目的是分散自己的责任风险，承运人投保的意思表示可被合理地解释为订立承运人责任保险合同的要约，此时保险人同意承保即作出承诺的意思表示，就应认定双方成立了承运人责任保险合同，即便保险人签发的保单或双方订立的合同名为货物运输保险。概言之，通过合同当事人意思表示的解释，可以将此类案件中保险合同的性质认定为“名为货运险，实为承运人责任险”，这也为观点四的裁判思路奠定了基础。

（三）关于缔约过失责任

缔约上过失是德国法学家耶林在法学上的伟大发现，在世界范围内产生了巨大的影响。所谓缔约上过失责任，是指当事人为缔结合同而从事磋商、准备或者接触之际，因一方当事人未尽必要注意，致对方当事人遭受损害，应向对方承担损害赔偿责任。我国《民法通则》（第 61 条第 1 款）、《合同法》（第 42 条、第 43 条）吸纳了这一制度。我国《保险法》第 16 条（投保人如实告知义务）和第 17 条（保险人提示说明义务）也是对保险合同当事人缔约过失责任的特别规定。

正如许多此类判例中的认定，保险人应当明知承运人以自己为被保险人投保货运险不具有保险利益仍同意承保，违反保险法规定的说明义务，事故发生后又据此拒绝赔偿保险金，有违诚信原则。

对于合同有效型缔约过失责任，学理上多不予承认，但《合同法》第 42 条第 2 项虽未言及合同成立与否，其实已为合同有效型缔约过失责任留有了法律上存在的空间。司法判例也将缔约过失责任扩及合同有效的情况，正如观点三（本文案例二），认定承运人不具有保险利益，保险合同并不因此无效，此时仍可适用缔约过失责任给予承运人救济。

缔约上过失的构成应以过错为前提，所谓过错，就是未尽到交易上必要注意义务，而订立合同过程中的注意程度，与履行合同过程中应尽的注意程度并无区别。在保险法规定保险人负有说明义务的前提下，此类案件中保险人的过错非常明显，因为如果保险人向承运人说明货运险不承保承运人的责任风险，承运人就不会投保。

在缔约上过失责任，被害人与有过失者，仍应适用过失相抵规则。实务中存在不少保险经纪人代为投保的情况，保险经纪人作为专业的保险机构亦应明知承运人投保货运险的保险利益瑕疵问题。此时，应考虑减轻保险人的过错程度和和赔偿责任比例，承运人承担的损失部分可以向经纪公司主张赔偿。

缔约过失责任的赔偿以信赖利益为原则，并以履行利益为限。信赖利益损害可分为所受损害（直接损失）与所失利益（间接损失）。所受损害主要包括为缔约而合理支出的成本费用；所失利益主要指丧失交易机会所产生的损失。正如观点三（本文案例二），法院通常以承运人丧失另订承运人责任保险合同的机会为由支持承运人的赔偿请求，并按照保险合同履行时承运人能获得的保险赔偿金作为承运人的损失。但此处法院其实忽视了损益相抵原则，因为货运险的保费费率显著低于承运人责任险，两个险种的保费差额若不从赔偿款中扣减，将使承运人获得额外利益。

综上，以缔约过失责任为依据支持承运人的赔偿请求具有法律依据，但需考虑扣除货运险与承运人责任险的保费差额。

（四）观点三与观点四的比较

基于以上分析，观点三和观点四都具有较为充分的法律依据。前者基于承运人无保险利益、无保险金给付请求权，但可基于保险人的缔约过失责任主张赔偿；后者基于合同当事人意思表示的解释，推定保险人承保了承运人责任险，并依据责任保险合同赔偿，对于保护承运人的利益，似是殊途同归。但是由于两者基于不同的请求权基础，在某些特殊情况下，仍会产生不同的法律效果，具体如下：

1. 关于保险人代位求偿权

若按观点四，推定双方成立责任保险合同的，当承运人不是保险事故终局责任人时，保险人赔偿后可代位承运人向终局责任人追偿。但若按观点三，保险人承担缔约过失责任后，是否有权向终局责任人追偿则不无疑问。因而，在此情形下观点四更优，因为保障保险人的代位追偿权可避免终局责任人逃避责任，也避免承运人再向终局责任人追偿而重复获赔。

2. 关于受害人利益保护

责任保险承保的是被保险人对第三人承担的法定赔偿责任，在分散被保险人责任风险的同时也保护了第三人利益，安定社会秩序，具有不容忽视的制度价值。根据《保险法》第 65 条的规定，在保险合同有约定，或被保险人怠于请求时，受害人有权直接向保险人请求赔偿保险金。因此，若按观点四，推定双方成立责任保险合同的，保险事故的受害人第三人（货主）就能有条件地获得保险金给付请求权，通过责任保险获得保障。但若按观点三，认定双方订立的保险合同性质为货运险，受害人第三人的利益无法通过保险合同获得保障，尤其当承运人丧失偿债能力时。因此，观点四认定双方订立承运人责任险，对保障受害人利益也具有积极作用。

3. 关于保费差额扣减

如上所述，若按货运险合同的缔约过失责任处理，应考虑扣除货运险和承运人责任险的保费差额；相反，若按承运人责任险处理，不必扣减该差额。可见，后者对保险人“险种错配”行为的惩罚更为明显，即按货运险的低费率承保了承运人责任险。从司法裁判导向作用的角度分析，观点四的裁判思路更有助于抑制保险人承保承运人投保的货运险，将此类纠纷扼杀于萌芽。

四、结语

“货运险合同的缔约过失责任”和“推定成立承运人责任险”两种裁判思路对于处理承运人以自己为被保险人投保货运险纠纷都具可行性，但两相比较，后者更优。通过对缔约双方真实意思表示的解释，认定双方成立承运人责任保险，有助于通过保险人代位求偿权制度预防承运人重复获赔和终局责任人的责任自负，也有助保障受害第三人货主的利益，更有助于抑制此类纠纷的发生。

为此，笔者建议，应当将《险法司法解释（四）》第8条的规定修订如下：

“承运人以自己为被保险人为承运货物投保财产损失险，保险事故发生后，保险人以被保险人不具有保险利益为由拒绝赔偿保险金的，不予支持。被保险人主张保险人承保承运人责任保险的，应予支持。”

保险人代位权与被保险人求偿权的冲突与处理[1]

雷桂森[2]

一、保险人代位权与被保险人求偿权的冲突

保险人代位权是指因第三者对保险标的的损害而造成保险事故的，保险人自向被保险人赔偿保险赔偿金之日起，在赔偿金额范围内代位行使被保险人对第三者请求赔偿的权利。保险人代位权源于被保险人自身对第三者享有的权利，保险人只是在其给付的保险金额范围内代位取得了被保险人对第三者享有的全部或部分请求权。当保险人给付的保险金弥补了被保险人的全部损失时，被保险人对第三者享有的请求权全部让渡与保险人；当保险人给付的保险金未能完全弥补被保险人的全部损失时，被保险人对第三者享有的请求权只是在其接受的保险金额范围内部分让渡与保险人。因此，若被保险人的全部损失在保险人给付保险金后仍有不能弥补的部分，就该部分，被保险人仍然享有对第三者的请求权，并不因保险人的保险代位求偿权而受影响。我国《保险法》第60条第3款对此亦有规定："保险人依照本条第一款规定行使代位请求赔偿的权利，不影响被保险人就未取得赔偿的部分向第三者请求赔偿的权利。"

被保险人求偿权就是指被保险人就其未能从保险人处取得赔偿的损失部分向第三者请求赔偿的权利。在保险人已经向被保险人支付保险赔偿金后，还可能同时存在被保险人求偿权，是因为在以下情形中，保险赔偿金不能弥补被保险人的全部损失：一是不足额保险，我国《保险法》第40条第3款规定："保险金额低于保险价值的，除合同另有约定外，保险人按照保险金额与保险价值的比例承担赔偿责任。"据此比例赔付规则，使得保险赔偿金不足以赔偿被保险人的实际损失，故被保险人在保险赔偿金未满足的实际损失范围内，仍有权向第三者行使损害赔偿请求权；二是免赔规定，对保险合同中明确规定的保险

---

[1] 本文原刊载于《法律适用》2011年第5期。

[2] 雷桂森，深圳市福田区人民法院。

人不予赔付的被保险人损失部分，在发生保险事故时，保险人不予赔偿，因而被保险人就该免赔损失部分仍可向造成实际损害的第三者行使赔偿请求权。

在上述情形下，若第三者的赔偿责任能够满足保险人代位权与被保险人求偿权的全部内容，保险人代位权与被保险人求偿权可以并行，互不影响；如果第三者应承担的赔偿责任不足以满足被保险人和保险人的全部赔偿请求时，保险人代位权与被保险人求偿权就会同时存在而产生冲突，存在谁优先受偿的问题。实践中，这种情形很多，如第三者应承担的赔偿责任由于已经由合同明确约定，远远小于被保险人所实际遭受的损失。此时，保险人代位权与被保险人求偿权何者优先，即保险人和被保险人中谁可以优先向第三者请求赔偿，关系到保险人代位权和被保险人求偿权何者能够实现的问题，对当事人利益影响甚大，因此也是司法实践中必须予以解决的重要问题。

二、保险人代位权与被保险人求偿权冲突的处理原则

我国保险法只是规定了保险人代位权“不影响被保险人就未取得赔偿的部分向第三者请求赔偿的权利”，对于保险人代位权与被保险人求偿权的冲突如何处理，即何者优先从第三者受偿的问题并未作出明确规定，实践中也有不同的认识。理论界对此主要有三种意见[1]：保险人优先说、比例受偿说和被保险人优先说。

保险人优先说认为，保险人应在保险赔偿范围内优先受偿，在保险人的代位求偿权得以满足后，才可将剩余金额补偿给被保险人。英国《1906 年海上保险法》规定，保险人支付保险赔偿后，在赔偿金额范围内取得代位求偿权[2]，从第三者获得的赔款首先满足保险人的赔款。美国有学者从经济学分析角度支持保险人优先受偿，认为保险人是风险的分散器和风险经营者，保险人优先效率很高，体现在三个方面：一是符合当事人的风险偏好；二是被保险人在决定如何获得完全保障问题上有主动选择权；三是可节省被保险人优先补偿原则下的额外司法审判程序。

比例受偿说认为，保险人与被保险人应按比例享有第三者的赔款。美国的佛罗里达州立法规定按照比例分配从侵权人那里得到赔偿。大陆法系有部分学者按照债权法定转让理论分析，保险人代位取得的债权与被保险人未获保险赔

---

[1] 许良根：《保险代位求偿制度研究》，北京：法律出版社 2008 年版，第 207 - 213 页。

[2] 英国《1906 年海上保险法》第 79 条：“保险人在赔偿后的权利代位权利：（1）保险人赔付保险标的全损后，不论赔付的是整体全损，还是货物的可分割的部分的全损，便有权获得被保险人在该已赔付的保险标的上可能留下的任何利益，并取得被保险人从造成保险标的损失事故发生之日起在该保险标的方面的一切权利和救济。（2）除欠款另有规定外，保险人赔付部分损失的，并不取得该项保险标的或其存留部分的所有权；但根据本法，由于赔付了损失，保险人取得被保险人从造成损失的事故发生之日起对保险标的的一切权利和救济，但以被保险人取得的赔偿为限度。”

偿的剩余债权性质完全一样，二者地位平等，不存在谁优先谁的问题，在第三者不能清偿全部损失的情况下，应按比例受偿。在海上保险中，不足额保险中的被保险人被看作是损失风险的共同承担者，被保险人无权就其已经同意由自己承担的损失获得补偿，被保险人从第三者取得的损害赔偿应在保险人和被保险人间直接按比例分摊。

被保险人优先说认为❶，被保险人优先受偿，在英美保险法上也称为“完全补偿规则”。按照该原则，即使保险人已经依据保险合同向被保险人进行了赔付，但在被保险人就保险标的之财产损失得到全部补偿之前，保险人不得对第三者行使代位求偿权。英美法系学者认为保险代位求偿制度的主要目的是防止被保险人的不当得利，被保险人于全部获得赔偿之前，无获得不当得利之可能；保险人承担第三者赔偿不足的风险也是收取保费的代价。大多数学者与国家立法均采用被保险人优先受偿原则，主要是因为该原则符合保险的基本原则和目的，更多地保护了作为弱者的被保险人的利益，符合当今对弱者权利保护立法的趋势。我国法院在司法实践中，也多采纳此观点❷。

我们认为，被保险人的求偿权应优先于保险人的代位权，理由在于：保险代位求偿权的立法旨趣主要在于防止被保险人“双重受益”进而产生不当得利，以及将保险人承保的损失归由真正的责任人承担，而不在于填补保险人因给付保险金而遭受的风险损失，保险人有其自身的风险分担机制，并不主要依赖于保险代位求偿权的实现；而被保险人的求偿权既是为了让真正的责任人对损失承担赔偿责任，亦是为了完全弥补被保险人所受损失之必需。被保险人购买第三者责任保险的目的正是为了使其可能遭受的损失得到更好的填补，而不是使其固有的损失赔偿请求权受到减损。因此，填补被保险人损失应优先于保险人代位权的实现。故在保险人给付的保险赔偿金不足以弥补被保险人实际损失的情形下，根据我国《保险法》第 60 条第 3 款之规定，认定被保险人的求偿权优先于保险人的代位求偿权，符合损害填补原则，亦不违反保险代位求偿权的立法旨意。

我国有学者也指出，保险代位求偿权是以保护被保险人得到充分补偿为意旨的，被保险人的债权应优先受偿于保险人的代位求偿权，不可适用民法中债权人平等原则。否则，被保险人为防止保险人行使代位求偿势必采取损害赔偿的先诉步骤，而又必须顾及向保险人索赔的时效，处于两难境地；与之相对应，保险人基于其自身利益的考虑，完全可以借其诉讼技巧上的优势地位以及经济上的便利，以给付保险赔偿金为条件而先于被保险人从第三者处获得代位

❶ 江朝国：《保险法基础理论》，北京：中国政法大学出版社 2002 年版，第 397 页。

❷ 王林清：《新保险法裁判百例精析》，北京：人民法院出版社 2009 年版，第 325－326 页。

赔偿，这将损害被保险人的利益[1]。

从立法上讲，大陆法系各国或地区立法总体上以保护被保险人优先受偿居多。比如德国《保险契约法》第67条明确规定，保险人代位权的行使不得于对被保险人不利之情形下主张之。《日本商法典》第662条第2款规定，保险人在不损害投保人或者被保险人权利的范围内，可以行使保险代位求偿权。《澳门商法典》第1909条第3款规定，在任何情况下，代位权均不得妨碍被保险人获得部分赔偿。我国在立法上虽没有对保险人的代位权与被保险人的求偿权谁优先的问题进行规定，但在一些司法解释草案中也是采"被保险人优先"原则。例如，我国《最高人民法院关于审理保险纠纷案件若干问题的解释（征求意见稿)》第27条第3款规定："根据保险法第四十五条第三款的规定，被保险人的损失优先赔偿。"《最高人民法院关于审理保险纠纷案件适用法律若干问题的解释（送审稿)》第11条第2款规定："保险人行使代位权和被保险人就未取得赔偿的部分向第三者请求赔偿的，根据保险法第四十五条第三款的规定，被保险人的损失优先赔偿。"

三、"被保险人优先"原则在司法中的具体应用

"被保险人优先"原则实质上是对保险人行使代位权的限制，充分体现了保险的补偿职能。但有学者认为，采用"被保险人优先"原则未必能够真正充分保护被保险人利益。原因在于，一方面，被保险人在获得保险人的保险赔偿金之后未必能立即向第三者求偿，所谓"优先"未必全部得到实现；另一方面，不坚持被保险人优先原则而允许保险人适时向第三者行使保险代位权，并不意味着其代为求偿所得的赔偿金完全归属于保险人，而是可以在保险人和被保险人之间进行二次分配。[2]若严格恪守"被保险人优先"原则，被保险人基于诉讼成本的考虑自愿放弃向第三者求偿；被保险人基于客观或主观原因迟延或怠于向第三者求偿等情况下，将阻碍保险人代位权的行使。我们认为，为避免上述弊端，平衡保护被保险人和保险人的利益，"被保险人优先"原则在司法应用中要把握以下规则：

第一，保险人行使代位权起诉要求第三者承担赔偿责任时，如果第三者尚未对被保险人承担赔偿责任，根据我国民事诉讼法关于第三人参加诉讼的规定，应该通知被保险人，询问其是否要求第三者承担赔偿责任。如果被保险人明确表示其不要求第三者承担赔偿责任，依据"私法自治"原理，应视同被保险人就其未能从保险人处得到赔偿的损失部分放弃了向第三者要求赔偿的权

[1] 邹海林：《保险法》，北京：人民法院出版社1998年版，第285页。

[2] 叶名怡、韩永强：《保险人代位权与被保险人求偿权竞合时的处理规则》，《现代法学》2009年第6期。

利，“被保险人优先”原则在该案件中可不予适用。也即如果第三者的赔偿责任成立，法院可直接判决第三者向保险人履行给付义务；如果被保险人明确表示要求第三者对其从保险人处未得到赔偿的损失部分承担赔偿责任，则应追加被保险人作为有独立请求权的第三人参加诉讼，并适用“被保险人优先受偿原则”，对第三者应否对被保险人以及保险人承担赔偿责任一并作出处理。在此情形下，只有在第三者的赔偿责任满足被保险人的赔偿请求后，才能满足保险人的代位求偿请求。

第二，在被保险人遭受的损失未能通过保险赔偿金得到完全弥补的情形下，如果保险人并未对第三者提起代位求偿诉讼，被保险人即起诉要求第三者对其不能从保险人处得到赔偿的损失部分承担赔偿责任的，只要第三者的赔偿责任确实存在，法院对被保险人的起诉主张就应予以支持。因为，按照“被保险人优先受偿”原则，保险人是否已对第三者行使代位求偿权，对被保险人请求第三者赔偿的权利不产生影响。如果第三者的赔偿责任在满足被保险人的要求后尚有剩余，为简化诉讼，可以直接通知保险人，询问其是否要在该案中向第三者代位求偿。若保险人同意，则追加其作为有独立请求权的第三者参加诉讼，在案件中一并处理被保险人的求偿权与保险人的代位权；若保险人不同意，则只处理被保险人的求偿权，不追加保险人参加诉讼。在这种情形下，法院对于被保险人和第三者在诉讼中提出的和解请求，要注意审查，对于有可能损害保险人代位权益，导致保险人不能向第三者行使代位权的调解要求，法院应不予确认。

第三，第三者抗辩对保险人代位权行使的限制。保险代位权的行使，既涉及保险人与被保险人之间的保险合同关系，也涉及被保险人与第三者之间的侵权关系或者合同关系。如前所述，实践中，保险人代位权与被保险人求偿权会发生冲突，主要是由于第三者应承担的赔偿责任受到法律或当事人约定的限制，不能弥补全部损失。因为在保险人提起的代位权诉讼中，第三者依据侵权关系或者合同关系对被保险人享有的关于赔偿责任的抗辩权仍然可以向保险人行使。我国保险法对此虽然没有明文规定，但从代位求偿的法理性质来看，代位求偿法律关系的成立只是导致债权人变更，并不在实体上减损债务人的权利。由此决定，对保险人代位权能否成立的审查，必须考查到上述两方面的法律关系，而且应该重点考查被保险人与第三者之间的合同关系或者侵权关系的具体内容。下面，我们具体分析第三者依据其与被保险人之间的合同关系或者赔偿协议，主张限额赔偿而导致保险人代位权行使不能的几种情形。

（1）被保险人与第三者关于赔偿限额的约定发生在保险赔偿金支付之后。我国《保险法》第 61 条第 2 款规定：“保险人向被保险人赔偿保险金后，被保险人未经保险人同意放弃对第三者请求赔偿的权利的，该行为无效。”根据该规定，不论第三者的赔偿责任是否能够全部满足保险人代位权和被保险人求偿权的要求，被保险人在接受保险赔偿金之后，都不能与第三者达成关于免除或者减少赔偿数额的协议，第三者以此对保险人提出的抗辩也是无效的。与此同时，我们需注意另外一种情形，即在被保险人遭受的损失未能通过保险赔偿金得到完全弥补时，保险人与第三者在行使代位求偿过程中私自达成赔偿协议并导致被保险人无法向第三者行使求偿权的情形。我们认为，根据“被保险人优先”原则，被保险人可以该协议侵害其优先受偿利益为由，依法起诉申请宣告该协议无效❶，并要求第三者对其从保险人处未得到赔偿的损失部分承担赔偿责任。

（2）被保险人与第三者关于赔偿限额的约定发生在保险合同签订之前。被保险人与第三者在意思自治下签订合同，其作为权利主体主动放弃或限制向第三者请求赔偿的权利，符合民事权利自由处分的原则，第三者的赔偿责任可以因被保险人的行为而得以豁免或减少。对于保险人而言，行使代位求偿权时，其权利状态受制于被保险人所享有的权利，故第三者对于被保险人所享有的抗辩权当然也能向保险人行使。如果保险人在与被保险人订立合同时就被保险人对第三者是否有责任放弃或限制事项进行了主动询问，而被保险人未如实告知，则被保险人应承担由此带来的消极后果，即给自己将来向保险人行使的保险赔偿请求权带来瑕疵❷，但第三者关于赔偿责任的抗辩仍然有效。

（3）被保险人与第三者关于赔偿限额的约定发生在保险合同签订之后，保险事故发生之前。在保险事故发生之前，由于保险事故是否会发生处于不确定状态，对第三者请求赔偿的权利只是一种或有的权利，合同双方关于放弃或限制赔偿责任的约定并非一定会损害保险人的代位权，故只要合同双方不存在恶意串通损害保险人利益的情形，该约定是有效的，第三者据此对保险人的抗辩依法也能够成立。但被保险人的该行为毕竟导致了保险标的的风险增加，妨碍了保险人代位权的行使。我们认为，对这种情形，在实际发生保险事故时，保

---

❶ 我国《合同法》第52条规定：“有下列情形之一的，该合同无效：（二）恶意串通，损害国家、集体或者第三人利益的。”我国《保险法》第60条第3款规定：“保险人依照本条第一款规定行使代位请求赔偿的权利，不影响被保险人就未取得赔偿的部分向第三者请求赔偿的权利。”因此，保险人在明知被保险人获得的保险赔偿金不足以填补被保险人遭受的全部损失时，还与造成该损失的第三者达成赔偿协议要求第三者予以给付的行为，应推定为属于“恶意串通”的行为。根据《合同法》的上述规定，该行为应为无效。

❷ 《保险法》规定：“……投保人故意隐瞒事实，不履行如实告知义务的，或者因过失未履行如实告知义务，足以影响保险人决定是否同意承保或者提高保险费率的，保险人有权解除保险合同。投保人故意不履行如实告知义务的，保险人对于保险合同解除前发生的保险事故，不承担赔偿或者给付保险金的责任，并不退还保险费。投保人因过失未履行如实告知义务，对保险事故的发生有严重影响的，保险人对于保险合同解除前发生的保险事故，不承担赔偿或者给付保险金的责任，但可以退还保险费。”

险人可依据我国《保险法》第 17 条规定及第 61 条第 3 款规定[1]，在理赔之前扣减应支付给被保险人的保险赔偿金，或者在理赔之后发现该情形时要求被保险人返还相应的保险赔偿金。

（4）被保险人与第三者关于赔偿限额的约定发生在保险事故发生之后，保险赔偿金给付之前。保险人在赔偿保险金之前，保险代位权尚未成立，向第三者请求赔偿的权利仍属于被保险人，被保险人对权利的处分行为有效，不过保险人可以在第三者被免除的责任范围内扣减相应的保险赔偿金。我国《保险法》第 46 条第 1 款规定："保险事故发生后，保险人未赔偿保险金之前，被保险人放弃对第三者的请求赔偿的权利的，保险人不承担赔偿保险金的责任。"如果保险人在不知道上述情况的条件下向被保险人支付了赔偿金，在行使代位权时又遇到第三者提出此种抗辩的，可以依法申请追加被保险人参加诉讼，在查明事实的基础上，可以要求法院判决被保险人返还相应的保险赔偿金。

---

[1] 《保险法》第 17 条："在合同有效期内，保险标的的危险程度显著增加的，被保险人应当按照合同约定及时通知保险人，保险人可以按照合同约定增加保险费或者解除合同。保险人解除合同的，应当将已收取的保险费，按照合同约定扣除自保险责任开始之日起至合同解除之日止应收的部分后，退还投保人。被保险人未履行前款规定的通知义务的，因保险标的的危险程度显著增加而发生的保险事故，保险人不承担赔偿保险金的责任。"第 61 条第 3 款："被保险人故意或者因重大过失致使保险人不能行使代位请求赔偿的权利的，保险人可以扣减或者要求返还相应的保险金。"

离婚中人身保险权益的司法分割规则[1]

孙　菁[2]　何丽新[3]

摘　要　离婚中的人身保险权益分割，因涉及婚姻法和保险法的交叉问题，我国目前尚未有法律法规和司法解释予以规定，但在相关纠纷裁决中可梳理出司法分割规则。该规则肯定人身保险权益属于夫妻共同财产分割范畴，裁决保单归属于被保险人一方并相应补偿另一方配偶，但对被保险人或受益人为第三人的人身保险权益则不予分割。而因立法缺失和理论争议，就如何突破保险合同效力，保险费和保险现金价值之间何者为分割对象等问题，仍面临司法困境。人身保险权益是一种金融资产，应坚持以被保险人为中心和尊重当事人意思自治为原则，以分割保险现金价值为基础，明确婚内取得的人身保险金为个人财产，就离婚时尚在保险期间的人身保险，将保单归属被保险人一方所有，并给予对方保险现金价值一半的补偿。对以夫妻共同财产擅自投保导致“婚内洗钱”的行为，应通过限定受益人范围的方式予以解决。

关键词　离婚案件　人身保险权益　司法分割规则

传统的夫妻共同财产多表现为劳动生产经营所得的收入和购置的不动产，种类单一，数量有限。但近年来随着经济的转型升级发展，夫妻共同财产呈现多元化的趋势，诸如知识产权收益、股票、债券、投资基金、有价证券也成为离婚时夫妻共同财产分割的对象。与此同时，在现代风险社会下，人身保险进入夫妻共同财产中且占比逐渐增大，离婚涉及的人身保险权益分割的案件也随之增多。但人身保险权益作为一种金融资产，其离婚分割问题涉及保险法和婚姻法的交叉，相关立法规定欠缺，各地法院司法裁决无法可依。

---

[1] 本文为司法部2014年课题“家庭财产保护法律问题研究”（14SFB20027）的阶段性研究成果。

[2] 孙菁，福建福清人，法学硕士，中国电信厦门公司法务部。

[3] 何丽新，福建闽清人，法学博士，厦门大学法学院教授，民商法专业博士生导师。

一、离婚时分割人身保险权益的司法规则

笔者在中国裁判文书网和无讼案例平台，通过输入“夫妻”“离婚财产分割”“共同财产”“人身保险”等关键词，选取2010年至2017年审结的100个生效的裁判文书，并逐一研究其裁判观点，梳理出分割人身保险权益的司法规则。

（一）裁判观点的类型化

离婚对夫妻共同财产进行分割，婚后所得共同财产制下的夫妻共同财产要求在时间上限定为“婚姻关系存续期间”，而从人身保险的投保行为到被保险人因保险事故发生而取得保险赔偿金的这一过程，与夫妻的婚姻关系存续期间有可能是重合的，但也有可能是交织相错的。而另一方面，保险主体涉及投保人、被保险人和受益人三方，不仅仅局限于夫妻双方之间。为了更好地梳理裁决观点，需要按照一定的要素进行分类，如下图：

1. 时间分类

以具体的时间点，即是否在婚姻关系存续期间取得人身保险的保险金，将案例分为两大类。

第一类的案件是在婚姻关系存续期间已经取得人身保险的保险金的案件。法院存在两种裁判观点，一是认为若以夫妻共同财产缴纳保险费的，则在婚内取得的保险金，应为夫妻共同财产；[1] 二是认为婚内取得的医疗保险理赔款因具有人身依附性，不应作为夫妻共同财产。[2]

第二类的案件则是离婚时人身保险仍处于保险合同存续期间的案件，此类案件须以保险主体是否涉及夫妻以外的第三人为标准进一步细分，可分为保险主体仅为夫妻双方的案件和投保人为夫妻一方，被保险人或者受益人为第三人的案件。[3]

在保险主体仅为夫妻双方的案件中，法院的裁判观点亦分为两类。

一种观点认为婚姻关系存续期间所交纳的保险费为夫妻共同财产，因此涉及的人身保险权益应予分割。在具体如何分割的问题上，法院又根据保险主体

---

[1] 参见遵义市中级人民法院作出的（2017）黔03民终719号民事判决书、平顶山市中级人民法院作出的（2016）豫04民终1887号民事判决书、最高人民法院作出的（2013）民一终字第210号民事判决书和北京市第一中级人民法院作出的（2017）京01民终6920号民事判决书。

[2] 参见绍兴市中级人民法院作出的（2015）浙绍民终字第206号民事判决书、广东省高级人民法院作出的（2014）粤高法民一申字第1301号民事裁定书、新疆维吾尔自治区高级人民法院作出的（2015）新民申字第1793号民事裁定书、唐山市中级人民法院作出的（2015）唐民一终字第176号民事判决书、张家界市中级人民法院作出的（2015）张中民一再终字第3号民事裁定书和济南市中级人民法院作出的（2015）济少民终字第70号民事判决书。

[3] 由于抽取的100个案例中并无第三人购置以夫妻一方为受益人的人身保险的情形，故无法总结此类案件的法院裁判观点。

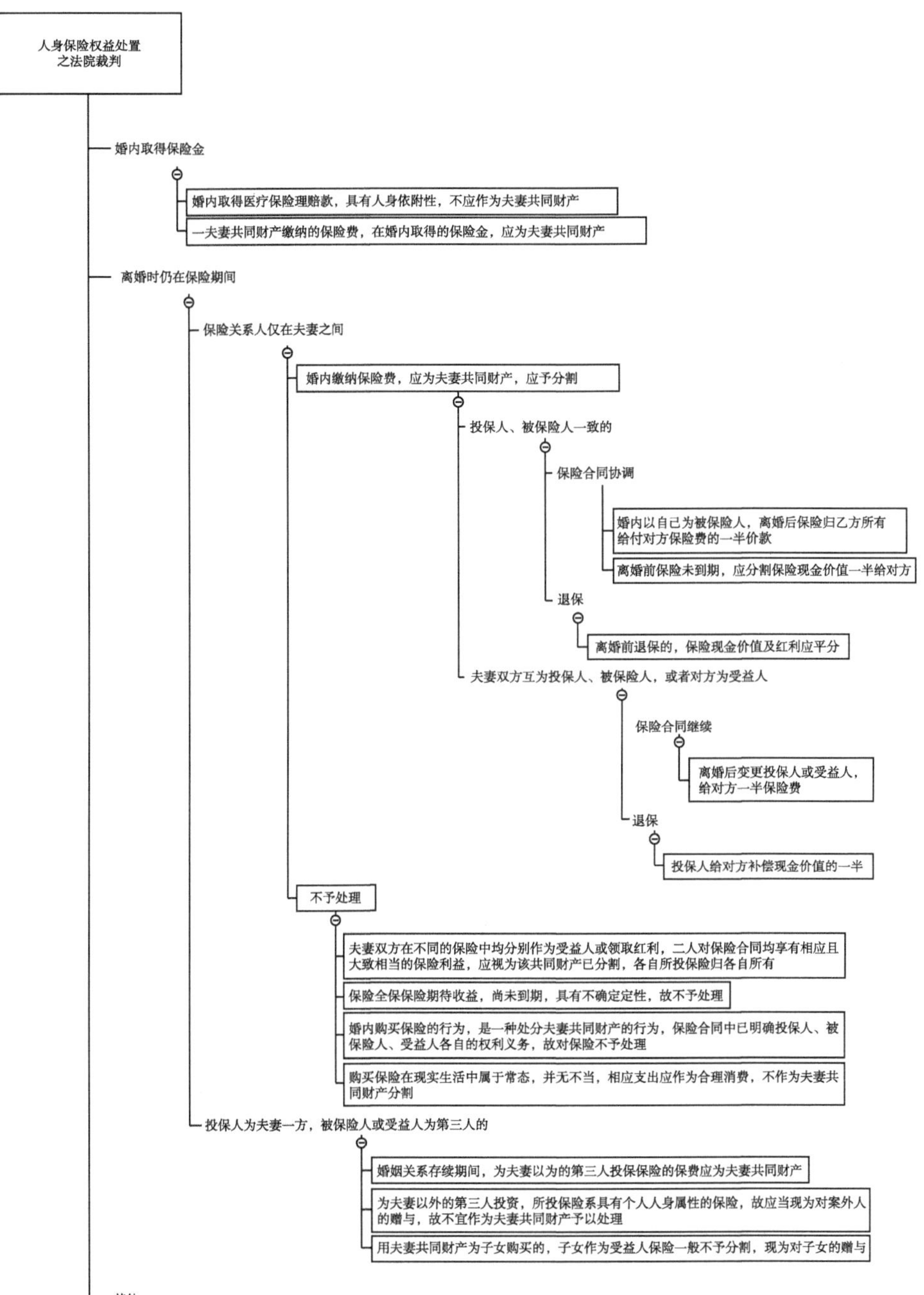
人身保险权益处置之法院裁判
婚内取得保险金
婚内取得医疗保险理赔款，具有人身依附性，不应作为夫妻共同财产
一夫妻共同财产缴纳的保险费，在婚内取得的保险金，应为夫妻共同财产
离婚时仍在保险期间
保险关系人仅在夫妻之间
婚内缴纳保险费，应为夫妻共同财产，应予分割
投保人、被保险人一致的
保险合同协调
婚内以自己为被保险人，离婚后保险归乙方所有给付对方保险费的一半价款
离婚前保险未到期，应分割保险现金价值一半给对方
退保
离婚前退保的，保险现金价值及红利应平分
夫妻双方互为投保人、被保险人，或者对方为受益人
保险合同继续
离婚后变更投保人或受益人，给对方一半保险费
退保
投保人给对方补偿现金价值的一半
不予处理
夫妻双方在不同的保险中均分别作为受益人或领取红利，二人对保险合同均享有相应且大致相当的保险利益，应视为该共同财产已分割，各自所投保险归各自所有
保险全保保险期待收益，尚未到期，具有不确定定性，故不予处理
婚内购买保险的行为，是一种处分夫妻共同财产的行为，保险合同中已明确投保人、被保险人、受益人各自的权利义务，故对保险不予处理
购买保险在现实生活中属于常态，并无不当，相应支出应作为合理消费，不作为夫妻共同财产分割
投保人为夫妻一方，被保险人或受益人为第三人的
婚姻关系存续期间，为夫妻以为的第三人投保保险的保费应为夫妻共同财产
为夫妻以外的第三人投资，所投保险系具有个人人身属性的保险，故应当现为对案外人的赠与，故不宜作为夫妻共同财产予以处理
用夫妻共同财产为子女购买的，子女作为受益人保险一般不予分割，现为对子女的赠与
其他

是否一致的标准作出不同的裁判。投保人、被保险人和受益人三者均为夫妻一方的案例中，法院认为保险合同可继续履行，离婚后该保险仍归被保险人的夫妻一方所有，但应给付对方一定的补偿款。但就该补偿款的认定上，各法院之间的裁判观点并不一致，有的法院认为应向对方给付保险费的一半价款，[1] 有的法院认为应当分割保险的一半现金价值给对方。[2] 若当事人在离婚前提出退保的，法院认为则应当分割该保险的现金价值及红利。[3] 在夫妻一方为投保人而另一方为被保险人或者受益人的案例中，法院的观点则是采取变更投保人或受益人的方式，给非保单持有人的配偶一半的保险费；或选择退保，向非保单持有者补偿一半的保险费。[4]

另一种观点则认为，离婚时涉及的人身保险权益不应予以处理，主要的理由有：（1）夫妻双方名下均有若干份人身保险单，在这些合同中二人各自享有

---

[1] 参见郴州市中级人民法院作出的（2016）湘10民终384号民事判决书、河南省高级人民法院作出的（2010）豫法民申字第04798号民事裁定书、荆州市中级人民法院作出的（2016）鄂10民终649号民事判决书、成都市中级人民法院作出的（2016）川01民终2255号民事判决书、邯郸市中级人民法院作出的（2016）冀04民终2519号民事判决书、廊坊市中级人民法院作出的（2016）冀10民终1713号民事判决书、大连市中级人民法院作出的（2015）大民一终字第02177号民事判决书、乐山市中级人民法院作出的（2015）乐民终字第627号民事判决书、贵阳市中级人民法院作出的（2015）筑民三终字第199号民事判决书、玉林市中级人民法院作出的（2016）桂09民终807号民事判决书、益阳市中级人民法院作出的（2015）益法民一终字第383号民事判决书、韶关市中级人民法院作出的（2016）粤02民终282号民事判决书、玉林市中级人民法院作出的（2015）玉中民一终字第155号民事判决书、廊坊市中级人民法院作出的（2016）冀10民终字第49号民事判决书、北京市第二中级人民法院作出的（2016）京02民终4858号民事判决书、济宁市中级人民法院作出的（2015）济民终字第368号民事判决书和镇江市京口区人民法院作出的（2016）苏1102民初706号民事判决书。

[2] 参见南通市中级人民法院作出的（2015）通中民终字第1796号民事判决书、大连市中级人民法院作出的（2015）大民一终字第01807号民事判决书、上海市第二中级人民法院作出的（2016）沪02民终9372号民事判决书、北京市第二中级人民法院作出的（2014）二中民终字第08854号民事判决书、大连市中级人民法院作出的（2015）大民一终字第1055号民事判决书、沈阳市中级人民法院作出的（2016）辽01民终3376号民事判决书、大连市中级人民法院作出的（2015）大民一终字第106号民事判决书、上海市浦东新区人民法院作出的（2016）沪0115民初708号民事判决书和潮州市中级人民法院作出的（2014）潮中法民一终字第200号民事判决书。

[3] 参见襄阳市中级人民法院作出的（2015）鄂襄阳中民再字第00017号民事判决书、新疆生产建设兵团第十三师中级人民法院作出的（2015）兵十三民终字第86号民事判决书和上海市嘉定区人民法院作出的（2014）嘉民一（民）初字第5382号民事判决书。

[4] 参见重庆市万州区人民法院作出的（2015）万法民初字第00469号民事判决书、绍兴市中级人民法院作出的（2015）浙绍民终字第604号民事判决书、天津市第二中级人民法院作出的（2015）二中民一终字第0476号民事判决书、北京市第二中级人民法院作出的（2016）京02民终8415号民事判决书、肇庆市中级人民法院作出的（2016）粤12民终531号民事判决书、绍兴市中级人民法院作出的（2015）浙绍民终字第206号民事判决书、湛江市中级人民法院作出的（2014）湛中法民一终字第700号民事判决书、淄博市中级人民法院作出的（2016）鲁03民终1676号民事判决书、玉林市中级人民法院作出的（2016）桂09民终457号民事判决书、大连市中级人民法院作出的（2015）大民一终字第01585号民事判决书、常德市中级人民法作出的（2015）常民一终字第438号民事判决书、嘉峪关市中级人民法院作出的（2014）嘉民一终字第34号民事判决书、徐州市铜山区人民法院作出的（2014）铜民初字第2363号民事判决书、浙江省高级人民法院作出的（2012）浙民提字第108号民事判决书、北京市朝阳区人民法院作出的（2015）朝民初字第01636号民事判决书、北京市第一中级人民法院作出的（2014）一中民终字第1464号民事判决书、青岛市中级人民法院作出的（2014）青民五终字第697号民事判决书、中山市中级人民法院作出的（2017）粤20民终3024号民事判决书和河南省高级人民法院作出的（2015）豫法民三终字第239号民事判决书。

的人身保险权益实质相当，可视为双方已作分割，个人名下的保险单归各自所有；[1]（2）保险金属保险期待收益，尚未到期的人身保险具有不确定性，故不予处理；[2]（3）婚内购买保险的行为，是一种处分夫妻共同财产的行为，保险合同中已明确约定了投保人、被保险人、受益人各自的权利义务，故对人身保险权益不予处理；[3]（4）购买保险在现实生活中属于常态，并无不当，相应支出应作为合理消费行为，不作为夫妻共同财产分割。[4]

在投保人为夫妻一方，被保险人或者受益人为第三人的案件中，各法院也存在不同裁判意见。有的法院认为，在婚内为夫妻以外的第三人投保，所缴纳的保费就应为夫妻共同财产；[5]有的法院认为，为夫妻以外的第三人投保，此系具有人身属性的保险，亦视为对案外人的赠与，故不宜作为夫妻共同财产予以处理。特别强调的是，以子女为受益人的人身保险，法院通常不予分割，尽管该保险是以夫妻共同财产缴纳保费，但视为是父母对子女的赠与。[6]

---

[1] 参见中山市中级人民法院作出的（2014）中中法民一终字第766号民事判决书、成都市中级人民法院作出的（2016）川01民终2255号民事判决书、呼和浩特市中级人民法院作出的（2016）内01民终293号民事判决书、烟台市中级人民法院作出的（2015）烟民四终字第639号民事判决书、楚雄彝族自治州中级人民法院作出的（2015）楚中民一终字第149号民事判决书和上海市浦东新区人民法院作出的（2015）浦民一（民）初字第28775号民事判决书。

[2] 参见浙江省高级人民法院作出的（2010）浙民终字第24号民事判决书、孝感市中级人民法院作出的（2015）鄂孝感中民一终字第00332号民事判决书、成都市中级人民法院作出的（2016）川01民终7820号民事判决书、新疆生产建设兵团第十三师中级人民法院作出的（2015）兵十三民终字第86号民事判决书、武汉市中级人民法院作出的（2015）鄂武汉中民终字第01621号民事判决书、威海市中级人民法院作出的（2015）威民一终字第235号民事判决书和贵阳市中级人民作出的（2015）筑民三终字第150号民事判决书。

[3] 参见阳江市中级人民作出的（2014）阳中法民一终字第225号民事判决书、浙江省高级人民法院作出的（2012）浙民提字第108号民事判决书、青岛市中级人民法院作出的（2014）青民五终字第697号民事判决书、河南省高级人民法院作出的（2015）豫法民三终字第239号民事判决书和无锡市中级人民法院作出的（2016）苏02民终226号民事判决书。

[4] 参见上海市高级人民法院作出的（2015）沪二中民一（民）终字第691号民事判决书、开封市中级人民法院作出的（2016）豫02民终2096号民事判决书和上海市第二中级人民法院作出的（2015）沪二中民一（民）终字第1232号民事判决书。

[5] 参见（2014）一中民终字第6569号、（2016）苏01民终5402号、（2016）鲁01民终1793号、（2014）铜民初字第2363号、（2015）朝民初字第01636号、（2014）一中民终字第1464号、（2012）新民再申字第00080号、（2017）京01民终6920号

[6] 参见孝感市中级人民法院作出的（2015）鄂孝感中民一终字第00332号民事判决书、北京市第二中级人民法院作出的（2016）京02民终8221号民事判决书、绍兴市中级人民法院作出的（2015）浙绍民终字第604号民事判决书、鞍山市中级人民法院作出的（2016）辽03民终2597号民事判决书、辽阳市中级人民法院作出的（2017）辽10民终366号民事判决书、淄博市中级人民法院作出的（2016）鲁03民终1676号民事判决书、黑龙江省高级人民法院作出的（2016）黑民申1454号民事裁定书、深圳市中级人民法院作出的（2016）粤03民终9584号民事判决书、石家庄市中级人民法院作出的（2015）石民再终字第00101号民事判决书、平顶山市中级人民法院作出的（2016）豫04民终1887号民事判决书、唐山市中级人民法作出的（2015）唐民一终字第176号民事判决书、楚雄彝族自治州中级人民法院作出的（2015）楚中民一终字第149号民事判决书、青岛市中级人民法院作出的（2014）青民五终字第1055号民事判决书、嘉峪关市中级人民法院作出的（2014）嘉民一终字第34号民事判决书、潮州市中级人民法院作出的（2014）潮中法民一终字第200号民事判决书和锦州市中级人民法院作出的（2014）锦民一终字第00302号民事判决书。

2. 分割对象

在100个裁判文书中，人身保险权益的分割对象不一，有的法院分割保险金，有的法院分割保险费，有的法院分割保险现金价值，有的法院分割投资保险收益：

案件数及占总案件数的比例 分割对象	案件数	比例
保险金	9	9%
保险费	56	56%
保险现金价值	38	38%
投资保险收益	1	1%

从数据分析看，法院在处理涉及人身保险权益的离婚财产分割纠纷时，对于已在婚姻关系存续期间取得保险金的，多以保险金作为分割对象；对于离婚时仍在保险期间的人身保险权益，多以保险费或者保险现金价值作为分割对象。具体案件分类如下：

案件数及占总案件数的比例 法院裁判观点	案件数	比例
A. 婚内取得医疗保险理赔款，具有人身依附性，不应作为夫妻共同财产	6	6%
B. 以夫妻共同财产缴纳的保险费，在婚内取得的保险金，应为夫妻共同财产	4	4%
C. 婚内缴纳的保险费为夫妻共同财产，应给分割	4	4%
D. 婚内以自己为被保险人，离婚后保险归己方所有，给付对方保险费的一半价款	26	26%
E. 婚内缴纳的保险费，应为夫妻共同财产，离婚前保险未到期，应分割保险现金价值一半给对方	14	14%
F. 婚内缴纳的保险费，应为夫妻共同财产，离婚前退保，保险现金价值及红利应平分	14	14%
G. 夫妻双方互为投保人、被保险人或受益人为对方，离婚后变更投保人或受益人，给对方一半保险费；或退保，给对方补偿现金价值的一半	3	3%
H. 夫妻双方在不同的保险中均分别作为受益人或领取红利，二人对保险合同均享有相应且大致相当的保险利益，应视为该共同财产已分割，各自所投保险归各自所有	6	6%

续表

法院裁判观点 \ 案件数及占总案件数的比例	案件数	比例
I. 在婚姻关系存续期间购买保险的行为，是一种处分夫妻共同财产的行为，保险合同中已明确约定了投保人、被保险人、受益人各自的权利义务，故对保险不予处理	6	6%
J. 保险全保保险期待收益，尚未到期，具有不确定性，故不予处理	7	7%
K. 购买保险在现实生活中属于常态，并无不当，相应支出应作为合理消费，不作为夫妻共同财产分割	3	3%
L. 婚姻关系存续期间，为夫妻以外的第三人投保缴纳的保费应为夫妻共同财产	0	0%
M. 为夫妻以外的第三人投保，所投保险系具有个人人身属性的保险，亦应当视为对案外人的赠与，故不宜作为夫妻共同财产予以处理	4	4%
N. 用夫妻共同财产为子女购买的，婚生子女作为受益人保险一般不予分割，视为对子女的赠与。	13	13%
O. 其他原因	6	6%

从上述数据分析看，多数法院承认人身保险权益具有经济价值，属于财产分割范畴，认为夫妻在婚姻关系存续期间所购买的人身保险属于夫妻共同财产，离婚时应作为夫妻共同财产予以分割的超过五成。在如何分割上，法院原则上是维持保险合同的效力，并以被保险人为中心，通过变更投保人或者受益人的方式尽可能使投保人、被保险人和受益人的身份一致，再裁决享有保险权益的一方给予另一方相应的补偿。但就补偿款的认定上，法院分割的对象则有所不同：如若是保险合同到期或者发生保险事故而取得保险金的，则分割对象为保险金；尚在保险合同有效期间的，则以已缴纳的保险费为分割对象，此占比 26%，但也有 14%案例认为分割对象应当为保险现金价值。

此外，涉及第三人的人身保险权益的处置问题上，我们可以看出，在司法实务中法院是不倾向于分割的，尤其是第三人为夫妻双方所生的子女时，法院的态度非常明确，有 13%的案件中，法院认为父母为子女购置人身保险的行为应当认定是一种赠与行为，不宜作为夫妻共同财产予以分割。

（二）司法分割规则

虽然就如何分割离婚所涉人身保险权益这一问题，各地法院的裁判观点存不同，但我们仍从这 100 份生效裁判文书中梳理出多数法院达成较为一致的司法分割规则。

1. 人身保险权益属于夫妻共同财产分割范畴

前文的数据显示，法院对离婚时是否分割人身保险权益这一问题上，多数持肯定的态度，仅有16％的案件对离婚时涉及的人身保险权益不作处理。人身保险权益是保险主体（投保人、被保险人、受益人）在人身保险中所享有的此种具有经济价值的权利和利益之和，该权益是紧紧围绕着人身保险合同和保险主体的身份产生的、能够以货币衡量价值大小的各类权益的集合，通常表现为保险金、保险现金价值、保险费和投资保险收益等形式。无论是婚内所取得人身保险金还是离婚时尚且在保险期间的人身保险合同，都因其具备一定的经济价值成为夫妻离婚财产分割的对象。

有不到两成的法院持否定态度，其理由主要有两点：一是认为离婚时保险事故未发生的，保险金属于期待利益，则不应处理；二是认为保险费的缴纳如同正常消费，一经支出即再无分割的可能。上述理由认识到保险合同乃射幸合同，因保险事故发生的不确定性，保险金请求权则是一种未实际取得的期待权，有别于即买即卖的普通商品交易。[1] 但笔者认为，据此就认定人身保险权益在离婚时不应予以处置，忽略了人身保险具备的储蓄性。现代保险已不再满足于仅提供风险防范功能，保险市场上所出现的如两全保险、年金保险和分红保险等“返还型保险”，将风险防范同储蓄融为一体。现代的人寿保险通过死亡给付及保单红利分享的内容兼具生命保障、金融服务的功能外，尚有财务保障之功能，其所保障之对象涵盖个人、家庭及企业。[2] 因此，投保人所缴纳的高额的保险费，除了要求保险公司承担风险而付出的对价之外，事实上还包含有储蓄部分。因此保险费的缴纳并不等同于普通消费，一经支出即无分割可能，应看到投保人缴纳的保险费是以保单作为载体转变为随时计算可得的现金价值或有待支付的保险金额，无论是保险费、保单现金价值还是保险金，都不能否认保单上存在有可供分割的人身保险权益这一经济利益。

2. 保单归属于被保险人并相应补偿另一方配偶

针对离婚时仍在保险合同有效期间的人身保险权益应如何分割的问题，多数法院采取尽可能保持被保险人身份，通过变更投保人或受益人的方式，使人身保险的投保人、被保险人和受益人归于统一。关于杨某与张某离婚纠纷的案件，法院认为，“鉴于受益人可根据被保险人的指示进行变更，对本案五份保险的分割应以被保险人为中心进行分割较为公平合理，即投保人与被保险人为夫妻一方的，保险归被保险人所有，投保人补偿一半的保险现金价值给对方；被保险人是子女的，保险单归子女抚养人的一方所有，此视为对子女的赠与，变更受益人即可，不进行分割；投保人与被保险人不一致而分别为夫妻一方

[1] 董亚丽：《人身保险利益在离婚析产案件中的处理》，《辽宁公安司法管理干部学院学报》2012年第2期。

[2] 汪信君：《死亡保险中受益人之确定》，《台湾本土法学杂志》2000年第6期。

的，保险归被保险人所有，变更投保人为被保险人，被保险人补偿一半的保险现金价值给对方。”❶

实务中，夫妻之间在其以共同财产缴纳保费所购置的人身保险合同中的投保人、被保险人和受益人的关系有四种，对于这四种不同情形，法院通常的分割做法如下：

(1) 投保人、被保险人和受益人均一致为夫妻一方的情形。被保险人即是投保人，由其向另一方补偿一半的保险费或者保险现金价值；

(2) 投保人和受益人为夫妻一方，另一方则作为被保险人（作为投保人和受益人的夫妻一方既有经济上的投入也有获得保险金的可能，但作为被保险人的另一方则以其生命或身体承担风险）。在此种情形下，法院往往同时变更投保人和受益人为被保险人，保单归被保险人所有，被保险人向原投保人支付一半的保险费或者保险现金价值；

(3) 投保人和被保险人均为夫妻一方，受益人则为夫妻另一方（前者负担经济支出并承担发生保险事故的危险，后者享有纯获利的保险金请求权）。在此情形下，法院通过裁决更改受益人为被保险人，由同时为投保人和被保险人的夫妻一方对失去期待利益的另一方给予一半的保险费或者保险现金价值作为补偿；

(4) 保单关系是投保人为夫妻一方，被保险人和受益人为另一方（前者负担经济支出，后者承担风险并享有收益）。在此情形下，法院倾向于变更投保人为被保险人，保单归被保险人享有，法院裁决分割一半的保险费或者保险现金价值给原投保人。

3. 被保险人或受益人为第三人的人身保险权益不予分割

在保险实务中，除了夫妻之间会互相投保之外，也常常会出现为其他家庭成员购置保险的行为，如夫妻一方为其近亲属如父母投保，或更多出现的情形是夫妻双方为其共同生育的子女投保。当然，还存在一定比例的再婚家庭中，夫妻一方为其与前任配偶所生子女投保的情形。

就此，在婚姻关系存续期间，夫妻一方为第三人购买，即被保险人或者受益人为第三人的人身保险，尤其是为子女购置人身保险。但一旦夫妻感情破裂并最终离异，那么这些涉及第三人的人身保险是否属于夫妻共同财产予以分割。从保险费的来源和保险合同得以成立的前提分析，即便是为第三人购置的人身保险也仍是在婚姻关系存续期间以夫妻共同财产缴纳的保险费才得以维持合同的效力，该人身保险权益当然属于夫妻关系存续期间所得财产，应当在离婚时予以分割。但是，从前文的数据来看，并无法院认为婚姻关系存续期间为

---

❶ 参见淄博市中级人民法院作出的（2016）鲁03民终1676号民事判决书。

夫妻以外的第三人投保缴纳的保费应为夫妻共同财产予以分割。与此截然相反的是，上述17％的案例中，法院认为为夫妻以外的第三人投保，所投保险系具有个人人身属性的保险，亦应当视为对第三人的赠与，故不宜作为夫妻共同财产予以处理。由此可见，法院普遍认为在婚姻关系存续期间为第三人购买的人身保险系对第三人的赠与，缴纳的保险费虽属于夫妻共同财产，但其一经缴纳即转化为保单上的经济价值，应当视为夫妻双方已对其共同财产作出处分，达成了合意，故而在司法实践中倾向于不分割。

二、分割人身保险权益中面临的司法困境

（一）无法可依

从现有的法律法规和司法解释分析，《保险法》和《婚姻法》均没有相关的法律条款可以援引，仅有最高人民法院《婚姻法司法解释（二）》第13条明确规定军人的伤亡保险属于个人财产，以及《婚姻法司法解释（二）》和《婚姻法司法解释（三）》对养老保险中的夫妻共同财产作出规定，但对于离婚时其他保险权益的分割问题却并未提及，这就使得在离婚财产分割案件中涉及到人身保险权益时陷入无法可依局面。

在法无明文规定的情况下，值得注意的是，最高人民法院对离婚财产分割时涉及的人身保险权益的处置的态度却悄悄发生了变化。最高院曾在2005年民事审判实务指导中，指出“依照《保险法》第21条第3款、第60条第1款、第63条的规定和我国《民法通则》《婚姻法》以及《继承法》的相关规定，保险利益主要表现为保险金，保险利益具有特定的人身关系，应属于夫妻一方的个人财产，不属于夫妻共同财产”。❶ 基此，认定婚内取得的人身保险金因其人身专属性而应当属于夫妻一方的个人财产。但是，最高院2016年在北京召开的第八次全国法院民事商事审判工作会议上，在关于夫妻共同财产认定问题中指出：“婚姻关系存续期间，夫妻一方作为被保险人依据意外伤害保险合同、健康保险合同获得的具有人身性质的保险金，或者夫妻一方作为受益人依据以死亡为给付条件的人寿保险合同获得的保险金，宜认定为个人财产，但双方另有约定的除外。婚姻关系存续期间，夫妻一方依据以生存到一定年龄为给付条件的具有现金价值的保险合同获得的保险金，宜认定为夫妻共同财产，但双方另有约定的除外。”❷

可见，2005年时，最高院对人身保险的险种并不加以区分，只要是属于

---

❶ 最高人民法院民事审判第一庭本书编写组编：《民事审判实务问答》，北京：法律出版社2005年版，第206页。

❷ 最高人民法院：《第八次全国法院民事商事审判工作（民事部分）会议纪要（征求意见稿）》，《人民法院报》2016年12月1日。

人身保险的保险金就直接认定为属于夫妻一方的个人财产。然而到了 2016 年，最高院却强调了不同险种的人身保险金的归属也有所不同：意外伤害险、健康险以及以死亡为给付条件的人寿保险的保险金属于夫妻一方个人财产；但以生存到一定年龄为给付条件的具有现金价值的保险却又认定为属于夫妻共同财产。

（二）分割对象存在争议

在前文的数据统计中，对于离婚时仍处在保险合同期间的人身保险权益，多数法院将该人身保险权益归属为夫妻共同财产予以分割，但究竟以何者为离婚时涉及人身保险权益的分割对象则存在分歧，有 56%的法院选择以保险费为分割对象，有 38%的法院则认为应当将保险现金价值作为分割对象。

保险费和保险现金价值是完全不同的两种概念。前者是投保人根据保险合同所订的保险费率向保险公司缴付的费用，后者则是根据保险合同的约定投保人要求解约或退保时保险公司应当退还给投保人的部分责任准备金。在均衡缴费模式之下，投保人在保险合同期间实际缴纳的保险费大于自然保险费时，差值部分就形成了保险责任准备金，而该责任准备金再扣除手续费后的剩余额，才是保单现金价值。[1] 保险费与保险现金价值的属性截然不同：保险费属于投保费用，保险现金价值则是合同解约后产生的金额，通常情况下保单的现金价值是小于保险费的。

司法实践中，多数法院选择以保险费作为分割对象，原因在于保险费能够迅速准确地认定分割财产的具体数额，这种分割方式操作性强，减轻了法官核实夫妻共同财产数额的负担。但是，保险费作为投保人要求保险人承担风险而支付的对价，如同其他消费一样，一经支出就再无回转的可能。因此，将保险费作为离婚时分割人身保险权益的对象，仍然存在较大争议。

一般的财产分割，通常是以分割时的时间点计算财产价值，而非以过去所缴纳的保险费作为分割对象，这是妥当的。但是，依我国《保险法》第 47 条规定，保险合同必须解除后才有计算保险现金价值的可能。而现实情况是多数法院通常以被保险人为中心在分割时对保险关系人作一重新调整，使得保险合同继续有效履行，然后再分割人身保险权益。这时，既然合同尚未解除，又何来分割保险现金价值一说呢？也正由于离婚时涉及人身保险权益的分割对象不同，各地法院的裁决不一，出现“同案不同判”的情形，造成司法不公。

（三）保险合同效力突破之嫌

从法院裁决文书分析，对离婚中人身保险权益的分割当事人往往只涉及夫妻双方，很少牵涉到保险公司。无论法院是裁决退保，还是变更保险主体以继

[1] 李玉泉主编：《保险法学——理论与实务》，北京：高等教育出版社 2007 年版，第 353－354 页。

续维持保险合同，相关裁判文书普遍缺失保险合同的另一方主体即保险公司。

但是，保险合同的当事人仍是由投保人和保险公司双方构成，被保险人和受益人均不是保险合同的当事人，只是关系人，尽管法律赋予了投保人随时退保的权利，但是法院一旦裁决退保而分割保险现金价值或变更投保主体，将影响到保险公司，导致保险公司作为人身保险合同的一方当事人的权利难以维护。因此，法院为维护被保险人权益而忽视保险公司的存在，既有突破保险合同效力之嫌，又难以平等保护保险合同双方当事人的权益。

（四）存在借保险进行婚内洗钱的隐患

我国《保险法》并不强制要求受益人必须对被保险人具有保险利益，受益人所享有的保险金请求权是相对独立的纯利益的权利，一旦发生保险事故，受益人所享有的受益权由期待利益转为现实利益，取得的保险金是受益人的个人财产。这样，夫妻一方以他人为人身保险合同受益人的身份所得的保险金认定为一方的个人财产，就可能导致夫妻中的一方以保险的形式转移夫妻共同财产。如此情形还可能引发婚姻“洗钱”行为，因为我国《保险法》并未对受益人的范围作出限制，这就使得夫妻一方很可能通过为他人投保设定自己或者他人为受益人，将夫妻共同财产不当地转化为个人财产，极大地侵害另一方的利益。

三、完善人身保险权益的司法分割规则

（一）明确婚内取得的保险金为个人财产

笔者认为，无论是否以夫妻共同财产投保人身保险，也无论投保的险种为何，婚姻关系存续期间取得的人身保险金应当属于夫妻一方的个人财产，其理由如下：

1. 人身保险金因被保险人以其生命或者健康负担风险而具有人身专属性

无论是何种类型的人身保险，即便是兼具投资理财属性的两全保险，都无法否认其保险金的人身专属性。人身保险合同本质上是为被保险人利益所订立，受益人享有的受益权实质上来源于被保险人的指定，究其本源乃被保险人以自己的身体或寿命为标的，保险人支付保险金所填补的是被保险人的损失而非投保人的损失。[1] 人身保险金的取得是以被保险人的生命或者健康为保险代价，若将此具备强烈人身属性的财产纳入夫妻共同财产予以分配，一方面，既不能实现其填补被保险人所受损害的目的，人身保险制度所依赖的抽象损失补偿原则也就形同虚设；另一方面，对于遭受损害的被保险人而言，要与未付出任何人身损害代价的配偶另一方分割保险金，也有违公平原则。北京高院民一

[1] 王西钢：《人身保险合同投保人法定解除权研究》，《法学研究》2007 年第 4 期。

庭发布的《北京市高级人民法院民一庭关于审理婚姻纠纷案件若干疑难问题的参考意见》，也指出夫妻关系存续期间一方因身体受到伤害而获得的保险金（本人为受益人）应为一方个人财产；夫妻关系存续期间获得的残疾赔偿金应为一方个人财产。[1]

2. 人身保险金归属夫妻一方系当事人意思自治的结果

在婚姻关系存续期间夫或妻购买人身保险，该行为本身就是一种处分夫妻共同财产的行为。尤其是在夫妻一方为投保人，另一方为被保险人或者受益人的人身保险中，保险合同中已明确约定了夫妻二人谁是投保人、被保险人和受益人，夫妻双方也完全知晓各自在保险合同中的权利义务。换言之，夫妻双方早已在人身保险合同中约定了一旦保险事故发生，人身保险赔偿金就归被保险人或者被保险人指定的受益人所有，这正是夫妻双方协商处分夫妻共同财产的结果，是其真实意思表示的体现，应当予以尊重。我国《保险法》第 40 条也赋予了被保险人和投保人指定受益人、受益顺序和受益份额的权利，也就是说夫妻双方完全可以在保险合同中约定人身保险金的具体分配方式，无需再由外界介入或司法干预来判定是否属于夫妻共同财产。

（二）确立以被保险人为中心的分割原则

对于离婚时仍处在保险合同有效期间的人身保险权益，应当按照以被保险人为中心的分割原则处置，即将保单权益归属于被保险人。离婚所涉及的人身保险权益分割，涉及投保人、被保险人和受益人三者的利益平衡，而投保人、被保险人和受益人这三者实质上分别代表了投入、风险和收益。从投保人的角度看，无论投保人是为自己的利益，还是为他人的利益订立人身保险合同，只要保险合同依法成立，投保人就应承担缴纳保险费的义务，其承担的是一种经济投入而转移被保险人生命或健康的风险给保险公司。反观被保险人，人身保险合同是保障合同，其保障的对象归结到意外危险事故或保险事件在其身体上发生的人，即被保险人。人身保险合同的保险标的——人的生命和身体，总是以被保险人为载体，两者须臾不可分离。[2] 由此可见，被保险人以其本人在保险事故中所遭受的损害为代价，此种代价通常表现为在法律上具有人身专属性的健康、生理能力或者是劳动能力状态。投保人所缴纳的保险费的多少也正是以被保险人的身体状态为基础，由保险公司计算保险费率的高低。从投保人和被保险人各自负担的义务分析，前者是经济上的投入，后者则以本人的生命或者健康负担风险，因此，将离婚时涉及的人身保险权益归于风险承担者即被保

---

[1] 《关于审理婚姻纠纷案件若干疑难问题的参考意见》，北京审判，2016 年 8 月 8 日。https://mp.weixin.qq.com/s/UPnn3KrfE7vbFKfXmtcjQA，访问日期：2018 年 6 月 14 日。

[2] 覃有土、樊启荣：《保险法学》，北京：高等教育出版社 2003 年版，第 69 - 70 页。

险人更为公允，符合常情。

但保险合同最核心的要素就在于保险利益。若投保人对保险标的无保险利益，只凭危险事故发生，即受领此团体给付之一定金额，则非保险，而是“赌博”。[1] 而在人身保险中，保险标的是被保险人的寿命和身体，故而被保险人一定对保险标的存在保险利益，以被保险人为中心的分割原则，同样能够有效避免道德风险的发生。

被保险人依法享有保险金请求权，但在死亡保险合同中，一旦被保险人死亡，那么保险公司应当向谁支付保险金呢？这便引出了受益人这个概念。从我国现行的《保险法》及其司法解释的规定看，受益人的指定及变更必须经过被保险人的同意，被保险人本身就是依法享有保险金请求权的主体，法律又赋予了其让渡该期待利益的权利，故而在被保险人和受益人之间，前者决定了后者是否享有期待利益的可能，后者的权利源自前者的让渡，因此在尚未发生保险事故，即受益人的期待利益未转化成现实权利时，多数法院将保单归于被保险人一方所有的做法亦是合乎情理的。

（三）以保险现金价值为分割对象

笔者以为，对于离婚时仍在保险合同有效期限内的人身保险合同，双方当事人均想维持保险合同效力的，应当将保单归为被保险人一方所有，由其给予对方相当于保险现金价值一半的补偿，此种分割方式兼具可操作性和效率要求：

（1）保险现金价值在未退保前仍可计算得出。保险现金价值在人身保险合同的分割中并非仅是人身保险权益的价值具体体现，更多的是作为离婚时处理因保险合同而产生的“保险债务”的衡量标准。在保险实务中，保险公司往往会在保险产品中附带有该产品的保险现金价值表，此表列明了随着投保时间变化而不断增长的现金价值的具体值。因此，法院以保险现金价值作为分割对象是有据可依的，数额明确，简便易行。

（2）保险现金价值虽然是投保人退保或解除合同时才实际产生的人身保险权益，但并不意味着补偿现金价值折价的夫妻一方必须履行退保或解除合同的行为。2003 年 12 月，最高院发布的《最高人民法院关于人民法院审理保险纠纷案件若干问题的解释（征求意见稿）》（以下简称“《征求意见稿》”），从该《征求意见稿》第 45 条[2]的规定可知，最高院也是以保单的现金价值作为分割

---

[1] 江朝国：《保险法基础理论》，北京：中国政法大学出版社 2002 年版，第 24 页。

[2] 《征求意见稿》第 45 条规定：“人民法院对于以夫妻共同财产投保后，夫妻又离婚的，应当按照以下情况处理涉及保险的纠纷：（一）一方为投保人并以自己或其亲属为受益人的，应当给予对方相当于保险单现金价值的一半的补偿。（二）一方为投保人，对方或其亲属为受益人，人民法院应当支持对方继续交纳保险费维持合同效力的请求，但该方当事人应当给予投保人相当于保险单现金价值一半的补偿。”

对象，但并不以是否实际退保作为前提条件。无论退保与否，保险现金价值都是客观存在于保单这一载体上的。

（3）保险现金价值的多寡不是阻却分割的正当理由。有人认为在人身保险投保的前两年内，保险现金价值几乎没有的情况下，以保险现金价值作为对象予以分割，则未获得保单权利的配偶一方客观上难以得到补偿。值得的注意的是，人身保险亦是一种金融产品，正如股票也有跌涨的可能，保险的价值本身就存在贬值的可能，当事人在购置保险产品时就应当预料到，一旦选择在投保的前两年内提出退保或者分割保单现金价值，就会有收益低于投入的风险。这种不利后果应当由当事人自行承担，而不能因为实际计算的保险现金价值过低甚至没有就否认保险现金价值可以作为分割对象。

（四）限定受益人，以防婚内洗钱

由于我国《保险法》并不要求受益人必须对被保险人具有保险利益，而受益人所享有的保险金请求权又是相对独立的，因此就很容易致使夫妻一方通过设定夫妻以外的第三人为人身保险的受益人，将夫妻共有财产转移给该第三人。美国的保险法有规定，若夫妻一方以夫妻共有财产缴纳保险费购买人身保险，其配偶应共同享有保单上的权利，如果夫妻一方指定第三人为受益人的，此时受益人通常只能享有保险金的一半份额。[1]

为防止以此转移夫妻共同财产，笔者认为，在婚姻关系存续期间，夫妻一方以夫妻共有财产投保人身保险合同的，应当在双方的近亲属范围内设定或者变更受益人，此范围外的受益人应经其配偶同意。如此一来，将有效防止保险作为“婚内洗钱工具”，隐匿转移夫妻共同财产的行为。

伴随着经济的转型，我国夫妻共同财产呈现多元化特征，人身保险权益既是一种金融资产，也属于夫妻共同财产分割范畴。就离婚中的人身保险权益分割，应坚持以被保险人为中心和尊重当事人意思自治为原则，以保险现金价值作为分割对象。婚姻关系存续期间取得的人身保险金为夫妻一方的个人财产；离婚时尚在保险期间的人身保险，应将保单归属被保险人一方所有，并给予对方保险现金价值一半的补偿。对以夫妻共同财产擅自投保导致“婚内洗钱”的行为，应通过限定受益人范围的方式加以解决。

参考文献

[1] 董亚丽．人身保险利益在离婚析产案件中的处理［J］．辽宁公安司法管理干部学院学报，2012（2）：59.

[1] ［美］缪里尔·L. 克劳福特：《人寿与健康保险》，周伏平、金海军等译，北京：经济科学出版社2000年版，第223-237页。

[2] 汪信君．死亡保险中受益人之确定［J］．台湾本土法学杂志，2000（6）：12.
[3] 最高人民法院民事审判第一庭本书编写组编．民事审判实务问答［M］．北京：法律出版社，2005：206.
[4] 最高人民法院．第八次全国法院民事商事审判工作（民事部分）会议纪要（征求意见稿）［N］．人民法院报，2016－12－1日．
[5] 李玉泉．保险法学——理论与实务［M］．北京：高等教育出版社，2007：353－354.
[6] 王西钢．人身保险合同投保人法定解除权研究［J］．法学研究，2007（4）：102.
[7] 覃有土，樊启荣．保险法学［M］．北京：高等教育出版社，2003：69－70.
[8] 江朝国．保险法基础理论［M］．北京：中国政法大学出版社，2002：24.
[9]［美］缪里尔·L. 克劳福特．人寿与健康保险［M］．周伏平，金海军，等译．北京：经济科学出版社，2000：223－237.

保单现金价值强制执行的利益衡平路径

武亦文[1]

摘 要 保单现金价值并不属于投保人的固有责任财产，与储蓄存款存在本质差异，《民事诉讼法》第242条无法适用于对保单现金价值的强制执行。由于实际效用及代位执行对象双重障碍的存在，对保单现金价值的强制执行也无法定位为代位执行程序。人寿保险合同任意解除权并无人身专属性，解除权等形成权亦可通过目的性扩张解释为债权人代位权的行使对象，债权人依法理可代位投保人解除保险合同以对保单现金价值为强制执行。但是债权人代位解除保险合同未能实现债权人、投保人、保险人、被保险人及受益人等利害关系人之间的利益平衡，而债权人代位行使保单质押借款权在保障债权人债权受偿的同时，也克服了债权人代位解除保险合同所产生的问题，是最优选择。

关键词 保单现金价值 强制执行 代位权 保单质押借款权

在司法实务中，当作为债务人的投保人无法清偿其对债权人所负到期债务时，债权人可否申请法院对投保人与保险人签订人寿保险合同所形成的保单现金价值强制执行？这一问题成为近年来司法实务中争议的焦点。以下几个案例反映了司法实务中对于这一问题的不同处理态度。

案例一：投保人A在保险人B处投保了一份分红型人寿保险，保险合同约定被保险人为投保人之女C，生存保险金受益人为C，身故保险金受益人为A。后因投保人未履行对于其债权人D的到期债务，经债权人申请，法院冻结了保单现金价值。后C提出执行异议，法院撤销执行裁定，理由如下。第一，本案中人身保险合同的被保险人及受益人尚健在，投保人（债务人）不享有对于保单现金价值的请求权，强制执行影响了异议人的财产权益。第二，投保人购买保险的时间先于人民法院借贷纠纷裁定的作出时间，投保人购买保险的行为没有违反《最高人民法院关于限制被执行人高消费的若干规定》（法释

[1] 武亦文，武汉大学法学院副教授。

〔2010〕8号）的相关规定。

案例二：投保人A与保险人B签订分红型人寿保险合同。被保险人为投保人A之妻C，合同未明确约定受益人。后投保人A未履行对于债权人D的到期债务，经债权人申请，法院裁定提取、扣留保单中的保单现金价值。保险人B对于执行裁定提出异议，法院经审查认为，由于保险合同未到终止时间，保险合同双方当事人也无任何解除保险合同的意思，法院不应以强行解除保险合同的方式提取保单的现金价值，可先对保单现金价值予以冻结，待提取条件成后再行提取，但可提取、扣留投保分红部分的收入。

案例三：投保人A与保险人B签订了一份分红型人寿保险合同，被保险人为投保人A，保险合同未指定受益人。后投保人A未履行其对于债权人C的债务。经债权人C申请，法院强制执行A所投保的人寿保险合同中的保单现金价值。保险人B不服裁定，向上一级法院申请复议，法院维持原裁定，理由如下。第一，本案涉及的分红型人寿保险虽以人的身体和生命为保险标的，但由于投保人可通过解除保险合同提取保险单的现金价值，保险单本身具有储蓄性、有价性，为投保人依法享有的财产权益，并构成投保人的责任财产。第二，保单现金价值在法律性质上并不具有人身依附性和专属性，也不是被执行人及其所扶养家属所必需的生活物品和生活费用，不属于《最高人民法院关于人民法院民事执行中查封、扣押、冻结财产的规定》（法释〔2004〕15号，以下简称“《关于查封、扣押、冻结财产的规定》”）第5条所规定的不得执行的财产。第三，在作为投保人的债务人不能偿还债务，又不主动解除保险合同以偿还债务的情况下，法院有权强制代替被执行人对该保险单的现金价值予以提取。

上述三个案例均涉及作为债务人的投保人无法清偿对外债务时，法院可否根据债权人的申请径直裁定对保单现金价值强制执行。在上述三个案例中，法院判决结论及理由存在较大差别，在法律对保单现金价值能否强制执行未作明确规定的情况下，司法实务对于这一问题的处理存有较大分歧，而这对案件所涉当事人的利益影响甚巨。由于人寿保险对于受益人、被保险人及其遗属而言均能发挥一定的生存保障功能，这些主体与人寿保险合同具有直接的利益关联，法院在案例一中正是以此为理由之一作出不能强制执行保单现金价值的裁决。但是对于投保人的债权人而言，保单现金价值又具有保障其债权得以受偿的责任财产属性，故法院在案例三中即遵循这一思路，认定保单现金价值可强制执行。但在司法实务中，对保单现金价值进行强制执行的案件，往往是保险人作为异议人提出执行异议，这与理论界所强调的“强制执行可能损害被保险人以及受益人等利害关系人利益”存在一定程度的事实出入。尽管理论界的担忧在现实中也有所体现，但这也反映出对于保单现金价值的强制执行问题，现有研究视角尚存在某种程度的局限性。

对于法院能否强制执行保单现金价值问题的回答，需从如下几个层面进行思考。其一，法院能否适用针对存款等财产的强制执行规则处理保单现金价值的强制执行问题。如果能够适用，则此时法院显然是将保单现金价值作为投保人自身的固有财产看待，但此种解决路径是否合理？如果不能适用，则法院应适用何种强制执行规则？法院的强制执行是否可被定位为代位执行程序，抑或是在承认债权人可代位解除保险合同的基础之上对于保单现金价值进行的强制执行？其二，投保人所享有的保险合同任意解除权是否具有专属性，债权人是否可代位投保人解除保险合同？其三，如果承认债权人的债权应该得到保护，债权人通过代位权的行使固然能使得自身债权得到满足，但是此种情形下会产生人寿保险合同解除的结果，这将对被保险人、受益人等利害关系人的期待或者期待权造成损害，是否存在其他更能实现这些主体之间利益平衡的处理方式？对此，下文将逐一求解。

一、《民事诉讼法》第 242 条强制执行规则适用于保单现金价值的否定

现行法并未明确规定保单现金价值是否可以强制执行。我国《民事诉讼法》第 242 条规定法院可对被执行人的存款、债券、股票、基金份额等财产进行执行，这些财产均具有债务人固有责任财产的属性，与债务人享有所有权的金钱及动产相似。虽然债务人的存款表现为债务人对于银行所享有的债权，但存款这一债权不同于其他债权，我国法律将债务人的存款也作为债务人的金钱予以处理。但对于保单现金价值的强制执行问题，第 242 条未明确提及。由于该条对可强制执行财产的范围仅作了列举性规定，并未排除其他可强制执行的财产范围，那么在解释上是否意味着保单现金价值也可被纳入该条“等财产”的范围？在司法实务中，有法院即认为“被执行的财产包括但不限于存款、债券等，保险单的现金价值属于被执行人的财产”，进而根据《民事诉讼法》第 242 条对保单现金价值进行强制执行。在理论层面，有学者认为保单现金价值类似于投保人储蓄在保险公司的存款，以此类推得出法院可强制执行保单现金价值的结论。

《关于查封、扣押、冻结财产的规定》第 2 条对于可被认定为强制执行财产的标准作了规定。首先，以占有或登记为标准，“被执行人占有的动产、登记在被执行人名下的不动产、特定动产及其他财产权”属于强制执行的范围。其次，对于未登记的不动产权利（未登记的建筑物和土地使用权），则依据土地使用权的审批文件和其他相关证据确定权属，进而判定相应财产是否可被强制执行。最后，如果有关财产为第三人所占有或登记在第三人名下，自权利外

观而言，这些为第三人占有或登记在第三人名下的财产权并不属于被执行人，自然不应对这些权利予以强制执行，否则将构成对第三人权利的侵害。但是如果“第三人书面确认该财产属于被执行人的”，“对于第三人占有的动产或者登记在第三人名下的不动产、特定动产及其他财产权”也可纳入强制执行的对象范围。显然，保单现金价值并不属于第2条前两款规定的情形，而是属于保险人这一第三人所占有的财产，如果对保单现金价值进行强制执行，也应适用第2条第3款的规定。但在司法实务中，法院往往以保单现金价值构成投保人的责任财产而对其强制执行，《关于查封、扣押、冻结财产的规定》第2条事实上系从程序法层面就哪些财产属于债务人所有予以明晰。因此，从实质层面看，对于某一财产可否被强制执行，本质上还应探寻该财产的权属问题。对于保单现金价值，需明确的是其所有权究竟属于哪一主体。

（一）保单现金价值的归属界定

关于保单现金价值的所有权属性，存在以下三种观点。一是“投保人所有说”。该说认为，保单现金价值所有权实质上属于投保人。按其观点，实际上是认可保单现金价值为投保人（债务人）的责任财产。在司法实务中，有法院即持这种观点。如在“中国人寿保险股份有限公司滨州分公司追偿权纠纷案”中，法院认为：“保险单的现金价值系基于投保人缴纳的保险费所形成，是投保人依法享有的财产权益，并构成投保人的责任财产。”如果承认保单现金价值所有权属于投保人，构成投保人的责任财产，那么法院可直接强制执行保单现金价值。二是“保险人所有说”。该说认为，保单现金价值并非为投保人所有而由保险人所有。依此观点，法院自然不得直接对保单现金价值予以强制执行。三是“投资权益说”。该说认为，保单现金价值是投保人所享有的一种确定的投资权益。

笔者认为，保单现金价值应归保险人所有，即在投保人解除保险合同之前，保单现金价值在性质上可归为保险费，其所有权归属于保险人。

首先，从最基本的民法原理观察，保单现金价值以货币形式表现出来，适用货币财产“占有即所有”的规则，在保险公司受领保险费给付时，保单现金价值部分的金钱所有权就移转至保险人，保单现金价值所有权并不归属于投保人。因此，即使持保单现金价值归属于投保人观点的学者，也不得不承认保单现金价值所有权在形式上属于保险人。不过单纯从此点论证保单现金价值所有权归属于保险人，并不足以否定法院可依据《民事诉讼法》第242条对其进行强制执行，因为在储蓄存款合同中，存款人将存款交付至银行时，银行也获得了存款的所有权，但这并不妨碍法院将债务人的存款作为债务人的金钱予以强制执行。

其次，从人寿保险合同中保险费收取的技术角度观察，之所以会产生保单现金价值，是因为人寿保险中保险费的收取采取平准保费制的结果。一般而言，随着被保险人年龄的增大，被保险人所承担的风险越高，基于对价平衡原则的要求，作为保险合同当事人的投保人也应该缴纳更高的保险费。但为了保费收取的便利以及缓和投保人年老时缴纳保险费的压力，保险人将后期所应收取的更高的保险费分摊至前期收取的保险费中。从此点观察，前期超出自然保费部分的保单现金价值具有预付未来保险费的属性，以弥补后期未缴足的保险费，只要保险合同未被解除，无法认定保单现金价值归属于投保人所有，进而构成投保人自身的责任财产。此时应当认定保单现金价值所有权仍应归属于保险人所有。

最后，“投资权益说”事实上混淆了保单现金价值与投保人通过人寿保险所能收取的分红的区别。由于保单现金价值产生是人寿保险合同存续期限较长而采取平准保费制的结果，而投资权益指的是投保人通过分红型人寿保险所能得到的红利分配，保单现金价值同投资权益存在明显区别。或许有观点认为，实践中存在着投保人欠缴保险费时，保险人以保单现金价值垫缴投保人所欠缴保险费的情况，依此可证明保单现金价值所有权归属于投保人。但是，之所以保单现金价值可用以垫缴保险费，乃是因为投保人享有保单借款权。也就是说，在投保人欠缴保险费时，此时相应金额的保单现金价值即相当于自动转化为保险人出借于投保人的借款，以支付投保人对保险人所欠缴的保险费。由此可见，在投保人未解除保险合同之前，保单现金价值所有权实际上归属于保险人。

在司法实践中，当法院依据《民事诉讼法》第242条裁定执行债务人（投保人）在保险公司处的保单现金价值时，其实质是以储蓄存款的思维看待保单的现金价值。但是人寿保险合同中的保单现金价值与存款具有如下本质区别。

首先，法律关系主体不同。储蓄存款合同只涉及存款人以及银行等合同双方当事人，而在人寿保险中，除了投保人与保险人这一对合同当事人之外，通常还存在被保险人以及受益人等保险合同关系人。人寿保险合同通常是为第三人利益的合同，涉及第三方利益主体。

其次，给付义务的确定性不同。在储蓄存款合同中，银行等金融机构负担的是到期还本付息的义务，实为一种具有履行期限的给付义务，该给付义务具有确定性。而在人寿保险合同中，虽然保险人确定性地负有危险承担义务，但是该金钱给付义务却会由于条件是否能够成就而具有不确定性。具体而言，保单现金价值的返还以投保人或保险人分别行使保险合同任意解除权或法定解除权这一停止条件为前提，保险金的给付以保险事故发生为停止条件，由于该条件发生与否具有不确定性，致使金钱给付义务也具有很强的不确定性。有法院判决认为：“根据《保险法》第十五条、第四十七条的规定，在保险期内，投保人可通过单方自行解除保险合同而提取保险单的现金价值。由此可见，保险单的现金价值作为投保人所享有的财产权益，不仅在数额上具有确定性，而且投保人可随时无条件予以提取。”这一观点似有待商榷。

最后，法律后果不同。在储蓄合同中，存款本息的返还最多只是被认定为存款合同因履行而终止，属于储蓄合同履行过程中的常态。而在人寿保险合同中，保单现金价值的返还以合同解除为前提，而保险合同的解除并非常态情形。尽管法律赋予了投保人任意解除权，但除非是在投保人订立保险合同所依赖的客观情势发生了重大变化，投保人一般也是不会行使解除权的，因为保险合同的存续对于保险合同双方当事人都是有利的。正因为如此，实践中当法院裁定对保单现金价值进行强制执行时，保险公司往往会提出执行异议。而对于债务人存款进行强制执行时，无论是活期存款还是定期存款，存款人均可以随时提取存款，只是提前支取定期存款将使存款人丧失较高部分的定期存款利息，银行等金融机构一般不会提出异议，因为这是其固有的合同义务。而在保险合同中，向投保人返还保单现金价值并非保险人所负担的固有合同义务。

因此，在人寿保险中，对于保单现金价值无法适用储蓄存款强制执行的规则。由于对保单现金价值的强制执行意味着保险合同的解除，保险人将丧失保险合同存续所带来的利益。而且保险人在协助完成执行行为后，可能面临投保人对其提起非法解除保险合同之诉且败诉的风险，而对于储蓄存款的强制执行并不会导致此种结果的产生。由于法院的执行行为实际已干扰了保险公司与投保人的正常商业交易，因而保险公司往往会提出执行异议，而银行则很少提出。

总之，由于保单现金价值归属于保险人，与储蓄存款存在本质区别，因此不宜类推适用储蓄存款情形下的强制执行规则而对其径为强制执行。

（二）保单红利可依《民事诉讼法》第 242 条予以执行

现实中大量存在分红型人寿保险合同，其投资属性非常明显。在此类保险合同中，保险公司将收取的保费用于投资，并将产生的收益分配给投保人，该收益在未分配给投保人之前由保险公司占有。笔者认为，对于保单红利，法院可径直适用《民事诉讼法》第 242 条予以强制执行。人寿保险中所产生的保单红利类似于投保人储蓄于保险人处的存款及其利息，投保人对保险公司享有类似于储蓄合同中存款人所享有的债权请求权，两者均属于确定性的债权，不存在是否因条件的成就与否而导致债权是否发生的问题。对于保单红利的强制执行，不会产生保险合同被解除的后果，保险人仍能享受保险合同存续所带来的利益。

实际上，在司法实务中许多法院已明确了这一点。如在“贺传林与济宁市明坤化工有限公司、常立明民间借贷纠纷案”中，法院认为：“根据查明的涉案三个保险合同，其中尾号为 3 和 7 的两份合同分红分别为 2 297.34 元和 5 911.14元，可以依法提取；对于三份保单的现金价值，由于合同还没有到终止的时间，保单的双方当事人也没有解除合同的意思，法院不应以强行解除保险合同的方式提取保单的现金价值，可以先对保单的现金价值予以冻结，待提取条件成熟后再行提取。”显然，此案中法院对人寿保险合同所产生的分红与保单现金价值的强制执行作出了明确区分。

二、代位执行规则适用于保单现金价值的摒弃

为便于论证，本文将代位执行与一般意义上的强制执行进行了区分。上文讨论的强制执行的客体主要是被执行人的财产和行为，强制执行程序中的当事人仅仅涉及原审判程序中的诉讼法律关系主体，而未扩展至其他第三人。在代位执行程序中，法院执行客体主要是被执行人对第三人所享有的债权，虽然债权也可被归入被执行人财产中，但由于代位执行牵涉到案外第三人，执行程序与一般的强制执行程序存在差异。因此，对其有作单独讨论的必要。

（一）保单现金价值强制执行程序被定位为代位执行程序的可能性

代位执行制度已被我国司法解释所确立。《最高人民法院关于适用〈中华人民共和国民事诉讼法〉的解释》（法释〔2015〕5 号）第 501 条规定：“人民法院执行被执行人对他人的到期债权，可以作出冻结债权的裁定，并通知该他人向申请执行人履行。他人对到期债权有异议，申请执行人请求对异议部分强制执行的，人民法院不予支持。利害关系人对到期债权有异议的，人民法院应当按照民事诉讼法第二百二十七条规定处理。对生效法律文书确定的到期债权，该他人予以否认的，人民法院不予支持。”根据该条规定，一般认为代位执行需满足以下条件：（1）被执行人不能清偿到期债务；（2）须债务人对第三人享有到期债权；（3）需申请执行人提出申请；（4）该第三人对债务没有异议但又不在通知指定的期限内履行。

在保单现金价值强制执行案件中，执行申请往往是由债权人提出。在投保人未解除保险合同的情况下，保单现金价值所有权归属于保险人。此时，投保人对保单现金价值所享有的权利至多只能被认定为附条件的债权。因此，在执行程序中，对于保单现金价值的执行不宜被定位为一般意义上的强制执行，其应适用债权执行程序中的代位执行。在现实中，当债权人向法院申请对债务人的保单现金价值进行强制执行时，符合上述代位执行程序中的第（1）项和第（2）项条件，至于“第三人无异议”这一要件，在目前的保单现金价值执行案件中，由于法院未能清楚地以代位执行的思维启动执行程序，在多数情形下法院是直接对其进行强制执行。

如果认定对于保单现金价值的强制执行适用的是代位执行程序，其中的第

三人即是保险人。此时，在法院启动执行程序之前需满足“第三人对债务没有异议但又不在通知指定的期限内履行”这一条件。如果保险人行使异议权，则法院的代位执行程序即无法启动。在一般的强制执行程序中，虽然也存在案外人异议程序，但其存在于执行程序开始之后。换言之，这种情形下的案外人无异议并不是执行程序启动的前置要件，这与代位执行程序中要求第三人无异议是启动执行程序的前提条件存在明显不同。之所以如此设计，是由于代位执行程序牵涉案外第三人，赋予第三人异议权可以保障其权利不受执行程序的侵犯。

如果法院适用一般意义上的强制执行程序，法院作出执行裁定不需以保险人无异议且未履行义务为条件。在实务中，对于保单现金价值强制执行案件，保险公司往往会提出异议。而如果适用代位执行程序，可将保险人在执行程序中的异议提前至执行程序开始之前。此时，若保险人提出异议，法院应按照《民事诉讼法》第227条处理，如果保险公司认为原执行裁定存在错误，可通过审判监督程序进行救济。

（二）保单现金价值强制执行程序定位为代位执行程序面临的障碍

（1）可突破的障碍。在理论上，对于代位执行的客体是否限于到期债权存在争议，有学者认为未到期债权也可成为代位执行的客体。最高人民法院《关于依法制裁规避执行行为的若干意见》（法释〔2011〕195号，以下简称《规避执行的制裁意见》）第13条也将未到期债权纳入代位执行的范畴。然而，即使承认未到期债权也可成为代位执行对象，但由于保单现金价值返还请求权并不是附期限的债权，因此不存在讨论其返还请求权是否到期的问题。事实上，保单现金价值返还请求权是附停止条件的债权，在所附停止条件成熟前，这一权利至多只能被认定为期待权。问题在于，附停止条件的债权这一期待权可否被代位执行。理论上，一般认为对于附条件的权利也是可执行的，只要在条件成熟时权利内容能被特定化即可；此外，虽然期待权具有很强的不确定性，但期待权具有处分效力。期待权的处分效力主要表现为可转让性、可质押性、可继承性，强制执行是处分效力在程序法上的体现，决定了期待权具有强制执行的可能性。在比较法层面，例如在德国、日本，附有条件而条件尚未成熟的债权也可成为代位执行的标的。

（2）不可突破的障碍。然而，在对未到期债权进行强制执行时，需对未到期债权进行冻结。由于保单现金价值返还请求权是附条件债权，即使承认可对期待权进行强制执行，相比于未到期债权，这一附条件债权具有更大的不确定性。举轻以明重，既然对于未到期债权适用的是冻结措施，那么对于保单现金价值自然也应适用冻结这一执行措施，以等待条件成熟之时，对保单现金价值进行提取。但若投保人始终不解除保险合同，则债权人的债权将永远无法得到满足，此时即使承认保单现金价值返还请求权这一期待权可成为代位执行的标的也并无实际意义。除非是直接承认代位执行的标的可扩展至保险合同解除权，进而可认定法院可强制解除保险合同。在司法实务中，部分法院即认为法院可解除保险合同。“在投保人拒不履行生效法律文书确定的义务且怠于行使或不能行使保险合同的解除权时，法院有权代为投保人（本案中的被执行人）行使解除权。”但问题在于，将代位执行的标的扩展至解除权这一形成权并无正当性。在理论层面，强制执行程序实质上是以当事人所享有的实体权利为基础的，且“只有请求权的实现才涉及强制执行程序”。在法无明文规定的情况下，无法将代位执行的客体扩展至具有形成权性质的保险合同解除权。此外，一般认为合同解除权这一形成权本身并未包含财产价值，法院无法对其进行执行。

因此，尽管在理论层面存在将保单现金价值返还请求权纳入代位执行程序的可能性，但由于保单现金价值返还请求权这一期待权最终能否具体化取决于保险合同是否被解除，最终问题的关键仍在于保险合同解除这一停止条件如何发生。

三、债权人代位行使投保人之保险合同任意解除权的可能性分析

上文对于代位执行这一路径进行了讨论，在现行法层面，还存在与代位执行制度相类似的债权人代位权规则，二者具有共性，其目的均在于通过将债权效力扩展至第三人实现债权人的债权。如前所述，人寿保险合同在被解除之前，保单现金价值在其性质上可被归类为保险费，保险人对其享有所有权。但投保人对于保单现金价值仅享有期待权层面的返还请求权，且是附停止条件的权利，其停止条件为人寿保险合同的解除。由于该停止条件的存在，使得投保人所享有的保单现金价值返还请求权仅仅表现为一种期待权。理论上认为，代位权行使的客体须为债务人既得的权利，如果仅仅是一种期待权，则不得代位行使。美国多数法院也持相似观点，即在投保人没有为一定行为以使保险公司对投保人产生负债之前，债权人不得强制执行保单现金价值。因此，如果作为投保人的债务人不行使保险合同解除权以解除保险合同，则投保人并不享有现实的保单现金价值返还请求权，此时不产生能否代位行使保单现金价值返还请求权的问题，法院自然也无法对保单现金价值进行强制执行。因此，对于保单现金价值的执行，问题的症结在于投保人所享有的保险合同任意解除权能否成为债权人代位权行使的对象。

我国《合同法》第73条规定：“因债务人怠于行使其到期债权，对债权人造成损害的，债权人可以向人民法院请求以自己的名义代位行使债务人的债权，但该债权专属于债务人自身的除外。代位权的行使范围以债权人的债权为

限。债权人行使代位权的必要费用，由债务人负担。”首先，自文义解释出发，现行法将非属于债权的权利排除在了代位权客体范围之外，那么具有形成权性质的保险合同解除权能否成为代位权的客体？其次，即使承认形成权可成为债权人代位权客体，由于《合同法》第 73 条将专属于债务人的权利排除在了可以代位的范畴，因此还必须探讨投保人所享有的保险合同任意解除权是否具有人身专属性。

（一）作为形成权的解除权可否成为代位权的行使对象

我国《合同法》及《最高人民法院关于适用〈中华人民共和国合同法〉若干问题的解释（一）》（法释〔1999〕19 号，以下简称“《合同法司法解释（一）》”）明确限定债权人代位权的行使对象为债权。而投保人所享有的保险合同任意解除权性质为形成权，那么是否意味着解除权这一形成权也不能成为债权人代位权的行使对象呢？

首先，自目的解释角度看，代位权制度的存在目的在于保全债务人的责任财产。因此，只要是有助于保全债务人责任财产的权利，均可成为代位权的客体，如果仅承认债务人对于第三人所享有的债权方可成为代位权的客体，将人为限缩债权人代位权的行使对象，不利于债权人权利的保护。因此，在理论层面亦应认可撤销权、解除权等形成权为代位权的客体。如果对《合同法》及《合同法司法解释（一）》中的代位权对象作目的性扩张解释，投保人所享有的保险合同任意解除权亦可成为代位权行使对象。其次，就比较法而言，代位权行使对象并不限于债权。如《法国民法典》第 1166 条规定：“债权人得行使其债务人的一切权利与诉权，专与人身相关联的权利除外。”按照该规定，债务人所享有的一切权利均可成为代位对象。在日本，也认为代位权所针对的对象不仅限于请求权，亦包括解除权。因此，解除权等形成权也可由债权人代位行使。不过判断投保人所享有的保险合同任意解除权可否由债权人代位行使，还需判断这一解除权是否具有人身专属性，以及是否只能由投保人行使。

（二）投保人所享有的保险合同任意解除权是否具有专属性

专属权指专属于权利人一身的权利，可被进一步划分为“享有之专属权”与“行使之专属权”。享有层面的专属权不得让与或继承，但可代位行使，与代位权并不冲突。而行使层面的专属权，专由权利人意思决定，不得代位行使。例如，《最高人民法院关于审理人身损害赔偿案件适用法律若干问题的解释》（法释〔2003〕20 号，以下简称“《人身损害赔偿司法解释》”第 18 条第 2 款所规定的精神损害抚慰金即属于行使层面的专属权。此外，如果某种财产权表现为以人格上法益为基础的权利，则其属于行使层面的专属权，亦不得代位行使。《合同法》第 73 条相关条款所指称的专属权也是行使层面的专属权。那么，投保人所享有的保险合同任意解除权是否具有权利行使层面上的专属性，殊值探讨。

（1）自投保人意思自由视角的考察。有学者认为，合同订立、解除或终止等得以变更合同效力的行为，与订约人权利义务及经济利益息息相关，关系到订约人的表意自由，除非其行为属于诈害债权，他人不应干涉。因此，投保人享有的保险合同任意解除权只能由其自己行使。据此，债权人代位权客体无法扩展至合同撤销权和解除权。在我国司法实务中，有法院也持类似观点，如在“中国人寿保险股份有限公司玉田支公司、宋贤良等与刘泽民民间借贷纠纷案”中，法院认为：“目前投保人并未与复议人中国人寿保险股份有限公司玉田支公司解除保险合同，且该合同仍在履行中，故河北省玉田县人民法院要求复议人协助执行扣划投保人在中国人寿保险股份有限公司玉田支公司的保险款项至河北省玉田县人民法院势必造成双方所达成保险合同的强制予以解除，显然违背自愿原则。”

然而，此种观点从表意自由的角度论证投保人享有的保险合同任意解除权属于行使层面的专属权，并不具说服力。因为在债务人对于次债务人怠于行使其债权时，债务人亦享有是否要求次债务人履行债务的意思自由，而如果尊重此种自由权的运用，将导致债权人的权利遭受不当损害。既然《合同法》认定此种情形下债权人可代位债务人行使其债权，那么也不宜直接以投保人解除保险合同牵涉投保人的表意自由而否认保险合同解除权可成为代位权对象。

（2）自《合同法司法解释（一）》第 12 条的观察。《合同法司法解释（一）》第 12 条以列举的方式对何为专属于债务人自身的债权进行了解释，该条规定：“合同法第七十三条第一款规定的专属于债务人自身的债权，是指基于扶养关系、抚养关系、赡养关系、继承关系产生的给付请求权和劳动报酬、退休金、养老金、抚恤金、安置费、人寿保险、人身伤害赔偿请求权等权利。”

首先，《合同法司法解释（一）》第 12 条规定仅提及人寿保险，但就概念的内涵与外延而言，人寿保险指的是相对于财产保险的一类保险，人寿保险自身无法作为一类权利。不过，人寿保险中却包括了一系列的权利集合，如投保人享有的保险合同任意解除权、保险合同解除后投保人所享有的保单现金价值返还请求权、保险事故发生后被保险人或受益人享有的保险金给付请求权。而该第 12 条并未明确指出具体是人寿保险中的哪一种权利。

其次，自条文解释角度而言，该条将人寿保险同退休金、养老金、抚恤金相并列，似乎意指该条中所称的人寿保险应特指人寿保险金，那么投保人所享有的保险合同任意解除权自然不在该条规范之列。不过，根据《最高人民法院关于适用〈中华人民共和国保险法〉若干问题的解释（三）》（法释〔2015〕21 号，以下简称“《保险法司法解释（三）》”）第 13 条的规定，在保险事故发生后，受益人可将保险金请求权转让给第三人行使。因此，即便是保险金请求权也不具有人身专属性。

再次，即使承认投保人享有的保险合同任意解除权属于该条规范之列，但由于人寿保险属于商业保险，不同于旨在维持当事人最低限度生活水平的社会保险。由于人寿保险投保人所享有的保险合同任意解除权由他人代位行使，并不会对当事人的基本生活保障产生影响，也自然不必承认投保人所享有保险合同任意解除权的专属性。

最后，即便承认人寿保险合同具有人身专属性，由于其保险标的通常是被保险人的身体或生命，因此在探讨人寿保险的专属性时，也应从被保险人的视角出发，而非承认投保人对于人寿保险的相关权利具有人身专属性。简言之，如果认为人寿保险合同任意解除权专属于投保人，则会得出本人对于第三人的人格权具有专属性这一逻辑混乱的结论。

3. 从规范目的出发的考察。就体系解释角度而言，投保人对于人寿保险合同的任意解除权并非人寿保险合同所独有。按照我国《保险法》第 15 条的规定，无论是人寿保险合同还是财产保险合同，投保人均享有这一任意解除权，也就是说投保人所享有的保险合同任意解除权事实上同人身权并无直接关联，也并无专属性。不过，有观点认为，人寿保险合同之所以赋予投保人以保险合同任意解除权，还存在其他考量。由于人寿保险合同期限较长，投保人在投保之后可能会因自身各方面情况发生变化而不愿再继续投保，因此赋予投保人以任意解除权，该任意解除权是投保人基于其保险合同当事人地位而享有的专属权。而事实正相反，这一目的解释方法实为人寿保险合同不具有专属性提供了佐证。之所以赋予投保人对人寿保险合同以任意解除权，即在于为投保人提供一个根据自身实际情况选择是否维持保险合同效力的机会，当投保人没有足够的责任财产以清偿其到期债务时，投保人继续维持人寿保险合同效力的经济基础即已丧失。此种情形下应承认投保人负有解除保险合同的义务，因为即使投保人不解除保险合同，也会面临将来无法支付到期保费的窘境，在人寿保险合同两年的效力中止期经过后，保险人也很有可能解除保险合同。同时，解除合同的行为仅仅与投保人自身的经济状况相关，并不具备人身专属性，可由债权人代位解除保险合同。

综上，投保人对于人寿保险合同所享有的保险合同任意解除权并无专属性，《合同法》关于代位权行使对象限于债权的规定，可从目的性扩张解释角度将其扩展至解除权等形成权。因此，投保人对于保险合同的任意解除权可成为代位权行使对象。

四、保单现金价值强制执行案件中的利益平衡

在人寿保险合同中，投保人与被保险人、受益人经常会出现分离的情形。

如果允许债权人无条件地代位行使投保人所享有的保险合同任意解除权以满足自己的债权，将会减损被保险人以及受益人所期待获得的利益，使得受益人只能通过另行订立一份人寿保险合同以获得保障，这将导致额外的缔约成本。在司法实务中，许多法院即以代位解除保险合同将会损害第三人利益为由否定此种情形下法院可强制执行保单现金价值。在前述案例一中，法院认为："人身保险合同的被保险人及受益人尚健在，投保人（债务人）不享有对于保单现金价值的请求权，强制执行影响到了异议人的财产权益。"法院因此撤销了原强制执行裁定。同时，由于人寿保险具有长期性，一旦保险合同被解除，考虑到年龄、健康等因素，被保险人可能很难再缔结新的保险合同，因此存在继续维持原合同效力的必要性。一旦解除保险合同，作为债务人的投保人只能获得小额保单现金价值的返还，这与保险事故发生后所能获得的高额保险赔付存在巨大的差额。无论投保人与被保险人、债权人的主体身份是否分离，都意味着要通过牺牲投保人一方（包括被保险人及受益人）的巨大利益来满足债权人的权利，而这与比例原则可能并不相符。为了保护债权人的债权而承认债权人可代位解除保险合同，将可能使保险合同订立的主要目的落空。即使不考虑被保险人及受益人利益的存在，在人寿保险合同中，如果被保险人死亡，由于保险金对于依赖被保险人生活的遗属也具有保障功能，如允许债权人无条件地解除保险合同，对被保险人的配偶等遗属也会产生重大不利影响。因此，虽然债权人依法理可代位行使投保人对于人寿保险合同的解除权，但是债权人对自身正当权利的行使应存有一定限制，以避免对其他主体的利益造成过度损害。

（一）对若干可能解决路径的否定

（1）区分人寿保险是否涉及第三人利益。以保险合同是否关涉第三人利益实现为标准，判定保单现金价值可否被强制执行。如果在某一保险合同中，投保人与被保险人是同一主体，且并未指定受益人，同时被保险人也无遗属依赖人寿保险的保险金生活，那么债权人可代位解除该保险合同，并对保单现金价值予以强制执行。否则，即应否认代位解除保险合同以强制执行保单现金价值的可能性。

（2）区分是获利型人寿保险还是生活保障型人寿保险。债权人仅能对获利型的人寿保险代位行使解除权，进而申请法院强制执行。

（3）权利滥用情形下代位解除的禁止。在债权人行使合同解除权的情形下，若存在权利滥用情形，则可通过权利滥用规则禁止债权人代位权的行使。而判断是否存在权利滥用情形，应以双方利益衡量为标准。"权利的行使，以是否损害他人为主要目的，应就权利人因行使权利所能取得的利益，与他人及社会因权利的行使所遭受的损失，比较衡量定之。若权利的行使，自己所得利益极少，而他人及社会所受损失甚大者，得视为以损害他人为主要目的。"当债务金额与保单现金价值相比明显较小时，通过利益衡量，可认定债权人代位权的行使将构成权利滥用。

（4）引入介入权制度。即在债权人代位解除保险合同时，受益人或被保险人遗属等利害关系人可在向债权人支付相当于因保险合同解除而所能受领的保单现金价值后，取得投保人之地位，以避免保险合同被强制解除。我国法律并未明确提及介入权制度。在比较法上，德国和日本的保险法对于介入权作了规定。例如，2008 年通过的《日本保险法》第 60 条规定："（一）扣押债权人、破产管理人以及死亡保险合同中投保人以外的人解除保险合同时，在保险人收到通知之日起一个月后，发生合同终止的效力；（二）受益人（依第一项进行通知时，除投保人之外，限于投保人或被保险人的亲属以及被保险人）在征得投保人同意后，在第一项中所规定的一个月的期间经过之前，受益人向债权人支付相当于保险合同解除后保险人需支付给债权人的保单现金价值后，并且受益人将此告知保险人，此时不发生保险合同解除的效力。"

在处理债权人与其他利害关系人的利益冲突时，对于以上处理路径，笔者并不赞同。首先，通过区分人寿保险合同是否关系第三人利益，判断债权人是否可代位解除保险合同及法院是否可强制执行保单现金价值，虽然具备明确可行的操作标准，但本质上仍然是以受益人等第三人利益更值得保护的观点看待这一问题。而且当保险合同是利益第三人合同时，债权人利益得不到应有保障。

其次，区分对待获利型人寿保险与生活保障型人寿保险也并不可取。如今的人寿保险合同集投资与生活保障功能于一身，无法将此种复合型的人寿保险确定无疑地归入其中某一类别。况且获利型与生活保障型属于主观判断范畴，两者并无明确的界定标准。

再次，规定在债权人滥用权利时，禁止债权人可代位行使保险合同解除权，也不具可行性。在实践中，更多情形下债权人并不知道其行使代位权将导致被保险人或受益人权利受损，更谈不上债权人恶意行使权利，因而很难将其归入权利滥用范畴。即使将权利滥用构成要件予以客观化，但对于客观化的权利滥用标准也难以把握，最终也只能通过民法的诚信原则等基本原则，诉诸法官的自由裁量权解决。

最后，引入介入权制度能否解决债权人与被保险人及其遗属、受益人之间的利益冲突问题也存在疑问。介入权制度本身即可能存在缺陷，由于被保险人遗属或受益人有可能并无稳定收入来源而依赖投保人生活，本来就是经济上的弱者，尤其是当被保险人遗属或受益人为未成年子女时，即使他们主观上有意愿行使介入权，客观上也无法有效行使该项法律权利。当然，笔者并非完全否认介入权这一制度，在下文提出的最优选择中，介入权规则仍然可作为配套措施予以适用。

（二）最优方案之证成：债权人代位行使保单质押借款权

无限制地承认债权人代位行使保险合同解除权将会侵害受益人等利害关系人的期待利益。尽管债权人享有代位权这一权利，但是债权人这一权利的行使与最终达到的目的之间可能并不成比例关系。简言之，在保单现金价值执行案件中，债权人代位权这一路径并非最优方案，也并不符合比例原则的要求。

比例原则本为宪法、行政法等公法领域的原则，但在私法领域中亦有适用空间。按照比例原则要求，手段与目的之间应符合比例要求，所选择的手段与目的之间应具备相关性，即采用的手段应有助于目的的达成。同时，在所有有助于目的达成的手段中，应选择对基本权利损害最小的手段。在保单现金价值强制执行案件中，以债权人代位解除保险合同进而对保单现金价值进行强制执行，从而满足债权人的债权并不符合比例原则的要求。在此类案件中，债权人实现其债权的目的，手段有多种。其中，债权人代位解除保险合同并非对其他主体权利侵害最小的手段，还存在其他对受益人等利害关系人利益侵害更小的选择。

在人寿保险合同中，投保人享有一系列的权利，包括保险合同任意解除权、保险合同解除之后的保单现金价值返还请求权、保险合同存续达到一定期限后的质押借款权。此外，在分红型人寿保险中，投保人还享有红利分配请求权。保险合同任意解除权、保险合同解除之后的保单现金价值返还请求权在我国现行法中均有直接的反映，红利分配请求权则属于分红型人寿保险所固有的权利，无须再经立法肯认。而对于投保人所享有的保单质押借款权，我国《保险法》并未作出明确规定，但实务中一般均承认投保人所享有的这项权利。例如，《中国保险监督管理委员会关于寿险保单质押贷款业务有关问题的复函》（保监厅［2008］66号）第1条明确规定："保单质押贷款是长期寿险合同特有的功能，是指投保人在合同生效满一定期限后，按照合同约定将其保单的现金价值作为质押，向保险公司申请贷款。"在比较法上，许多立法均对投保人所享有的保单质押借款权利予以承认。例如，我国台湾地区所谓"保险法"第120条第1项规定："保险费付足一年以上者，要保人得以保险契约为质，向保险人借款。"人寿保险之所以投保人享有保单质押借款权，是因为人寿保险存续时间较长，而投保人经济状况在合同存续期间可能发生无法预见的变化，此时投保人固然可以行使其任意解除权以获取保单现金价值，但其后果是导致保险合同的解除。然而，如果承认投保人享有向保险人申请获取相当于保单现金价值数额的借款的权利，一方面避免了保险合同被解除的后果，另一方面又可解决投保人资金困难的窘境。

笔者认为，当作为投保人的债务人不能清偿其到期债务时，法律可承认债权人享有代位投保人行使保单质押借款权的权利。由于保单质押借款的金额以保单现金价值为基准进行计算，其同保单现金价值在金额上大体相当。如果说债权人可代位投保人解除保险合同并以合同解除后所能获得的保单现金价值来实现自己的债权，此时保单质押借款同样可用以实现债权人的债权。同时，可避免保险合同被解除的后果，使得受益人等利害关系人对人寿保险合同所抱有的期待不至落空，以此平衡债权人与利害关系人之间的利益。相比于债权人代位行使解除权，此种处理方式也兼顾了保险人对于维持保险合同所具有的期待。由债权人代位解除保险合同，固然满足了债权人的受偿需要，但是保险人对于投保人也享有保险合同中的债权，其表现为保险费分期缴纳的请求权，保险人的此种债权也需保护，允许债权人代位解除保险合同剥夺了保险公司享有的维持合同存续的利益。因此，尽管债权人代位行使解除合同的权利可在现行法中寻找到支撑点，但在存在其他更优的选择时，则不应优先选择这一路径。

不过，它仍然可能面临以下质疑。一是保单质押借款权的代位行使，固然解决了债权人债权受偿的问题，但既然投保人陷入经济困难无力对外偿债，也可能无法履行向保险公司缴纳保险费这一债务。在保险合同两年的效力中止期届满后，若投保人无法缴纳欠缴的保险费，保险人将享有解除保险合同的权利，这最终与投保人代位行使保险合同解除权所产生的效果并无差异。二是即使不考虑投保人对于保险公司所负担的保险费缴纳义务，若借款本息超过保单现金价值时，保险合同也会发生自动终止的效果。该质疑观点虽具有一定道理，但是相比于直接代位行使保险合同解除权，由债权人代位行使保单质押借款权对于保险人、投保人、受益人等利害关系人的利益损害是最小的。首先，债权人代位行使保单质押借款权时，保险合同并未被解除。虽然投保人此时可能面临无法缴纳保费从而致使保险合同效力中止的境况，但在两年的保险合同效力中止期间投保人仍可能恢复债务清偿能力，此时其可偿还对于保险公司所欠缴的保险费及相应借款。其次，这种处理方式也能与介入权制度有效衔接，在投保人无法偿还借款或保单质押借款本息金额超过保单现金价值时，若受益人等利害关系人存在维持保险合同的意愿，在投保人不反对的情形下，可通过行使介入权避免保险合同被解除。再次，即使经过两年的保险合同效力中止期，保险人行使保险合同解除权导致保险合同被解除，以致受益人等第三人的期待利益落空，也无可厚非。因为此种情形下保险合同的解除已为《保险法》所明确规定，属于合同的正常解除，受益人等第三人的利益在此种情形下没有必要予以特别保护。在保单质押借款本息金额超过保单现金价值时，即便会产生保险合同自动终止的结果，也属于人寿保险合同终止的常态情形，避免了第三人直接介入保险合同。更重要的是保险人的利益并不会因此遭受任何损害，由于投保人所享有的保单质押借款权已经正常行使，此时保险合同的终止将使得保险人在保单质押借款本息范围内免除对投保人保单现金价值的返还义务。

因此，债权人代位投保人行使保单质押借款权避免了债权人或者是法院直接介入投保人与保险人之间来解除保险合同，如果投保人无法偿还对于保险人的质押借款，保险合同效力的终止完全是保险合同当事人自身行为的结果，而不会产生第三人介入当事人之间的保险合同将合同解除的表象，这将有利于减少当事人间的纠纷。

车险合同涉及的驾驶证问题研究

聂　勇[1]

摘　要　驾驶证在机动车保险合同中极为重要，涉及被保险人能否获得赔偿。故在梳理我国法律法规关于驾驶证管理性规定的基础上，列举我国保险条款中关于驾驶证免责性约定，分析“依照法律法规或公安机关交通管理部门有关规定不允许驾驶被保险机动车的情况下驾车”免责条款的“同案不同判”案例，阐述无证驾驶导致恶性事故的严重后果，研究车险合同中驾驶证“保证条款、免责条款、义务条款”之设计规则，减少歧义，完善保险条款。

关键词　驾驶证　管理性规定　免责性约定　设计规则

驾驶证全称为机动车驾驶证，又作“驾照”，机动车辆驾驶人员依照法律规定所需申领的证照。联合国经济社会理事会在《关于劝告汽车司机批准方式的最低统一规则》中对驾驶证的定义为“为了驾驶汽车，主管当局发给的许可驾驶车辆的证明文件”。我国对驾驶证的定义：“指依法允许学习驾驶机动车的人员，经过学习，掌握了交通法规知识和驾驶技术后，经管理部门考试合格，核发许可驾驶某类机动车的法律凭证。”

一、我国法律法规中关于驾驶证的管理性规定

（一）《道路交通安全法实施条例》

我国《道路交通安全法实施条例》（简称《实施条例》）第二章《车辆和驾驶人》中第二节《机动车驾驶人》对驾驶证的管理性规定主要包括：

（1）学习驾驶。《实施条例》第 20 条第 2 款规定：在道路上学习驾驶，应当按照公安机关交通管理部门指定的路线、时间进行。在道路上学习机动车驾驶技能应当使用教练车，在教练员随车指导下进行，与教学无关的人员不得乘坐教练车。学员在学习驾驶中有道路交通安全违法行为或者造成交通事故的，

[1] 聂勇，法律硕士，律师，高级经济师，现任职于英大泰和财产保险股份有限公司法律合规部。

由教练员承担责任。

（2）实习期驾驶。《实施条例》第22条第2款规定：机动车驾驶人初次申领机动车驾驶证后的12个月为实习期。在实习期内驾驶机动车的，应当在车身后部粘贴或者悬挂统一式样的实习标志。第22条第3款规定：机动车驾驶人在实习期内不得驾驶公共汽车、营运客车或者执行任务的警车、消防车、救护车、工程救险车以及载有爆炸物品、易燃易爆化学物品、剧毒或者放射性等危险物品的机动车；驾驶的机动车不得牵引挂车。

（3）不得驾驶。《实施条例》第28条规定：机动车驾驶人在机动车驾驶证丢失、损毁、超过有效期或者被依法扣留、暂扣期间以及记分达到12分的，不得驾驶机动车。

（二）《机动车驾驶证申领和使用规定》

我国《机动车驾驶证申领和使用规定》（公安部令2012年第123号）（简称《申用规定》）第五章《机动车驾驶人管理》中第三节《监督管理》对驾驶证管理性规定主要包括：

（1）实习期规定。《申用规定》第64条规定：机动车驾驶人初次申请机动车驾驶证和增加准驾车型后的12个月为实习期。在实习期内驾驶机动车的，应当在车身后部粘贴或者悬挂统一式样的实习标志。

（2）实习期驾驶。《申用规定》第65条第1款规定：机动车驾驶人在实习期内不得驾驶公共汽车、营运客车或者执行任务的警车、消防车、救护车、工程救险车以及载有爆炸物品、易燃易爆化学物品、剧毒或者放射性等危险物品的机动车；驾驶的机动车不得牵引挂车。《申用规定》第65条第2款规定：驾驶人在实习期内驾驶机动车上高速公路行驶，应当由持相应或者更高准驾车型驾驶证三年以上的驾驶人陪同。其中，驾驶残疾人专用小型自动挡载客汽车的，可以由持有小型自动挡载客汽车以上准驾车型驾驶证的驾驶人陪同。

（3）交通违法行为。《申用规定》附件2中对以下11种违法行为一次记12分，①驾驶与准驾车型不符的机动车的；②饮酒后驾驶机动车的；③驾驶营运客车（不包括公共汽车）、校车载人超过核定人数20%以上的；④造成交通事故后逃逸，尚不构成犯罪的；⑤上道路行驶的机动车未悬挂机动车号牌的，或者故意遮挡、污损、不按规定安装机动车号牌的；⑥使用伪造、变造的机动车号牌、行驶证、驾驶证、校车标牌或者使用其他机动车号牌、行驶证的；⑦驾驶机动车在高速公路上倒车、逆行、穿越中央分隔带掉头的；⑧驾驶营运客车在高速公路车道内停车的；⑨驾驶中型以上载客载货汽车、校车、危险物品运输车辆在高速公路、城市快速路上行驶超过规定时速20%以上或者在高速公路、城市快速路以外的道路上行驶超过规定时速50%以上，以及驾驶其他机动车行驶超过规定时速50%以上的；⑩连续驾驶中型以上载客汽车、危险物品运输车辆超过4小时未停车休息或者停车休息时间少于20分钟的；⑪未取得校车驾驶资格驾驶校车的。

以上为行政法规和部门规章之间的关系，部门规章更为细化，更为详尽。

二、我国有关保险条款中关于驾驶证的免责性约定

（一）中国保险行业协会机动车险示范条款

《机动车综合商业保险示范条款》车损险中“责任免除”第8条规定：下列情况下，不论任何原因造成的对第三者的损害赔偿责任，保险人均不负责赔偿。其中第（二）款约定：驾驶人有下列情形之一者：①事故发生后，在未依法采取措施的情况下驾驶被保险机动车或者遗弃被保险机动车离开事故现场；②饮酒、吸食或注射毒品、服用国家管制的精神药品或者麻醉药品；③无驾驶证，驾驶证被依法扣留、暂扣、吊销、注销期间；④驾驶与驾驶证载明的准驾车型不相符合的机动车；⑤实习期内驾驶公共汽车、营运客车或者执行任务的警车、载有危险物品的机动车或牵引挂车的机动车；⑥驾驶出租机动车或营业性机动车无交通运输管理部门核发的许可证书或其他必备证书；⑦学习驾驶时无合法教练员随车指导；⑧非被保险人允许的驾驶人。其中第3项至第7项涉及驾驶证。商业三责险及车责险表述与车损险完全一致。

（二）《道路客运承运人责任保险条款》

《道路客运承运人责任保险条款》“责任免除”部分第6条规定：下列损失、费用和责任，保险人也不负责赔偿，其中第7项“无有效驾驶执照的驾驶人员驾驶承运人的客运车辆时造成的损失或责任”即为“驾驶证”之免责条款。据此“驾驶证”为“近因类”免责条款，强调交通事故近因是“无有效驾驶执照”时，保险人才不承担赔偿责任，而“无有效驾驶执照”与前文所述的“驾驶人有下列情形之一者”是否系同一内涵、不同表述？无有效驾驶执照是否需要列明明示？在司法实践中理解各异，造成“同案不同判”现象频发。

（三）《人身意外伤害保险条款》

《人身意外伤害保险条款》“责任免除”部分第9条规定：被保险人在下列任何期间遭受意外而致身故或者残疾的，保险人不承担给付保险金的责任，其中第（四）项“无有效驾驶执照”规定，在此属于“保证条款”，无论是否事故近因，一律不予赔偿。

三、关于驾驶证的司法判例

（一）案件1[1]：不支持“依照法律法规或交通管理部门有关规定不允许驾驶被保险机动车的其他情况下驾车”免责条款

2015年7月13日，晏某为其轿车在某保险公司投保了机动车损失保险、第三者责任保险等险种并不计免赔。次年5月14日，其将车辆借给案外人李某，当日，还在实习期内的李某驾驶该车在高速公路行驶时与道路右侧护坡及反光立柱发生碰撞，造成车辆及高速公路路产不同程度受损。后交管部门认定李某承担此事故全部责任，保险公司定损车辆定损合计金额16725元，另晏某还支付施救费294元，之后保险公司出具了《拒赔通知书》。

一审法院认为，依照公安部《机动车驾驶证申领和使用规定》，李某在取得机动车驾驶证实习期内即驾驶机动车在高速公路行驶，且无持相应或者更高准驾车型驾驶证三年以上的驾驶人陪同，其行为违反此规定。且保险公司已尽到提示、明确说明义务，符合合同约定的免责情形，故依法驳回晏某的诉讼请求。

宣判后，晏某以保险公司未明确说明“实习期上高速”为保险商业险免责情形等为由提出上诉，要求撤销一审判决，改判支持其上诉请求。

二审中院认为，尽管晏某允许的驾驶人存在违反《机动车驾驶证申领和使用规定》的行为，但这并不必然导致免除保险责任的后果。原因是双方所争议的“驾驶人在实习期内独自上高速公路行驶”的免责条款在保险合同中并未直接列明。而该案中的保险合同显示，除此之外的免责情形均是一一列明的，该合同中“交通管理部门有关规定不允许驾驶被保险机动车的其他情况下驾车”的条款应为兜底条款，属概括性约定，由于交通管理部门的行政规章内容广、覆盖面宽，所涉及的违规行为程度亦有所区别，在合同中未予直接列明且保险公司亦无证据证明对其所援引的规章进行明确说明的情况下，保险公司援引部门规章主张免责，缺乏事实和法律依据。再者，该案中保险公司直接列明的免责条款所呈现的情形均为违反相关法律法规及相关规定的行为，若可概括性约定，相关免责条款也就不需要一一列明，而是直接兜底概括，这显然不符合相关免责提示、明确说明的法律规定。因概括性约定起不到法律规定的提示、明确说明作用、目的，故该案中的免责条款对投保人不具约束力，保险公司应按照合同约定承担赔付责任。

该案中，保险公司免责条款作兜底、概括性约定实际上并未尽到提示、明

[1] 四川省保险行业协会《关于免责条款中概括性约定达不到提示明确说明目的的风险提示函》（川保协法〔2018〕2号）。

确说明的义务，遂依法作出上述判决。

（二）案件2[1]：支持“依照法律法规或公安机关交通管理部门有关规定不允许驾驶被保险机动车的情况下驾车”免责条款

2013年12月27日，车主金某投保交强险和家庭自用汽车损失保险、商业三者险等险种。2014年11月15日，驾驶人刘某独自驾驶机动车在高速公路上行驶时，因操作不当导致车辆与公路护栏发生擦剐，造成车辆损失（修理费8000元）及三者道路护栏受损（确定损失400元）的交通事故，刘某承担事故全部责任。经重庆市交通行政执法部门核实，刘某初次取得驾驶证的日期为2014年10月17日，实习期至2015年10月16日。保险公司审查后，对事故造成的三者护栏损失400元在机动车交强险财产损失限额内进行了赔付，而对本车损失8000元因不符合家庭自用汽车损失保险合同约定的赔偿条件和符合免责范围予以拒赔。金某不服，起诉到重庆市南川区法院，要求保险公司赔偿其本车修理费8000元。

原告金某认为，其车辆损失保险公司应该予以赔付，其理由是：第一，其与保险公司签订的家庭自用汽车损失保险合同系格式合同，而该格式合同中第6条第8款“依照法律法规或公安机关交通管理部门有关规定不允许驾驶被保险机动车的情况下驾车保险公司不予赔付”的规定属于免责条款，根据我国保险法规定，保险公司应该对免责条款进行提示和明确说明，否则免责条款不生效力。而保险公司对该免责条款未向金某作出提示或者说明义务，因此该条款不产生法律效力；第二，刘某已经取得了机动车驾驶资格，符合家庭自用汽车损失保险合同第4条关于保险责任的约定即“保险期间内，被保险人或其允许的合法驾驶人在适用机动车过程中，因下列原因造成被保险机动车的损失，保险人依照本保险合同的约定负责赔偿”中的“合法驾驶人”资格，而保险公司予以拒赔的依据之一《机动车驾驶证申领和使用规定》虽然规定“驾驶人在实习期内驾驶机动车上高速公路行驶，应当由持相应或者更高准驾车型驾驶证三年以上的驾驶人陪同”，但该规定不属于法律、行政法规或地方性法规，而属于部门规章，故拒赔不成立。

保险公司抗辩认为：第一，双方签订的家庭自用汽车损失保险合同明确约定，只有被保险人或被保险人允许的“合法驾驶人”驾驶机动车辆发生交通事故才属于保险赔偿范围，所谓“合法驾驶人”是指非法律、行政法规、地方性法规、部门规章、政府规章禁止的驾驶人，不能只狭义地理解为非法律、行政法规和地方性法规禁止的驾驶人。因为相关部门规章是属于国家对某一领域的专门性规定，是国家治理的重要工具，也具有法律授权的属性，只要该行为违

[1] 张景卫：《实习期独自驾车上高速肇事 保险如何赔偿》，中国保险报·中保网，2015年3月11日。

反了相关部门规章的规定，同样是属于不合法的。第二，双方签订的家庭自用汽车损失保险合同第6条第8款约定“依照法律法规或公安机关交通管理部门有关规定不允许驾驶被保险机动车的情况下驾车保险公司不予赔付”，该条款虽然属于格式合同中的免责条款，但是原告投保时，保险公司不仅向其进行了重点提示，还对该免责条款进行了明确说明，金某也对投保单中的保险公司履行提示和说明义务予以签字认可。同时保险公司又专门把保险合同中免责条款进行摘录形成免责事项提示书，金某对该免责提示书进行了签字确认。

法院审理认为原被告双方签订的保险合同合法有效，双方应该按照合同的约定行使自己的权利和履行自己的义务。该保险合同中，如果被保险机动车辆发生属于保险责任范围内的事故，保险公司负有按照合同约定的赔偿的义务。但是如果被保险人并没有按照保险合同的约定将车辆交给具有合法驾驶资格的人驾驶，即被保险人一方违背了法律、法规、规章规定和合同约定的义务，应该承担相应的后果。本案中，无论从保险合同的保险责任上看还是从保险合同的责任免除上看，其约定是清楚明确而没有歧义的；而从保险公司举证的证据上看，保险公司已经充分履行了免责条款的提示和说明义务，原告也分别在投保单和免责事项提示书中签字认可了保险公司已经履行了上述义务。故法院于2015年2月27日作出一审判决，驳回原告金某对被告保险公司的诉讼请求。

四、关于驾驶证的恶性事故

驾驶证是机动车驾驶操作资格及上路行驶的法定许可证件，交通事故中无证驾驶、准驾不符等屡见不鲜，造成严重后果。在青海西州“10·16”重大车祸案[1]中，直接原因就是无“驾驶证”驾车。2010年10月16日凌晨4时，青海省海西州都兰县金鑫客运公司一辆号牌为青H55860的大型客车（核载43人、实载44人，其中含2名婴儿），由民和县开往格尔木市，当行至都兰县境内109国道2518公里500米巴隆乡清水河大桥处，与对向车辆会车时，大客车撞毁大桥护栏，翻坠入高约6.7米的桥下，造成10人死亡、34人受伤。据调查，事故直接原因为大客车驾驶员无“驾驶证”驾车，会车时过于靠右，导致车辆右侧前轮驶上高约33厘米人行道后爆胎，车辆撞毁大桥护栏后翻坠桥下，暴露出部分地区无证驾驶等非法违法行为突出，涉及生命安全时，部分运输企业安全生产责任制不落实，安全管理混乱等问题，严重交通违法行为给人民群众生命财产造成巨大损失，违法成本太低，与违规所得利益相较，缺乏威

[1] 国务院安委会办公室：《关于青海省海西州“10·16”重大道路交通事故情况的通报》（安委办明电〔2010〕96号）。

慑力，使严规重法成为废纸空文，多少“无证杀手”漏网失控，无知地与死亡阴影擦肩而过。

五、驾驶证在车险合同中的设计规则

设计规则应当依法制定并动态更新，服务公共交通安全。我国法律体系中，《刑法修正案（九）》[1] 对涉及道路交通安全管理有关内容进行了增设、拓充，为预防和减少道路交通事故发生，保护人民群众生命、财产安全构筑起坚不可摧的“法律屏障”。其中新增加“伪造、变造驾驶证”等两种情形入罪，集中回应了当前人民大众对道路交通安全的迫切需求，特别是对构成危险驾驶罪的内容进行了扩展和延伸，将群众关注度高、社会影响力大和损害后果严重的校车、营运客车和危化品车辆相关违法行为纳入危险驾驶罪范畴，将极大地震慑此类严重交通违法行为，减少并杜绝严重道路交通安全隐患。

我国保险体系中，保险机制更应鉴于“驾驶证”之极端重要性，在保险监管或行业自律层面，改变当前保险条款中“各自为政、各自表述”的弊端，根据险种特性，合理改进在车险、责任险、意外险等险种中的设计规则，实现险种之间的规范性、协同性及统一性。在保险责任设计上强化“免责条款＋减责条款”的理念，在赔偿方式设计上强化“减赔＋拒赔＋垫付”的理念。

（一）保证条款之设计

保证条款不以重要性和因果关系为条件，只要被保险人的行为一旦违反保险合同中保证事项，即使事故近因属于保险责任范围，保险人也不承担赔偿责任。“驾驶证”在保险合同中涉及面广，情形较多，在审判实务中存在无证不赔、准驾不符不赔等弊病，“驾证过期不属无证驾驶”及“驾驶人未按期体检不属于事故近因”等判例，综合反映出司法审理中区别驾驶资格和驾驶能力之差异性及强化运用近因原则，叠加不同险种免责条款中驾驶证表述情形差别性及冲突性等失当性要素，促使保险人承受不应的败诉后果。保证条款主要运用在商业车险条款中，“驾驶证”适宜列为保证条款，应当重点强调并限定在“无证”情形，并区别于“无有效证件”，鉴于保证条款最为严厉性，尽量减少保证条款的运用。“保证”是否能成为免责条款的构成要素，见仁见智，但限制“保证”的运用是趋势，商业车险示范条款中“不保原因”列举的“保证类”免责条款值得深思，更需要保险业界智慧予以解决。

（二）免责条款之设计

免责条款是指保险人依据法律规定或保险经营需要在保险合同中为免除或

---

[1] 《中华人民共和国刑法修正案（九）》已由中华人民共和国第十二届全国人民代表大会常务委员会第十六次会议于 2015 年 8 月 29 日通过，自 2015 年 11 月 1 日起施行。

限制其未来赔偿责任而设置的条款。保险的经济补偿功能固然重要，但防灾减灾防损减损功能更为重要，某种意义而言，免责条款承载着这样的使命。免责条款广泛运用于保险合同中，“无有效证件”应当列为免责条款，尽管效力低于保证条款，但仍将对被保险人形成心理威慑，杜绝重大违章行为由保险人埋单的侥幸心理。免责条款应当是源于法条但高于法条，将抽象法条转变为具体条款，以具体免责条款规范被保险人行为及驾驶人行为，培养良好驾驶习惯之观念，保险条款不能经常突破、漠视法律底线，一味迎合所谓社会“违法、违规”的“不健康、不道德”的保险需求，这确实需要保险业予以深思及顶层设计。当前因校车事故导致儿童群死群伤极为严重，我国“421”的家庭模式使得校车安全成为社会关注焦点。国务院专门颁布《校车安全管理条例》，规定投保机动车承运人责任险是车辆取得校车运营许可的必备条件。鉴于此，校车责任险不能突破我国法律法规对特殊用途车辆所设置的底线，如校车责任险中必须明确驾驶人[1]之特殊性规定，应当在校车责任险中明确规定为免责条款，至少应当列为义务条款，强化校方安全意识及责任意识，这更是对国家法制的尊重和遵守。

（三）义务条款之设计

义务条款是诚实信用原则的根本体现，也是对如实告知、明确说明、弃权和禁止反言的具体要求。商业车险、责任险、意外险等条款中弱化或删除投保人、被保险人义务条款，将其分流到免责条款及赔偿处理等条目中，导致条款体例结构极为“别扭”，有违强制性规定。尽管其效力不同于免责条款，但无需履行免责条款生效的程序性要件，即可产生对被保险人的不利后果，可见义务条款比免责条款的实务性操作更为简捷，更有利于保险人防范经营风险，也具有引导驾驶者遵守交通法规的正面导向功能及减少减轻损失功能。

---

[1] 《校车安全管理条例》（国务院令第617号）第23条规定：校车驾驶人应当依照本条例的规定取得校车驾驶资格。取得校车驾驶资格应当符合下列条件：（一）取得相应准驾车型驾驶证并具有3年以上驾驶经历，年龄在25周岁以上、不超过60周岁；（二）最近连续3个记分周期内没有被记满分记录；（三）无致人死亡或者重伤的交通事故责任记录；（四）无饮酒后驾驶或者醉酒驾驶机动车记录，最近1年内无驾驶客运车辆超员、超速等严重交通违法行为记录；（五）无犯罪记录；（六）身心健康，无传染性疾病，无癫痫、精神病等可能危及行车安全的疾病病史，无酗酒、吸毒行为记录。第25条规定：机动车驾驶人未取得校车驾驶资格，不得驾驶校车。禁止聘用未取得校车驾驶资格的机动车驾驶人驾驶校车。

不应以“事故型责任保险”之保险责任内涵来附会“索赔型责任保险”

偶 见

《江苏法制报》2017年6月22日第1版以“加重被保险人责任条款无效”为题报道了苏州法院的一则判例。笔者阅后认为，这是一例法院未搞清楚责任保险合同存在的分类及其差异，导致对保险责任约定不理解而发生的错误裁判。

案情梗概

某医院投保了医疗责任保险，保险期限自2013年9月9日至2014年9月8日。条款约定：“在保险单列明的保险期间或追溯期及承保区域范围内，在保险单中载明的被保险人的医务人员在诊疗活动中，因执业过失造成患者人身损害，在本保险期间内，由患者或其近亲属首次向被保险人提出索赔申请，依法应由保险人承担民事赔偿责任时，保险人按照本保险合同的约定负责赔偿。”

张某因反复腰痛分别于2013年11月、2014年6月在该院两次接受手术治疗。2014年11月，张某认为院方诊断及治疗方案错误起诉至法院，要求赔偿损失。法院认定医院诊疗存在过错，判决医院赔偿18万元。医院赔偿后，要求保险公司支付相应保险理赔款被拒，遂诉至张家港法院。

一审法院审理后认为，“案涉保险合同就索赔条件约定必须在保险期间内，明显加重了被保险人的责任，该条款无效”，判决支持原告的诉讼请求。保险公司不服上诉，苏州中院判决驳回上诉，维持原判。

一、责任保险可分为“索赔型责任保险”和“事故型责任保险”两类

《保险法》第65条规定：“保险人对责任保险的被保险人给第三者造成的损害，可以依照法律的规定或者合同的约定，直接向该第三者赔偿保险金。责任保险的被保险人给第三者造成损害，被保险人对第三者应负的赔偿责任确定的，根据被保险人的请求，保险人应当直接向该第三者赔偿保险金。被保险人

怠于请求的，第三者有权就其应获赔偿部分直接向保险人请求赔偿保险金。责任保险的被保险人给第三者造成损害，被保险人未向该第三者赔偿的，保险人不得向被保险人赔偿保险金。责任保险是指以被保险人对第三者依法应负的赔偿责任为保险标的的保险。”

责任保险以被保险人对于第三者所负的损害赔偿责任为保险标的，不仅以该项赔偿责任事实已发生为条件，而且也以第三者向被保险人提出索赔为条件。只有在被保险人收到第三者的赔偿请求时，才有可能产生保险人对被保险人的赔偿责任。然而第三者向被保险人是否索赔以及索赔时间非被保险人所能控制，所以责任保险具有不同于一般财产保险的特点。责任保险中，从“危险事件的发生”至“责任的确立”再至“被保险人实际履行赔偿责任”，是一个复杂的过程，往往会产生一系列的事实及法律上的连锁，德国保险法理上称之为“延伸性之保险事故”。这复杂的连锁过程大致可表述为：“被保险人之过失行为”→“造成人或物之伤害毁损”→“受害人之损害发生”→“受害人对被保险人请求赔偿”→“诉讼上或诉讼外之责任确定”→“被保险人对被害人赔偿损害”→“被保险人之积极财产减少”→“被保险人对保险人为保险金之请求”→“保险人支付保险金”。

在上述过程中，究竟应当以哪一“环节”作为保险事故发生的时间点呢？这就是责任保险保险事故“触发时点”之问题。为了照应责任事故发生与第三者索赔之间存在的不容忽视的时间差，有针对性地采取风险管控手段，保险实务中，以保险人承担保险责任的基础为标准，将责任保险分为“事故型责任保险”和“索赔型责任保险”两类，以分别适用不同的情形。

1. 事故型责任保险

事故型责任保险，是指保险人仅以被保险人致人损害的行为或者事故发生在保单约定的期间之内作为条件，向被保险人承担补偿责任的保险。

此类责任保险以损失（伤害）发生的时间作为承保基础，以在保险单约定的期间内所发生的约定事件为限，不考虑第三人对被保险人的索赔是否发生在保险单的有效期间；只要责任事故在保险期限内发生，不论第三者的索赔在何时提出，保险人均依约对保险责任范围内的索赔予以赔付。

对于事故型责任保险业务，保险公司必须随时受理那些保单虽早已经过期，但是因发现（注意：非“发生”）损失或索赔较晚而刚刚报来的索赔案件。对此，在实务处理上保险人一般会根据各类事故潜伏期的长短规定一个索赔的截止期。

我国保险实务中的责任保险大多属于“事故型责任保险”，这或许是本案法院认定“案涉保险合同就索赔条件约定必须在保险期间内……该条款无效”的原因。我国保险业务恢复时间不长，加之法制建设起步较晚，保险业者对责任保险的“长尾巴责任”认识不足，早期推出的责任保险，尤其是产品责任保险，均“以事故发生为基础”，其索赔在保单过期很长时间之后仍会提出，通货膨胀、投资收益、法律政策、生活水平等诸多不确定性因素，都可能导致责任保险的索赔金额和索赔频率提高。20 世纪 90 年代，对石棉相关的疾病和环境损害估计不足，曾导致美国多家保险公司因此而破产。因此，事故型责任保险并非合理且唯一可以承保的责任保险类型。

2. 索赔型责任保险

索赔型责任保险，是指保险人以第三人向被保险人首次请求索赔的事实发生在责任保险单的有效期间作为条件，而对被保险人承担保险补偿责任的保险。

此类责任保险以第三者对被保险人索赔的时间作为承保基础，不考虑被保险人致人损害的行为或事故是否发生在保险单的有效期间。

以这种方式承保的保险单，保险人可能会赔偿在保险单起保日期以前发生的责任事故所引起的损失。为了避免保险人承担责任的时间无限前延致负担过重且风险不可控，实务处理中保险合同会约定一个追溯期。追溯期是指对于责任事故发生时间可追溯以往的期限。因此，第三者即便在保单有效期内提出索赔，若责任事故发生时间在追溯期之前，保险人仍不予负责。与疾病保险设置观察期条款原理相同，一般情况下，第一份以索赔提出为基础的保单起始日即为追溯期，在此之前发生的事故不能索赔。换句话说，保险人出具第一张以索赔提出为基础的保单时，不能给予追溯期。

二、本案责任保险为索赔型责任保险

本案保险期限自 2013 年 9 月 9 日至 2014 年 9 月 8 日，条款约定：“在保险单列明的保险期间或追溯期及承保区域范围内，在保险单中载明的被保险人的医务人员在诊疗活动中，因执业过失造成患者人身损害，在本保险期间内，由患者或其近亲属首次向被保险人提出索赔申请，依法应由保险人承担民事赔偿责任时，保险人按照本保险合同的约定负责赔偿。”保险责任条款文字之表述充分表明该保险合同为索赔型责任保险合同，即构成本合同保险责任之医疗赔偿责任必须同时符合两个条件：（1）患者方向被保险人提出索赔的时间在 2013 年 9 月 9 日至 2014 年 9 月 8 日之期间内；（2）医疗差错或医疗事故发生时间在合同所约定的追溯期始点至 2014 年 9 月 8 日之期间内。

本案张某 2013 年 11 月、2014 年 6 月两次手术之医疗错误虽均发生在合同约定的保险期间内，但该约定的保险期间为第三者所索赔的期间，而非责任事故发生之期间；张某 2014 年 11 月起诉时，本合同所约定的索赔期业已结束，保险人自不应在涉案保单项下给予赔偿。换言之，倘该医院于本保险合同期限届满后业已续保，得在新保单项下索赔。

结语

英国著名保险法学者 M. A. 克拉克教授曾说：“在责任保险中认定事故发生时，纯粹类推适用财产保险方法是不恰当。”索赔型责任保险是区别于事故型责任保险的另一个责任保险类型，其保险责任之界定并未加重被保险人之负担。本案法院以该保险合同对保险责任的界定异于习见的事故型责任保险，而认为“加重被保险人责任”，判定无效，是错误的。

附原文：

加重被保险人责任条款无效

载于 2017 年 06 月 22 日《江苏法制报》

本报讯（通讯员朱伟）某医院向某保险公司投保了医疗责任保险，保险期限自 2013 年 9 月 9 日至 2014 年 9 月 8 日，条款明确：“在保险单列明的保险期间或追溯期及承保区域范围内，在保险单中载明的被保险人的医务人员在诊疗活动中，因执业过失造成患者人身损害，在本保险期间内，由患者或其近亲属首次向被保险人提出索赔申请，依法应由保险人承担民事赔偿责任时，保险人按照本保险合同的约定负责赔偿。”张某因反复腰痛于 2013 年 11 月、2014 年 6 月至该院二次进行手术治疗。2014 年 11 月，张某起诉该院认为诊断及治疗方案错误，要求赔偿损失。后法院认定医院诊疗存在过错，与张某人身损害后果之间有因果关系，为此判决医院赔偿 18 万元。医院赔偿后，要求保险公司支付相应保险理赔款被拒，遂诉至张家港法院。

法院审理后认为，案涉保险合同就索赔条件约定必须在保险期间内，明显加重了被保险人的责任，该条款无效。因此，判决支持原告的诉讼请求。保险公司不服上诉，苏州中院判决驳回了上诉，维持原判。

【法官点评】保险合同作为一种特殊合同，既存在合同的共性，也存在自身的特殊性规则。《保险法》第 19 条对合同条款的效力性规定，即体现了保险合同的特殊性。